徽学文库（第二辑）
主　编◎周晓光
副主编◎王振忠　胡中生

教育部人文社会科学重点研究基地
安徽大学徽学研究中心基金资助

明清以来徽州日记的整理与研究

王振忠◎著

图书在版编目(CIP)数据

明清以来徽州日记的整理与研究/王振忠著. —合肥:安徽大学出版社,
2020.10
(徽学文库/周晓光主编. 第二辑)
ISBN 978-7-5664-2121-0

Ⅰ.①明… Ⅱ.①王… Ⅲ.①日记-古典文学研究-徽州地区-明清时代
Ⅳ.①I207.62

中国版本图书馆CIP数据核字(2020)第194977号

明清以来徽州日记的整理与研究
Ming-qing Yilai Huizhou Riji De Zhengli Yu Yanjiu

王振忠 著

出版发行:	北京师范大学出版集团 安 徽 大 学 出 版 社 (安徽省合肥市肥西路3号 邮编230039) www.bnupg.com.cn www.ahupress.com.cn
印　　　刷:	安徽新华印刷股份有限公司
经　　　销:	全国新华书店
开　　　本:	170mm×240mm
印　　　张:	26
彩　　　插:	0.75
字　　　数:	384千字
版　　　次:	2020年10月第1版
印　　　次:	2020年10月第1次印刷
定　　　价:	79.00元

ISBN 978-7-5664-2121-0

总　策　划:陈　来　齐宏亮
执行策划编辑:李　君　李加凯　　　　装帧设计:李　军
责　任　编　辑:李加凯　　　　　　　　美术编辑:李　军
责　任　校　对:龚婧瑶　　　　　　　　责任印制:陈　如　孟献辉

版权所有　侵权必究

反盗版、侵权举报电话:0551—65106311
外埠邮购电话:0551—65107716
本书如有印装质量问题,请与印制管理部联系调换。
印制管理部电话:0551—65106311

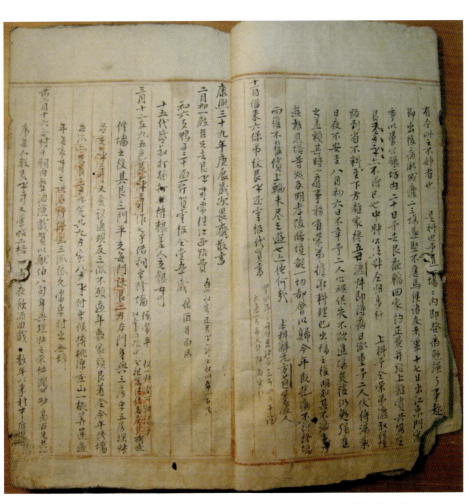

图1 康熙年间婺源詹元相《畏斋日记》稿本(中国徽州文化博物馆收藏)

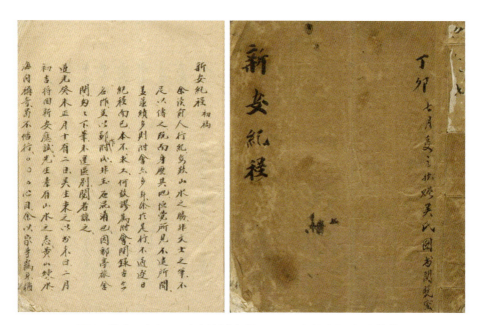

图 2　道光三年(1823 年)《新安纪程》，1927 年抄本(王振忠收藏)

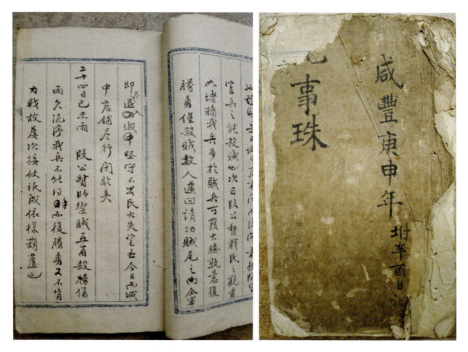

图 3　太平天国时期徽商子弟在杭州的日记《记事珠》(王振忠收藏)

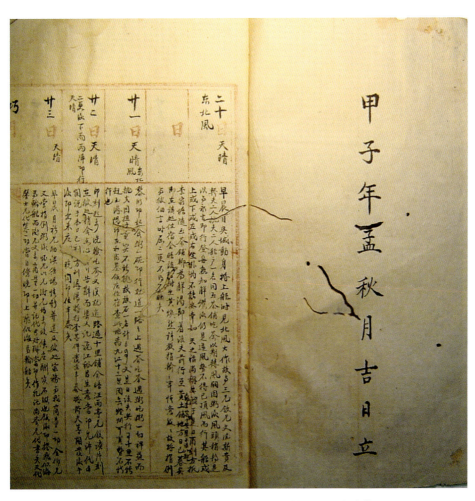

图4　太平天国时期歙县盐商的《日记簿》(王振忠收藏)

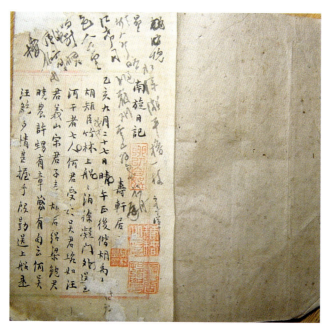

图5　晚清扬州盐商《南旋日记》稿本（王振忠收藏）

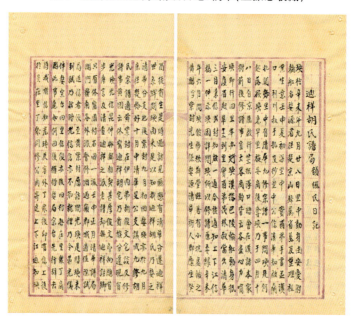

图6　同治、光绪休宁胡光玱《迪祥里胡氏谱局韵枫氏日记》
（吴敏收藏，收入王振忠主编《徽州民间珍稀文献集成》）

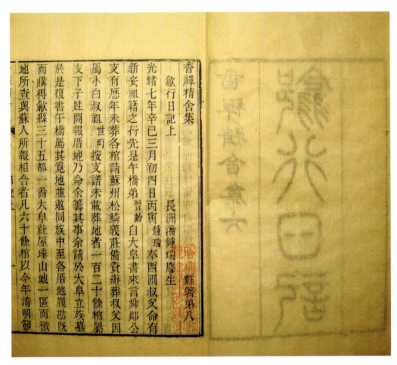

图7　晚清潘钟瑞《歙行日记》，刊本（美国哈佛燕京图书馆收藏）

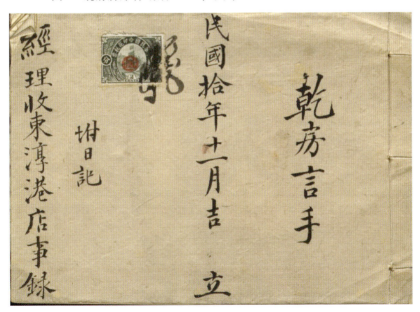

图8　黟县旅浙商人《经理收束淳港店事录（附日记）》，1921年（王振忠收藏）

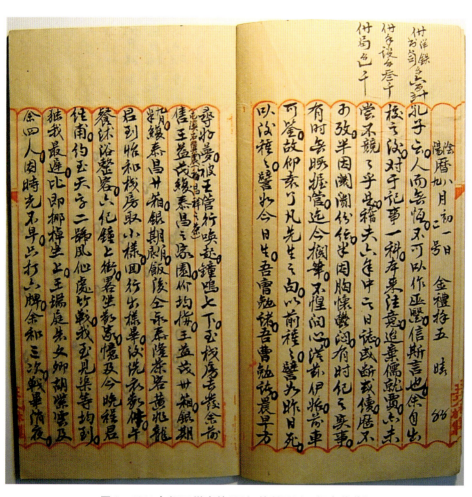

图9　1921年汉口徽商的《日知其所无》(王振忠收藏)

胡左 六月十六日

脉忆人的微此潮濡细事未畅缠绵点滴不清
少腹此候有块微寒热胸闷纳夕心悸頭昏
舌苔薄腻微黄肝胆陰虧气血不调衝任受戕
血不归经砭致以調营養血當理气藩

大生地 三 炒白芍 一 益智仁 广 广玉金 三
當歸 二 荆芥炭 三 妙黄芩 三 廣陳皮 半
川芎 一 製香附 三 廣木香 半 吴甘草 半
黑山梔 三 廣木香 半

江左 六月九日 脉作沉数中立左时忽一止年龄平言语
不清络仲景所谓代脉也平素气藏不起

由风邪挟濕鼓寒热繼後洪瀉下利浹食經服過
扶脾難以寒凉今洪瀉未止夜今盞热邪废脉
寸微潮尺虚弱微泛渴春不能納舌苔赋黑久
瞬疳寒濕内蘊大王不相生當以溫中健脾調攝
和胃固攝培元庶經延久注意

炒邪术 半 新會皮 半 廣木香 半 炭谷芽 三
炒澤瀉 三 炒白芍 一 炒白朮 一 淡吴萸 半
製車良 一 炮姜炭 半 野叙苓 半 烏梅炭 三
椵朴槁 半 百蔻仁 半
薄鱼附子片 下

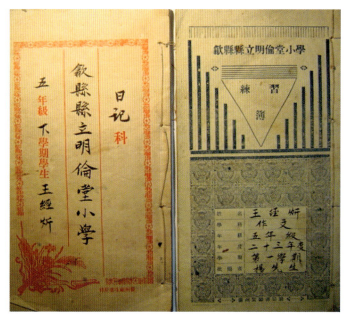

图 11　1934 年歙县小学生日记（王振忠收藏）

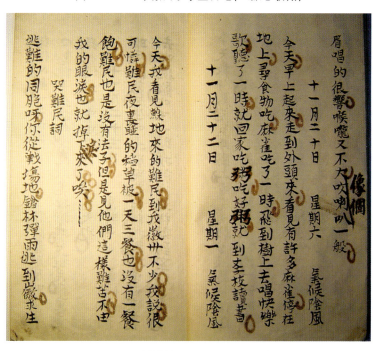

图 12　《腾[誊]正日记》（王振忠收藏）

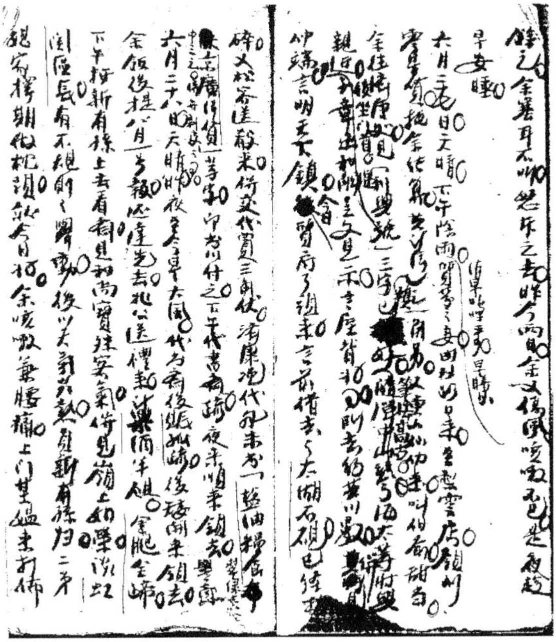

图 13　婺源"末代秀才"詹鸣铎日记，民国稿本（复印件）

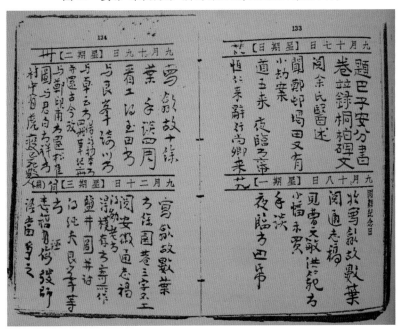

图 14　著名史家许承尧日记（鲍义来收藏，收入王振忠主编《徽州民间珍稀文献集成》）

总 序

徽学是以徽州历史地理、徽州传统社会、徽州历史文化及其传承创新为研究对象的一门学问。尽管关于徽州自然与人文的记述与探究,历史上由来已久,但作为具有现代学科意义的徽学,则形成于20世纪80年代。已故徽学研究奠基人和开拓者张海鹏先生在《徽学漫议》一文中说:"在20世纪70年代末到80年代中期,随着'科学的春天'的到来,学术园地百花齐放,异彩纷呈。其中'徽学'也在群芳争妍中绽开了蓓蕾,成为地域文化中的一枝新秀。"①已故著名徽学专家、原中国社会科学院历史研究所周绍泉先生在《徽州文书与徽学》一文中说:"徽学(又称徽州学)是80年代以后才出现的新学科。"②著名徽学研究大家叶显恩先生在胡益民先生编著的《徽州文献综录》一书写的序中说:"徽学在短暂的三十年间,从默默寡闻而勃然兴起,今已蔚然成大国,耸立于学界之林,成为与敦煌学、藏学相比肩的显学。"③回溯30年,正是20世纪80年代。中国社会科学院栾成显先生在《明清徽州宗族文书研究》中同样指出:"20世纪80年代徽学兴起以来,学者们利用谱牒、方志及其他文献资料,乃至进行社会调查,对徽州宗族作了较为深入的研究,成果

---

① 张海鹏:《徽学漫议》,载《光明日报》,2000年3月24日。
② 周绍泉:《徽州文书与徽学》,载《历史研究》,2000年第1期。
③ 叶显恩:《徽州文献综录序》,见胡益明:《徽州文献综录》卷首,合肥:安徽教育出版社,2014年。

显著。"①上述关于徽学形成于20世纪80年代的观点,已是学术界的基本共识。

徽学之所以在20世纪80年代以后勃然兴起,有其天时、地利、人和等多种因素。

从"天时"来看,20世纪80年代是学界处于中华人民共和国成立以来的一个学术研究重要转型期。就史学研究而言,著名史学理论与史学史研究专家、北京师范大学瞿林东先生认为:"中国史学上的第五次反思出现于20世纪八九十年代,其历史背景和学术背景是,20世纪七十年代末,中国的政治形势从'以阶级斗争为纲'转向实行改革开放、以经济建设为中心;在意识形态领域则是以拨乱反正、正本清源、解放思想、实事求是为其时代特征……中国的理论界、学术界从'万马齐喑'的状态一下活跃起来,几乎每一个学科或学术领域都在思考自身的发展道路。"②中国史学"视野开阔了,研究领域拓展了,中外史学交流日益加强了,新问题、新材料、新成果不断涌现出来"。③在此转型期中,文化史、社会史和区域史的研究受到高度重视。徽州因其独特的地理与历史文化秉性,吸引了海内外学者的目光,有关徽州及其历史文化的各类研究成果纷纷问世。由此,徽州成为当时区域史研究的一个重要对象。正是基于学术研究转向的这一背景,徽学因时而生。中国社会科学院卜宪群先生在《新中国七十年的史学发展道路》一文中评述这一时期的史学研究时说:"与历史文献学有密切关系的甲骨学、简帛学、敦煌学、徽学等古文书学研究取得了重要成就。徽学成为国际性学科,敦煌在中国,敦煌学在国外的状况得以根本改变。"④1999年12月,中华人民共和国教育部设立首批15所人文社会科学重点研究基地,安徽大学徽学研究中心入选。它标志着经过20年的发展,徽学学科得到了国家层面的正式认可。

---

① 栾成显:《明清徽州宗族文书研究序》,见刘道胜:《明清徽州宗族文书研究》卷首,合肥:安徽人民出版社,2008年。
② 瞿林东:《史学理论史研究 中国史学上的五次反思》,载《史学史研究》,2015年第1期。
③ 瞿林东:《传播·反思·新的前景——新中国70年史学的三大跨越》,载《中国史研究动态》,2019年第4期。
④ 卜宪群:《新中国七十年的史学发展道路》,载《中国史研究》,2019年第3期。

从"地利"来看，它包含了多个方面的内容：

一是历史上关于徽州自然与人文的探究传统，为徽学形成奠定了基础。从南朝梁萧几《新安山水记》、王笃《新安记》，唐代《歙州图经》，北宋祥符年间《歙州图经》、黄山祥符寺僧行明《黄山图经》，南宋姚源《新安广录》、罗愿《新安志》、刘炳等《新安续志》，到元代朱霁《新安后续志》，明代程敏政《新安文献志》、程曈《新安学系录》《新安文献补》、何东序等《徽州府志》、方信《新安志补》、蒋俊《祁闻图志》、戴廷明等《新安名族志》、张涛等《歙志》、傅岩《歙纪》，清代高晫《徽州府通志》、赵吉士《徽州府志》、施璜《紫阳书院志》《还古书院志》等，以及各历史时期其他大量有关徽州的府县志、专志、纪述，都是涉及徽州山川风物、疆域沿革、风俗变迁、宗族迁徙、文教兴衰、人物事迹等自然与人文历史的记述与考察。近代以来，学者又开始有意识地关注徽州历史与文化问题，把徽州视为一个既有特殊性、又具普遍性的区域加以关注、研究。其成果为20世纪80年代的徽学成为专门学问奠定了基础。

二是源远流长且内涵丰富的徽州历史文化，为徽学形成提供了研究对象。徽州文化具有丰富的内涵，其内容包括新安理学、徽派朴学、徽州教育、新安医学、徽商、徽州科技、徽派建筑、新安画派、徽派篆刻、徽派版画、徽剧、徽菜、徽派雕刻、徽派盆景、宗族、民俗、方言，以及文房四宝等。其文化秉性既是区域个性的标签，也展现了独特的文化风采。第一，徽州文化是连续不断的文化。宋徽宗宣和三年（1121）"徽州"得名，从此开始了徽州文化的时代。在其后的800年间，徽州文化有过盛衰变迁，但它从未中断过，长期保持了高位水平发展态势且始终具有个性特征。这在其他区域文化中是不多见的。徽州文化的"连续不断"，主要表现在两个方面：一方面，宋代以降，各个时期徽州都是传统文化的发达之区，其生生不息的文化传承，构成了徽州文化的连续性；另一方面，徽州文化中的一些主要文化现象，宋代以来一直传承不息，源远流长。比如，徽州传统学术文化从新安理学到徽派朴学延续了600多年而未断层就是一个典型的事例。第二，徽州文化是兼容并包的文化。徽州文化虽有其独立的个性，但在其发展过程中，也吸收了大量的其他区域、其他学派的文化。因此，兼容并包成为徽州文化的重要特色之一。第三,徽州文化是引领潮流的文化。作为引领潮流的文化,徽州文化中的新安理学成为国家意志和国家"主流"意识;而徽州文化中的其他各种文化现象,不仅因其地域特色鲜明而在中国传统文化中独树一帜,而且能突破区域局限,引领各领域的文化潮流。第四,徽州文化是世俗生活的文化。徽州文化中无论是精神层面的文化,还是物质层面的文化和制度层面的文化,都与世俗生活息息相关。第五,徽州文化是体系完备的文化。在中国传统社会后期,随着传统文化的地域化发展,各具特色的区域文化纷纷出现,形成繁星满天的情景。这些区域文化,各擅其长,或以哲学思想影响当时及后世,或因文学流派享誉天下,或藉教育和科举形成特色,或由民风民俗传扬四方,但集各种文化现象于一身者,并不多见。徽州文化则因其具有丰富的内涵,成为别具一格的文化体系,形成鲜明的区域特色。这些文化现象,涉及徽州经济、社会、教育、学术、文学、艺术、工艺、建筑、医学等学科,涉及中国传统文化的各个方面,也全面反映了中国传统社会后期经济、社会、生活及文学艺术等基本内容。无论是物质层面的文化、制度层面的文化,还是精神层面的文化,中国传统文化的特质在徽文化中均有典型体现。因此,徽州文化具有独特的研究价值,也成为徽学之所以形成的"地利"因素之一。

三是丰富的徽州历史文献和大量的文化遗存,尤其是 20 世纪 80 年代以来近百万件徽州文书的重新发现,为徽学的形成提供了坚实的资料支撑。徽学是以历史学为基础的综合性学科,史料是支撑学科成立的重要因素。历史上徽州向来以"文献之邦"著称,《新安歙北许氏东支世谱》说,江南诸郡中"以文献称者吾徽为最"。[①] 清乾隆年间编纂的《四库全书》,收录徽人著作 254 种(含存目类);而道光《徽州府志·艺文志》则著录徽人著述宋 504 种、元 288 种、明 1245 种、清(道光以前)1295 种,总数达 3332 种,分经、史、子、集四大类,数十门类。胡益民编著的《徽州文献综录》著录的各类徽州典籍文献逾 15000 种。[②] 这些历史文献成为徽学研究的重要史料,并且在 20 世纪 80 年代以后包括《四库全书》在内的大型丛书陆续影印出版,为研究者提供了便

---

① 《新安歙北许氏东支世谱》卷五《寿昌许公八秩序》。
② 胡益民编著:《徽州文献综录》,合肥:安徽教育出版社,2014 年。

利。徽州还是物质和非物质文化遗产保存较为丰富的地区,祠堂、牌坊、古民居、古村落、传统工艺、民间艺术等数量巨大,类型多样,它们既是徽学研究的重要内容,也是支撑徽学学科的资料类型之一。值得特别强调的是,20世纪80年代以来近百万件徽州文书的重新发现,在徽学形成过程中起到了极其重要的作用。甚至有学者认为,徽州文书具有"启发性、连续性、具体性、真实性和典型性的特点",这些特点"吸引了许多研究者全力以赴地研究它,以致出现了一门以徽州文书研究为中心、综合研究社会实态、探寻中国古代社会后期发展变化规律的新学科——徽学"。[1] 丰富的历史文献、大量的文化遗存和百万件的徽州文书,成为徽学形成的重要"地利"因素。

从"人和"来看,学术界致力于徽学学科的理论与方法研究,推动了徽学的形成。20世纪80年代以来,众多学者开始自觉为构建徽学学科体系而开展了一系列的讨论,涉及的问题包括徽学的名称、徽学的研究对象和研究范围、历史时段等。张立文、刘和惠、张海鹏、周绍泉、赵华富、黄德宽等学者分别撰文,探讨徽学学科建设的相关问题。安徽大学徽学研究中心在2004年还召开了"徽学的内涵与学科建构研讨会",40余位专家围绕徽学的内涵和学科体系建构等问题展开了深入讨论,会议成果被编成论文集《论徽学》,由安徽大学出版社出版。[2] 2000年,中国社会科学出版社出版的《徽州学概论》,也是一部探讨徽学理论与方法的著述。[3] 这些有意识地构建徽学学科的研究,成为20世纪80年代以后徽学形成的重要因素。

天时、地利、人和,三者共同促成了徽学在20世纪80年代后成为一门与藏学、敦煌学齐名的"显学"。在至今近40年的发展历程中,徽学研究取得了丰硕的成果。数千篇散见于报刊的徽学相关领域研究的论文,为我们展示了徽文化的博大精深和研究者的深度思考;数百部徽学专著,为我们解读和剖析了徽文化中诸种文化现象的前因后果,以及这些文化现象在中国历史和中国文化史上的地位与作用;数十种大型徽州文书与民间文献丛刊的影印出

---

[1] 周绍泉:《徽州文书与徽学》,载《历史研究》,2000年第1期。
[2] 朱万曙主编:《论徽学》,合肥:安徽大学出版社,2004年。
[3] 姚邦藻主编:《徽州学概论》,北京:中国社会科学出版社,2000年。

版,为我们提供了徽学研究的重要珍稀资料。徽学成为一门"显学",正是立足于近40年徽学研究的成果之上。

为推动徽学研究的深入开展,集中展示最新的徽学研究成果,从2014年开始,安徽大学徽学研究中心与安徽大学出版社联手打造了《徽学文库》项目。该项目受到了国家出版基金的立项资助,第一辑共9种于2017年全部推出。《徽学文库(第一辑)》出版后,在学界产生了较大的影响。随后,我们策划了《徽学文库(第二辑)》出版项目,并再次得到国家出版基金的立项资助。《徽学文库(第二辑)》共收录徽学研究原创性著作10部,其中部分著作是省部级以上重点项目的结项成果,前后持续数年打磨而成;部分著作是学界新锐的博士学位论文,在导师指导下积数年之功形成的学术精品。作者分别来自安徽大学、复旦大学、厦门大学、暨南大学、上海财经大学、安徽师范大学、黄山学院和香港浸会大学等高校,均为长期关注徽州、从事中国史和徽学研究的学者。

《徽学文库(第二辑)》呈现了以下特色:

第一,聚焦徽学研究薄弱领域,填补学科发展空白之处。第二辑推出的10部著作,选题大多聚焦于徽学原先研究中相对薄弱的课题。比如,近年来随着徽州文书和民间文献的发现和整理,数量众多的徽州日记得以披露,但学界关于徽州日记的专题研究成果,尚未出现。第二辑中《明清以来徽州日记的整理与研究》一书,是作者20余年来深入村落田野进行调查,收集到大量散落民间的日记后,探幽发微、精心整理而成的著作,既有重要的学术价值,又填补了徽学相关研究领域的空白。徽州长期以来被视为儒学发达之区,有关徽州儒学的研究备受重视,而对徽州宗教的研究则相对薄弱。《徽州佛教历史地理研究》通过对大量徽州文书、佛教史籍、金石文字和考古资料的分析,从不同角度对徽州特定历史与地区的佛教传播、寺院分布、高僧籍贯等进行全面研究,对徽州各地区佛教发展的水平层次及其前后变化进行探讨,揭示了徽州佛教文化与其他文化的关系,以及佛教文化与徽州地理的相互作用。这一研究也是针对现有徽学研究的薄弱之处而进行的探索,具有填补空白的意义。《宋元明清徽州家谱的历史演进》《宋明间徽州社会和祭祀礼仪》

等,均为徽学研究中独辟蹊径、创新领域的成果。

第二,重视徽州文书和民间文献等新资料的挖掘、整理与研究,推动徽学研究利用特色资料走向深入。大量徽州文书和民间文献存世,是20世纪80年代以来徽学得以形成的重要"地利"因素。本辑中的多部著作,非常注重利用徽州文书与民间文献开展研究。如《宋元明清徽州家谱的历史演进》立足于徽州地域社会,以时间为序,对宋元明清徽州家谱进行了细致的考察与分析,揭示其内在特质及发展规律。《明清以来徽州日记的整理与研究》分上、下两编。上编为研究编,收录作者研究明清徽州日记的最新成果,内容涉及徽州乡土社会、徽州商人的活动和徽州名人的事迹等。下编为资料编,收录《曹应星日记》《复堂日记》《习登日记》等10部日记,或为稿本,或为抄本,极具学术研究价值。《晚清乡绅家庭的生活实态研究——以胡廷卿账簿为中心的考察》对晚清时期的徽州乡村社会及民众的日常生活图景作了总体性描绘,而其主要资料来源则是胡廷卿账簿前后19年的流水记录。通过对胡廷卿一家日常生活状况的研究,结合族谱资料,分析晚清时期徽州社会民众日常生活中的空间、生计及社会关系等问题。注重对徽州文书与民间文献的挖掘、整理与利用,成为本辑多数著作的共同特色。

第三,致力于以微见著,体现徽学作为区域史研究的典范价值和宏观意义。本辑著作从题目来看,多为关于徽学领域中的具体问题或某一现象的研究,但作者往往以小见大,着眼于相关问题的宏观意义,从而凸显徽学研究在解读中国历史、社会和文化发展中的样本价值。如《多元视角下的徽商与区域社会发展变迁研究——以清代民国的婺源为中心》围绕徽商中婺源商人与区域社会之间的互动、融合、发展与变迁这一核心问题展开讨论,希望揭示的是传统社会中商人群体兴起和形成的原因、商业经营网络及其主要经营行业、商人流动迁徙及其组织形态、同乡组织及其慈善事业、乡村的人口流动与商业移民、商业移民与侨寓地的社会变迁、商人和商业与市镇之间的关系等宏观问题。《历史社会地理视野下的徽商及徽州社会——以清民国时期的绩溪县为中心》较为系统地考察了绩溪本土社会的近代化表现,而作者的立意则是剖析近代商人、商业与地方社会变迁之间的内在联系。《晚清乡绅家庭的生活实态研究——以胡廷卿账簿为中心的考察》虽是关于胡廷卿一家日常生活状况的研究,但作者的目的在于阐释晚清时期国家、社会与个人之间的相互关系。《传统职业变迁与明清徽州人口流动研究》从明清徽州的自然与社会因素出发,较为系统地考察了明清徽州传统职业观的转换与建构,而作者的意图还在于解读"四民"间职业变迁、"四民"间人口流动及其对整个明清社会的作用和影响。本辑 10 部著作是关于徽州区域史研究的精微力著,但其学术价值和研究意义是远远超出徽州的。

第四,跨学科方法的运用,也是本辑著作的显著特色之一。如《民间历史文献与明清徽州社会研究》首先从文献学的角度对徽州档案文书史料进行了系统的考证和研究,再立足历史学、社会学等视角对徽州民间文书所反映的各种社会关系加以阐发,深入解读并阐释徽州民间文书的形式和内涵,从而探索基层社会诸侧面,以及开展徽州区域社会的研究。《徽州佛教历史地理研究》《多元视角下的徽商与区域社会发展变迁研究——以清代民国的婺源为中心》《历史社会地理视野下的徽商及徽州社会——以清民国时期的绩溪县为中心》等作品,则侧重于采用历史学、历史地理学、宗教学、社会学等多学科方法进行综合研究。《徽州文献探微》在研究中采用了文献学、方志学、谱牒学及史学研究的方法。跨学科的研究方法,有助于多角度、多层面探讨相关问题,从而得到更为可靠的结论。

徽学作为一门新兴的学科,只有近 40 年的历程,未来要发展为成熟的学科,仍需学界同仁作出持之以恒的努力。我们相信,久久为功,必有大成。这次推出《徽学文库(第二辑)》,是我们为发展繁荣徽学贡献的绵薄之力,期待有助于徽学研究水平的提升和徽学学科的建设。

是为序。

周晓光

2020 年 5 月 20 日于
安徽大学徽学研究中心

目　录
MULU

导言：明清以来的徽州日记及其学术价值 …………………………………… 1

上编　研究编

一、明清鼎革前后的地方社会与族姓纷争 ………………………………… 31

二、盛清时代扬州盐商的寻根之路 ………………………………………… 52

三、太平天国时期徽商在苏北盐业中的活动 ……………………………… 64

四、徽商展墓日记所见徽州社会、民俗 …………………………………… 72

五、谭献的徽州宦游日记 …………………………………………………… 92

六、晚清湖北武昌县的民俗与社会变迁 …………………………………… 95

七、清末徽州学生的《庚戌袖珍日记》…………………………………… 108

八、民国时期徽州茶商在汉口的社会生活 ………………………………… 119

九、蒋维乔的《黄山纪游》 ……………………………………………… 136

十、徽州女童的战争日记抄本 …………………………………………… 140

十一、徽州学徒的《习登日记》 ………………………………………… 144

下编 资料编

一、明万历三十三年(1605年)冯梦祯徽州日记 ………………………… 151

二、明万历三十八年(1610年)李日华《礼白岳记》 …………………… 161

三、明万历四十三年(1615年)至清顺治九年(1652年)《曹应星日记》… 169

四、清康熙五十七年(1718年)程庭《春帆纪程》 ……………………… 186

五、清乾隆三十九年(1774年)、嘉庆五年(1800年)海宁吴骞《可怀录》《可怀续录》 ………………………………………………………… 208

六、清同治三年(1864年)歙县盐商宋氏《日记簿》 …………………… 219

七、清同治、光绪休宁胡光琰《迪祥里胡氏谱局韵枫氏日记》 ………… 226

八、清光绪三四年(1877—1878年)谭献《复堂日记》 ………………… 239

九、清光绪四年至七年(1878—1881年)祁门历口利济桥局局董日记 … 243

十、1914年苏州潘承谋《彦均室歘行日记》……301

十一、1918年婺源查辅绅《日记》……312

十二、1921年汉口汪素峰《日知其所无》……327

十三、1928年蒋维乔《黄山纪游》……351

十四、汪翠珠抄1937—1938年《腾[誊]正日记》……365

十五、佚名《习登日记》……374

十六、1949—1950年《詹庆良本日记》……376

后　记……400

导言:明清以来的徽州日记及其学术价值

自20世纪四五十年代以来,徽州民间文献层出叠现。就新发现的徽州文献而言,不仅以往备受关注的契约(即狭义的"徽州文书")浩繁无数,而且日记、书信、宗教科仪、启蒙读物、诉讼案卷等亦极为丰富。对这些文献的分类、整理与研究,是推进"徽学"与明清社会文化史研究最为基础的工作之一。近二十多年来,笔者在皖南等地收集到数十种徽州日记。兹结合公藏机构的相关史料,对徽州日记的学术价值作初步的探讨。

一、徽州日记概述

本书所谓"徽州日记",是指有关徽州内容的日记,以及徽州人撰述的日记。一类是在徽州本土的徽州人所写,另一类则是徽州本土之外的人所撰写。在后一类的日记中,作者有的是徽州人,有的则并非徽州人。

(一)徽州本土的徽州人日记

明清以还的徽州,无论是乡居地主,还是童蒙学子、外出商贾,不少人都以撰写日记为每日必课。清初休宁人赵吉士的《寄园寄所寄》卷十一《故老杂记》中,就提及自己的曾祖父日记:"万历二十七年休宁迎春,共台戏一百零八座。台戏用童子扮故事,饰以金珠缯彩,竞斗靡丽,美观也!近来此风渐减,然游灯犹有台戏,以绸纱糊人马,皆能舞斗,较为夺目。邑东隆阜戴姓更甚,戏场奇巧壮丽,人马斗舞亦然。每年聚工制造,自正月迄十月方成,亦靡俗之流遗也。有劝以移此钜费以赈贫乏,则群笑为迂矣。或曰:越国汪公神会,酬其保障功,不得不然。"这则日记对于研究徽州的岁时、戏剧、工艺、迎神赛会以及民间信仰等诸多方面,均有重要的史料价值。该日记还提及:"万历三十五年六月,徽州大水,自初三日大雨,至初五止,三昼夜不住,漂流人畜万万。府河西桥上,有七尺水头,惟歙县最苦,休宁次之,二日方退,历世未遭此灾异。三十六年五月,徽复大水,自十三至十九日,水方退,较于三十五年更大。今康熙三十三年十二月十八大雨,至正月二十日方止,严冬大雨一月余,亦罕见事。"这条史料记述了17世纪发生在徽州的几次水灾,对于灾害史的研究亦颇有助益。惜乎赵氏日记今已不存,故难以窥其全貌。不过,类似的徽州日记尚有不少,以写作者的身份来看,主要有以下几类:

1. 文人乡绅日记

明末清初《应星日记》的作者曹应星,是徽州绩溪旺川曹氏二十三世祖,为族中的"博学儒士"。《应星日记》一书,前一部分记载了从明万历四十三年(1615年)起至清顺治九年(1652年)历时三十八年旺川村所发生的重大事情。除少数年份无可考外,几乎每年均有事记,一些年份甚至是逐月逐日记录。后一部分附录的《曹石争杀原委》,记录了南明弘光元年(1645年)发生在绩溪七都一带的大规模宗族械斗。这些内容生动地展示出17世纪前中叶绩溪西部的社会历史,是反映基层社会实态的珍贵史料[①]。康熙年间的《畏斋日记》(图1),作者系徽州府婺源县浙源乡嘉福里十二都庆源村秀才詹元相(字畏斋,1670—1726年)。日记所涉时间起自康熙三十八年(1699年),迄至康熙四十五年(1706年),内容涉及当地的人际交往、土地关系、高利贷活动、物价、气象、地震以及民俗风情等,对于研究17世纪末和18世纪初的徽

---

① 参见王振忠:《从〈应星日记〉看晚明清初的徽州乡土社会》,《社会科学》2006年第6期。该文已收入本书上编。

州社会极有价值。民国年间的《詹鸣铎日记》(图 13),计有 4 册未刊日记稿本①。作者詹鸣铎(1883—1931 年)出身于婺源木商世家,其人阅历相当丰富:当过塾师,中过秀才,到过杭州、上海等地经商、游历,流连花街柳巷,出入新式学堂,曾在婺源县城开设振记百货店,并以乡绅的身份在桑梓故里邻族间排忧解难,参与晚清徽州乡间的地方自治。因此,该数册日记对于研究其人的生平和思想,具有重要的史料价值。另外,他著有《我之小史》抄本二种,是目前所知徽州历史上唯一的一部由徽商撰写、自叙家世的章回体小说②。

詹鸣铎既是一位乡绅,又是一名长年授徒的塾师。类似的塾师日记,所见尚有不少。如安徽博物院收藏的太平天国时期之《程可山先生手写日记》,前有:"此程可山先生手写日记,自咸丰十一年辛酉起至同治十年辛未,共八册,己巳四月至庚午五月缺,余俱全,丙子春,以重直得之。承尧记。""丙子"即 1936 年,该书为徽州地方史家许承尧以重金购得。日记作者程可山(程焜)为歙县槐塘人,系盐商后裔,后归里开塾教授,门徒极众,其中通籍登显仕者亦复不少(著名的如汪宗沂、程桓生等),其日记对于研究太平天国时期的徽州社会颇有价值。

民国以后,教师日记所见颇多。譬如,安徽省黄山学院收藏的一册民国时期之歙县教师日记,书中提及张作霖被刺杀③,说明该书应成于 1928 年。又如,凌大鉴(字采庆)所撰《日记》,作者生于清光绪三十二年(1906 年),为歙县南乡周家村人。凌氏毕业于师范学校,1972 年 67 岁时尚在世,日记记录了民国至 20 世纪 70 年代歙县南乡基层社会的生活状况。

---

① 除了《詹鸣铎日记》,在詹氏的个人文集《振先杂稿》卷六中,尚有癸亥(1923 年)五月中之日记 4 页。
② 参见王振忠:《徽商章回体自传〈我之小史〉的发现及其学术意义》,《史林》2006 年第五期。
③ 阳历六月十八日(阴历五月初一日)条:"晨至阅报所,报载大军阀张作霖氏被戕身故,阅之下,不觉为之一快,既又为其一悲。"张作霖于当年的 6 月 4 日在皇姑屯被日军暗杀身亡。

2. 学生日记

书信与日记,是徽州民间教育课程中最为重要的内容。学生将逐日的所见所闻所思所想写成作业,交由塾师或教师批改,这方面的日记所见颇多。1949 年至 1950 年的《詹庆良本日记》两册,反映了"一个普通的山村少年,不经意间站在了历史和地理的边缘,以其鲜活的个人生命印证了历史的脉动和人生世态,提供了传统'历史'编年之外的一份民间记录"。笔者据此撰写的《水岚村纪事:1949 年》一书,已于 2005 年由北京三联书店出版。从中可以看出此类日记的重要价值。

类似的学生日记还有不少。如查村日记,抄本一册,全书近 6000 字,抄录于朱丝栏账册上,封面题作"几何学",前面抄录《平面几何学》绪论及定理。日记一月六日条曾记"向镜何君借《平面几何学》一书,以备将来演题之用"。另外,一月七日及八日条,均有"演几何面积三题"和"演几何"的记载。可见,此书的作者应是婺源查村(位于婺北浙源乡)附近的一名中学生。日记一月十四日条,有"严君花甲客他乡"之诗,据此看来,作者当系徽商子弟。日记反映的年代不详,推测当为民国时期。日记详细记录了发生在作者家中的一些日常琐事,如其中的一桩婆媳、叔嫂纠纷,后通过女方娘家母舅调解,最终以媳妇泡茶跪于婆婆之前认过了结此事。另外,日记还记载了婺源的年节习俗,如"坟前上灯""接祖像""送灶司爷""抄年簿""新人办茶""献祖宗""送土地""献香"和"拜祖像"等方面的内容,极富日常生活气息。

比较有特色的学生日记还有《腾[誊]正日记》(图 12),抄本一册,全文约 5200 字。封面除书名外,另有"女士汪翠珠抄"的字样。日记字体娟秀,并有朱笔句读及润饰修改。据此推测,这可能是抄录一位女孩的日记。日记从 1937 年 11 月 8 日起,至 1938 年 5 月 6 日止。透过女孩的记述,我们得以了解日军侵华对皖南山区经济造成的破坏。

3. 画家日记

徽州是新安画派的桑梓故里,当地活跃着诸多画家。1971 年至 1975

年,黄涌泉在浙江省进行书画鉴定时,发现郑旼手书《拜经斋日记》一书(藏杭州市文物考古所),后撰写《郑旼〈拜经斋日记〉初探》①。据他介绍,《拜经斋日记》行楷小字共 8 册。作者郑旼,字慕倩,号遗苏,徽州歙县郑村人。《拜经斋日记》是他于康熙十一年至康熙十五年(1672—1676 年)五年之间的生活日记,反映了郑旼之立身操行、艺术生涯及师友交往等诸多方面的内容,从中可见清代前期一个新安画家的真实生活。而笔者收藏的《绘事日利》,该书自署为"民国七年戊午笔记",前有小序曰:"夏六月赋闲家居,经雄伯内侄叠函邀出山,助理振中五金矿务公司。秋七月初四日抵严陵,就会计事。讵料被矿师汪云甫哄骗,花费各股东资本甚钜,化炼无效,骗情败露,雄伯将云甫送建德县公署张公究办,公司停歇,各友分散。余于腊月十四日买舟东下,十五日抵杭州,承饶友兄高谊,留寓城中新宫桥泰和祥荤油栈,楼上明净,堪为画室,又作江湖客矣,故记之。"可见,《绘事日利》是作者于民国七年(1918 年)在杭州作画和生活的实录,它记录了一位歙县画家每日所画的作品、交游以及所得报酬之详细情况,这对于艺术社会史的研究颇具史料价值。

4. 学徒日记

《习登日记》一册,应是一名徽州学徒的日记。该书封面除书名外,另有"方业远"的字样。日记从某年二月二十二日至翌年六月十六日,仅留下断断续续的记载,反映的具体年代不详,只能大致判定为晚清或民国时期。关于抄本的作者应是方业远,或即书中的"方光洪"。抄本的前一部分也就是《习登日记》,可能是方光洪居家时的日记,其中有不少反映歙县"木客"(即木商)活动的内容。从日记的内容来看,主人公活动的地域集中在厚坞、阳坑、绍村、南源口、茶园和金滩等地,也就是歙县的南乡一带。日记不足千字,但记录的内容却颇为丰富,其中有不少反映了下层民众的日常生活,对于徽州社

---

① 《美术研究》1984 年第 3 期。此后,洪丽亚亦作有《读郑旼〈拜经斋日记〉有感》,载杭州徽州学研究会编《杭州徽州学研究会十周年纪念文集》,1997 年 8 月。但该文只是简单的介绍,并没有超过黄涌泉的研究。

会史的研究颇有助益。如《习登日记》第二年五月十五日条载甲某船户装松板往茶园，回空时装回石板。闰五月十四日条记载来自严州的五加皮，"吃味不如从前，可见目今生意，愈趋愈下"。这些记录，均可反映新安江流域日常商品的流通状况①。

5. 农民日记

此前，江西学者邵鸿和黄志繁曾合作发表《19世纪40年代徽州小农家庭的生产和生活——介绍一份小农家庭生产活动日记簿》一文②，通过对道光二十五年（1845年）一份家庭生产活动的逐日记录，分析了徽州商业文化背景下的小农生存状况。类似的资料，笔者手头有更早的一册抄本《乾隆三十二三年逐日流水账》，详细记载了一个农家的日常开销和生产活动。有关农民的日记，还有《简要日记》1册，写在民国十二年（1923年）由上海商务印书馆出版的《中华民国十二年国民日记》上，该册日记上原有民国十四年（1925年）歙县任园居士的日记（用毛笔书写），后人利用原日记簿，记录了1956年歙县联心社一个农民的生活。

---

① 参见王振忠:《抄本〈习登日记〉——一册徽州学徒的日记》，载《古籍研究》2002年第2期。该文已收入本书上编。

② 此文发表于香港《华南研究资料中心通讯》第27期，2002年4月号，《经济学家茶座》2003年1月号转载。此后，有关排日账的研究颇多进展，主要的成果包括：黄志繁、邵鸿：《晚清至民国徽州小农生产与生活——对五本婺源县排日账的分析》，《近代史研究》2008年第2期；王振忠：《排日账所见清末徽州农村的日常生活——以婺源〈龙源欧阳起瑛家用账簿〉抄本为中心》，《中国社会历史评论》第13卷，天津：天津古籍出版社，2012年版；刘永华：《从"排日账"看晚清徽州乡民的活动空间》，《历史研究》2014年第5期；徐俊嵩：《民国年间徽州小农家庭的日常生活管窥——以1929年王福祥所立流水〈日就月将〉为中心》，《农业考古》2016年第1期；郑雪巍：《从流水日记看民国时期徽州小农的日常生活》，《佳木斯大学社会科学学报》2017年第2期。需要说明的是，2017年后，排日账之相关研究仍有一些重要成果出现。但因与普通的日记稍有区别，对排日账之研究可以自成一体。而且，笔者迄今已收集到十数种文本，今后将做专题性的探讨。

6. 医师日记

《诊医日记》(图10),抄本一册,内容主要是从某年的六月十七日开始的行医记录,包括患者的姓氏、年龄、症状和药方等。类似的日记,还有歙县上丰的《宋氏日记》(歙县上丰宋氏家族文书之一种)。

(二)徽州本土以外之人所写的日记

徽州本土之外的人所撰写的日记,其作者有的是徽州人,有的则非徽州人。兹以内容分类如下:

1. 徽商日记

(1)盐商日记:《日记簿》(图4),抄本一册,写在五行朱丝栏信书上,每页分上、下两栏,上栏印有"日"字,供填写日期及天气情况,下行记事。封二有"甲子年孟秋月吉日立"的字样,从内容上看,甲子年当为同治三年(1864年)。日记所记,为该年七、八两月的内容。作者是徽州府歙县上丰宋氏家族中的一个盐商。《日记簿》所记录的,主要是宋氏从江西吴城镇动身前往苏北各地,途经泰州、口岸等处,从中可以看出徽商在江西及苏北各地的商业网络①。

《便登》,抄本一册,封面题作"顺风大吉/同治五年二月吉立/便登"。该书作者为宋姓盐商,日记记载了他从扬州前往汉口运盐的整个过程。

以上两部日记,皆为晚清歙县上丰宋氏盐商家族文书之一种。

(2)茶商日记:《日知其所无》(图9)抄本一册,封面除书名外,题作"民国辛酉年/汪素峰志/第弍册",民国辛酉即民国十年(1921年),所见自当年阴历八月初一日(阳历九月二日),到十二月初三日(阳历十二月三十一日)。此

---

① 参见王振忠:《一册珍贵的徽州盐商日记——跋徽州文书抄本〈日记簿〉》,《历史文献》第5辑,上海:上海科学技术文献出版社,2001年版。该文已收入本书上编。

为汉口婺源茶商汪素峰的日记,对于研究民国时期徽商的茶业贸易、汉口徽商的社会生活,均有重要的史料价值①。

2. 展墓日记

《春帆纪程》,康熙年间歙县人程庭著,此人出自扬州盐商世家。《春帆纪程》是徽学研究的重要文献,以往人们征引的《春帆纪程》,源自王锡祺的《小方壶斋舆地丛钞》第五帙和许承尧的《歙事闲谭》。后者只是零星摘录,而《小方壶斋舆地丛钞》本也并不完整。今见《四库全书存目丛书补编》,收录有程庭的文集——《若庵集》,从中,我们基本上得以窥见《春帆纪程》之全豹②。

《歙县大阜潘氏支谱》③卷十《文诗钞》中,保存有嘉庆和光绪年间大阜潘氏的 6 篇展墓日记:潘奕隽《省墓记》,嘉庆九年(1804 年);潘奕隽《展墓日记》;潘钟瑞《辛巳展墓记》;潘钟瑞《歙行日记》(图 7);潘介福《癸未省墓日记》,光绪九年(1883 年);潘承谋《□□展墓记》。其中,以潘钟瑞的《歙行日记》的篇幅最长,资料也最丰富④。潘钟瑞留下的日记颇多,后人对此有很高的评价。譬如,光绪三年(1877 年)歙县知县谭献(1830—1901 年)曾指出:"十月初十日,阅潘麟生日记数种。《庚申噩梦记》《苏台麋鹿记》述吴门寇难;游记三种,以《西湖记游》为雅令;《歙行日记》黄山之游,颇于前人游记外别有

---

① 参见王振忠:《徽商日记所见汉口茶商的社会生活——徽州文书抄本〈日知其所无〉笺证》,载复旦大学文物与博物馆学系编《文化遗产研究集刊》第 2 辑,上海:上海古籍出版社,2001 年版。该文已收入本书上编。

② 参见王振忠:《寻根途中的徽州人》,《寻根》2007 年第 1 期。该文已收入本书上编。除了《春帆纪程》外,程庭还作有《停骖随笔》,为康熙五十二年(1713 年)赴京祝贺清圣祖玄烨六十大寿时的随日纪行之作。

③ 《大阜潘氏支谱》正编 14 卷、附编 10 卷、卷首 1 卷,潘志晖、潘承谋编辑,1927 年铅印本,16 册,复旦大学图书馆特藏部藏。上海图书馆亦有收藏。

④ 笔者作有《徽商展墓日记所见徽州的社会与民俗——以〈(歙县)大阜潘氏支谱附编·文诗钞〉为中心》,载上海图书馆编《中国谱牒研究——全国谱牒开发与利用学术研讨会论文集》,上海:上海古籍出版社,1999 年版。该文已收入本书上编。

风致。"①"麟生"为潘钟瑞之号。揆诸实际,潘钟瑞的《歙行日记》计有两种版本,除了见诸《大阜潘氏支谱》之外,另一种则见于《香禅精舍集》之六的卷十四、卷十五《杂著第八》,分上、下两部分。后者由苏城郡庙西首谢文翰斋刻印,末附有雷浚、亢树滋、潘祖荫的跋。该两种本子的文字多寡不一,主要原因是《歙行日记》在收入族谱时,只包括有关展墓、族葬的"公事",其他与此无关者则加以删减。

类似的日记还有不少,如邵嗣宗的《旧乡行纪》。② 邵嗣宗字鸿箴,号蔚田,乾隆壬申(十七年,1752年)会试第一,选翰林院庶吉士,授编修,官至侍读,卒祀乡贤祠③。他于乾隆癸亥(1743年)春正月初八由太仓起身,前往祖籍地休宁展谒祖墓,参与祠祭,并"迎先府君神位入祠"。与他相似,海宁吴骞,祖籍为休宁厚田里,后迁居浙江为盐商。他于乾隆甲午(三十九年,1774年)、嘉庆庚申(五年,1800年)两度返徽,分别作有《可怀录》和《可怀续录》。④

3. 游记

明人汤显祖有诗曰:"欲识金银气,多从黄白游。"黄山和白岳,是当时人竞相趋赴的名胜,由此留下了不少的游记。著名的《徐霞客游记》中,就有《游白岳日记》《游黄山日记》(前后两篇)。不过,作者徐弘祖的重点在黄山、白

---

① (清)谭献:《复堂日记》,"近世学人日记",石家庄:河北教育出版社,2001年版,第331页。
② 见王锡祺所编《小方壶斋舆地丛钞》第5帙,杭州:杭州古籍书店,1985年版,第68页上~69页上。与《春帆纪程》相似,收入《小方壶斋舆地丛钞》者为删节本。其足本见邵廷烈(邵嗣宗之曾孙)所辑《娄东杂著》土集六,《棣香斋丛书》,清道光十三年(1833年)太仓东陵氏刻本,第1页上~12页下。除《旧乡行纪》外,邵嗣宗另作有《葬考》《洗心录》和《筮仕金鉴》等。
③ (清)王宝仁辑:《娄水文征·姓氏考略》,1991年6月广陵古籍刻印社据道光有宋斋刊本影印,第24页下。《娄水文征》卷七十二有邵嗣宗的《始迁祖提公像赞》,文中有"新安沄沄,白岳嶐嶐"句,白岳即休宁齐云山,从中可见他对徽州祖籍地的眷恋。
④ 见《愚谷文存》卷十四,《续修四库全书》第1454册,集部别集类,上海:上海古籍出版社,1995—1999年版,第315~324页。

岳,不在徽州,尤其是黄山游记,可以单列为一类,此处不再叙及①。

《礼白岳纪》一卷,明李日华撰。李日华为嘉兴人,字君实,号竹懒,万历进士,官至太仆少卿。其人所著的《味水轩日记》中,就保留了他两次前往徽州的日记,即万历三十八年(1610年)九月和万历四十二年(1614年)四月。其中,万历三十八年九月的徽州日记,又单独成为《礼白岳纪》一卷。李日华两次到徽州,都是礼谒白岳(齐云山)。《四库全书总目提要》曰:"是书自纪其万历庚戌礼神白岳之事。"李日华的目的虽然是礼谒白岳,但日记中对徽州的记载占了相当大的比例。

《快雪堂日记》②,作者为浙江秀水人冯梦祯,万历五年(1577年)会试第一,官编修,家藏《快雪时晴帖》,故名其堂曰"快雪",有《快雪堂集》。他于万历三十三年(1605年)二月二十七日至四月二十一日赴徽州,所作日记见其人的《快雪堂日记》卷六十二。

《新安纪程》(图2)初稿,抄本一册,封面作"丁卯七月受之抄赠吴氏图书阅览室"。书中有言:"此书系自华兄之旧本抄得,阅旧本,著者系盐城春甫先生,春甫不知谁何,且此书又不知华兄得于何人之手,其中溪南名园联额,本族著述中未见者,此书特有之,似应与本族著作并重,但恐抄袭错误,请保琳族台改正之时。(琳按:此书曰《新安纪程》,其实不止新安也。)中华民国十六年阴历七月念一日受之记于浙江龙游县吴山镇汪宅。""受之"为西溪南吴氏族长,亦即著名的《丰南志》之作者吴吉祜。书中有不少吴受之(吉祜)的小注,注明缺字情况(有时用"○○○"表示)。抄本天头,另有吴保琳的注。据内容推测,《新安纪程》的作者与西溪南吴氏为姻娅之戚。

4. 宦游日记

袁中道的徽州日记,见《珂雪斋集》卷十三《游居柿录》③。《珂雪斋集》是

---

① 李一氓编:《明清人游黄山记钞》,合肥:安徽人民出版社,1983年版。笔者亦曾作《蒋维乔的黄山纪游》,载《徽州社会科学》2004年第2期。该文已收入本书上编。
② 《快雪堂集》64卷,明万历刻本,20册,复旦大学古籍研究所藏复印件。
③ 《游居柿录》曾由上海杂志公司据明刻本排印,一册,易名《袁小修日记》。

明代公安"三袁"兄弟之一袁中道的全集。袁中道,字小修,生于隆庆四年(1570年),卒于天启三年(1623年)。从小聪颖过人,生平足迹遍于燕赵、齐鲁、吴越胜迹。他于万历四十四年(1616年)中进士,授徽州府教授。所撰《珂雪斋前集》24卷,即于万历四十六年(1618年)刻于徽州府学,从首列校者姓氏来看,捐资助刻的其友人或门下弟子,绝大多数是徽州人。后来,袁中道又增删而成《珂雪斋集选》,其各卷校者,也有徽州人。《珂雪斋集·游居柿录》卷十三为袁中道戊午年(万历四十六年,即1618年)的日记,其中二月初一日至十一月二十八日为"排日作记的游记"(钱伯城语),实即徽州府学纪事。

谭献(1830—1901),清浙江仁和人,原名廷献,字涤生,改字复堂,号仲修。同治六年(1867年)举人,历知安徽歙县、全椒、合肥和宿松等县。其骈文师法六朝,尤工词,家藏前人词曲甚富。有《复堂类集》《复堂词》,又辑《箧中词》。谭献于光绪三年(1877年)出任歙县知县,《复堂日记》卷四及《补录》卷二中,留下了当时的宦游日记。他对新安之大好山水、徽州的吏治民风等,皆有精彩的描摹。

5. 其他日记

另外一类日记是徽州人外出游学或宦游的日记,如《胡适日记》[①]、胡适之父胡铁花的《胡传日记》[②]等。不过,此类日记除了偶然可见徽州人彼此之间的交游,与"徽学"研究的关系并不太大,兹从略。

[①] 关于胡适的日记,可参见陈左高《历代日记丛谈》"胡适《藏晖室日记》及其它"条,上海:上海画报出版社,2004年版,第210~212页。

[②] 欧阳哲生编:《胡适文集》第一册,北京:北京大学出版社,1998年版。《胡传日记》亦作《台湾日记》(题作绩溪胡传著、贵县罗尔纲校编,收入台湾省文献委员会印行的《台湾丛书》第3种《台湾纪录两种》上册,该书承台湾"中央研究院"台湾史研究所谢国兴研究员惠赠,特此致谢。)

二、徽州日记的学术价值

日记的学术价值,以往不少人皆有涉及,此处仅以徽州日记为例,作简要的概述。

(一)宏大历史事件的微观记录

日记中保留有不少反映当时历史事件的重要史料。譬如,清代前期曾发生让全社会卷入的割辫案。美国学者孔飞力教授以叫魂案为中心,著有《叫魂——1768年中国妖术大恐慌》一书,向我们展示了统治者如何"利用操纵民众的恐惧,将之转变为可怕的力量"。但根据清人詹元相《畏斋日记》条的记载,早在康熙三十九年(1700年)六月二十一日,婺源县浙源乡嘉福里十二都庆源村詹氏宗祠就曾"出帖驱逐一切闲游僧、道,及面生可疑人,以耳闻邻邑有儿童辈被其阴害故也"。这条记载与孔飞力研究的乾隆朝之叫魂案颇为相近。结合新近发现的"叫魂"实物可以看出,割辫引发的危机,早在清初的康熙年间就已出现,并在有清一代时隐时现①。

咸丰元年至同治三年(1851—1864年)爆发的太平天国运动,历时十四年、纵横十八省,这场兵燹对徽州社会产生了重要的影响。《程可山先生日记》辛酉年(咸丰十一年,即1861年)三月初一条:"徽郡陷后,贼到之所,皆令民蓄发。自休城收复,百姓言官军不日即至,喜各剃发。二十二日,安勇忽溃,贼乃猖獗,遇民即杀,致家乡无立足之地,日内吾村族众及姻好逃避至祁者日不绝,所寓已住至五十余人。"数十年后的抗日战争期间,日军虽未直接进入徽州,但战争的阴霾却始终笼罩在黄山白岳的上空。徽州女童的《腾[誊]正日记》抄本,记载了1937年中日战争全面爆发后徽州社会的紧张气氛。当时,日机对皖南的盘旋威胁以及野蛮轰炸,直接影响到徽州人的日常

---

① 参见王振忠:《从新发现的徽州文书看"叫魂"事件》,《复旦学报》2005年第2期。

生活。透过她的记述,我们了解到这场战争对皖南山区社会和经济生活造成的破坏。1938年4月30日,女童写道:"去年从七八月和日本战争,失去土地很多,所以山东也失去了,山东省的人,不能到我本地来收珠兰花做茶叶,养珠兰花的人没有钱进,苦了很多。"民国时期,随着盐、典等传统产业的衰落,在皖南,依倚茶业为活者日益增多。而日军的侵华,则使本已竭蹶困窘的民众生计雪上加霜。徽州女童的战时日记,以其生动的笔触,描绘了此一严酷的历史①。

类似的还有张均耀日记,该日记四月十四日(星期五)条写道:

> 现在人民生活程度很高,物价如此突飞猛涨,真是吓人!听闻白米要壹百多元一斗,油、盐要伍拾几元一斤,余此类推,可想而知,如此生活难以维持,人民痛苦不堪。
>
> 在此抗战时期,田地很多的人,只要年成大熟,尚可度日;那些租田地耕种的人,除包租外余粮很少,再怎样能维持他的生活呢?纵使他们披星戴月、沐雨栉风的劳苦工作,全年的生计总成问题。可是主们太阳不晒,下雨不湿,坐收丰粮,不劳而获,何等幸福!如此看来,地权不均,也是最大原因。倭寇未除,更是最大的祸患。我们要想物价低落,安居乐业,非举国一致,团结御侮,消灭敌人,然后才能实行平均地权。

兵燹战乱不仅殃及徽州本土,而且,在徽商侨寓的各地,战争之冲击亦创深痛钜。"臧拜轩主人"(程秉钊)是出自徽州绩溪的典当商子弟,太平军兴时寓居杭州,肄业于崇文书院。他所作的日记——《记事珠》,除了记载其人读书、教授诸生、泛湖饮茶、沽酒买醉的日常活动之外,还记录了这位杭州徽商子弟眼中的太平天国史事。譬如,日记记载了杭州城内复胜勇与民因争市而交恶的详细情形,并对自己与太平军的周旋,劫后杭州城之惨景,皆有详尽、生动的

---

① 参见王振忠:《徽州女童的战争日记》,《安徽师范大学学报》2005年第2期。该文已收入本书上编。

记录,是研究太平天国时期徽商活动的重要史料①。类似的战争日记,还有苏州汪德门的《庚申殉难日记》等。②

(二)社会实态的生动叙事

由于日记反映的是一种私人体验,故对于周遭之描摹往往更为生动、细腻。譬如,物价的记载在历史文献中通常比较缺乏,而日记则往往不经意间作了记录。明末清初的《应星日记》记载有多年的粮价,而康熙年间的《畏斋日记》记载有婺源庆源村的物价。以盐价为例:

表1 《畏斋日记》所载婺源庆源村盐价

序号	年份	盐价	页码
1	康熙三十九年六月二十	盐一钱银得八斤	191
2	康熙三十九年七月初一	盐价一钱得七斤	195
3	康熙三十九年七月十三	盐价一两银七斤半③	196
4	康熙三十九年八月二十一	支文[银]三钱,买盐二十四斤,干。又一钱,买大榜弟盐七斤四两,干	200
5	康熙三十九年十二月二十四	盐一钱银八斤	211
6	康熙四十年二月十一	盐一钱银十斤半	216
7	康熙四十年二月二十九	支文[银]二钱,买盐十八斤八两,干称	217
8	康熙四十年七月十三	盐一钱银十二斤	222
9	康熙四十年八月十九	盐一钱十一斤	224
10	康熙四十年十一月初六	盐一钱九斤半	227
11	康熙四十一年五月十一	盐价一钱银十斤	234
12	康熙四十一年六月三十	盐(一钱)十斤	235
13	康熙四十三年七月初二	盐(一钱)十斤	257
14	康熙四十三年十一月十六	支银一钱一分,买盐十一斤	259
15	康熙四十四年	盐每钱七斤	265

---

① 参见王振忠:《杭州徽商子弟眼中的太平天国史事——新发现的徽州日记稿本〈记事珠〉解题》,《九州学林》第11辑,2006年春季,香港城市大学中国文化中心、复旦大学出版社。
② 亦作《德门公手书日记》,"耕荫丛刊"之一,苏州华兴书局印行,武汉大学图书馆藏。关于此书,承武汉大学历史系鲁西奇教授帮助,特此致谢!
③ 按:从上下文的记载来看,此处的"两"当为"钱"。

《乾隆三十二三年逐日流水账》，更详细记录了一个农家的日常开销。譬如，"正月十九日，父亲同天遂叔担米四十一斗出休宁，卖艮[银]二两五钱八分，铜钱八百五十八文。外除用四分。支钱十八文，买册巾一枝；支钱八十八文，买红烛一斤半；支钱四十文，买生烟半斤；支钱三十四文，付黄茅社傅兄家买枕头席二副"。类似的记录虽然比较琐碎，但因其记载的连续性却也颇具史料价值。

徽州是自然灾害频繁发生的地区，民国年间歙县教师日记阳历六月一日（阴历四月十四）条载，作者"下午偶步田畴，见未播种者十居一二，都因无水而难耕耨也"。阳历六月九日（阴历四月二十二日），"天之不雨也久矣，下民望雨之心也切矣，田未播种也亦多矣，千顷田禾，厌厌枯稿[槁]，久待时雨而沾润泽也。时刚下午四点钟，天之东北隅，油然作云，黑如锅底，民以为大雨将至，欢声震野。已而西南风大起，竟将东隅黑云飘移北隅，距离三四十里之村落，大雨倾盆，无不壑涧皆盈，而余邻近村落，绝无一毫得被其泽，是余邻近之下民，均自作孽不可活欤？抑是获罪于天而降以灾欤？若再十日不雨，苗则尽稿[槁]，收何有秋！而余邻近之居民，则必糊其口于四方矣"。其间，发生了不少因用水灌溉而产生的纠纷：

> ……下午，祖母坐落塘背坞之田，佃户为灌浇故，与人冲突，嘱余至田勘察，孰是孰非，为之排解，如命往焉。其所争执者，蔡人王某与本族李某。而王某所种者，悉余家之田；李某所种，亦是余家之田。王居其上，李居其下，王则早播，李则未播也。今李期于播种，汲水方可耕耨，而汲水必由王之田。王因田曾枯旱，流无长源，益于彼，必损于我，其所不许假道，亦理之所当然。李则不夺不厌。余见此无理之争执，斥于李，而导于王，卒允其假道，遂告无事。然农人之所如是，亦天不雨所致也。苟天雨，则无自争执矣。

婺源虹关镜心堂刊行的劝善书——《镜心甲子宝诰》中，有《定教慈佛著劝世诗》，以浅白的文字对各行各业加以分类规劝，其中，就有针对农夫的《劝勿从中断人水路》："亢旱天时无法施,篝车车水费多赀。从中把水归吾亩,如此良心祸不迟。"这说明上述的纠纷,在传统时代的徽州各地颇为普遍。

旱灾往往引发农民用水的矛盾,但久雨亦容易引发水灾。民国时期歙县教师日记阳历六月十二日(阴历四月二十五日)条:"天雨两昼夜,田畴泛滥,犹有嫌其雨足者,何其不平若此耶!苟天数日不雨,而望霓云心切;沛然雨矣,又嫌其多。信哉,天公之难做也!"类似的水旱灾害之记录,在日记中颇有所见。

此外,一些外来者到达徽州,往往记录下让他们感到新奇的现象。譬如,谭献的《复堂日记》,就对徽州的官场吏治作了深刻的揭露。对于吏治,他在升堂治事后的第三天,"点吏役名簿",不禁叹道:"一岩邑有五六十差,东坡所叹也!"他还描述了晚清徽州官场的丑态:"三月初二日,学使诣学,陪听宣讲。支应处坐,自持节大臣,舆台皂隶,但见纷纷来索钱耳。"对于徽州健讼的民风,他也记录了所见所闻:"廿三日,出堂受辞,大都浮伪,而涉讹索者且十之六,为之矜叹!反复劝导,仅一二人尚领意,冥顽狡谲者为多。"在谭献在任的晚清时期,各地流民尤其是江西人纷纷涌入徽州务工谋生,这使得官府对基层社会愈来愈难以控制。光绪四年(1878年)十月"初九夜雨中,都昌匪众犯县,掷火药,未炽。兵役禽[擒]五六人,讯知约黟县同起,皆江右之为木、石匠人者。前年景德镇之哄,亦都昌人"。当时,歙县等地也有"江西人形迹较异者",早已引起了谭献的重视。根据清末的调查,休宁当地称江西人为"赣痞",江西人的势力很大,屯溪有江西会馆,甚至有"赣帮八月一"(即江西人的结社活动)。江西人的活动,对于徽州社会产生了极大的冲击。

自明代以来,由于徽州之富庶,徽商对于古董鉴藏的需求,徽州的古玩市场就颇有规模,这在明末清初古玩商人吴其贞的《书画记》中多有记载。尽管从清代前期开始,徽州的古玩有"渐次散去"之趋势,但及至晚清,不少士绅商贾,所藏仍颇宏富。谭献在徽州所见古玩、书画、旧籍,颇多故家所藏。这些对于我们了解晚清时期徽州的社会生活,具有重要的价值。

（三）城乡景观和风俗民情的展现

不少日记，尤其是一些游记，对于徽州城乡景观和风俗民情多所描摹。譬如，《珂雪斋集·游居柿录》卷十三为袁中道戊午年（明万历四十六年，即1618年）的日记，其中二月初一日至十一月二十八日为"排日作记的游记"，实即徽州府学纪事，真实地再现了晚明时期徽州府城的城市景观。如二月二十一日午，至徽州府，"万山攒簇，真烟云国也"。徽州地处万山之中，山水村郭皆掩映于苍茫烟云之中，这令袁中道不由得生发出如此感慨。"再游河西，骤雨时至，疾雷继之，诸山濛濛然，惟见白气沸涌"，河西是指练江以西的部分。"出新安城西，石栏最古，溪水依山，河西桥间之，登舟荡漾。南岸为太平十寺，其最下为鱼梁坝，累石为界，水喷如雪"。鱼梁坝在县城东南二里处的练江之上，袁中道曾"步过紫阳山，听鱼梁水声甚厉，望之如积雪，又上沸里许。至紫阳桥，甚整丽，左右不用栏，俱以石砌，精工坚密，非新安物力不能有也"。紫阳桥又名寿民桥，也位于练江之上，为九券拱形石桥，因西邻紫阳山而得名。石桥的精美结实以及折射出徽州之物力繁庶，为袁中道所叹服。

除了桥梁外，歙县城内还有诸多名山，"新安城内有问政山，上多桃李竹树"。问政山位于徽城东部，唐代歙州刺史于德晦为其从兄于方外在此筑问政山房，后依此得名。"乌聊山在城中，见河西紫阳诸山、太平十寺，溪水界之如画，真绝境也！绕山为径，至东岳庙前尤佳，古木阴森，为消夏第一处。是日往游，天色晴雨不常，雨时诸山朵朵如淡墨洒成，而晴复作浓蓝……山上为汪王庙……""游乌寮山，坐亭上，望城西山色如攒连，一水萦绕，沉碧照人。远村近林，树色封天，而万户栉比，粉墙画阁，枕籍[藉]山溪间。盖野逸壮丽，无所不有。是日极清和，胸胃中无一事，笑谭至日暮始归"。"乌寮山"即前述的乌聊山，汉末毛甘在此抗御孙权，1965年改现名，也就是现在城内的长青山。

除了自然山水之外，人文景观亦引人关注。县城中部还有斗山，又名魁杓山，海拔一百七十余米，有七个相连山冈分布似北斗星，故名。斗山西麓现为石板路面的居民区,即著名的旅游胜地斗山街。根据袁中道的记载,"斗山亭在郡城内,正依城,可远眺。西有栎树,阴甚浓"。"同年汪长孺见召于斗山书舍,左望河西诸山,右望黄山诸峰,而中为练水一泓,光烁人目"。"重阳日,天昏昏作雨意,同僚公请于斗山文昌阁。席上见近日簇簇万家,栉比如聚雪"。这段文字写得相当优美——粉墙黛瓦的徽派建筑灰白相间,远望看似尚未消融的积雪。据此可知,斗山街一带建有斗山亭、斗山书舍和斗山文昌阁等,早在十七世纪前叶景色便十分宜人。袁中道还曾"登塔(霞山神柱塔)绝顶,见万山萦绕,溪练界其中,亦不知孰为郡城,惟见一片积雪萦萦山阿而已,盖此间筑室,外俱用粉黛故也。椁楔颇不文,予谓用《天台赋》'霞起建标'四字为妙"。据研究,粉墙黛瓦马头墙的建筑风格大致形成于弘治以后。一百多年后,袁中道鸟瞰全城,他提及的"粉黛"和"椁楔",显然也就是上述的徽派建筑风格。清康熙五十七年(1718年),祖籍歙县岑山渡的扬州盐商程庭,在回乡展墓时,描述了令他震撼的徽州印象:"乡村如星列棋布,凡五里、十里,遥望粉墙矗矗,鸳瓦鳞鳞,椁楔峥嵘,鸱吻耸拔,宛如城郭,殊足观也。"程庭所见到的歙南建筑风格,与大约一百年前袁中道所见的徽城风格并无二致。

对于城乡各地的景观,不少日记均有涉及。袁中道曾到过歙县、休宁一带的城乡。如"往郑村晤秦京,沿村山水清丽,人家第宅枕籍[藉]山中,危楼跨水,高阁依云,松篁夹路"。郑村位于歙休盆地,这一带为盐、典巨商的故里,是徽州最为富庶的地区,豪宅别墅与青山绿水交相映衬。"四月十一日,往秋浦,取道休宁,过岩镇,关阁甚盛"。万历三十八年(1610年)九月十五日,李日华至岩市镇,但见"街术纵横,车毂凑击,聚落之雄胜者,以礼岳故,不敢迟徊流览。入一小肆中午餐,几案楚楚,熏炉砚屏,若苏人位置,壁有文太史画一帧,题句云:'秋色点霜催木叶,清江照影落扶疏。高人自爱扁舟稳,闲美长竿不钓鱼。长洲文璧。'"可见岩市镇当时相当富庶,人们的日常生活刻意追求苏州时尚。

在休宁,"望松萝诸山如屏障,而城内外万家栉比",袁中道不禁感慨:"海阳殷盛甲于天下"。① 李日华也认为："休宁县县治壮丽,江南北所未见。"乾隆三十九年(1774年)吴骞回徽州展墓途中,于清明日清晨至浦口,据他描述："过此而南,水石稍夷,然滩则愈浅,两岸人家益增台榭之胜。是日风色晴明,上冢者船中悉载弦管,翠幰纱窗,笙歌嘹亮,数十里往来不绝。临水之家,则有凭栏下瞰,飘然欲仙者。宋人所作《清明上河图》,未审视此何如耳!"逆新安江干流由浙江省进入徽州歙县,至浦口分为两路:一路经练江到紫阳桥、渔梁坝、太平桥,迄于县城河西;另一路经渐江,由朱村、义成、雄村、柘林、岑山渡、烟村、王村、篁墩、草市,迄于屯溪。吴骞的祖籍位于休宁厚田,故他所走的是第二条水路。这一带的雄村、岑山渡等村落,都是明清时代徽州盐商巨子的桑梓所在,村落景观极为雅致。乾隆五十一年(1786年)沈景运所著《浮春阁诗集》卷六记载:"两岸多山家大族。"并有"两岸山家多望族"之诗②。当代著名的旅游景点雄村之竹山书院,早在十八世纪便是蜚声遐迩的歙南名胜。吴骞曾到雄村,游溪山深处的曹氏园亭。而谭献在徽州,也曾前往雄村的竹山书院,但见"台榭幽窈,花木靓秀;中为讲堂……缭以短垣,面新安江,峰峦如屏,帆缆上下,擅胜在远。山泽之姿,可以坐啸"。

除了雄村的竹山书院外,还有著名的"北岸廊桥",这在一些日记中也有生动的描摹。光绪年间潘钟瑞《歙行日记》记载:"……过大阜桥,又过北岸桥,两桥阔大相匹,右皆潘姓,左皆吴姓。北岸桥上建屋十一间,中间龛奉大士,两旁设长坐以丈计,施茶汤,卖食物,小憩甚佳。"另外,潘介福在《癸未省墓日记》中亦曰:"薄暮,偕两兄同宇和族叔小步出村,至北岸桥观鱼。桥甚新,有屋十余间,两两相向,桥下神鱼甚多,投以饵,即来。"显然,当时北岸是当地的一个重要景点。对此,民国时期的一部歙县教师日记中也说:"下午,授徒课毕,以其终日寂寥,而欲领略风景,以舒胸襟,故步伏金桥焉。早有程某、罗某及留村之章某亦来冶游,坐石栏而谈天说地,金曰:汝亦来游乎?余

---

① (明)袁中道:《珂雪斋集》卷二十一《书海阳社册》,上海:上海古籍出版社,1989年版,第911页。
② 参见王振忠:《新安江的路程歌及其相关歌谣》,《史林》2005年第4期。

应之曰:是。后程某曰:桥固良也,四围风景又佳,空气又爽,终不若北岸桥之制作纯良也。余曰:不然。夫北岸桥之有亭,亦赖其村有好施与,出资以补助,而俾之以建设也。若我村有如斯人重而葺之,亦不亚如彼矣。"(阳历六月五日,阴历四月十八日条)这些对于城乡景观的记载,对于如今的旅游开发亦颇具参考价值。

除了城乡景观之外,对于徽州的民情风俗,日记中亦颇多描摹。袁中道曾指出:"新安人于三月三日为竞渡之戏。是日雨,有二舟泛水,观者皆冒雨执盖著屐往看,奔走如狂。"这涉及民间的竞渡之戏。对于官方的祭祀礼仪,他也多有记载,如"清明,从郡守诸公祭厉……从郡守公祭厉坛,见祖宗祀者亡祀之鬼,轸念甚至……""演祭文宣乐,八音无声,器坏服敝,乐舞生数十人,如牧牛童,舞时止解躬身起手,如俗所云'单鞭势'者,不觉匿笑。二府演乐刑牲,前见一鹿置藩中,以角抵其栅欲出,顷之捉向地上,直刺其喉,苦状所不忍言。其余羊豕兔物,皆于生时尽其命……陪太府祭先师,分献事竣致胙,是日代祭斗山文昌。陪祭山川社稷风云雷雨之神,例不着祭服,而着素服,以便送迎上官也,可谓敬人而慢神矣。祭汪王之神,王名华,唐人,为宣、歙等六州节度使,世乱能抚此六州者也。其庙在富山,隔城见河西山水秀媚"。他还提及休宁的迎春,"从南门教场演诸伎乐,遍游城中,四门观者如堵"。这与赵吉士之曾祖父日记的记载可以比照而观。而康熙年间的程庭,在《春帆纪程》中曾指出:

> 徽俗士夫巨室,多处于乡,每一村落,聚族而居,不杂他姓,其间社则有屋,宗则有祠,支派有谱,源流难以混淆,主仆攸分,冠裳不容倒置——此则徽俗之迥异于别郡者也。

> 至若男尚气节,女慕端贞,虽穷困至死,不肯轻弃其乡,女子自结褵未久,良人远出,终其身不归,而谨事姑嫜,守志无瑕,没齿无怨——此又余歙邑之独善于他俗者也。

此处对徽州乡村的聚落景观、人群结构、妇女生活和风俗民情等,都作了生动的描绘。

1918年婺源查辅绅的日记记载了当地元旦的习俗:

鸡声报晓,举首已天色冥冥矣……父亲约长、二兄及余同出行,正南为福神,吾人朝正南以拜,盖祈福也。古人云:福自天申,诚心向道,未尝废祷告也。后与双亲及家人拜年,更出,向族人拜年。吾村祖规,各族房皆于是日及明日,至各族房祠内拜年。拜年后,以酒饮之。拜年者,罗坐于两旁;值年者,先发杯,次斟酒(酒皆自制),饮三五杯或十余杯不等。饮毕,同声道多谢而出。至次房祠亦如是,惟由亲以及疏耳。是举虽不知倡自何人,倡此者废[费]尽心机,一举两得。值年者既不废事,拜年者复不扫兴。一方既有团结力,一方复有和睦气,岂特两得而已哉!

又如元宵节,日记二月二十五日(正月十五日)条载:

今日为元宵节,即我村之灯节也。家家户户,碌碌忙忙,豫[预]备迎灯。先人设此,所以藉谋和睦,藉结团体。今人多失此旨,而相斗哄。龙头必以高为贵,接龙必以□多为上,殊不知耗费多矣,须力巨矣,复何益乎?

对于龙灯,1927年婺源詹耀先日记正月十三日条载:

是夜迎龙灯,发烛后,龙头出团门外,天忽下雨,灯到周王庙,大雨时行,灯仍到宋村,一概执事人均到,各人身上由[犹]如水中出来,灯回头,到天灯上厅屋择灯,各人回家,迎灯酒未吃……

关于元宵节的龙灯,早在明代,冯梦祯就曾写过:

出灯者,溪南俗。元宵后以灯娱神,例正月二十五出,不晴则更期,遂至此月。鼓乐前导,台阁、彩船、旗盖俱以灯为之,上饰倡女,凡二阁一船,后纱珠、羊角等灯,多至数百,后迎关神,巫以巨斧入额寸许,血淋漓被体,男女聚观,道路为拥。

歙县西溪南(今属黄山市徽州区)是著名的盐商聚落,当地的民情风俗颇受世人瞩目。清道光年间《新安纪程》亦提及该处的习俗:

(五月)初二日,晴,阖村赛会演戏,又以纸为龙舟,且肖南、雷二将军像,遍游村市,钲鼓聒耳,爆竹喧天,以辟疫也。午后往观,会散而回。

民国时期歙县教师日记阳历六月二十一日(阴历五月初四日)条,有"嬉钟馗"的记载:

近邻之村落,名孝女村者,乡人以彩纸粘就之钟义士,来我里游嬉。锣鼓喧天,燃放竹爆,观者填街塞巷,颇极一时之盛。俗所谓端午嬉钟馗,可镇诸般恶煞。……盖端阳凶节也,村人塑其像而乐游,其游之处,必于街坊及人烟稠密之地,燃爆愈多,其游兴愈甚,兴之极,则辘轳轮转不休,似走马灯之流转不息也,藉以娱乐,又志以纪念耳。

孝女村位于歙县南乡。虽然说在全国范围内,"追吊屈原"历来都是端午节的主流叙事,但在徽州,"嬉钟馗"等活动实际上却扮演了更为重要的角色。民国时期的辋川村学生日记,还记载了民间做坟之事:

我们村庄里有三个邻家,在下田圩合做风水,于月之十一日即已开穴扦造,听说是卯酉加庚申的山向,来龙、朝山完全都好,其结椁有八大明棺,兹已告竣,其地虽非牛眠,不比富豪之地,绝对是没坏处的,村乡一般,所以购买者接踵于门,不计其数,被邻因其估价太高,以致尚未卖完,即没人购买,竟有他处某名某者,来审价目高低,买去两棺,以妥生人之用,故谓之生椁。

对于徽州的民间信仰,一些日记中也有生动的描述。如学生日记[①]:

对面山春水浓,有一个观音菩萨实在灵感,一年到头都有人来拜。还有三月十九、六月十九、九月十九三个十九,拜者□多,果然

---

① 该册日记计一万余言,除了少数一两天缺记外,从某年九月初二日到当年十二月初四几乎连续不断。

闹热。今朝九□[月]初九是个重阳节,也有些人来拜。我家附近村乡有个重阳观音会,看见邀同许多人去拜观音,保护大家清清吉吉、欢天喜地,是人生之一大快乐之事也!

早饭吃过,忽然一人来对我说:今朝大家都出小川去接九相公,你可同去吗?我回他说:今朝接菩萨,乃是很好的么,一定同尔去。随即穿的一件长褂,换的一只新鞋,捻的一方手帕,遂同那一个人同去。到小川,大家将九相公抱上轿,再摆开凉伞旗帐,放爆竹,敲锣鼓,恭恭敬敬,把一个菩萨接进源里来了,游的一个圈。吃过中饭,将这个九相公,送到小川去了……

我前天看见里八亩坦李裕浩家做事业、请菩萨,到有二十多个道士,四方来看的人,男男女女,约有四五百个。九只锅煮饭,都来不及,吃去有二十多□米。叫五日头,实是三日三夜。相帮张罗的人,却也不少,果果然闹热得很……(十月初六日)

前天讲是大川新菩萨下马,计是要做戏……新菩萨先到大川登位了,祠堂里做祭戏也。开台了……大川人摧锣,讲是今朝新菩萨要游神,家家都要进家拜菩萨……(二十九日)

小川、大川皆位于歙县南乡。所拜神灵除了观音外,还有"九相公",后者是汪公的儿子,为徽州最为重要的地方神明之一。在徽州,民间传说汪公有九子,即俗称的一、二、三太子,四、五、六诸侯,七、八、九相公。

(四)徽州人性格特征的形象揭示

不少日记(尤其是外来者的观察),极大地凸显了徽州人的性格特征。清代汪士铎为江苏江宁人,祖籍徽州,为道光二十年(1840年)举人。咸丰初年,因太平军攻入南京,他逃至徽州绩溪宅坦,授徒为生。所撰《汪悔翁乙丙日记》为太平天国时期的"战时日记",极具史料价值。其中,对于中国的人文风气以及徽州人之性格特征,有着相当形象的揭示:

> 山居之民贫而强,性好乱而暴,易动难静,耐寒苦,乐杀戮,嗜利无耻,识见渺小,齐心持久,愚而顽也,江西、川、云、贵、广西是也。平原之民忠信敦大,北五省是也。水滨之民富而弱,性好文而诈,易骄难俭,好浮华,崇虚诞,机变无信,举动阔大,心不齐,不能持久,巧而狡诈也,江、浙、湖北是也。四不像而不文不武,一无所用者,宣、歙、池、严、衢、饶州也。滨海之民嗜利好乱,反覆无常,闽、广是也①。

这是将绝大部分的中国人分为山居之民、平原之民、水滨之民和滨海之民四类,并将徽州所在的皖南以及浙西、赣东北地区的人群,称为"一无所用者"。汪士铎是个极为偏激的怪人,避居绩溪宅坦村期间,可能也是他一生中极为郁闷的时期。故此,他对徽州的一切皆颇多微词:

> 绩溪不佳之处,婚妇女长于男,婚太早,求子孙多,饰祠堂太僭越,而无实政。好风水术数,雕镂房舍,屋皆楼,聚族而居(古人同财,故可聚族,今人异财,不见其益,徒形滋扰尔)。百物贵,地狭人多,守其陋俗,惟恐失坠,见界小而陋,百物贵至数倍……

> 绩溪佳处,朴野俭素,溺女,男尊女卑,无贫富相耀,不见异思迁。不佳者子女至多,犹恐不生,以丁多为土产……

> 好尚只见于绩溪者,色尚蓝黑,食尚咸、尚硬(不熟),不食汤,不饮茶。喜萝卜、北瓜,好爆竹。男多吐血外症,女多瘿及疮。冬不多着衣,夏无食汤水者。称谓名不正之至。人瘦细削薄,不知腐臭。性迟缓,喜丁多,无将气,无力恋家,不能在外,无远志,不能担而能步行,才纯不敏。山气寒,见狭小量,啬细纤吝,目小目瞎多泪,柔而不决,不能办大事……

> 绩溪天大寒,山气重也。地太狭薄,山太多,水太少,室太暗,俗太野,人太固执,风俗而不变,宫室制太雷同,太晦暗,床太狭,床太

---

① 邓之诚辑录:《汪悔翁(士铎)乙丙日记》卷二,"近代中国史料丛刊"第13辑,沈云龙主编,台北:文海出版社,1967年版,第53页。

不平,食物太少,俗太苦,士太胶泥朱氏理学,食太硬、太咸,作事过缓。八都无豆房,窄狭黑暗如狱,如地狱无窗。衣狭小短促,喜暗昧,幽黑狭小,不肯一毫有余。东厕在室内,喜臭腐,喜守其陋习,动言我绩溪是如此,若以为当然而不可变者,不可择善而从。虫太多,蚊太多,柴太贵,又要自劈。名太不正,称祖曰舅,父曰伯……①

徽六邑绩溪最苦,地狭人多也。祁门次之。推原其故,他邑人皆经商在外,故生子少,妇人独居故也。又或携眷迁徙,故人不多而富。绩溪民愚,拘牢旧俗,牢不可破,迁于他所者百之一,而经商者亦绝少,即为商,亦负贩小经纪,年必家居半载,生育日繁(嫁娶亦太早),故人多于他邑,而愚于他邑,贫于他邑。

徽州人固陋,喜人多,婚早,每十五六皆嫁取[娶],其风气也。十六皆抱子,故二十年即加一倍。顺治元年一人者,至今二千零四十八人,然皆经商挑担,无一中用者,多则气薄也,故徽土产曰买卖人。然徽州二百二十年,一人遂为二千零四十八人者,与别府一人至一百二十八者比,则昏取[婚娶]早之故也②。

汪士铎的上揭论述不无偏激之处,但从中亦可曲折反映出绩溪人之性格特征以及徽州的一些风俗习惯。

此外,徽州日记还有助于解决一些学术争论。譬如,红顶商人胡雪岩的籍贯问题,历来言人人殊。而根据新发现的徽州文书稿本《南旋日记》(图5),内有一段关于胡雪岩在杭州所建园林的记载,对于解决这一问题,具有突破性的学术价值:

  (乙亥十月)初六日……章君谈及胡氏花园,饭罢,即嘱韶五兄偕余及禹翁、矩兄、其兄进城往游。园名芝园,主人名光镛,字雪岩。

---

① 邓之诚辑录:《汪悔翁(士铎)乙丙日记》卷一,沈云龙主编,"近代中国史料丛刊"第13辑,台北:文海出版社,1967年版,第37~39页。
② 邓之诚辑录:《汪悔翁(士铎)乙丙日记》卷三,沈云龙主编,"近代中国史料丛刊"第13辑,台北:文海出版社,1967年版,第151页。

未至门,见石板阔而且洁,大有吾乡景象。至门,韶五叩问阍者:胡姓师爷可在内?阍者答以在家,并指点其住处。旋至大厅,胡君出见,是绩溪人,为雪岩侄辈,人甚朴诚,坐谈片刻,即嘱价带游芝园。其大厅上悬御赐"勉善承荣"扁额,进大厅后数武,见两(石)门,一额左图,一额右史,左图为内宅花园,右史即芝园,有两花厅,楼极高耸,画栋雕梁,五色炫目。厅前有鱼池,以红丝磁琅玕为栏,旁砌假山,中嵌名人石刻,池畔两亭对峙,木刻楹联书法甚佳。过亭穿石而上,另有一亭,为宸翰亭,较之厅上之楼尤为高耸,凭栏而望,满城屋宇如在井底,城隍山、西湖皆望可尽。惜楼过高,且过于雕琢,近乎洋人格局,而弹琴、下棋及吟诗、作画之室,俱付阙如。据云用去朱提百万方克蒇事,以予观之,实觉俗不可耐,不堪久留。良以园主(乃市井中人)胸中邱壑,故布置未能适当耳。欲作一诗以形其景,姑俟之异日……

"乙亥"即光绪元年(1875 年),是时胡雪岩正处于如日中天之势。这说明两个问题:其一,晚清时期"红顶商人"胡雪岩祖籍为徽州绩溪,是毋庸置疑的,有关胡雪岩籍贯之争当可尘埃落定;其二,目前杭州修复的"胡雪岩故居"与历史原貌存在着极大的差距。仅以现在故居中的"勉善成荣"匾为例,该匾出自小说家陈蝶仙的小说《胡雪岩外传》,完全是错误的,根据《南旋日记》的珍贵记录,应作"勉善承荣"。[①]

近数十年来,"徽学"在明清史研究中异军突起,受到学界愈来愈多的关注。揆情度理,"徽学"之所以成为一门新兴的学问,与遗存迄今纷繁多样的徽州历史文献(尤其是徽州文书)息息相关。同理,徽学要在未来数十年始终保持其独具的学术魅力,很大程度上也端赖于新史料的收集、整理和研究。

[①] 关于这方面的争论,详见拙文《胡雪岩籍贯之争当可尘埃落定》,《文汇报》笔会,2006 年 1 月 16 日;《稿本〈南旋日记〉与胡雪岩籍贯之争的再探讨》,《徽州社会科学》2006 年第 4 期。

其中,徽州日记是重要的一个史料来源。

以往学界习知的徽州日记,主要有《汪悔翁乙丙日记》《春帆纪程》和《畏斋日记》等。就徽州研究而言,特别是篇幅较多的《畏斋日记》,曾引起诸多学者的重视。在这方面,负责整理、出版《畏斋日记》的刘和惠先生,曾作有《读稿本〈畏斋日记〉》[①],对《畏斋日记》反映的阶级关系(阶级对立、高利贷、土地田租买卖)、社祀、物价和其他(如会文、罢市、天象与地震、气象)等,均作了较为详细的介绍。此后,日本庆应义塾大学涩谷裕子[②]、现就职于早稻田大学的熊远报[③]、韩国学者权仁溶[④]以及笔者[⑤]等[⑥],也都对该书作过专门的研究。东亚各国学者对于《畏斋日记》之关注,反映了该书在"徽学"研究中所具有的重要价值。不过,刘和惠标点、整理的《畏斋日记》[⑦],虽然基本上保存了原貌,但却作了一些删节。从现存于黄山市博物馆的《畏斋日记》稿本来看,被删节的那些内容(如反映民情风俗方面的史料),仍然具有重要的史料价值。有鉴于此,对于该书的整理与研究,也仍然有着相当的空间。

应当指出的是,除了上述这些日记外,在一些文集及公藏机构[⑧]中,还有不少颇具价值的相关日记,也有待进一步的调查和深入发掘与探讨。

---

① 该文载《中国史研究》1981 年第 1 期。
② 《明清徽州农村的"会"组织》,载周绍泉、赵华富主编《'95 国际徽学学术讨论会论文集》,合肥:安徽大学出版社,1997 年版。
③ 《徽州の宗族について——婺源县庆源村詹氏を中心として》,《明代史研究》第三〇号,2002 年。
④ 《清初徽州一个生员的乡村生活——以詹元相的〈畏斋日记〉为中心》,载《徽学》第 2 卷,合肥:安徽大学出版社,2002 年版。
⑤ 《明清徽州民间典当业札记》,《创大アジア研究》第 19 号,日本创价大学アジア研究所,1998 年 3 月。
⑥ 朱晓禧:《清代〈畏斋日记〉中天气气候信息的初步分析》,《古地理学报》2004 年第 1 期;贺碧蕾:《隐藏在书面语言背后的权利观和诉讼策略——以婺源〈畏斋日记〉为蓝本》,《景德镇高专学报》2011 年第 3 期。
⑦ 刊于《清史资料》第 4 辑,中国社会科学院历史研究所清史研究室编,北京:中华书局,1983 年版。
⑧ 据黄山市博物馆倪清华介绍,该馆藏有清歙县吴曾树稿本《退庵日记》。另,安徽大学徽学研究中心亦藏有民国时期日记等,这些因未曾寓目,具体内容不详。

上编　研究编

一、明清鼎革前后的地方社会与族姓纷争

日记是记录作者个人生活及见闻的一种史料,通常以逐日记录的方式呈现,不过,也有一些日记并非每日记录,而只是在有事值得记录时方才撰写,其间隔或数日,或数月,有的甚至远隔一年。在近年来发现的徽州民间文献中,这几种形式的日记都颇不罕见。譬如,明清鼎革之际的《应星日记》,就是非逐日记录的日记。

2001年11月,我赴安徽省绩溪县上庄镇宅坦村考察,购得当地编纂的《旺川古今》一书,发现其中收录有节选的《应星日记》,展读之余,深感极具史料价值,后承宅坦村村主任胡维平先生的帮助,复印到曹助铨转抄的《应星日记》。复印件计26页,前两页为民国三十八年(1949年)曹助铨的说明:

> 我在童年,记得每于夏夜,与二三邻近学友桥畔乘凉,或以溪沿散步,往往听到族中长老闲话明末清初时族人和旺山石姓有剧烈村战,关于这些地方英雄事迹,使我听到最欣然入耳,而所谈者,未能其竟,仅大概略知。后悉曹、石二姓纷争事,我二十三世祖应星公日记中记载甚详,在当时搜稿难得。作商后,十载于兹,春间还乡。一日,诚诰(洪卿)、诚之(虞臣)二长,于居易轩偶谈起应星公为博学儒士,我族康熙丁未修谱,公力最多,而对地方大事,最喜勤记。时正当鼎革之初,乱贼纷纷,似较目今尤甚,日记事实已隔三百余年,堪

可作地方史料,并云其原稿在春木(乐静)师长处珍藏,嘱我可向借观阅。我惟顾该稿可贵,诚恐不能轻易借人,故趋字托伊兄春余(惬诚)公前去(与我共贾凫山,夙交谊厚),略(云):乐静吾师,应星公日记原稿,请借一观,知珍藏之本,绝不转借他人。得复:该记原稿遗失多年,深惜不可再得。并蒙指示:含章伯有节略抄本,可向步端侄处借阅,益可同受。复托诰公借来,果见其中记载地方事很多,所恨己事未录,而对纷争一节,记载最详,使后人阅者,顿知始末。今将该记全部抄录于下,并另查星公一名士达,字聚所,一字显卿,号近斗,又号拱宸,为我二十一世祖琏公之孙,二十二世叔祖世元公之第三子也。公对地方建设事及"曹石纷争",在场族人派别、年龄、性情及每人大概,查以补志篇后。

民国三十八年己丑夏部三助铨识于凫山。

从上述的说明来看,抄录《应星日记》的曹助铨是民国时期的一名徽州商人,曾服贾凫山(在安徽省旌德县)。《应星日记》一书,前一部分记载了从明万历四十三年(1615年)起至清朝顺治九年(1652年)历时 38 年间旺川村所发生的重大事情。除少数年份不可考外,几乎每年均有事记,一些年份甚至是逐月逐日记录。后一部分附录的《曹石争杀原委》,记录了南明弘光元年(1645年)发生在七都一带的大规模宗族械斗。这些内容生动地展示出 17 世纪前中叶绩溪西部的社会历史,是反映基层社会实态的珍贵史料。1999年7月,曹立鸿将之收入《旺川古今》[旺川老年人协会编,"绩溪徽学丛书"(六),1999年版],但在收入时,对之作了删节,即"将不宜于村与村之间团结的文字删除"。①

---

① 在民间文献的整理和出版方面,一些当事人对于人际和村际关系的考虑有相当多的禁忌。笔者此前收集到的徽商自传体小说《我之小史》,其学术价值相当之高(关于该书的概貌,参见拙文《从徽州到江南:末代秀才的生活世界》上、下,载《读书》2006 年第 8 期、第 9 期),但抄稿本所有者却对其中有关婺源世仆制的描摹极为敏感,坚决要求在出版时予以删削,也是唯恐在当代会引起不必要的纠纷。

从谱牒资料来看,《应星日记》的作者曹应星为康熙六年(1667年)旺川《曹氏宗谱》之主纂,据曹有光的谱序称,其人"素志好学,沉酣典故,而于余族之事尤为详识博考,性质直,不喜妄附荣利。其修谱一以祖宗手录墨本为据,而又考证于安厝之坟茔、碑铭之纪述。务期传信,不敢存疑。上至大九公,下逮今日之童孙幼子,源流支派,分晰[析]详明,生殁婚娶,考核精至","可谓殚厥心力"①。《应星日记》后附《曹石争杀原委》,叙述了二姓争杀的过程。在这场曹石争杀的纠纷中,曹应星是当事人之一,故而对于整个事件的来龙去脉非常清楚。有关官司诉讼过程中的种种使费,也记录得相当详尽。

(一)绩溪七都旺川村的曹氏家族

旺川地属绩溪七都,"七都"有广、狭二义,广义的"七都"是指绩溪县七都所辖地域范围内的各村,清乾隆《绩溪县志·舆地志·隅都图》中七都所辖各村如下:"旺川,石家,暮霞,曹村,黄会山,湖西村,阳干,李家,叶村,大墈土,中潭,庙子山。"清抄本《绩溪县城市坊村经理风俗》②第十六课《七都》亦曰:

> 七都首村是旺川,石家暮霞曹村连,
> 湖西村与大墈上③,后村上坦杨桃坑,
> 黄会山前庙子山,叶村李家及田干,
> 鲍家寺后并中屯,胡家塍与上田冲,
> 下舍潘家又乾村,仍有地名江塘冲。

《绩溪县城市坊村经理风俗》为乾隆以后的抄本,可见,"七都"在乾隆之后所辖的村落仍在分置和增加。但旺川为七都之首村,这一点并未改变,所

---

① 民国《曹氏宗谱》卷一《康熙族谱原序一》。
② 一册,绩溪县图书馆藏。
③ 上,乾隆《绩溪县志》作"土"。"中国方志丛书"华中地方第723号,台北:成文出版社,1985年版。

以一般人又称七都之首村——旺川为七都,此乃狭义之"七都"。①

清乾隆五十九年(1794年)曹文埴的《拓建旺川曹氏宗祠碑记》记载:

> 绩之旺川一世祖大九仲经公,与埴之一世祖大十仲纲公,及祁之一世祖大十一仲维公,兄弟也。……我族□始祖大九公迁绩,五传伯四公来旺川,披荆斩棘,未有宁居……因之基业财产,宏开学昧,创祖屋,奉香火,崇祭祀。又三传仕孙公等,创造宗祠,严立祖规。于时未登仕籍,凡一应钟鼓楼阁以及门楣阀阅、石鼓槽门之制未备,惧僭也。自时厥后,敦尚诗书,加意显扬,初由佐贰杂职小试经纶,而志第公由大学晋秩益王府长史,志宁公三登贤书,由镇平县令升武定府推官……

曹文埴是徽州歙县雄村人,进士出身,曾为户部尚书,为清代前期著名的官僚。这一段文字主要提供了两个方面的信息:其一,绩溪旺川曹氏与歙县雄村曹氏出自同一祖先;其二,在"仕孙公"之前,还只是将香火设在祖屋内,亦即只有香火堂。根据乾隆《绩溪县志·方舆志》的记载,大族与小族的很大区别之一为是否建有宗祠②,因此,旺川曹氏在绩溪县西部地域社会中原属小族,这一点应当没有什么疑问。"仕孙公"之后,曹氏虽已"创造宗祠,严立祖规",但对于与之相匹配的相关礼制仍不敢擅用。这说明在明代旺川曹氏宗祠刚刚创建不久,连家族成员也自感与大族的身份尚有相当大的距离。另据曹诚谨《民国会修曹氏统宗谱启》:

> ……赵宋三迁至绩[文泽公长子大九公宋初由婺至绩,是为曹氏迁绩之始],枕会山而襟昆水,以旺名村[先进登三圣之巅,遥望我

---

① 胡士云、曹兰芬:《说七都》,载《旺川古今》,第13页。
② 乾隆《绩溪县志》卷一《方舆志》曰:"邑中大族有宗祠,有香火堂,岁时伏腊,生忌荐新,皆在香火堂。宗祠礼较严肃,春分、冬至鸠宗合祭,盖报祖功,洽宗盟,有萃涣之义焉。宗祠立有家法,旌别淑慝,凡乱宗渎伦、奸恶事迹显著者,皆摈斥不许入祠。至小族则有香火堂,无宗祠,故邑俗宗祠最重。又各有宗谱,支派必分昭穆,以序高曾云礽,世系千年不紊,故皆比户可稽,奸伪无所托足。"(第81页)可见,宗祠和香火堂是区分大族和小族的标志之一。

族曰：此兴旺地也，因以旺川名村］。造祖屋而奠宗，其灵在井祊［卜居后先造祖屋，为奠安香火之所，屋后有灵井，大旱不竭，旺川发源地也］。明嘉靖谕民间建宗祠，祀始祖列宗，大拓丕基［我族宗祠创造于前明，遵嘉靖谕旨，先进煞费苦心焉］。清顺康计派下登科第已数人，故老重修家乘［先进孝廉志宁公、六行公，进士有光公皆与修宗谱，时在明季清初］。断自大九公为始迁之祖［有光公偕本派儒生应星公及同宗进士鸣远公先后考派，著有《统宗序》及《辩疑》四则，断自大九公为一世祖，群疑始释］。群以康熙谱为世守之书［明嘉靖谱多遗漏，万历谱多附会，经康熙谱厘正详明，始成一家之信史］……①

这进一步说明，曹大九迁居绩溪是在宋初，而旺川曹氏始建宗祠，是"遵嘉靖谕旨"。所谓嘉靖谕旨，当指嘉靖十五年(1536年)明代家庙祭祖礼制方面的改革，此次改革引发了民间修建宗祠祭祀始祖的高潮②，也正是在这种背景下，旺川曹氏不失时机地建造了宗祠。不过，在上述的这段记载中，作者曹诚谨对于明代的两部族谱颇不以为然，认为它们不是遗漏多多，便是附会连连③。故而在他所编的《曹氏宗谱》中，虽然收有万历谱的部分内容，但基本上未见嘉靖谱的多少痕迹，证之以前文曹氏"惧(怕)僭(越)"的记载，显然，在明代，旺川曹氏的宗族组织应当仍处于调整之中。

前揭曹文埴的《拓建旺川曹氏宗祠碑记》指出：曹氏一族"初由佐贰杂职小试经纶，而志第公由大学晋秩益王府长史，志宁公三登贤书，由镇平县令升武定府推官……"也就是说，族中成员最初主要是出任一些佐贰杂职，直到曹

---

① 《旺川古今》，第271～272页。
② 关于嘉靖十五年祭祖令与徽州宗祠的发展，参见常建华著《明代宗族研究》，上海：上海人民出版社，2005年版，第77～83页。
③ 早在康熙年间，曹氏族人就指出："吾旺川始祖大九公自宋兴卜居兹土，阅今将六七百载，相传先世有谱，而中叶佚焉，茫不可考。忆二三十年前，曾见族中录一讹本，附会可笑，心窃疑之。"康熙十二年(1673年)曹有光《会修新安曹氏统宗谱序》，载民国《曹氏宗谱》卷一，第6页上。《曹氏宗谱》为安徽省黄山学院收藏。

志第和曹志宁二人时，情况才稍有改变。曹志第初任山西藩幕，后摄交城、禹县两县事。曹志宁于崇祯三年（1630年），在北闱中举列第102名，荐选河南镇平知县，后升云南武定府推官。尽管长史、推官在明代官僚体制中并非显职，但这显然极大地激励了旺川的曹姓族人。为此，他们"敦尚诗书，加意显扬"。旺川村内早于万历四十七年（1619年）就由曹志让、曹志宁等捐资起造了文昌阁，祈愿阖族文运昌盛。崇祯十二年（1639年），又立文昌会，族中参与文昌会的读书人共计30人，每人出银5钱。此后，即使时逢兵荒战乱，旺川曹氏也仍然弦诵不辍，在科举方面孜孜努力。功夫不负有心人，晚明清初，族内"入学"和"补廪"的记载连续不断。对于入学者，族众照例要"送彩仪"，并在"祠内演戏开贺"。

而在另一方面，清代以前，旺川曹氏并没有显赫的家世，以及多少现实的科举奥援。因此，他们积聚实力的手段主要是在商业上崭露头角。上揭乾隆末年曹文埴的《拓建旺川曹氏宗祠碑记》提及："因之基业财产，宏开学昧，创祖屋，奉香火，崇祭祀。"其中的"基业财产"，从族谱、方志资料来看，应当就是指从事商业经营积累的财富。

明清时期，绩溪需要从皖南其他县以及浙西的产米区输入粮食，在这一过程中，出现了一些粮商。生于明成化十三年（1477年）的旺川人曹显应，便是一位著名的粮商，他在歙县县城开设了万年米行。嘉靖三十七年（1558年），84岁的曹显应去世，两个儿子继承父业，生意经久不衰，相继在歙县深渡、街口，浙江淳安县城、威坪镇和昌化等地开设了万年米行分号。而从《应星日记》来看，清初曹氏在旺川村内还开有当铺。[①]

曹显应父子等热心于各类公益事业。譬如，歙县城北扬之水上的万年桥，据说就是以曹氏为主捐资兴建的。他们还出资铺设了从旌德西乡至绩溪县临溪码头的石板路，出资修建了七都的文济石桥、延福石桥，八都羊须坑石桥、马鞍山岭路及乐安亭，崇福寺佛堂，茗堂庵和县城城隍庙，以及长安镇道

---

① 顺治五年（1648年），"后光浩又钩［勾］结石可献、张三等三十余人，夜劫曹村，天明至村内劫掳，毓柏叔当店一空，可献等各无所得，遂去"。

路等。曹氏父子在家乡旺川建有义仓,济困扶贫,购置学田,资助村民子弟读书。曹永辅还在绩溪县城西关建造了一处艮山书屋,供读书人住宿膳食。① 曹显应的曾孙志让,在从七都到府城的路上修了一座太乙桥。② 旺川西北有黄山余脉大会山,杨桃岭位于大会山主峰以西,是歙县和绩溪通往旌德西乡的交通古道,"蚕丛荆棘,行者艰焉"。为此,旺川曹世科独力修砌石板路十余里,遂成康庄。③ 从修桥补路的诸多善举中,可见旺川曹氏一族在经济上的崭露头角。

《应星日记》万历四十五年(1617年)条载:"是年,县报大户领银买官谷。毓葵伯、毓莳叔二人名目。"崇祯八年(1635年)九月,"又饬大户买官谷"。"毓"字为曹显应的曾孙辈,可见,在17世纪前期,旺川便有"大户"闻名于绩溪,从中更可看出旺川曹氏一族的经济实力。

(二)《应星日记》所见晚明清初的徽州社会

虽然万历《绩溪县志》和康熙《绩溪县志续编》尚有传本存世④,但我们对于晚明清初的绩溪社会了解相当有限,特别是对旺川这样的僻野荒陬更是所知甚少,而《应星日记》恰恰可以弥补此类的不足。

1. 晚明清初民众的日常生活

乾隆《绩溪县志·方舆志》记载:"绩溪隶于徽,而田畴不逮婺源,贸迁不逮歙、休宁,其土瘠,其民勤,虽与沃壤为股肱,而思忧思劳,独戈戈乎有唐魏之遗焉。"同卷"风俗"引曹有光县志序曰:"绩邑于徽称最小,而特当入徽之

---

① 曹健、洪树林:《粮商曹显应》,载《古代商人》,"徽商系列丛书",合肥:黄山书社,1999年版,第98~102页。
② (明)曹志宁:《太乙桥碑记》,乾隆《绩溪县志》卷一《方舆志》,第49页,"太乙桥"条。
③ 曹健:《杨桃岭探幽寻古》,《旺川古今》第152页。
④ 万历《绩溪县志》存于安徽省图书馆、绩溪县档案馆,而康熙《绩溪县志续编》则存于县档案馆和县志办公室。

冲,绩邑与歙为接壤,而独受多山之累,且南辕北辙,惟绩鲜挟赀(资)之游人,而山压水冲,偏绩有难耕之确土。"①这些都反映了绩溪土瘠民贫之困境。绩溪是缺粮的县份,对于当地的粮食作物,乾隆《绩溪县志·食货志·物产》仅有简单的记载:"谷之属,籼谷、杭谷、橘谷、大麦、小麦、乔[荞]麦、芝麻、豆、粟、稷。"而《应星日记》则记载有多年的粮价及其他的食物价格:

表2 《应星日记》所载物价

年份	小谷	占谷	(小)麦	(黄)豆	猪肉	牛肉
万历四十五年			每斗6分3厘			
万历四十六年	每勺8分					
万历四十七年	每勺8分					
万历四十八年(泰昌元年,天启元年)	每勺8分		每斗7分3厘	每斗9分		
天启元年	每勺1钱		每斗8分5厘			
天启二年	每勺9分		每斗8分5厘			
天启三年	每勺8分	1钱	每斗7分			
天启四年	每勺9分5厘	1钱	每斗7分2厘			
天启五年	每勺1钱3分	1钱3分	每斗8分			
天启六年	每勺1钱4分	1钱5分	每斗7分	每斗1钱		
天启七年	每勺1钱2分	2钱3分	每斗7分	每斗1钱		
崇祯元年	每勺1钱	1钱2分	每斗7分8厘			
崇祯二年	每勺1钱2分	1钱2分	每斗9分	每斗8分		
崇祯三年	每勺1钱1分					
崇祯四年	每勺1钱1分					
崇祯五年	每勺1钱5厘					
崇祯六年	每勺1钱2分		每斗1钱			
崇祯七年	每勺1钱3分		每斗1钱			
崇祯八年	每勺1钱		每斗1钱			
崇祯九年	每勺1钱3分5厘					
崇祯十年	每勺1钱3分		每斗1钱			

---

① 乾隆《绩溪县志》卷一《方舆志》,第81页。

续表

年份	小谷	占谷	(小)麦	(黄)豆	猪肉	牛肉
崇祯十一年	每勺1钱2分5厘					
崇祯十二年	每勺1钱					
崇祯十三年	每勺1钱6分					
崇祯十四年	每勺3钱6分					
崇祯十五年	每勺3钱6分					
崇祯十六年	每勺1钱5分					
崇祯十七年	每勺2钱					
宏光元年①	每勺2钱					
顺治三年	每勺3钱3分					
顺治四年	每勺4钱					
顺治九年	每勺4钱		每斗2钱6分		1角	6分

从上表所载内容来看,晚明时期旺川一带的谷价涨跌不一,每勺一般都在8分至1钱6分之间波动,总体上则渐趋上扬。不过,到崇祯十四年(1641年),突然飙升至3钱6分。稍后略有回落,到顺治九年(1652年),则升至4钱。占谷的价格,只见于天启三年(1623年)至崇祯二年(1629年),一般都在1钱至1钱5分波动,只有天启七年(1627年)涨到2钱3分。小麦的记载虽较占谷为多,但也断断续续,每斗一般都在6分8厘到9分之间徘徊,直到崇祯六年(1633年)才为每斗1钱,及至顺治九年(1652年),则涨到每斗2钱6分。黄豆的记载只见4年,都在崇祯二年(1629年)以前,与其他的粮价趋势一样。由于顺治五年至八年(1648—1651年)的所有粮价记录完全缺乏,我们推测这一段时间内粮价的可能走向——顺治九年社会安定下来,才有谷、麦乃至此前未曾见诸记录的猪肉和牛肉之价格,空白期的价格可能较顺治九年要高,而顺治九年或许只是社会渐趋安定之后的价格。

由于徽州的粮食供应不少取自境外,粮食输入主要有几个途径。明末江天一在《厘弊疏商稿序》中指出:"吾郡处万山中,所出粮不足一月,十九需外

---

① 旁有小注:"实为弘光二年。"

给,远自江、广数千里,近自苏、松数百里而至,纳钞输牙,舟负费重,与所挟赀(资)准,以故江南米价徽独高。然自数境来者,杭、严两府,实司咽喉……"①因此,其粮价之波动,既有江浙一带的影响,又有绩溪本地的因素。江浙一带的动乱直接影响到粮食的供应。而地方不靖也会给运道之通行带来不便,从而导致粮价的上涨。"自芜湖至徽,一路群盗肆劫,商旅昼断",崇祯二年(1629年)设徽宁兵备道,移驻旌德县。② 顺治二年(1645年),江天一在《老竹岭募修石关小引》中指出:"……老竹岭为新安入浙大门户,孔道四出,较他途为扼要……岭之半有新桥,四面僻路,皆为伏莽之窟,仅一线往来,势不能飞越,巨商大贾,每值归途,靡不惊心动魄,时遭劫掠之苦……"③明清鼎革之际的兵燹战乱,显然也会对粮食的运输形成威胁。

除了交通路线外,自然灾害通常也对米价有所影响。曹志宁《太乙桥碑记》:"乡之人因进余曰:庚辰、辛巳岁大歉,斗米千钱,我邑弱者多菜色称莩,豪强不免斩竿为盗矣。"④一般来说,影响米价的灾害主要是水旱之灾,而从万历四十三年(1615年)至顺治九年(1652年)计38年间,大旱有3次⑤,大水有1次。⑥ 不过,崇祯七年(1634年)"六月,大水",但灾害对米价的影响似乎并不大。这只能说明绩溪的粮食主要依靠外地供应,所以本地的灾害对于粮价之影响微乎其微。

民以食为天,粮食供应是民生的基础,在此基础上,人们还要追求精神层面上的心理需要,而民间频繁的信仰活动,便是人们寻求心理寄托的一个途

---

① 《江止庵遗集》卷一《序》,《四库未收书辑刊》第6辑第28册,北京:北京出版社,2000年版,第209页。
② 乾隆《绩溪县志》卷一《方舆志》,第21页。
③ 《江止庵遗集》卷七《引》,《四库未收书辑刊》第6辑第28册,第350页。
④ 乾隆《绩溪县志》卷一《方舆志》,第49页。
⑤ 天启五年(1625年),"是年七月,大旱,通都至登源祖殿求雨"。顺治三年(1646年),"本年秋收大旱"。顺治九年(1652年),"是夏大旱,通都求雨"。
⑥ 崇祯七年(1634年),"六月,大水"。乾隆《绩溪县志》卷一《方舆志》另载有两次水灾:"顺治五年七月,大水冲圮桥梁数处,田地千余亩";"七年五月,大水漂没田地千余亩"。(第27页)但可能没有影响到旺川。

径。乾隆《绩溪县志》卷一《方舆志》引万历旧志曰:"近士大夫丧祭遵文公家礼,不用浮屠,然民间尚多沿旧习者。"① 从《应星日记》的描摹来看,晚明清初旺川一带的民间信仰活动极为活跃:

表3 《应星日记》所载晚明清初旺川民间信仰活动

编号	年份	活动内容
1	天启三年	六月,三王庙做善会,兴福僧俱去做道场。
2	天启五年	七月,大旱,通都至登源祖殿求雨。
3	崇祯元年	二月,造众社屋。八月,众接关爷上座。
4	崇祯六年	九月,接五显菩萨,分作五柱,大分柞公辅公为二柱,二、三、四分各一柱。
5	崇祯七年	正月,众邀立子社。
6	崇祯十一年	十一月,龙吟阁迎文昌神登座。
7	崇祯十三年	正月,接汪公大帝(分五柱出神)。
8	崇祯十四年	五月,村中做戏,并做道场,系保麻痘。六月,做瘟斋,接观音大士。斋官应锡兄等七人,头首五十二人,每丁出银式分式厘,每灶出面半斤。
9	崇祯十六年	十二月,因上年江西流寇未窜入本境,演戏还愿。
10	崇祯十七年	六月,祠内接观音,做保安善会,共壹千六百柒拾式丁,每丁出银壹分。七月,迎太子老爷,照旧分五柱。十月,兴福寺造观音楼。
11	顺治元年	七月,因兵乱不下旌德,在三王庙做斋。
12	顺治二年	六月,三王庙做善会。十一月,祠内做安土道场。
13	顺治五年	十一月,做还愿戏,为兵乱稍平事。
14	顺治七年	正月,五显、汪公放灯。
15	顺治九年	是夏大旱,通都求雨。七月,七、八两都请王乌庙德轩道上求雨,十三发檄文,十五登台,未时得雨。郭县主给"道法自然"匾;兵备道给"道可格天"匾;旌德令给"施泽保民"匾。

此类的祭赛活动,或在曹氏宗祠内部展开,或以村社乃至乡都协作而行。有的规模相当之大,如明崇祯十四年(1641年)六月,"做瘟斋,接观音大士"。据该条后的"计开丁数":

---

① 乾隆《绩溪县志》卷一《方舆志·风俗》引,第81页。

珙公壹百式拾肆丁	乡公玖十柒丁	科公陆拾叁丁
元公壹百式十式丁	瑫公壹百壹拾五丁	增公陆拾肆丁
奭公叁百拾陆丁	二分壹百式十式丁	三分壹百〇五丁
四分柒拾捌丁	中门壹百壹拾五丁	下门式百式拾捌丁
外姓壹百五拾丁	家人叁百式十式丁	毕姓叁拾壹丁
汪家柒拾壹丁	上田冲壹百肆拾陆丁	杨桃坑壹百五拾四丁
姑婆冲肆十丁	下舍式拾壹丁。	

此处所开丁数计 4445 丁。另据上表所示，崇祯十七年（1644 年）的保安善会，也有 1672 丁参与。

绩溪民间俗有"七都观音八都会"之谚，乾隆《绩溪县志》卷一《方舆志·风俗》："闰年，民间十日致斋，建善会，造龙舟，分方隅祀五帝以禳疠疫。"嘉庆《绩溪县志》卷一《风俗》追述先前的风俗曰："闰年于六月中，阖城卜日致斋造瘟丹，分方隅祀五方神，并祀张睢阳殉难诸神，名曰善会。"而清抄本《绩溪县城市坊村经理风俗》第三十四课亦有类似的表述。另根据当代人的追忆，旺川为七都之首村，每逢农历闰年的六月中旬，都要举行为期十天的赛会，称为"六月会"。该六月会的内容主要有三个方面：一是观音会，亦即置观音阁于曹氏宗祠的正厅上，以迎接观音大士降临人间，护佑一方百姓，解难消灾；二是太子会，以纪念隋末汪华——汪公大帝的第三子汪达，颂扬他舍身保卫家乡的精神；三是善会，又称"船会"或"保安善会"，主要是纪念唐朝安史之乱时，死守睢阳十个月，江淮赖以保全的张巡（东平王）、许远（乾胜王）等英烈。[①] 以上参与此次瘟斋接观音大士之活动的竟有 4445 丁[②]，可见其规模之大。南明弘光元年（1645 年）六月起曹氏与邻村石氏的相互仇杀，即因此而起（详后）。

2. 明清鼎革之际乡土社会之纷乱图景

明清鼎革在绩溪方志上有所反映，对此，乾隆《绩溪县志》记载：

---

① 参见曹尚荣《昔日旺川的"六月会"》，载《旺川古今》第 156~160 页。
② 文中所列"计开丁数"之总和与末尾的"共计"之结果不合，疑有缺漏。

（崇祯）十七年甲申三月，闯贼李自成陷北京。五月，福王称帝于南京，明年改元弘光。

顺治二年乙酉。徽州府：五月，大兵南下，弘光出亡，改直隶为江南。九月，总兵张天禄入我府，前修撰金声死之。绩溪县：重建县正堂景苏堂、脉石亭、赞政厅、大有库、谯楼，预备仓更名常平仓。

六年己丑。绩溪丈量田土。

上述县志的记载颇为简略。相比之下，《应星日记》的描述则更为详细：

（崇祯十七年）四月间，北京凶信，祠中为崇祯帝起灵，生员、监生、耆老、排年哭拜三日始除服。

七月，众议下南京效劳科缺，共去十一人。次年，南京失守，俱逃回……

宏（弘）光元[二]年四月，宏（弘）光出亡。七月，福建立隆武帝。……九月间，兵至泾县考坑，村中人心惶恐，各家打窖，藏衣谷等物。二十一日，兵至杨滩扎营。二十二日，过镇头，守兵四散乱逃。中午，过翚岭，至县校场，捉了金翰林、江天一，送至南京。二十三日，下府众官俱逃去。温四府自刎后，我村中人渐渐回家。十月，大兵又上徽州。五都杨滩等处焚掳一空，殉屋折毁棺木作马槽用。十一月……因兵乱，各家打窖动土。

对于明末清初的动乱，绩溪旺川人除了做斋、演戏、酬愿、打窖藏物外，还采取了不少应对措施：一是练兵习武。徽州历来就有习武的传统。早在明嘉靖年间，知府何东序就议行保甲，以备防守。万历二年（1574年），兵备道冯某令每一里中选有身家德行二人，充为捕诘官，于地方选子弟兵20名，逢五逢十练习技艺一次，余日各安生理，一遇有警，鸣锣为号，子弟兵、保甲人等各赴捕盗官处，齐集应援。① 崇祯五年（1632年）十一月，"熊知事奉上谕团练乡

---

① 乾隆《绩溪县志》卷四《武备志》，第124页。

（兵）六十名，着各乡助饷"。崇祯八年（1635年），"本县熊知事着报营长，阁[阎]众请教师在祠内习武，并习练枪棍"。二是邀会集社自卫。弘光二年（1646年），"闻都内人纷纷逃避"，旺川曹氏族人立"保身会"，而后来与他们对立的一方——张、曹、石、汪四姓，则立"忠义社"①。《应星日记》记载，稍后，"族人又立一会，名尚义社；家人立信义社名目。尚义社：光嵩、光文、光韬等八十余人。信义社：文光、社保、大林、寄社、观盛共弍百余人"。此处的"族人"，显然是指旺川曹姓，而"家人"似指曹氏的佃仆。三是加强巡更。崇祯十七年（1644年），"众议造栅门，因世风不靖，以便巡更"。做斋、演戏还愿，主要是满足人们在动乱时期对安全的心理需要。而练兵习武等，则是为了自保身家，但这也为地方社会的纠纷埋下了隐患。

顺治二年（1645年）五月，清兵南下。休宁义士金声起兵抗清，绩溪人舒应登等响应。夏，金声修丛山关并率军据守，相持数月，大仗13次。九月，清兵绕新岭攻绩溪县城，金声率兵回援，因原明御史黄澍乘夜开城降清，金声被俘，就义于南京。②

在清军进入徽州的纷乱之际，乡土社会出现了失序的状态。顺治三年（1646年），旺川一带传闻徽州府东山营闻知七、八都尚有多数人未剪发，"有不服清廷者"，"要发兵来剿"，于是"各家惊惶"。一时间，土匪肆虐。不仅是盗贼，甚至连族中之不肖也"起会抢谷"。官兵更是借机频频勒索③。与此同

---

① 忠义社中的曹姓非旺川人，而主要是七都的中潭人。
② 绩溪县地方志编纂委员会编：《绩溪县志》，合肥：黄山书社，1998年版，第15页。
③ 顺治三年（1646年）正月，"刘总镇带兵在县，族人议去送礼。粮一石，出银六分，妇人出米一升，典出银一两。共送去米三石弍斗，猪肉一百二十斤，酒三坛，礼银十式两。又送各官兵丁，共杂用银九两〇七分"；二月，"邵三爷同刘总镇带兵来祠，调查不上粮钱，并捉拿土匪，用银百余两"；五月，"刘总镇带兵过上洪溪，至张家讨火引路。有看田水人叫众人奔逃，官兵转来，住于祠堂。共用银拾三两，妇人出米一升，又男妇出粿一个"；"毓柏叔为伊侄应铎被杀，于三月间借山轿一乘过旌德，被旌人见之，认轿上有'太乙'名字，说：'柏叔是贼，要捉拿。'速回家，诣祠内，送刘总镇银一百弍十余金"；"许村起灶兵百人……带二百余人住青山塘，又至村中挟饷银数十两"；顺治五年（1648年）"三月，清明日，田将官、丁捕衙、陈巡司带马步兵并快手弓兵二百余人来捉土贼，扎营后头山，光浩等逃走，捉住应镲、七老二家妻小，带至祠内，各用银若干，始得放出"。

时,地方上固有的矛盾借着官府权力之真空而暴露出来,在这种复杂的背景下,发生了"曹石争杀"之惨剧及缠讼多年的纠纷。

纠纷起于弘光元年(1645年)六月的保安善会。该月二十二日,三王庙合都做保安善会,二十二日、二十三日、二十四日净街,二十五日登舟。当时,由中屯冯社寄为斋官。中屯亦即前述的中潭("屯""潭"音近而讹),为绩溪七都所辖的一个村落。而"斋官"是指庙会中的主事者,每年由各村轮选值事。当值斋官的主要职责是筹备庙会,带头捐献、劝募、主持庆典、演戏挑选剧目等。据说,推选斋官的办法各村不尽相同,有的地方以三十岁(而立之年)者当值①,因此,斋官往往血气方刚,容易因琐事发生纠纷。

做保安善会的程序有几步,即净街、登舟等。在登舟时,因僧人通济未点光就下溪,被众议罚纸。当时旺川的曹应岩"管总,私护僧通济",引起忠义会(由石、张、曹、汪诸姓组成)之首领、中屯人曹宗启等的不满,他们天天在庙中寻事起衅,并殴打曹应岩。此后纠纷愈演愈烈,到送圣烧菩萨时,旺川村中保身会的曹光京等百人,各带兵器前往观看。而对方的曹宗启、石可褒和张世俊等,也都持有兵器。等到送神结束,双方彼此互杀。旺川人先行退场,对方见旺川村人心不齐,曹宗启赶来,在旺川村的曹光圣背上斫了一刀,后者逃回旺川。

二十九日,与旺川对立的一方——石可英等在庙中议事,要罚旺川村银1000两,后由曹宗旺出来调处,曹毓柏、曹应试和曹应星三人答应支银10两,对方回信不肯,而且指名要取曹应锡、曹星老、曹应参三人的首级。当日中午集合千余人,在下曹村祠坛上搭台,石可英、曹宗启为将,汪显龙为军师,张世杰为先锋,杀到旺川村文昌阁边,烧了曹光祖、曹应星、曹星老、曹光衡、曹光星、曹应锡、曹应参等住屋8堂。当时,附近的八都、五都人见火光烛天,都来劝和。在势力悬殊的情况下,旺川村人被迫答应支银500两、猪10头、米10担。及至夜间,曹应参、曹应锡和曹星老等人集议,"誓不甘心,难平气

---

① 胡家禔、张正奕:《绩溪县民间徽戏活动的衍变》,载绩溪政协编《绩溪文史资料》第1辑,1985年6月印刷,第135页。

愤",纷纷召外人相助。于是,他们召集族中并家人四五百人,又往冯村、坦川汪姓雇七八十人。曹光浩还出县请友助社数十人,请来城内大灶兵40余名,共同抵御对手。

次日,石可英等人分兵五路,把守各处要隘,双方形成僵持局面。相持到午后,因对方到曹村吃饭,去者大半,旺川村人杀出,斩人焚屋,大败对手。从此,村中昼夜防守。石可英与曹宗启等下府告状,旺村人亦下府批详。当时,争杀双方都向官府呈词,如旺川的呈词曰:

> 具禀曹宗祠为土寇焚劫事。缘七都大寇石槐芳子可英、可褒,富豪数万,恶霸一方,白占田产,强夺房屋,淫人子女,逼收良民,实属罪大恶极。今值国家鼎革,乘机倡乱,胆敢聚集大盗曹宗满、吴守文、汪显龙、胡世倚、张世俊、王元勤、高四老、张显老、曹宗启、祝百子、僧海松等,并协从十余人,于前廿九日登台,拜曹宗满、宗启、世俊、元勤为将,拜显龙为军师,海松、百子、世倚为先锋,可英自称为主帅,各执兵器,将我村团团围住,并放火烧屋八宅,恣行劫杀,刺伤多命,族畏其凶,莫敢与敌。于次月初一又复提刀威吓,逼饷银五千两,分兵五路,要首级三颗。幸三、四、五、六、八都并市坊大社数十人齐动公愤,来兵救援,除杀张世俊、祝百子、王元勤、僧海法等,仍渠魁未歼,余党奔窜,希图复聚再举。诚恐一族生命莫保,伏乞转申府道,急剪寇党,以苏一方之命,为此激切控告。

呈词将对方指作"土寇""寇党",声称这些人是借"国家鼎革,乘机倡乱"。而石可英等的呈词则是《为仇谋倡乱伙寇焚劫杀命屠尸生死冤惨奔叩救剿事》,也同样以"倡乱"作为攻击对方的借口。

不过,此时正值天下扰攘之际,弘光政权自顾尚且不暇,自然无法管到绩溪七都一隅。在无法以武力战胜对手的情况下,解决纠纷的途径只能是通过部分官员和乡绅的调解。如闰六月二十日,"贼党至歙县,贿官洪明伟、生员洪子升及洪洪魁、黄在田等四十余人来村胁和,我族义不与和。七月,又托县中棍党生员周调鼎十余人讲和,并同中屯张家正觉寺整酒赔礼,接应台兄、福老弟同去。是后,石、张家人才敢归家。八月中秋,族中家人往张家看戏,石、张又整酒席请文兴、观盛等三四十人"。此处的"贿官""棍党"等,为硃语中常见的词汇,是民间诉讼中丑化对手的蔑称。从中可见,在剑拔弩张的情况下,私下的间接接触与沟通仍时断时续。

顺治二年(1645年)"九月大兵南下",清政府在绩溪建立了政权。不过,清军入徽之初,政权并不稳定。顺治二年,舒家巷人舒国琦(塾师)之侄,夜持菜刀,越墙入县衙,杀死清朝首任绩溪知县侯宪武。县署诳报泾县窜匪袭衙,侯抵抗身亡,并建侯公祠、墓。① 顺治八年(1651年)"正月,县办保甲,又出示收关税"。顺治九年(1652年),"我村(旺川)议做栅门并巡更、防守。应锡弟立排门册簿,日夜点查。毓柏叔请众斯文赴县,请县主申文与胡总镇,求发兵六十名。以三十名扎三王庙,以三十名扎杨林桥。后贼党闻请官兵至,逃入旌德及歙县行劫。又大盗叶风老在祠后打劫,保正王监邀众至庙头山捉出插死,余盗逃歙。府内发兵,杀死五六十人,地方渐平"。顺治九年三月,"郭县主至八都,会二府捉盗,转回至我村,斯文进见,公举毓柏叔馆祠内,为约正,光宇侄为约副,光宪、嘉昌、光大、光冕、应昨、应助、光贤、光朋诸人为甲长,应禄为保正"。顺治九年"六月,二府奉院差下乡,点十家排,九年分户晓单"。顺治十年(1653年),知县朱国杰编立门牌,佥点保正、甲长,严饬举行。② 此时,清朝官府通过先后任命的约正、约副、甲长、保正等,编立门牌,从而完成了对地方社会秩序的重建。

与此同时,曹、石双方仍在为先前的仇杀而哓哓不休。顺治三年(1646年)六月,在"曹石相杀"事件中殒命的祝百子之母朱氏,将旺川曹大老、曹应锡、曹应参、曹应星、曹应祥以及与之相关的胡姓二人(胡观祥、胡世盖)共7人,告上徽州府及道院,前后共5状,缠讼数载,旺川方面花费在该场诉讼官司中的费用多达500余两。双方你来我往,旺川曹氏的诉词为《为逆党漏网反肆唆诳事》,而祝家之催词为《为财势抗藐恳赏手提事》,曹氏催词为《为奸

---

① 绩溪县地方志编纂委员会编:《绩溪县志》,第15页。
② 乾隆《绩溪县志》卷四《武备志》,第124页。

党抗延恳恩赐审事》。到当年八月,曹氏抄出的官府参语:"审得去夏以世变迁,人因恣纵奸宄,从而播弄,聚众结社,名为御乱,实为倡乱。其中彼此竞力,互相擅杀,种种为非,莫可穷诘。"顺治四年(1647年)二月,祝氏又以《为杀人大冤事》复告按院,后发府刑厅严审究报。二月初十日抄出参语:

> ……审得曹大老、石可英等,盖乡民之雄黠者,当新安未顺之日,各招集多人,名曰立社,以保乡村,实阴寓不轨,用抗王师,所以亡命之徒,恒争先附入,称戈比干,希快一时文武。岂知负固之罪,未彰于天讨,先受祸于萧墙。祝阿朱之子祝百子,因以为石氏之先锋,肆虐曹姓,无厌之求,已寒村人之胆。曹非弱族,同有社党,自擅雄尊,安敢相忘于无敌乎?故百子纵为血气之勇,罔识进退之术,众溃之后,身毙重刃,此自作之孽,咎谁与归?祝阿之仇恨于大老等,以俗人之见论之,未为蔓及,究所由来,百子乃可英之羽翼,可英虽未杀百子,而百子实因可英而死也。倡乱作祟,王章难贷,奈系赦前往事,不敢为明旨违,亦不应为阿朱悯也。但于茕茕老妇,衣食无资,姑于曹、石两姓量断养瞻[赡]银四十两,以斩葛藤。惟大老、可英等结社起衅,各拟一杖不枉。

在这里,官方将"曹石相杀"事件定性为"阴寓不轨,用抗王师""倡乱作祟,王章难贷",令旺川曹大老、石家石可英合出养赡银40两,支付给曹石冲突中毙命的祝百子之母祝阿朱。四月,旺川曹毓柏到徽州府赎罪,并支给祝阿朱银20两。但到十六日,石可英又到按院告状,将曹大老、曹应锡、曹应星、曹应祥等人列为被告。五月,旺川曹氏再次下府递交诉词,石可英托刑厅书手江承元讲和,"使费对认"。十九日,双方同至汪王庙"对神剪生为誓",再立议约:

> 立议约人石联桂、曹大老、应锡等,原因祝百子前年夏月身死,其母祝阿朱氏控告按院,送刑厅蒋四爷台下审,于曹、石二姓各断给主银廿两,致石因给主复告按院,亦蒙送刑厅老爷台下,其给主银,

业已遵断完纳,凭众亲友劝谕调息,二各输诚,洗心明神。和息之后,两不得怀挟私仇,所有告和纸罪使费等用,二各均出,此系两愿,如有反悔者,凭亲友议罚银卅两助修城隍、汪王庙宇。今恐无凭,立此议约二纸,各收一纸为照。

顺治四年五月十九日立议约人　　石联桂、曹大老、应锡、应祥、应星

　　　　　　　　　　居间　　　石廷桂、曹正仁、江百符、章茂

　　　　　　　　　　代书　　　汪万盈

七月,刑厅蒋四爷申按院参语:

> 审得石联桂、曹大老僻处乡陬,结社连横,惘不畏法,于新安未定之初,皆如是也。事由大老与石姓为难,致毙祝百子之命,业经前案,念系往事有赦,姑于曹、石两姓量给养瞻[赡]银四十两与百子之母,以斩葛藤。岂料联桂尚不输诚,又复滋此讼乎?联桂健讼无厌,法宜严惩,念伊亲生员陈其泰等具词哀恳,联桂、大老妇供,姑开一面,以广宪仁,特其好事生端,渐不可纵,石联桂拟杖以惩,犹属宽政也。

在清初动辄触及夷夏之防的复杂背景下,涉讼双方最终通过官府裁判了断。顺治五年(1648年),旺川曹氏族人光浩等结党,勾结石可献、张三等人各处行劫。"贼党出县禀官,都推委于罪恶。曹姓人请官给告示,饬三姓同剿我村,灶丁票已印下"。此处的"贼党",是指旺川曹氏的老对手石、张、汪等姓。显然,这些族姓仍然希望挟官府之威剿杀曹氏。对此,旺川曹氏以行贿官府和自清门户双管齐下,迅速将一场灭顶之灾消弭于无形。不过,由此可见,七都一域各族姓间的紧张关系仍在延续。

(三)族姓纷争与地方社会秩序之重建

徽州是个宗族社会,在明清鼎革之际,除了主佃的矛盾斗争之外,徽州一

些宗族之间的恩怨纠葛亦导致激烈的冲突。各大族姓利用明社既屋出现的真空,寻找攻讦对方的借口,这使得此时的乡土社会呈现出动荡不安的态势。以往,学界对于徽州宗族之间和睦共存的常态描述得较多,而对族姓之纷争,尤其是大规模的械斗较少涉及。就明清之际的社会变动而言,徽州佃仆的反抗和斗争为人所熟知,但对易代之际宗族间的仇杀及其引发的相关问题却不甚了了。绩溪民间文献《应星日记》抄本,恰恰为我们提供了此类场景的真实画面。从中可见,阶级矛盾与宗族纠纷应是17世纪中叶地方社会纷乱图景的不同侧面。族姓双方在剧烈冲突之后,矛盾最终仍然依循民间社会固有的路径——透过民间调解和官府裁判加以解决,但新兴的清朝基层政权视此一阶段的族姓纷争为反清活动之一环,因此,在夷夏之防的政治背景下,族姓之间的仇杀最终得以迅速平息。

在"曹石相杀"历史事件中与旺川曹氏对立的一方——旺山(亦即石家)石氏,在七都一带算是源远流长,该族自称系北宋开国功臣石守信的后裔,所祀奉者为宋代歙县"主簿迁公"。尽管主簿只是专掌簿书事务之吏,但在七都这样的僻野荒陬,祖先中出现这样一位人物,该族也算得上是地方社会中历史悠久的"名族"。[1] 事实上,与徽州其他地方那些谱系脉络明晰之大族林立的状况不同,明末清初的七都,各个族姓的地位都还有着提升为"大族"或沉沦至"小族"的空间,地方社会之主导权鹿死谁手尚未可知,这自然加剧了彼此之间的竞争。而通过"曹石相杀"这样的纷争和械斗,各个族姓大概都感受到了空前的压力。于是,为了"内衅共弭,外侮共御"[2],宗族的整合过程得以加速。就曹氏家族而言,康熙年间,旺川曹氏修成了完整的族谱,对先前认识混乱的祖先系谱做了考证和梳理,重新统一了认识,借以增强族姓的归属感,并颁布了四十字排行诗和"积阴德、惇孝养、重迁葬、端蒙养、尊师道、慎嫁娶、

---

[1] 现在收藏于安徽博物院的明代《武威石氏源流世家朝代忠良报功图》,画面系统地描绘了北宋功臣石守信及其祖先英勇抗敌屡建成功的事迹,原藏于石家的石氏宗祠。绩溪县地名办公室编:《安徽省绩溪县地名录》,1988年版,第49页。

[2] (清)曹有光:康熙旺川《曹氏宗谱》序。

睦亲党、励名节、崇朴俭、黜异术"的十则《旺川家训》,制定了一系列符合"大族"身份的礼仪。稍后,旺川曹氏又参与会修《新安曹氏统宗谱》①,通过同宗之间的联系,特别是与歙县雄村曹氏②的联系,由著名官僚曹文埴[乾隆二十五年(1760年)进士,官至户部尚书]撰写《拓建旺川曹氏宗祠碑记》,确立了该族在地方社会坐标中的位置,从而跻身清代绩溪西部社会的大族之列。及至乾嘉时代,乾隆和嘉庆《绩溪县志》均记载七都一带的宗祠,主要有:

曹氏宗祠,在旺川;

曹氏宗祠,在曹村;

曹氏宗祠,在湖西村;

程氏宗祠,在会川;

石氏宗祠,在旺山,祀宋歙邑主簿迁公;

张氏宗祠,在墓葭;

李氏宗祠;

曹氏宗祠,在中潭,祀新宗公。

在这里,宗祠之分布,在很大程度上反映了清代前期族姓在地方社会中的分布状况,折射出宗族势力的盛衰。从中可见,七都的宗祠计有7个,首村旺川曹氏已与旺山石氏、中潭曹氏等一样,共同成长为具有相当影响力的大族。而当各个宗族皆已得到较充分的发育,则地方社会中各个族姓间的势力便得到了暂时的平衡,紧张关系得以舒缓。除了间歇性的磕磕碰碰(如诉讼纠纷)外,更多的便呈现出彼此和睦相处的"有序"状态。

---

① 明清时代有关联宗的详尽研究,参见钱杭《血缘与地缘之间——中国历史上的联宗与联宗组织》,上海:上海社会科学院出版社,2001年版。

② 据明戴廷明、程尚宽等撰《新安名族志》,曹氏位列当时的名族之一。曹氏于三十三世彦中时迁雄村,明代成化以后科甲辈出,为簪缨望族。

二、盛清时代扬州盐商的寻根之路

(一)岑山渡程氏与清代前期的扬州盐商

明清以还,大批的徽州人前往各地务工经商。尽管他们中的许多人长期生活在长江中下游的各大商埠,但不少人仍与祖籍地保持着或多或少的联系。其中的一个重要表现,就是定期或不定期地回乡扫墓——这是大批徽州展墓日记出现的主要背景[1]。

著名的展墓日记《春帆纪程》,是康熙年间侨寓扬州的徽商后裔程庭所作。该书一向是明清社会文化史研究中的重要文献,备受学界关注。不过,以往人们征引的《春帆纪程》,来源有二:一是王锡祺的《小方壶斋舆地丛钞》

---

[1] 类似的展墓日记有:潘奕隽《省墓记》,嘉庆九年(1804年);潘奕隽《展墓日记》;潘钟瑞《辛巳展墓记》,光绪七年(1881年);潘钟瑞《歙行日记》;潘介福《癸未省墓日记》,光绪九年(1883年);潘承谋《□□展墓记》。以上悉见《(歙县)大阜潘氏支谱附编》卷十《文诗钞》。参见拙文《徽商展墓日记所见徽州的社会与民俗——以〈(歙县)大阜潘氏支谱附编·文诗钞〉为中心》,上海图书馆编《中国谱牒研究》,上海:上海古籍出版社,1999年版。另,(清)吴骞:《可怀录》《可怀续录》,见《愚谷文存》卷十四,《续修四库全书》第1454册,集部别集类,上海:上海古籍出版社,1995—1999年,第315~324页。清乾隆时人邵嗣宗:《旧乡纪行》,见王锡祺编《小方壶斋舆地丛钞》第五帙,杭州:杭州古籍书店,1985年版。

第五帙,二是晚清民国时人许承尧的《歙事闲谭》。后者只是零星摘录,固不待言,但即使是前者,不仅康熙五十七年(1718年)三月二十七日至四月初十日的日记完全缺佚,而且三月二十七日之前日记中的诗词也多被删节。幸亏近年刊行的《四库全书存目丛书补编》收录有程庭的文集——《若庵集》,从中我们基本上得以窥见《春帆纪程》之全豹。①

程庭祖籍歙县南乡的岑山渡,当地的程氏是歙南一个著名的盐商家族②,在清代曾出过多名两淮盐务总商。《春帆纪程》中提及的"先伯祖上慎公",即程量入。据清人王觐宸的《淮安河下志》卷五《第宅·程莲渡先生宅》记载:

> 吾宗自岑山渡叔信公分支,传至第九世曰慎吾公,是为余六世祖,由歙迁家于扬。子五人:长上慎公,次蝶庵公,次青来公,次阿平公,次莲渡公。……莲渡公诸兄皆居扬,公一支来淮为淮北商,居河下③。

可见,岑山渡程氏广泛分布于扬州和淮安河下一带。关于上慎公,《扬州府志》也记载:

> 程量入,字上慎,本歙人,迁江都,天性孝友,尤能周人之急,不求人知,举乡饮宾,士民翕然称服。年逾九十,子孙曾元百十余人,人皆谓积善之余庆云④。

康熙四十六年(1707年)春,玄烨南巡,驻跸维扬。其间,包括岑山渡程氏在内的扬州盐商之活动极为频繁。《春帆纪程》记载:"余讷庵伯父绘(岑)

---

① 《四库全书存目丛书补编》第8册《春帆纪程》所据底本原缺第31页。
② 早在明代中后期,岑山渡程氏就有"百万财主"的称号。见《原迁岑川立祠》,载抄本《岑川祠事纪略》。
③ "中国地方志集成"(乡镇志专辑)第16册,南京:江苏古籍出版社,1992年版,第359页。
④ (清)尹会一、程梦星等纂修:《扬州府志》,雍正十一年(1733年)刊本,台北:成文出版社,1975年版,第584页。

山图,率子侄叩恳御书锡予佳名,蒙上赐额'星岩寺',赐联曰'山灵钟瑞气,溪色映祥光''玉映珠辉,鸾骞凤翥',镌之贞珉,永垂不朽。"①可见,程庭的伯父讷庵曾是参与接驾的盐商之一,在扬州极具实力。至于程庭本人也是一名盐商,康熙五十二年(1713年),"恭逢皇上六旬万寿,薄海内大小臣工以及乡耆士庶,咸趋赴京师,敬申厘之忱",程庭也在两淮盐商之列②。为此,他作有《停骖随笔》,也收入他的个人文集——《若庵集》卷四。另外,清乾隆五十一年(1786年)敕撰的《钦定八旗通志》记载:

> 先是,常鼐劾两淮巡盐御史张应诏科派商人,请交部严加议处,商人程庭等治罪。上命工部尚书李先复等察审,先复覆奏应诏科派属虚。部议以众商已供应诏科派,今常鼐身故,遂改前供,所审未协③。

这段记载说的是雍正元年(1723年)以前的事情,其中的"商人程庭",与《春帆纪程》的作者生活年代相近,应为同一人。

从《春帆纪程》来看,程庭的亲戚乡里也多在两淮经营盐业。他在回岑山渡时,除了见到族中的尊长弟侄辈外,"邻乡如义城、雄村、绍村、槐塘、洪坑、梁下(即渔梁坝)诸亲申闻余(引者按:指程庭)归来,各各惠然枉顾相见"。这里的雄村、槐塘和梁下等处,都是徽州盐商辈出之地。雄村的曹氏、槐塘的程氏、梁下的巴氏等,都在淮扬各地从事盐业贸易,他们与岑山渡程氏不是同

---

① 抄本《岑川祠事纪略》中有《御书星岩寺恭纪》。
② 《李煦奏折》中有《赴京祝寿淮商亦愿随同入都叩祝折》(康熙五十二年正月十三日)、《淮商进京祝寿势难谕留折》(康熙五十二年二月十七日),"淮商"亦即两淮盐商。而程庭显然也在"淮商"之列。另据康熙五十七年(1718年)九月二十五日《御稻香稻收割情形并进新米一斗折》附二《两淮商人第二番种田收数单》,所列淮商有"程弘益",或即程庭("程弘益"为盐商旗号名)。以上见故宫博物院明清档案部编《李煦奏折》,北京:中华书局,1976年版,第154~155页、第136~137页、第259页。
③ 《钦定八旗通志》卷一百六十《人物志四十·大臣传二十六》常鼐传,见《景印文渊阁四库全书》第666册,台北:台湾商务印书馆,1983年版,第687~688页。

族,便是多属姻娅之戚①。

《春帆纪程》中提及的"午桥侄",应即程梦星。他在扬州建有筱园,其父名文正,字笏山,"江都人,工诗古文词,善书法。康熙辛未进士,仕至工部都水司主事,著有诗文稿"。所谓江都人,是指他们已入籍扬州。程梦星字伍乔,一字午桥,号汫江,又号香溪。康熙壬辰(五十一年,1712年)进士,官编修,著《今有堂集》,是个多才多艺的人物,"诗格在韦、柳之间,于艺事无所不能,尤工书画弹琴,肆情吟咏。每园花报放,辄携诗牌酒榼,偕同社游赏,以是推为一时风雅之宗"。② 雍正十一年(1733年)刊行的《扬州府志》,就出自程梦星之手。据嘉庆《江都县续志》记载:"程氏之在扬者最盛",而程梦星"以清华之望蔚负时名,江淮冠盖之冲,往来投赠殆无虚日,筑筱园于湖上,诗酒敦槃,风流宴会,辈行既高,后进望若龙门"③。程梦星还编有《岑山渡程氏支谱》,其中的第5册抄有程氏的系谱:

```
           ┌─ 量入 ── 之馦 ── 文正 ── 梦星(翰林院编修)
大典 ──────┤
           └─ 量能 ── 秉    ── 庭(州同知,封承德郎)
```

《春帆纪程》康熙五十七年(1718年)二月二十八日条曾记载,程庭"坐肩舆,二十里至几山,拜先伯祖上慎公墓",从上揭系谱来看,"上慎公"即程量入,而程梦星也的确是程庭之侄辈。另从程梦星的诗文集来看,他曾回过歙县岑山渡,写有《岑山八景》诗,对故里的"澄潭夜月""石耳晴岚""西溪春涨""北岸丹枫""远浦云帆""沙渚渔灯""岑楼晚钟"和"遥山积雪"等均有吟咏。他的《望岑山》诗曰:

> 几年清梦绕山乡,山鸟山花一道长。未入里门须脚软,青螺有约水中央。④

---

① 《若庵集》卷一有《巴桐友表兄四十序》,第16~17页。
② (清)李斗:《扬州画舫录》卷十五《冈西录》,"清代史料笔记",北京:中华书局,1960年版,第345页。
③ 嘉庆《江都县续志》卷六十《人物》,"中国地方志集成·江苏府县志辑",南京:江苏古籍出版社,1991年版,第588页。
④ 《香溪集》,《四库全书存目丛书补编》第42册,第432页。

《抵故里》诗曰：

> 风烟笔砚客装轻，山驿邮签不计程。初到故园生似客，乍经诸岭旧知名。
>
> 逡巡村酿堪沽饮，仿佛乡音未辨清。邂逅春晴生麦陇，山禽二月已催耕。

此外，他还有《登岑山》《星岩寺昙花》等诗，对故乡的景色多所描摹。据抄本《岑川祠事纪略》，在岑山渡程氏祠堂内有"才高瀛选"匾联，为巡抚都院梁世勋所题。而"桂籍先登""金殿传胪"诸匾中，亦有程梦星之名。从程庭、程梦星等人的事迹来看，活跃于扬州的徽歙岑山渡程氏，显然是个亦贾亦儒的徽商家族。

（二）《春帆纪程》所见的徽州社会

程庭指出：

> 余世籍新安，自先大父侨居维扬，遂隶籍焉。余生四十七年，未尝一睹故乡面目。然先世之丘垅具在，每岁时伏腊，迢递云山，无由展敬，霜露之感，何时已耶！

康熙五十七年二月十三日（1718年3月14日），程庭在步入徽州府界时，顿生近乡情怯之感。他说："忆余弱冠时，遂久抱归乡省墓之念，岂期蹉跎廿有余年，头颅老大，潦倒依然，以兹面目，展礼宗祠，晤对亲族，能不报然汗流，凄然涕下？"

据程庭的朋友费锡璜介绍：程庭，"豪杰士也，以经济弘才见重于一时，而博学能文，上下古今，卓然有识见，不屑为经生习语，诗若词尤工丽沉着，成一家言"[①]。费锡璜是明末清初成都人费密之子，费密从其父亲费虞起就长年

---

① 《四库全书存目丛书补编》第8册，第110页。

居住在江都(扬州)野田庄,"授徒卖文以自活"①。其子费锡璜在扬州也相当活跃,康熙年间在歙县盐商汪玉枢之南园(即九峰园)征"城南宴集诗",计有36名文人绅商参加,费锡璜也躬逢其盛②。从费氏与盐商的交游来看,他为程庭撰序顺理成章。而从《春帆纪程》中的文字来看,如果确非他人代笔,则程庭之文学素养当相当之高,这大概可以反映徽商"贾而好儒"的特色。

就《春帆纪程》而言,程庭对沿途风景的状摹文字,确实相当优美:

> 自瓜步至浦口四十里,堤柳行行,水田井井。时正残霞敛江岫,纤月出林表,门掩幽篁,闻村童读书声,江乡乐趣,吾不如老农矣!

由太平府一带前往徽州:

> 沿途堤柳如采石道中,自此五里一兰若,十里一津亭,随处泉茗,清洁适口,不似长安道上河润艰难,令人吻内生烟,无解渴处也。

白花铺一带:

> 人家屋后青山,屋下流水,乔松白云,石梁风磴,宛如图画,此景惟大痴笔法能之。

过泾县,作有《泾县道中》诗,曰:

> 逶迤石径水回环,村坞参差烟树间。群岫放云云不去,模糊绝似米家山。

在返程途中,程庭写有《富春江上》诗,"舟自山中出,人从画里行",点染出新安江沿岸如画的山水。

程庭此行,从扬州经真州(今仪征),由瓜步至浦口陆路前往徽州——这基本上就是明代《天下路程图引》中的南京由芜湖至徽州陆路③。归程则由

---

① (清)李斗:《扬州画舫录》卷十《虹桥录上》,第227页。
② (清)李斗:《扬州画舫录》卷七《城南录》,第171页。
③ 明末清初西陵憺漪子(汪淇):《天下路程图引》卷一,上海:上海古籍出版社,1992年版,第394页。

街口出徽州,经新安江、富春江,从杭州由大运河过嘉兴府、苏州浒墅关北上抵京口(今镇江),回到扬州。一路上,对于沿途各地的民情风俗,程庭亦多精彩的刻画。譬如,在从陆路前往徽州的途中,二月初九日,在石会镇一带,他看到"居民取鱼不施网罟,各负筶管,持纶竿,结队成群,向陂塘垂饵,深得钓而不网之旨"。"筶管"是打鱼用的竹编盛器。十一日,在晏公塘,"人家多编竹作箕,远近争购"。这些都涉及当地人独特的谋生手段和生活方式。而在归程途中,三月二十九日途经淳安,"县无城郭,水潆山抱,直吾歙之一大村落耳"。在明清时期,经新安江东下浙江的徽州人,经过淳安时,都会注意到"县无城郭"的独特景观。抄件《杭州上水路程歌》在叙及淳安县时,就有"县小民淳朴,无城竟自偏"之叹①。对此,程庭的描述显然更为具体——这是因为淳安与徽州同属新安江流域,从徽州经新安江一水直下,即到淳安,当地有许多徽州人在此定居、营生,淳安的建筑及风俗均与徽州颇为相近,所以程庭才会有淳安像是歙县一大村落的感觉。四月初一日宿严州城下,"人家延僧作道场,燃莲花红灯,遍放河干,随流上下,绰约辉煌,颇堪娱目";四月初七,泊苏州浒墅关,"吴人竞于此日送春,画船箫鼓,阗塞虎丘,客舟经此,几不能度"。为此,他作有《蝶恋花(立夏日舟过虎阜,观吴人送春甚盛)》:

十里山塘丝竹乱,柔橹轻桡,载出芙蓉面,不向贞娘坟上奠金樽,共把残春饯。咽杀流莺忙杀燕,春若知情,春亦应留恋。芳草天涯春不见,东风飐遍垂杨线。

作为祖籍歙县的徽商后裔,程庭显然更加关注徽州的山水及风俗。二月十三日,"过尽宣州路,乡音渐可亲",程庭经由徽、宁接壤的分界山入新安界。他在新岭顶见到供奉广惠王神像的庙宇,广惠王也就是越国汪公,"讳华,因隋末兵乱,保障宣、歙、杭、睦、婺、饶六州地,至今新安人祀之"。翌日,初入歙县的程庭,就被眼前的景象所震撼:

---

① 王振忠:《新近发现的徽商"路程"原件五种笺证》,《历史地理》第16辑,上海:上海人民出版社,2000年版。

> 徽俗士夫巨室,多处于乡,每一村落,聚族而居,不杂他姓。其间社则有屋,宗则有祠,支派有谱,源流难以混淆,主仆攸分,冠裳不容倒置——此则徽俗之迥异于别郡者也。
>
> 至若男尚气节,女慕端贞,虽穷困至死,不肯轻弃其乡,女子自结褵未久,良人远出,终其身不归,而谨事姑嫜,守志无瑕,没齿无怨——此又余歙邑之独善于他俗者也。
>
> 乡村如星列棋布,凡五里、十里,遥望粉墙矗矗,鸳瓦鳞鳞,棹楔峥嵘,鸱吻耸拔,宛如城郭,殊足观也。

这里对徽州的村落景观、宗祠、村社组织、妇女生活以及人文风气等,都作了形象的揭示。粉墙黛瓦的徽派建筑,在此得到了充分的展现。宗祠是一地人群血缘的表征,而社屋则彰显了村落地缘之存在。三月十五日,他在登岑山礼佛后,就拜谒了社庙、祠堂。对于村社,程庭有颇多描述。其中,《途中观赛社有作》曰:

> 频年左耳似乘龙,屑墨敲琴唤鞠通。寄语故园兄弟好,社公余沥莫教空。

社公即社神,在徽州,程庭曾见到"社神所御车辇,辇高八尺,上圆下方,面面雕镂亭台、人物、鸟兽、花卉,逼肖犹生,丹黄璀璨,传自元时所制,何工之精巧一至于此,似世人所艳称之鬼工。球桃核舟,又不足比数矣"。社神所御车辇上的徽州木雕精美异常,令程庭叹赏不置。另一首《乍归里中》诗曰:

> 山径逶迤足力穷,中年且许暂扶筇。村村箫鼓争迎社,队队犁锄早劝农。舌涩渐调乡语熟,面疏旋叙旧亲浓。柴门随意留宾酌,笋脯松肪可作供。

所谓"舌涩渐调乡语熟",可能是指程庭长年生活在扬州,尽管在扬州,河下盐商社区中"乡音歙语兼秦语",也常听得到歙县话,但毕竟不太熟悉,所以操起歙县方言显得舌头艰涩。程庭的高祖墓在杏村,当地离王村不远,里人呼"杏"为"罕","王"为"杨",本为方言之讹。但如果是以官话问人,却很少有人听懂,所以他也不得不以"罕""杨"称之,而自己却觉得十分可笑。

对于徽州的饮食,程庭亦颇有大快朵颐之感,"食橡栗粉,俗呼为檕粉,惟里中人知食之。忆自先王母弃世以来,二十余年未尝此风味矣,为之饱啖,扪腹称快"。"先王母"是指程庭已过世的祖母,而程庭就是从其祖父那一辈开始侨寓扬州,这段记载反映出——徽州人侨寓异地,最初仍保留着乡土的饮食习惯。正是因为这一点,才让程庭感到格外亲切。

在岑山渡,程庭多次观赏戏剧:二月二十七日"晡时,诸族人携酒馔,招梨园于草堂,演昆仑红线传奇,三鼓始散"——所演之戏可能是昆剧①。而三月初八日"村内召优人演《目连救母》,院本俚俗,堪为捧腹"——这是目连戏的演出。还有的是听歌度曲,如三月初十日"驭兄招集小坑别墅中,阶下牡丹大放,听卜子君重度曲,暨小童数人清吹,临风举觞,又何减沉香亭情况耶!"从这些描述中,我们不难想见清初歙南村落的富庶和民间文化之繁荣。

除了在岑山渡,程庭还四出寻亲访友,对于途经的徽州景观亦多描摹:

> (二月十七日)经潭渡,望黄氏祠堂,规模弘丽,艳羡不置。过郑村桃花坝,花正烂熳,为之停车玩赏,移时而归。

> (二月二十八日)率口亦吾族程氏所居,村口罗汉松一株,苍翠古秀,合抱数十围,云是宋时所植,抚玩良久。又五里,屯溪,访相国吴文僖公之祖墓,观八门松,松干参天,柯条枝枝下垂,偃卧地上,横陈丈余,蜿蟺互结,复又腾踔而起,空中如幢盖之飘瓔珞,如浮屠之列象阙,神异如此,殆地灵之所钟欤!

潭渡黄氏、郑村郑氏、休宁率口程氏以及吴氏等,都是徽州的世家大族,其村落、水口和宗祠,都令人望之俨然。无论是率口的罗汉松,还是吴氏祖墓的八门松,都给人以枝繁叶茂、根深蒂固的感觉,与徽州强宗巨族的枝枝丫丫恰可比照而观。

---

① 昆腔在岑山渡非常流行,抄本《岑川祠事纪略·岁时节令纪事并支用银帐》中多次提及"昆腔名班戏"。

在徽州,程庭还走访了一些园林:

> 绍村地处群山,中峰回转,溪水潆洄,天然一武陵深处也。村口即张氏宗祠在焉,祠前隔涧,有山岚岜,乔松怪柏,柯干参天。其上曰松冈,下有卧云之石,蒙泉之池,坡陀曲折,梅树横斜,是即张表侄权与所葺之梅硎也。曩余尝作《梅硎》长歌以赠。权与喜读书,耽丘壑,既种梅于硎之左右,复遍植桃、李、杏、梨、海棠、辛夷、玉兰之属以映带之。余至时,群英正丽,红紫芳菲,就中有昙花数株,花五瓣,似海棠稍丰,苞中吐六须,三长而三杀,色作退红,上有艳光,一若蟾影之映绛雪,溶溶焉流动而无定,宜乎堪入旃檀林之清供也。花底一亭,曰就草亭,亦权与所创制者,有榱有柱,有栏有槛,覆以棕榈,束以机钩,可卷可舒,随时随地,恍如鹅笼书生,径尺铜盘直自口中吐出,真巧思也。

这是对绍村张氏园林的描述。绍村位于岑山渡的东南面,原名邵村,张姓迁入后改为绍村。张姓是此处的大姓,与岑山渡程氏为姻娅之戚。程庭对徽州园林的描述,还见有潜溪一处:

> (三月)二十一日过潜溪,访汪表弟玉依、禹裁昆季,留饮于绿参亭上。亭立万竿修竹中,嫔娟映水,绿荫几席,捧读舅氏右湘先生遗稿,因话当年靳雁堂明府,时招汪扶晨、家非二山尊诸前辈,集于舅氏之水香园,清谈雅酌,分韵联吟,风流胜事,至今未易多得。晚钟遥动,不胜杯酌,遽辞而归。

"靳雁堂明府"即康熙前期的歙县知县靳治荆,可见,徽州的一些园亭还成为官商文人诗酒唱和的重要场所。

从《春帆纪程》可见,徽州盐商对于故里多所建设。例如,岑山渡星岩寺内的文昌阁,由程庭之祖父首建,后来又由他的寄亭叔父"葺而修之,轮奂一新,更为改观"。每年二月初二,为岑山文昌帝君祝寿,做祭演戏,由文会司事、族中显达者主祭①。歙县的太平桥(俗名"河西桥"),由程庭的族人"家农部封延兄捐囊修理,费且不赀,往来络绎,莫不颂美"。

《春帆纪程》的上述记载,从一些侧面反映了18世纪晚期徽州乡土社会的生活实态。

程庭此行之目的有二。对此,费锡璜指出:

> 其家本新安,居广陵者累世矣。怀其乡土茔墓,千里远归,经画阡兆,此诚至性过人,笃孝者之事也。因而游黄岳诸山,登奇峰,履怪石,出云霞,食灏气,访高僧畸人,摩挲碑版,辨识灵卉幽草,胜情韵事,复兼而有之。

所谓"经画阡兆",程庭在其所作的《将抵里门前一夕有感》中指出:

> 光阴负我去堂堂,身贱多惭入故乡。类犬不辞因画虎,补牢纵早已亡羊。枕中黄卷仍遗泽,匣底青萍欲掩光。敢乞山灵一抔土,余生安复计行藏。

诗注曰:"此地为先人卜地。"换言之,程庭此行是为安葬某位祖先寻找墓地——这是首要目的。自明代以来,"欲识金银气,多从黄白游",黄山、白岳是四方之人艳羡的名山。作为徽州人的后裔,程庭也对黄山情有独钟。在《方朴士先生八十寿序》一文中,他指出,"新安大好山水,黄山、白岳奇秀甲天下"②,为世人所称叹。三月十四日,他前往黄山游览,其间留下的一些文字也颇堪玩味,譬如:

> (三月)十七日,平明惊心,侧耳犹恐宿雨未收。枕上忽闻山鸟相呼,继而曦影透入窗罅,余怀畅然,因披衣急起。……登狮子峰。复折而西,寻西海门。山径久无人迹,箬叶布满,零露瀼瀼,衣履沾湿,仰视飞来峰、石鼓峰,如经大力者负之而来,掷此而去,幻之至

---

① 抄本《岑川祠事纪略·岁时节令纪事并支用银帐》。
② 《若庵集》卷一,《四库全书存目丛书补编》第8册,第19页。

矣。上阁王壁,登炼丹台,日渐西没。晚,云作五色,万千变态,或巾峰顶,或抱山腰,或涌涧底。有时群峰缺处,矗出一峰,云补之也;有时群峰簇处,忽失数峰,云收之也。俄而琼楼玉宇,俄而瑶海芝田。同人布席台顶,坐者、卧者、有连浮大白者,恍置身于广寒高处,不复知有人间世矣……

这段文字可谓"点缀风华,秀色可挹"。

程庭返乡从二月初三日至四月初十日,全程二月有余,其中,在歙县的时间从二月十四日至三月二十八日。其间,恰逢多个岁时节日,当地的民俗活动颇为频繁。如三月初三经过路口,"路口村每逢上巳日,有龙舟之戏,士女游观极盛"。乾隆时代的方西畴有《新安竹枝词》:"岩镇迎神正月久,路口禳灾三月三。"三月三也就是前述的"上巳日"。又如清明节,程庭曰:"新安最重此节,凡子孙虽至贫乏,亦必先半月前具牲醪,肃衣冠,相聚拜于始祖之墓,而后高、曾、祖、考次第展拜,罔敢紊渎。坟茔自晋、魏、唐、宋以来历历可稽,非若他郡迁徙靡定,不数传而后裔相忘,松楸寂寞,麦饭无人,为可慨也!"

他在结束行程、返归扬州后,作有《妻孥问故乡风景拈此答之》:

新安江上水,可以濯吾缨。不自源头洁,何因彻底清。松间流细韵,岩际泻空明。那减中泠味,偏输第一名。

新安山色好,天半插莲花。翠影摇清霭,岚光散绮霞。幽岩丛瑞草,灵境驻仙车。五岳名区外,悠然别一家。

新安花树幽,嘉植遍林丘。凤尾凌霜劲,龙鳞阅岁留。愿存泉石志,不受栋梁求。黄海多奇草,神农识未周。

新安风俗美,醇朴古人如。邻过墙头酒,宾分屋后蔬。茗柯含露摘,山陇带云锄。办得官租足,衡门课子书。

在他眼里,新安江水源清澈,山色奇峻,花树清幽,风俗醇美。而皖南的山水又与长江中下游一带气脉相通,正是因为祖籍地缘的钟灵毓秀,方才使得在侨寓地的诸多徽州人兴旺发达,如日中天。

三、太平天国时期徽商在苏北盐业中的活动

晚清两淮盐政历来是中国盐政史研究中的薄弱环节。近数百年来,商界巨擘徽州盐商虽然令人耳熟能详,对他们的研究也素为学界所瞩目,然而,太平天国及晚清时期徽州盐商的活动,囿于史料一向湮没不彰。有鉴于此,新近发现的两册徽州盐商日记,也就显得弥足珍贵。本文即标点、整理其中篇幅较短的一册《日记簿》抄本,并对该书的背景,特别是苏北徽州商人的社会生活作初步的勾勒及分析。

"徽西商变镇江商"[①],这是清人对19世纪中叶以后两淮盐商地域构成嬗变的一个简要概述。"徽西商"是指明清两淮盐务全盛时期席丰履厚的徽商及山西商人,而"镇江商"则随着徽、西巨贾的渐次告乏,而在道光以后渐执淮盐之牛耳。对于徽州盐商,民国时人陈去病在《五石脂》中指出:徽州一府六县的商业,以盐、茶、木、典当四业为其大宗。而盐商皆聚集于淮、浙一带。自从陶澍盐政改革以后,徽州盐商遂"一败涂地"。[②] 而此前的研究成果,也多认为道光以后徽州盐商已一蹶不振,甚至于退出了两淮盐业的运营。其实,

---

① (清)赵瑜:《海陵竹枝词》,雷梦水等编《中华竹枝词》第2册,北京:北京古籍出版社,1997年版,第1492页。

② 《丹午笔记、吴城日记、五石脂》,"江苏地方文献丛书",南京:江苏古籍出版社,1985年版,第309页。

尽管由于盐政制度的变革,类似于明代中晚期及清代前期那样的盐商巨子已不复存在,但由于职业传承的惯性,在清代后期,从事两淮盐业的徽商仍然为数众多。譬如,在清代前期盐业全盛时期,两淮盐务八大总商中,歙县人一般总占到其中的四姓,个中就有上丰宋氏家族。太平天国以后,此一家族在两淮盐业中仍然有着频繁的活动。从新近收集到的宋氏盐商家族文书可以看出,在清代后期的两淮盐业中,中小徽商的活动仍然相当活跃。此处介绍的《日记簿》抄本,即是一个重要的例证。

《日记簿》抄本一册,版幅 13.2cm×24cm,抄写于五行朱丝栏信书上,每页分上、下两栏,上栏印有"日"字,供填写日期及天气情况,下栏记事。封二有"甲子年孟秋月吉日立"的字样,从内容上看,甲子年当为同治三年(1864年),日记所记为该年七、八两月的事情。

作者是徽州府歙县上丰宋氏家族中的一个盐商。笔者收藏的一封宋氏盐商的信函原件中提及:

> 安儿知之:……尔今年将弱冠,当家立志,是为先务之急。想我十九岁,当离乱之时,江路不通,冒险办淮盐,东奔西走,非有胆识力量,不能为也……

"安儿"系写信人的儿子,时在湖北蕲春漕家河镇"恒益典"充当学徒。这是一封家书,主要是训诫儿子要努力习学向上。"离乱之时",系指太平天国时期。咸同兵燹,淮盐江运中梗,扬州盐商更因广陵陷落而损失惨重。到《日记簿》反映的同治三年七月间,清军虽已攻占金陵,但南方各地仍然战事不断。宋氏盐商即在此危难之际冒险开始运销淮盐,从而使得其家族成员东山再起,在晚清两淮盐业中占据一席之地。

《日记簿》所记录的,主要是宋氏从江西吴城镇动身前往苏北各地,途经泰州、口岸等地,从中可以看出徽商在江西及苏北各地的商业网络。其中的吴城镇,位于江西南昌府新建县北一百八十里处,地当赣江汇入鄱阳湖之要冲。据清人金长福的《海陵竹枝词》:

> 运盐护照押朱红，才过真州又大通。
> 压水商厮多快活，帆樯镇日望东风。

"海陵"也就是泰州。该诗之下的自注说：淮盐护照由运司颁发。从泰州开行之始，就截其一角，继而截于省会安庆，再截于湖口卡局，到吴城镇则"四角全截，照亦随缴矣"。① 之所以如此，显然是为了查禁私盐。当时，吴城镇设有淮南盐务的分销局，系长江沿岸淮盐转运的中枢之一。在清代，吴城"镇为徽商辐辏之区"。② 上丰宋氏家族成员，就在吴城留下了诸多足迹。据宋氏家族文书之一《木本水源》③的记载：

> 宋迪文，皇清敕授修职郎候补两淮场诰授奉政大夫，显祖考。公字康庆，乳名崇德。继配汪氏，湖南人，在江西吴城娶，葬扬州城外……

这是说宋迪文为扬州盐商，在江西吴城娶了汪氏。另外，一封宋氏盐商从汉口给一个叫"永吉"的人之信函原件中，也提及他们在吴城一带的活动。④

除了吴城镇外，《日记簿》涉及的另一个重要地点是泰州。泰州地处运盐河要冲，为通、泰十一场淮盐的必经之地。咸丰七年（1857 年）七月，泰州设

---

① （清）金长福：《海陵竹枝词》，《中华竹枝词》第 2 册，第 1550 页。
② 同治《黟县三志》卷七《人物·尚义·朱承训传》，"中国地方志集成·安徽府县志辑"第 57 册，南京：江苏古籍出版社，1998 年版，第 120 页；民国《黟县四志》卷十四《杂志·文录·王树庭先生家传》，就记载了一个黟县人在吴城镇经营盐务的事迹："王城，字树庭，黟县人，天性孝友，幼习商于江西之浔阳，嗣业鹾于吴城镇，居停为江浦侯某，本淮南大商，与城为莫逆交，重城信义，盐筴重务，累赀（资）巨万，皆倚以集事。城亦忠信自守，持计簿、筹财利，十数年而产不更饶……"同上，第 58 册，第 306 页。根据萧放的研究，吴城是江西外销货物的集散地，民间流传着"茶商、木客、盐贩子，纸栈、麻庄堆如山"之谣，就反映了当地的商业风貌。《平准学刊》第 5 辑，下册，北京：光明日报出版社，1989 年版，第 563 页。
③ 《木本水源》，抄本一册，封面题作"木本水源，留传以为后代之人以记之，则免忘记祖□［宗?］/永大记"。
④ 原件曰："……此信到日，如盐船未动身，尔可带其坐盐船往九江，即嘱丰泰雇一人带其回吴城，以便叙叔照应。我六日亦信致叙叔矣，所致之信，亦加封寄去。"徽商永吉及"丰泰"（徽州商栈名），亦皆见《日记簿》之记载。

立淮南总局,实行就场征课,泰州北门掣盐过坝日趋繁忙,其繁富程度也几乎与往昔的扬州可以相提并论:

> 烟水南关取次过,米盐捆载入长河。
> 舟行卅里通姜堰,市肆喧阗驵侩多。①

姜堰镇在泰州以东 45 里处,濒临盐运河,市井纷华,百货云集;东去则为白米、曲塘、海安等处。咸丰九年(1859 年)七月,在泰州设立"淮南公栈",令场商将垣盐运往公栈堆储,由公栈统一发贩。官方晓谕大小贩户,只准就栈买盐,不准径下盐场请领淮盐。栈务一切,则均责成商人经理。公栈既从事划一商业规则②,又负责与官府应对交涉。③《日记簿》的八月初五、初七条下,都有此类公栈的记载。

太平天国后期,战争形势朝着有利于清政府的方向发展,长江水路逐渐通畅,曾国藩重整淮纲,在泰州设立西岸招商局,札委大员驻局,办理江西口岸淮盐转运业务,每年分春、秋两纲。于是,"商人请运归西局,百万腰缠到海陬"。④ "西局",亦即西岸招商局之略称;"海陬"则指苏北盐场及泰州等地。《日记簿》七月三十日条曰:"本月廿六日曾已议定,凡运西盐斤,每引预付金陵大营厘金银二两。俟售盐时,由西局扣还。""曾"指曾国藩。据宋氏盐商抄录的《核定淮盐西岸认运章程》第六条《补完各处厘金》记载:当时各路军营(如扬州大营、镇江大营、金陵大营以及皖江南北各营)均赖抽厘济饷。⑤

与泰州相距 36 里的口岸,再向南 3 里即濒临长江。原先,口岸一镇"孤悬江

---

① (清)金长福:《海陵竹枝词》,《中华竹枝词》第 2 册,第 1542 页。
② (清)金长福:《海陵竹枝词》:"泰坝衙门临郁浦,淮南公栈一时开。盐船已过西河嘴,待晓商厮把秤来。"同上,第 1550 页。
③ (清)朱余庭:《海陵竹枝词》:"公栈门前大轿抬,淮南总局又新开。为求纳课宽期限,商贩同来见运台。"同上,第 1510 页。
④ (清)金长福:《海陵竹枝词》,《中华竹枝词》第 2 册,第 1550 页。
⑤ 宋氏文书之一,佚名无题抄本,一册,内容是曾国藩等人颁布的盐务文书,可能即《日记簿》所指的"淮盐章程"。

口,人烟稀少,又无钱铺兑易银洋"①,是个相当荒僻之地。咸丰十年(1860年)六月,由于淮盐销路渐次增加,遂于八月在口岸镇设立分栈,收价发盐,以便商贩。②从此,盐船由此出江,口岸遂成苏北重镇,"市廛交错,行栈纷如,人民辐辏",其繁盛程度,几乎可以与当时的仙女镇、邵伯镇等相提并论。③

盐斤改捆,加上大批绅商纷至沓来,使得泰州地位迅速上升,奢侈性消费增加,具体表现之一是晚清时期当地的茶馆林立:

茶棚精雅客频邀,嫩叶旗枪味自超。
闲坐雨轩留小啜,芝麻卷子又斜糕。

"雨轩"是泰州最老的茶社,后来随着茶馆的增加,又有了南京馆、京江馆(按:京江即镇江)、苏馆、扬馆和泰馆之分。④ 在泰州当地,茶馆是联络感情、排解纠纷的公共交流场所。储树人的《海陵竹枝词》就指出:

主持公道在何方,议论须遵百客堂。
任尔事如天样大,不来茶馆不商量。⑤

譬如,七月二十六日,宋氏盐商就应书坊某人盛情邀请,前往茶馆。八月初三日,"又新茶叶铺同事黄青麟翁来邀上馆,却之不去"。

茶馆的兴盛,自然也刺激了茶叶的销售。而从事茶叶贸易的,主要都是一些徽州商人。据鲁国尧的回忆:"我是江苏泰州人,小时候就知道,街上有徽州人开的茶叶店,而且已历数世,'子孙遂家焉'。"泰州地方志办公室主任俞扬提供的线索也指出,自宋初,特别是明清,有许多徽州大姓迁入泰州,清

---

① (清)庞际云辑:《淮南盐法纪略》卷二,第30页上。同治十二年(1873年)淮南书局刊本。
② 盐务署辑:《清盐法志》(1920年铅印本)卷一百五十"两淮五十一建置门二·盐栈",第1页上。
③ (清)金长福:《海陵竹枝词》,《中华竹枝词》第2册,第1543页。
④ (清)金长福:《海陵竹枝词》,《中华竹枝词》第2册,第1554页。
⑤ (清)储树人:《海陵竹枝词》,《中华竹枝词》第2册,第1458页。

代及民初泰州有新安会馆,洪姓茶商于清初由歙县迁来。① 另据《泰县志稿》的记载,从当地的族谱来看,外来移民大多是"皖赣名族,于元明之际迁泰"②;而泰县的茶叶主要来自安徽、浙江和上海,在当地从事茶烟业者多是安徽人,所以有"徽帮"的说法。③《日记簿》八月初五日条,就有"粥后,至洪永裕茶叶店兑茶末银……"的记载。今查民国《泰县志稿》,根据该书所列的"商店一览表"可见,民国时期经营茶叶者,尚有"洪永裕""洪三泰""洪永兴"和"洪生大"等④,从其姓氏来看,应当都是徽州商人。其中,洪永裕茶叶店至迟到民国三十六年(1947年)四月仍然存在。⑤

宋氏盐商"曾办京茶,与王爷来往"⑥,在苏北也兼业茶叶:

---

① [日]平田昌司主编:《徽州方言研究》序,中国语学研究"开篇"单刊 No.9,东京:好文出版,1998年2月17日初版,页Ⅲ,页Ⅶ注8。

② 单毓元等纂修:《泰县志稿》(1931年,扬州古旧书店据原底本复印)第24册,卷二十四《社会三·方言》,第1页上。按:泰州于民国初年改为泰县。

③ 民国《泰县志稿》第22册,卷二十一《商业》,第4页上。《泰县氏族略》记载:"皖南以业茶、漆家于泰者,洪姓、胡姓最多。城市洪裕宁号,于清乾隆初即商于此,(今称铁柱官茶叶店)姜堰洪义和、胡震泰、胡源泰,亦皖省茶商之久于泰者也。(锅席庄亦多皖人)……皖人有新安会馆(城内光孝寺西北)及旌德会馆……同乡人士,有事咸会议其间,即此可见其人之在泰者众也。(皖人以业盐而居泰者有吕姓、汪姓,以经营布业居泰者有江姓,经营香业居泰者有姚姓,亦泰邑氏族之来源,惟不逮茶商之多耳。)"引自俞扬辑注《泰州旧事摭拾》"经商迁泰之氏族"条,"江苏地方文献丛书",南京:江苏古籍出版社,1999年版,第88页。

④ 民国《泰县志稿》卷二十一,第6页下~第8页上。

⑤ 在苏北,许多茶叶店都是徽商经营的。如东台最负盛名的方谦泰茶庄,就是由歙县人创办、经营。参见周建生《东台方谦泰茶庄小史》,载《盐城文史资料选辑》,第11辑,1992年。笔者手头收藏有一批信纸,其中就有"泰县洪永裕茶号用笺"(地址在中山路31号)。另有"徽州洪德泰老茶号信笺"(开设盐城西门内开明桥东首)、"兴化洪怡泰茶庄通用笺"(八字桥东)、"洪义泰和茶漆庄用笺"(开设泰县姜堰镇坝口)等。《盐城县乡土历史》[印鸾章纂,民国八年(1919年)商务印书馆排印本]之《清代之民族与水利》附记:"茶业多徽州人。"另据康熙《泰兴县志》(抄本,复旦大学中国历史地理研究所收藏)卷一《风俗第六·质库》记载:泰兴一带的质库,"多新安贾人为之,邑内五城门及各镇皆有,虽息权子母,实乃便民。"可见,苏北各地徽州人颇多。

⑥ 《便登》,抄本一册,版幅11.3cm×17.8cm,封面题作"顺风大吉/同治五年二月吉立/便登"。为宋氏盐商家族文书之一种,系同治五年(1866年)从扬州到汉口沿途的日记。原书约2万余言,王振忠收藏。

（七月廿六夜）回船后,思茶末如此滞销……以致愁肠百结……故又作札,嘱金弟带茶末样,明日起早来仙女镇……

（七月廿八日）申刻,将茶末样与该店细谈,价目悬殊,不能脱售。

（八月初二日）戌刻,至口岸,寻觅茶末之船。

（八月初三日）嘱金弟、秀兄速售茶末。

……

另外,同时在泰州一带从事茶叶贸易的还有徽商黄青麟,"此人系吾(歙县)北乡竹会寺,其家与徐宅隔壁,在口岸生意卅有余年"。

《日记簿》还提及"上冈"。上冈镇位于盐城县治北50里处,串场河沿岸。据《木本水源》记载,许以成(《木本水源》作者的舅祖父)、许炳(作者舅父),均葬于盐城上冈南首。在记载伍祐盐场"聚兄""毓弟"信函的佚名无题抄本中,也时常提及他们在上冈一带的活动。这显然说明上冈镇亦是宋氏盐商及其姻娅戚属在苏北的一个重要据点。①

此外,《日记簿》七月二十日和二十三日条下,都曾提及"捐输"和"捐例";另一册宋氏盐商日记《便登》中,也时常可见徽商对捐纳的热衷。据何炳棣的统计,自清初至嘉庆七年(1802年),盐商家庭中共有140人通过捐纳获得职衔。这种情形,在嘉庆以后,特别是晚清时期呈愈演愈烈之势。据《淮鹾纪略》和《淮鹾分类新编》等书的记载,盐务候补人员共有六班:一曰监掣,二曰运判,三曰经历,四曰知事,五曰大使(场大使、库大使、批验大使,统为一班),六曰巡检。道光初年,两淮额设分司大使及佐杂等官不过三十余缺,但候补者却多达一百余员。及至晚清时期,由于捐例频开,"来者愈众,并计几及千员上下,而例差只有此数,以致赋闲

---

① 根据盐城当地人的回忆,上冈宋氏始祖自明代迁居上冈,初开裁缝店、杂货店、槽坊,继而又经营盐业。在附近占有大片草滩,后易为灶地。灶地范围东至浪响30里处,南抵盐城界,北达与阜宁交界处。并在上冈西南拥有大片土地,形成了东西南北各长三里的"宋家大围"。以上参见夏瑞庭《上冈镇的形成与发展》和《上冈角头街与宋氏家族》二文,均载《盐城文史资料选辑》第12辑,1993年12月。另见:夏瑞庭《上冈的当典》,载《盐城文史资料选辑》第2辑,1984年12月;夏瑞庭《三十年代的上冈》,载《盐城文史资料选辑》第4辑,1986年;周梦庄、徐亮:《纵述盐城旧时代商业二三事》,载《盐城文史资料选辑》第11辑,1992年。

者居多"。① 徽州盐商对于捐纳的热衷主要是出于以下两点考虑：一是诚如《鹤年家书摘录》所指出的那样："……在生意场中，与做官人叙谈，有个候选外任名目，现时官不要做，只要官名。"②易言之，有了候选的身份，就可以在商场中如鱼得水。二是两淮的许多候补人员，都有可观的收入。《申报》光绪七年（1881年）四月十七日有"盐员离省"条："人或为贫而仕，欲择本小利大者为之，则莫如盐务经知之候差本省者。盖其报捐，但须四百金，一经禀到，即求回省候差。从此安坐家中，每月便有薪米念金，另分花红若干。八口之家，遂可鲜衣美食。久处此境者，几不知钱自何至，恍如清风明月，取不禁而用不竭矣。如以后能得差补缺，则尤名利双收，是进退俱佳，高枕无虑。"③晚清时人金安清也曾指出，候补都有坐薪，每年多达数百金。对此，他感叹："各省作宦，无两淮之优裕者！"④因此，我们在盐商的家族谱系中，时常可见某人拥有候补盐务官员的头衔，前述的宋迪文即是一例。

《日记簿》中还多次提及"信局"，如七月二十六日，"限天成信局晚间到口岸，计专力千三百钱，立有收条，过时议罚"。二十八日，"着永吉往天成信局问信，据彼云称该足尚未回来。嗣据金弟来云：彼同该足于昨晚二更冒雨至仙女镇，不知船之所在，故住在信宜钱店。今早起来找寻船只，无处可觅。幸信局告以在司马头云云"。"信局"亦即民信局，负责为商客代办信件、银钱及其他货物的投递或转运。从《日记簿》及宋氏盐商家族文书中的其他资料来看，东南城镇与长江中游的汉口等地以及徽商的桑梓之地，均有着频繁的通信联系。关于这一点，笔者拟另作研究，兹不赘述。

---

① 《淮鹾纪略》不分卷，清陈炳秋辑录，道光鱼湾官舍抄本，一册，藏安徽省图书馆特藏部；《淮鹾分类新编》，见《北京图书馆古籍珍本丛刊》第57册"史部·政书类"，北京：书目文献出版社，1997年版，第1054页。
② 《鹤年家书摘录》（晚清歙县旱南刊本，一册）卷一，第22页下。原书王振忠收藏。
③ 《申报》影印本第18册，大清光绪辛巳四月十七日，上海：上海书店，1985年版，第509页。
④ 《水窗春呓》卷下《盐务五则》，"近代史料笔记丛刊"，北京：中华书局，1984年版，第77页。

四、徽商展墓日记所见徽州社会、民俗

本文以歙县《大阜潘氏支谱附编》卷十所收录的数篇展墓日记为中心,研究侨寓徽商眼中的徽州社会、风俗。

(一)展墓日记产生的背景

近数百年来,徽州是一个高移民输出的地区。徽州人呼朋引类外出经商,以至于江南各地素有"无徽不成镇"的俗谚。不少徽州人虽然侨寓异乡,但与新安祖籍仍然保持着密切的联系。这种联系的一个重要方面,就是时常返归故里,省亲展墓。

著名的展墓日记《春帆纪程》,作者程庭,字且硕,号若庵,祖籍歙县岑山渡,侨寓扬州。岑山渡程氏在清代前期曾产生过数名两淮盐务总商,家族成员广泛分布于扬州、淮安等地。程庭在《春帆纪程》开首就指出:

> 余世籍新安,自先大父侨居维扬,遂隶籍焉。余生四十七年,未尝一睹故乡面目。然先世之丘陇具在,每岁时伏腊,迢递云山,无由展敬,霜露之感,何时已耶!

程庭于康熙五十九年(1720年)由扬州返乡展墓,《春帆纪程》对徽州的风土民情有着极为生动的描摹。这早已为此前的"徽学"研究者所熟知,并得到了较多的征引。①

多年前,笔者在收集徽商史料时,翻阅《(歙县)大阜潘氏支谱附编》②,发现卷十《文诗钞》中保存有数篇展墓日记:

> 潘奕隽《省墓记》,嘉庆九年(1804 年),第 10 页上～10 页下。
> 潘奕隽《展墓日记》,第 11 页上～15 页上。
> 潘钟瑞《辛巳展墓记》,光绪七年(1881 年),第 36 页上～37 页上。
> 潘钟瑞《歙行日记》,第 38 页上～57 页下。
> 潘介福《癸未省墓日记》,光绪九年(1883 年),第 59 页上～65 页下。
> 潘承谋《□□展墓记》,第 71 页上～74 页下。

其中,以《歙行日记》的篇幅最长,资料也最丰富。

大阜是歙县南乡的一个片村,含阜东、阜西两部分,因村庄始建于较大的高地上而得名。大阜潘氏历来就是歙南的大族,《新安大族志》中提及的歙县大族潘氏,就有大佛(当即大阜)一支。与徽州的其他宗族相似,大阜潘氏也是个移民众多的家族。对此,清顺治八年(1651 年)大阜人潘嘉珍曾说:"自胜国之余,兵荒相继,去其乡者十室而九。"③这是指明清之际的情形。而同治十三年(1874 年)潘遵祁在《重修大阜宗祠记》中亦曾指出:

> 新安居万山中,踞江南众流之上,户礼乐而家诗书,为东南邹鲁……至本朝咸丰初,丁口几万人,迁于外者犹指不胜屈,何其盛

---

① 张海鹏、王廷元主编:《明清徽商资料选编》,合肥:黄山书社,1985 年版,第 23 页。
② 《大阜潘氏支谱》正编 14 卷、附编 10 卷、卷首 1 卷,潘志晖、潘承谋编辑,1927 年铅印本,16 册,复旦大学图书馆特藏部藏。另,上海图书馆亦有收藏。
③ 《大阜潘氏支谱附编》卷十《文诗钞》,第 7 页上,《谱跋》。

哉！粤逆之乱，新安蹂躏几遍，克服后，存者十三四耳。①

在外迁者中，以侨寓苏、杭者为数最多。这从《大阜潘氏支谱》之编撰"凡例"中得以体现：

> 我家原籍歙县，迁居吴郡，谱中于两省地名，但注某州县，不注某省，明著籍也。至先世以业蹉试杭州商籍，只属寄籍，遇浙江地名，仍系以省。

其中，咸丰三年（1853年）前后，侨寓于苏州的大阜潘氏就有千余人之众②，形成了"富潘""贵潘"及"野潘"等不同的潘氏群体。③

侨寓异乡的徽州人，从清代前期起就陆续开始了土著化的进程——入籍。他们以侨寓地为中心重修族谱，在异地入葬并重建宗祠，从而从祖籍地缘转入了新的社会圈。由此，他们归乡的次数逐渐减少。对此，光绪七年（1881年）潘钟瑞的《辛巳展墓记》就指出：

> 吾宗自七世祖其蔚公以上，墓皆在歙县。迁吴子姓，往昔间一归省，近自嘉庆甲子曾叔祖三松谒墓后，此事阙如七十余年矣。虽松鳞义庄岁寄祭扫费无间，未足以伸诚敬也。于是，辛巳三月，西圃叔父命（钟瑞）往至大阜村，宿祖宅博乡堂……而偏公迁吴而返葬于歙，以后只葬吴矣。迨反命于叔父。叔父曰：自今以后，吴中子姓，或间岁，或间二岁，必往省以为常……

"嘉庆甲子"即嘉庆九年（1804年），"辛巳"则为光绪七年（1881年）。松鳞义庄位于苏州，是潘氏在侨寓地建立的慈善组织。虽然潘西圃主张苏州潘

---

① 《大阜潘氏支谱附编》卷十《文诗钞》，第35页上～35页下。《摆坞口罗家坞五渡上杭苦干源羊鹅坑茂林遍谒祖茔敬赋》："村居能聚族，守墓古风敦。空自唐宋日，拜经来耳孙。山阿体永托，哀慕意犹存。作息安耕凿，相期同保根。"（第14页上）

② 卷首序称："始卜居吴，距今止数世，族指已有千余。"（第4页上）

③ 关于"富潘"和"贵潘"，参见吴仁安《明清江南世家望族考录》选辑2则》，第七届中国社会史国际学术讨论会论文，1998年8月，苏州。另据北京潘君（原居苏州）见告，他的祖先亦来自歙县，但与苏州著姓潘世恩之支派又有不同，俗有"野潘"之说。

氏后裔或隔一年，或隔两年应当回乡省亲展墓一趟，但这样做实际上却是困难重重。不仅是因为如上文所述的徧公之后苏州大阜潘氏都已入葬侨寓地了，而且还在当地设祠致祭。潘冕的《潘氏私祠记》曰：

> ……迫我高祖筠友公懋迁于吴，遂移家寓吴，至曾祖其蔚公祖敷九公，虽在苏日久，而岁时伏腊，必回里祭祀。以故往来于青山玉岭间者，岁凡数四，而吴中未设专祠，所以示子孙不忘故土，惟恐轻去其乡也。今历年既久，子孙安土重迁，往来祭祀，又以道里之遥，畏难苟安。若不设祠致祭，于报本之义何居？……因于室之东南隅，先树一椽，以安本支四代之位器……

于是，大阜潘氏在乾隆以前归乡省墓者络绎不绝，而从嘉庆九年（1804年）潘奕隽返乡后，一直到光绪七年（1881年）潘钟瑞再度归乡展墓，其中相隔长达70余年。长期在苏州生活的徽州人，不少人都是满口的苏州话[①]，过了一二代，在其后裔的心目中，故乡早已蜕变成了一个模糊的符号、一段遥远的历史记忆。当他们踏上祖辈的土地时，故乡的一切都是那么新鲜，在他们笔下描摹出的徽州民情风俗，也就特别具有史料价值。

（二）展墓日记所见徽州社会、民俗

1. 葬俗及祭仪

徽州人酷信风水，因民间讲究"风水"而使尸骨长期难以入土。对此，潘钟瑞的《大阜族墓记》曰：

> （徽州风俗）多惑于风水之说，择地过慎，淹葬日久，如我六世祖舜邻公支下，历世未葬者有百余棺之多，计其卒时有一百二十年之

---

① 见潘钟瑞《歙行日记》，《大阜潘氏支谱附编》卷十，第45页上～45页下。

久者。①

潘钟瑞回乡的目的,就是要立族墓解决这些淹葬的尸骨。结果,连地价共花费洋银240元建成族墓。光绪七年(1881年)潘钟瑞所撰《大阜族墓记》和《歙行日记》,都谈及徽州与苏州族墓、族葬及两地坟墓之不同做法。《歙行日记》中还有多处提及墓地周遭的形状②,此类墓地形状直到今天,还在歙县的地名中留下了诸多痕迹。③ 此外,《歙行日记》中还有对徽州虚圹的状摹:

> 徽俗颇有虚圹,先刻封石者,则未合葬,亦或有之。

除了虚圹外,徽州还有所谓"生宫"。据说,大凡40岁左右就修了生宫,生前先建好墓,刻好碑。据绩溪人讲述,当地人一生有三件大事,即:一是娶老婆,二是盖房子,三是砌生宫。

歙县之坟墓皆有祭田,"徽人谓之膳茔"④,春秋祭祀经费由此取给。关于墓祭的方法,程庭的《春帆纪程》曾说:

> 三月初五日清明节,新安最重此节,凡子孙虽至贫乏,亦必先半月前,具牲醪,肃衣冠,相聚拜于始祖之墓。而后,高、曾、祖、考次第展拜,罔敢紊渎。坟茔自晋、魏、唐、宋以来历历可稽,非若他郡迁徙靡定,不数传而后裔相忘,松楸寂寞,麦饭无人,为可慨也!

对此,光绪七年(1881年)潘钟瑞《歙行日记》叙述了墓祭的设施及墓祭方式:

---

① 潘钟瑞《歙行日记》中说:"按支谱未载葬地者,计有一百二十余棺。"
② 如:"所谓琵琶形者,坐山为琵琶之头,墓前田外曲水圆绕,为琵琶之腹。坟后程村口有水碓,玱玱琤琤,为琵琶之声,至苏地传闻有涧水四条为琵琶之弦,却是讹传"。"初七日……至墓观所谓凤形者,坐山尖挺为凤首,照山一峰微藏为凤尾,左右层峦,耸列为两翅,有翔舞之势。弁英携墓图展开对观"。"此墓为蜘蛛结网形,一冈中隆,四周渐坦,其下阡陌纵横……墓在山半,坐山恰正照山两峰,为龟蛇吐气形"。"众山环绕,似来就之,状名推车进宝形"。
③ 如狮形、荷花形、铜龙形等,参见歙县地名委员会办公室编《安徽省歙县地名录》,1987年版。
④ 《歙行日记》,第46页下。

> （四月）十二日癸卯，晴……顷去族墓，于第三层未定外，凡砌畔岸，立字碑，平拜台，于出路处安小石桥，于正面设祭台、拜石，五十余人并力。申刻，一律告竣。备祭品五簋一点，酉刻，具衣冠，偕诸弟诣祭，以妥幽灵，并告酹土神，复周视一巡而返。

《歙行日记》并对徽州和苏州两地的墓祭做了比较：

> （徽州）祭品用整鸡、鱼、肉三簋，皆干腊，余则笋、韭等及粉制挂纸果，向例用全猪、羊两架，鼓吹四人，今从省。……吴地扫墓，皆春秋两次，意在展视之勤，不在礼仪之备也。

所谓"今从省"，是指潘钟瑞参照苏州祭仪对墓祭提出的改革方案。对此，他在《辛巳展墓记》中进一步指出：

> 徽俗祭扫，惟清明一次，诸先茔近在本村数里内者，固可不时瞻视，若叶备坞及金盆坦，往返以九十里计，岁惟一至，似太疏。上祖之墓，皆由宗祠备祭，松鳞寄费，专为此二墓而设。二墓宜改为春、秋两祭，一也。徽俗祭品，多用干腊，陈设于地，似取简朴，然用羊一豕一，体荐巨俎，异以四人，又用鼓乐数人为导，似又过繁。夫体荐羊豕，礼有定制，墟墓之间，何用鼓乐？均宜易之，节其费，为春秋两举，二也。

上述应是关于徽州墓祭的惯例。文中提及的"鼓吹""鼓乐"，乾隆年间侨寓扬州的歙县人方士庹，在返乡省亲后作有《新安竹枝词》，其中的一首这样吟咏道：

> 鼓吹喧阗拥不开，牲拴列架走舆俗，
> 问渠底事忙如许，唐宋坟头挂纸来。[①]

所谓"鼓吹"，清绍兴师爷传抄本《示谕集录》中，有"禁僧人鼓吹"条：

[①] 引自张海鹏、王廷元主编《明清徽商资料选编》，合肥：黄山书社，1985年版，第20页。

> 为严禁僧人之鼓吹以戢淫声以端风化事。……近日浮屠,不持戒律:静居僧舍,梵音作郑卫之声;应赴道场,讽诵吐优伶之曲。甚至称扬佛号,强叶宫商;因而宣赞经文,悉谐节奏……①

此种鼓吹当即徽调。杭州是徽商麇集鳞聚之区,同治年间范祖述的《杭俗遗风》曾提及:

> 僧家有经一种,名曰"孔雀经",编列各调戏曲,如昆腔、乱弹、徽调、滩簧及九调十三腔,均皆齐备,以和尚八人,分生、旦、净、丑各音,吹弹歌唱,俨同唱戏,家有素事方用之。

> 堂名即清音班,多自姑苏来者,共有一二十班……吹弹歌唱,各剧戏文,昆腔居多,近亦会唱徽调。

> 徽调排场,与歌司、大中、箱子等,惟唱徽调一门而已,人家闹丧、闹材多用之。

> (出殡日)有用堂名歌司、闹材,其次徽调而已。盖是夜定例,总须敲动响器也。

清代《扬州竹枝词》中亦有"年来极盛徽、扬祭,残腊丧门吊客多。鼓吹沸声真耐听,《将军令》与《捉天鹅》"。由此,可见徽州鼓吹对东南民俗文化的影响。②

除了墓祭外,徽州还有"祠祭"。对于"祠祭",雍正年间佘华瑞的《岩镇志草》"发凡"曰:

> 徽郡祠祭为重,百世不忘其本,知尊祖也。尊祖故敬宗,敬宗故收族,族姓蕃衍,必有宗祀以统一之,上治祖祢,下治子孙,风教之所

---

① 王利器辑录:《元明清三代禁毁小说戏曲史料》第二编《地方法令》,上海:上海古籍出版社,1981年版,第160~161页。

② 参见拙著《明清徽商与淮扬社会变迁》,北京:生活·读书·新知三联书店,1996年版,第135页。

关也。①

大阜潘氏宗祠迄今尚保存完好,笔者曾多次前往实地考察。此处背山而立,是个三进五开间的合院建筑,始建于明万历年间,清同治年间重修。② 据《大阜潘氏宗祠记》记载:

> 新安比户皆珂里也,家礼乐而户诗书,殆世所称"东南邹鲁"也。地踞江南众流之上,东达钱塘,滩高五百。西达彭蠡,亦如之。人谓"新安在万峰中",不知实在万派上。故人多高风峻节,俗多尊祖敬宗。名家巨族,无不以宗祠为急务者……

虽然不少族谱中都有对祭祀礼仪的具体规定,但白纸黑字常常容易流为具文。而潘介福的《癸未省墓日记》,则提供了一次"祠祭"的实例。

> (八月)十四日……晚诣宗祠。明日秋祭,敬观陈设:中堂设香案,陈纸瓶一。问之,曰祭瓶。又一香案,陈祭器数盘,与松鳞庄不同。
>
> 十五日,四五人起,肃衣冠,诣宗祠。有顷,奏乐、参神、迎神三匝。主祭一人,副主祭一人,分献四人,执事八人,分立堂左右,行三献礼。由堂下至内寝,乐人随同升降,共十余次。祭时天色已明,行阖门礼,余与两兄在堂下行礼毕……祠中给胙筹一支。因询知祠规,年五十与祭者,得分胙;六十以上,加给一分,并给祭品,均以筹代;年五十以下者,不颁胙。诸尊长曰:因远来适得与祭,各给文会筹一支。麟兄年六十一,得胙筹二,祭品筹一,文会中筹一,余与锡兄年未五十,各得文会中筹一。谨藏之,以示子孙。

前文曾提及,松鳞义庄也就是大阜潘氏在苏州建立的义庄。文中谈到徽州与苏州祠祭之不同,其中提及的文会,既是族中文人会文之地,又成为族中

---

① "中国地方志集成"(乡镇志专辑),南京:江苏古籍出版社,1992年版,第100页。
② 参见拙文《银桂树下的断想》,原载《读书》1995年第1期,后收入《斜晖脉脉水悠悠》一书,"书趣文丛"第4辑,沈阳:辽宁教育出版社,1996年版。

修纂族谱、调解纠纷、聚商及拟议族中大事的场所。① 大阜村中的文会,在村东师善堂,"中有文昌阁,上层奉奎星(即魁星),额曰'萃拔',为族中文会之所"。迄今,歙西郑村还保留有比较完整的文会遗址。

2. 饮食习俗

展墓日记中有多处谈及徽州的饮食习俗、土产物品,如:

> (光绪七年)三月二十二日,是夕午桥设饮,弁英、济川、拈花弟暨心存侄同坐。徽州风味,尝所未尝,酒边情话,尽欢而散。(《歙行日记》)

> 至牌头村店少歇,以塌果充饥。(《歙行日记》)

> (四月初九日)是日立夏,徽俗户具汤饼,余得午桥所饷,食之。(《歙行日记》)

> (五月)初三日甲子,晴,族中诸公多来送行,并赠歙砚、徽墨、葛精、茶叶诸品。午刻,子格叔又招饯饮,午、济、拈三弟暨心存侄、仲良弟陪坐,一席七人,是城中厨菜,得尝鲜虾,良久,辞行而出。(《歙行日记》)

> 午桥兄以茶蛋饷,皆徽俗也。(《癸未省墓日记》)

特别是提到"徽面"的场合较多,这对于我们研究徽州饮食习俗之传播,提供了相当有趣的史料:

> (四月初六日)天暮,煮面为餐,移时就睡。(《歙行日记》)

> (初七日)在衙前吃面。(《歙行日记》)

> 进徽州府城北门市头,舍舆,令至如意寺。……至察院前头,就市吃面,向胡开文购墨数种,并日晷、罗盘等。两兄迳至如意寺,余又买茶叶。同王贤出西门,过河西桥,登城阳山,投如意寺。天色已

---

① 关于文会的初步研究,笔者指导的硕士生葛庆华撰有《徽州文会初探》,载《江淮论坛》1997年第4期。

晚,老僧法兴年六十四,汲泉煮茗,味颇清冽,以素面供客……(《癸未省墓日记》)

晤华生兄,知篁斋之子三岁患恙,以建面贻之。(《癸未省墓日记》)

关于徽州本土的"徽面",乾隆年间侨寓扬州的歙县人方士庹有《新安竹枝词》曰:

山轿平扛压两肩,中途随处索盘缠。
河西桥畔筻儿面,绝胜唐模与竭田。

原诗小注曰:"舆人途中飧为吃盘缠,唐模、竭田面少味佳,彼则独嗜筻儿面,盖贪多也。"今按"筻"有二义:其一为大筏,《后汉书》卷十七《岑彭传》:"(建武)九年,公孙述遣其将任满、田戎、程泛,将数万人,乘枋筻下江关。"其二为竹制的捕鱼具,陆龟蒙《渔具诗序》:"矢鱼之具,编而沈(沉)之,曰筻。"要言之,筻与溪河上的器物有关。

河西桥、唐模和竭田都是歙县的地名。其中,潘奕隽《展墓日记》中有《河西桥闲眺》诗:

河西聊散步,徙倚到斜曛。
滩浅才通筏,山深惯出云。
人烟当坞聚,禽语隔溪闻。
何处茅堪结,吾将收放纷。

徽州新安江上有九姓渔民活跃其间,据《徽州地区简志》一书记载:

船民源于"九姓渔船"。相传元末陈友谅兵败,子孙九姓(陈、钱、林、李、袁、孙、叶、许、何)家属被贬钱塘江流域舟居,从事撑船、背纤等苦活。徽州境内新安主、支流上飘泊的船民,为"九姓渔民"的后裔,以陈、叶、钱、汪四姓为多。陈姓来自建德东州(徽港、婺港

汇合处),叶姓来自桐庐……①

九姓渔户又名"九姓渔船",俗称"江山船"。当时从浙江等地直出徽州者,往往雇用江山船。乾嘉时人沈复曾"应徽州绩溪克明府之招,由武林下江山船",前往徽州。②故而章亚光在《忆绩溪人麇集的淳安港口镇》一文中指出:从深渡到淳安,船上人讲的都是江山话。③这大概是比较普遍的现象,从苏州返乡展墓的大阜潘氏显然也不例外。潘钟瑞《歙行日记》曰:"午后,雇得五舱鸳鸯船,其舱两两相对,可十人卧。余等四人并两仆而六,包定舱面……舟子陈吉春,年六十二,老夫妇一舟,其子殿扬又一舟。子、妇,孙男、女,外孙、女,一家骨肉,通力合作。"

1995年笔者前往渔梁坝参观时,仍然见到渔民的生活。④由此推测,"篁儿面"可能是船上渔民所吃的食品,故粗而且多。而唐模位于歙县西乡,是徽商聚居之处。堨田有两处,一处位于郑村乡,一处位于北岸乡,此处当指郑村乡的堨田村(位于郑村至岩寺镇的新安江畔),村东有堨田桥⑤,与唐模一样,亦为徽商麇聚之地,故而"面少味佳"。在歙县,问政山笋相当著名。潘奕隽《展墓日记》曰:

> 初五日,至飞布山谒先高祖墓,遂入城拜程易田,留面。余与红珊、愚村,订至问政山吃笋面,易田曰:近日问政山和尚面甚劣,以城隍庙后古松庵者为佳。易田所留,即是也,食之果佳。

方士庹的《新安竹枝词》曰:"风味山乡入梦思,此君一见解人颐。晚菘早韭寻常甚,烂煮猫头饭渭匙。"诗歌原注曰:"猫头笋以问政山为最。"迄今,歙

---

① 安徽省徽州地区地方志编纂委员会编:《徽州地区简志》,合肥:黄山书社,1989年版,第471页。
② 《浮生六记·浪游记快》,"美化文学名著丛刊",上海书店,1982年版,第420页。
③ 《绩溪县徽州学研究会会刊》第1期,1991年6月。此书承绩溪中学教师徐子超先生惠借复印,特此致谢!
④ 照片载《读书》1996年第5期。
⑤ 见《安徽省歙县地名录》,第63、72和169页。

县徽菜馆仍有用问政笋烧制的菜肴。如皖南春季时令菜中,就有"两香问政山笋"的传统风味菜。明清时期,"徽面"在江南一带非常有名。

在明清时期,徽州是个商贾之乡,歙县盐商、休宁典当商、祁门茶商、婺源木商等,都是闻名遐迩的巨腹商贾。而与这些大贾相伴而生的,则是一些服务阶层的人群,如"徽州旌阳戏子"、歙县"虬村刻工",还有的就是绩溪县的"徽馆"厨师。绩溪民间歌谣曰:

> 前世不曾修,出世在徽州。年到十三、四,便多往外遛。……徽菜真不差,东南有名头。穷人顶合适,生活有望头。别看系腰布,职司却风流。荷包蛋,狮子球,红烧肉,大胖头,样样别有味,色彩更光流。……徽州菜馆业,实在大有为。①

当时,徽菜馆在江南各地都相当著名。扬州面馆的"连面",亦即徽面,称为"三鲜大连",也就是鸡、鱼、肉大碗面。②杭州城内也有徽州馆店,《杭俗遗风》记载,"徽州馆店所卖之面粗而且硬,其各种各价均与苏州馆同,惟面两样耳。再有名为小碗一种,每碗十八文,上加肉片、蛋皮、虾仁等物,碗大味鲜,量浅者可以抵得一顿饭矣。"③

3. 沿途所见景物及交通

展墓日记都叙及返乡徽商对沿途景物的描绘。如潘奕隽《展墓日记》中,就有一首题作《将归吴门由五渡经林树岭道中作》的诗歌:

> 一路滩声送我行,担夫莫讶客装轻。
> 渡头云密犹含雨,岭脚林开渐放晴。
> 地是故乡余眷恋,路因重过记分明。

---

① 转引自胡元堂口述、胡祖华记录整理《一生创业,功彰青史——胡元堂上海滩创业记》,《绩溪县徽州学研究会会刊》第4期,1995年3月。
② 林苏门:《邗江三百吟》卷9《名目·饮食·三鲜大连》,扬州:广陵书社,2005年版,第120页。
③ 王锡祺辑:《小方壶斋舆地丛钞》第6帙,杭州:杭州古籍书店,1985年版。

来朝解缆淳安去,万迭苍山翠霭横。

诗中的"一路滩声",形象地反映了旧时徽州外出水路交通之艰险。徽州素有"一滩高一滩,一滩高一丈。三百六十滩,新安在天上"的俗谚,对此,潘钟瑞的《歙行日记》中,就曾详细地描摹了他在新安江中上水与下水的两次经历:

> 十四日丙子,晨发,天阴如墨,行数里,遂雨。巳刻,自倒潭插而宗潭,而马没滩。午后,雨益甚,帆牵篙柁,并力齐施,舟子皆箬笠棕蓑。上滩时,邪许之声震山谷。谚云:"一滩高一滩,徽州在天上。"言劳苦也。……自严州以上,两岸峭崖石骨刻露,其下水清可鉴,石子巉巉,为水冲激,绝无棱角。大者如碗如盎,小者如珠如粒,五色备具。小泊时,济川、拈花拾之,注以水,逾百数,色泽、形模颇有佳者。……舟上米滩,进寸退尺,一步一顿,滩声汹怒,胆怯者往往就界口陆行,非特欲速也。
>
> ……
>
> (五月)初七日戊辰,船开比昨更早,风来更大,日光淡淡,雾气沉沉,四山都是风色,舟子摇橹不前,改为拉纤,盖上水船难于上滩之迟,下水船易于下滩之速,电掣箭飞,数里一瞥,而自严州以下,波平水阔,不复有此便利。又见来船风帆高挂,了不费力,益形我舟之迟,然顺流而下,实不迟也。俗传徽河中有名滩三十六,无名滩三十六,今驾长能道其名者不及三十六之数,而《徽(州)府志》称新安江有三百六十滩,数且倍之。盖上自张公山出练水,下至三折泷入钱塘江,以并言之耳。

关于新安江的滩名,各种记载不一,笔者手头的一部徽州民间宗教科文《泰山招帅》[①]中有"滩名总录",其中提及的"杭(州)城上来"滩名约八十个,

---

① 抄本封面题作"徐宝春华/民国念四年乙亥葭月订抄科文/泰山召帅并喜曲调"。

另外还有"回杭"滩名十八个。

此外,潘介福的《癸未省墓日记》中,也曾叙及进入徽州的艰苦:

> ……由此(严州府)以上,水更溜,随处皆滩。午刻至倒潭插,又经宗马潭、马没滩、下衙滩,势更急,声如雷,四篙四纤,方移一步。……行抵尾滩,水中大石林立,只有一线通舟之路,行须曲折纤回,滩上水与下水高低七八尺,舟人习水性,并纤十二人,尽力撑曳,乃得上滩……

关于新安江上水、下水更为详尽的记载,可以参照迄今发现的多种商编路程做进一步的研究。

对于沿途经过的一些市镇、水程,展墓日记所述亦颇具史料价值,如:

> (光绪七年三月十三日)盖自严州迳达新安,曰直港;自金、衢而至新安,曰横港。皆从严州分路。……(十五日)晌午,过茶园,市镇颇大,有显佑王庙,额曰"绍我见休";又有新安会馆,额曰"圣域济川"云。昔我族营生于茶园者不少,今寥落矣。(《歙行日记》)

> 徽间水浅,自茶园至深渡一百八十里,行七日始至。窃冀下水船轻,或不至是。(《癸未省墓日记》)

所谓"直港""横港",正是徽商东下浙江的路线。从深渡而下,港口镇、茶园镇均系徽商麇聚之地。大而言之,金、衢、严诸地也是徽商的活动范围。淳安县的一些风味小吃(如茶园豆腐干)在徽州也相当走俏,这显然也可作为明清时期两地经济、文化密切联系的一个旁证。事实上,迄今这一带保留下来的诸多族谱,实在应当充分挖掘和利用,以推进侨寓徽商的研究。而上述的记载,正可作为徽商研究的一些线索。

除了水路外,徽州内外交通还有诸多陆路,对于陆路交通工具,一些商编"路程"中有不少记载:

自四安至此,轿、马并有①。

自余杭县至山顶,每处十里。杭州轿在观音桥雇,歙县轿在余杭雇……②

徽州府至崇安,岭多路小,每轿一乘,驾行李五六十斤,轿夫甚苦,两人代一人劳,仁厚客商,险处恕饶一肩③。

自芜湖县至徽州府,每处十里。……轿、马并有④。

轿、马每名与过岭常例一分⑤。

上述这些,主要是对徽州与外地交通工具的记述。而《大阜潘氏支谱》对于徽州本土的情形,有着更为详尽的描摹:

> (十九日)余乘舆度梨树岭。……世仆王贤随余舆行……深渡至大阜,陆路二十里……至村口下舆步入……(《歙行日记》)
>
> 初六日……山径积潦,舆夫行水中,犹能飞步。(《歙行日记》)
>
> 五月初一日壬戌,雨,由如意寺乘轿返大阜,十里至稠木岭一停,又十里至瞻淇又一停,一帷闭置,不暇放眼……(《歙行日记》)
>
> 六轿各悬一灯于杠,鱼贯而行。(《歙行日记》)
>
> 三日晨,整束归装……买舆至深渡,诣五渡上坑,谒十七世祖思忠公暨妣汪墓……墓在山腰,无路可循,舆夫肩荷涉涧,踏山骨,攀崖藤,蛇行蚁附,以诣墓前。(《□□展墓日记》)

---

① (明)黄汴:《天下水陆路程》卷七"苏州由广德州至徽州府水陆",杨正泰校注《天下水陆路程、天下路程图引、客商一览醒迷》,太原:山西人民出版社,1992年版,第234页。

② (明)黄汴:《天下水陆路程》卷八"杭州府至休宁县齐云山路",杨正泰校注《天下水陆路程、天下路程图引、客商一览醒迷》,第246页。

③ (明)黄汴:《天下水陆路程》卷八"徽州府至崇安县路",杨正泰校注《天下水陆路程、天下路程图引、客商一览醒迷》,第248页。

④ (明)黄汴:《天下水陆路程》卷八"芜湖县至徽州府路",杨正泰校注《天下水陆路程、天下路程图引、客商一览醒迷》,第255页。

⑤ (清)西陵憺漪子(汪淇):《天下路程图引》卷一"徽州府由徐州至北京陆路程",杨正泰校注《天下水陆路程、天下路程图引、客商一览醒迷》,第354页。

至于这些轿舆的来源,潘介福的《癸未省墓日记》记载了徽州雇轿的风俗:

> (八月初五日)巳刻,到深渡,与两兄舍舟登陆,投族兄华生(俊英)所设永隆店,晤族兄仲滨,留面汤点,浼滨兄雇轿。歙俗,某村客至,须某村拨夫挑行李,否则由村中人到彼雇夫亦可。麟兄旧游,知其俗,为余言之。乃先行过岭,岭高且长,计二十里,至大阜村时,已未初,至村口东下舆……托午桥兄召世仆王贤,令雇夫至深渡挑行李。良久,以农忙无暇辞。午桥兄函祝仲滨兄,仍由深渡雇夫,送行李来,直到子初,方得陆续到齐。

对此,潘钟瑞《歙行日记》亦载:

> (四月)初五日丙申,晴,东、北乡两墓尚未展谒,雨晴不定。逡巡一旬,就村中雇舆夫,借口农忙,索费昂甚。至是命人往深渡唤去。……(初六日)深渡舆夫昨夜即来。

深渡据说是因村前深潭渡口而得名,至明末已发展成为一个拥有店铺上百家的中等市镇了,这里历来就是歙县南乡新安江上的主要水运码头。① 它与屯溪水路相通,交通非常便捷:

> (五月初二日)前与筠翁约:伊由屯溪觅船放下,余由大阜挈伴起程,会于深渡,以两日为期。(《歙行日记》)

由屯溪而下,快的三个时辰也就到了,再经过深渡然后东下。潘氏族人

---

① 关于明清深渡镇的情形,可见杨春雷《试论明清徽州市镇与社会转型——兼与江浙市镇比较》,《安徽史学》1996年第4期。

在此开有永隆店,成为往来族人打尖、投宿的落脚点。①

在歙县展墓期间,潘氏还时常与苏州的家人鱼雁传书,共商大事。其中,有多次利用当时的信局:

> 返至大阜桥,少憩。遇信局人,得西圃叔廿五日第二号书,附松生兄一缄……
>
> 四月初九日……作寄西圃叔七号信,交信局。

表4 《歙行日记》所载钟瑞与西圃叔书信往返情况

钟瑞		西圃叔		钟瑞收信日
信编号	发信日	信编号	发信日	
1	三月初八日(杭州)	1	三月十三日(苏州)	三月二十一日
2	三月初十日(杭州)	2	三月二十五日	四月初五日
3	三月十九日(白石滩)②	3	四月初三日	四月十三日
4	三月二十四日(歙县)	4		
5	四月初二日	5		
6	四月初五日	6	四月十六日	
7	四月初九日	7	四月十九日	
8	四月十二日	8	四月二十九日	五月初一
9		9		
10		10		
11	五月初二日	11		

从上表来看,当时苏州与徽州有着颇为畅通的书信往返渠道。关于徽商

---

① 这在各类展墓日记中颇多记录:"返深渡,止永隆号候船焉,明日行矣"(潘承谋:《□□展墓日记》);"初五日……巳刻至深渡,与两兄舍舟登陆,投族兄华生(俊英)所设永隆店"(潘介福:《癸未省墓日记》);"(十七日)抵深渡,仍投永隆店"(同上);"(十九日)午刻,抵深渡,济川来接,即同登岸,至华生所开永隆店中"(潘钟瑞:《歙行日记》);"(五月初四日)到深渡,投华生店中"(同上)。

② 过十里长滩即达深渡。

的邮驿,以往学者甚少注意到。① 而徽商与信局的关系,关注者更不多见。笔者手头收集有一批徽商信函(包括信封及信纸原件),其中的"信局"营业范围,涉及徽州、扬州、苏北盐场及汉口等地。这些应当都值得我们做进一步的研究。

4. 民间信仰

展墓日记中有多处谈及徽州的民间信仰。如《歙行日记》就提及大阜村内的寺庙:"村口李王庙,神为南宋中兴将,讳显忠。"

返乡展墓的潘氏时常至庙中行香。如潘奕隽"三月廿九日微雨,晨至深渡,肩舆至村李王庙行香"。"(四月)十五日晴,李王庙行香,谒祠斋"。潘介福初到谒宗祠后,"出至村东口李王庙拈香"。潘钟瑞临回苏州,"五月初四日,偕至李王庙,余等拈香毕"。从族谱及其他文献来看,苏州娄门也有李王庙。②

歙县文书抄本《杂事应酬》中,有《北岸正月十五祭李王文》,提及当地人对于李王有许多方面的祈愿,其中的一个重要方面便是"懋迁蒙吉利,喜捆载以回乡"。根据日本学者滨岛敦俊的研究:"……这些土神(引者按:指李王等)大都有保护海运、水运的传说,说明江南农村与东亚海上世界有着结构性关联。"③根据笔者的考证,明清时代有不少徽商从事中日贸易,从而将内陆山乡的徽州与江南乃至整个东亚紧紧地连在了一起。④ 据此推测,李王庙或许正是此种联系的一个注脚。

---

① 胡懋恺:《胡咸春药店在淳安》一文(载中国人民政治协商会议安徽省绩溪县委员会文史资料委员会《绩溪文史资料》第 3 辑,1993 年 11 月,第 4~5 页)曾提及:宣统年间,淳安县尚未设立邮局,严州府属邮局委托胡咸春药店于皇三巷口设立淳安邮局代办所。

② 《大阜潘氏支谱》卷十三"世琅公墓图"。

③ 《近世江南海神李王考》,见张炎宪主编《中国海洋发展史论文集》第 6 辑,台北:台湾"中央研究院"中山人文社会科学研究所,1997 年 3 月,第 217~248 页。

④ 参见拙文《〈唐土门簿〉与〈海洋来往活套〉——佚存日本的苏州徽商资料及相关问题研究》,载周绍泉、赵华富主编《'98 国际徽学学术讨论会论文集》,合肥:安徽大学出版社,2000 年版。

此外，《大阜潘氏支谱》还叙及徽州的社庙①、吕仙②、汪王③、八郎④、（观音）大士⑤和钟馗⑥等，这对于我们研究徽州多元的民间宗教信仰，也提供了一些史料线索。

5. 其他

展墓日记中还提供了一些零星的资料，也值得特别提出。如对著名的"北岸廊桥"之形象描绘：

> （四月初五日）过大阜桥，又过北岸桥，两桥阔大相匹，右皆潘姓，左皆吴姓。北岸桥上建屋十一间，中间龛奉大士，两旁设长坐以丈计，施茶汤、卖食物，小憩甚佳……（《歙行日记》）

> （初十日）薄暮，偕两兄同宇和族叔小步出村，至北岸桥观鱼，桥甚新，有屋十余间，两两相向，桥下神鱼甚多，投以饵，即来。（《癸未省墓日记》）

显然，当时北岸是当地的一个重要景点。据我所知，目前见诸文献的北

---

① 《歙行日记》："至社庙，屋仅三楹，神龛横设，一拜而返。"
② 《大阜三十六咏》："洞宾井，在村中进口井巷，上绘吕仙像。"其诗曰："辘轳一声响，千家梦初醒。凿地自何人，古巷存古井。泉甘能养人，冬温而夏冷。神仙吾不知，汲古藉修绠。"（《大阜潘氏支谱附编》卷十《文诗钞》，第25页上～下）另，《歙行日记》中亦曰："路口一亭，墙上画像似吕仙，一手一杖，皆作指引状。其龛额曰'示我周行'。联曰：'策杖指迷歧途无误，然灯普照方便时行。'"
③ 《歙行日记》："又十里至瞻淇，歇以待灯，步忠烈祖庙前，汪越国公庙也。"
④ 《歙行日记》："五里至八郎庙，神为越国公第八子，庙食于兹。"
⑤ 《歙行日记》："下山过一凉亭，筠友公建墙，绘大士像，加以龛帷。旁联云：祠宇喜重新座上莲花无边世界，慈悲存自昔瓶中杨柳有脚阳春。"北岸桥上中间龛亦奉大士。大士也就是观音，徽州的观音信仰非常盛行。乾隆年间闲斋氏所著《夜谭随录》卷四《新安富人》条曾记载一因果报应的故事，说的是一新安富人奸污女子致死，因果报应，其女外出采茶，几为恶少所污，幸山神预为警示："汝父在客中恣横，淫死人女，女控诸阴司，阴谴甚重，将报之于汝身。大士以汝母日诵经咒，绣佛长斋，发大慈悲，令解汝难。"
⑥ 《歙行日记》："（五月初五日）时当正午，舟人煮鸡与豕首，沥酒敬神，旋出献客，曰请赏端阳。余等辞不能饮，略取馒头食之。于是，十二人团取轰饮，拇战大作。济川云：'徽俗家家敬钟进士。'余曰：'舟人所敬，当是屈大夫。'"

岸廊桥的资料,以此段最为详细。

潘钟瑞《歙行日记》:"西初上滚滩,真有飞花滚雪之观,其左峭崖直逼,岚翠森森,下有水碓,声若沸羹。近日所见水碓不一,威坪堡下排列十数具,尤为聒耳。"其中提及的水碓,是利用水力旋转的舂米设施。歙人王梦铨所辑《新安景物略》附录有"水碓"条:"就深涧急流处作之,转轮激水,用以舂揄。"此条亦见抄本《乡土地理》。作为徽州乡土的常见景观,水碓在当地经济生活中显然具有相当重要的地位。此外,《歙行日记》还记载了"徽州完粮则例",这对于徽州经济史的研究也有一定的参考价值。①

另外,《癸未省墓日记》载:"至宗祠前步月,有小孩以柴编鞭鞭地,名曰打百步。"这是中秋赏月的民俗。而《歙行日记》光绪七年(1881年)四月初四日条:"惊悉三月初十日,慈安皇太后升遐,僻在山陬,至是始闻。"则涉及乡村社会民间信息的递传。

从前徽州有两句谚语说:"生在扬州,玩在杭州,死在徽州。""生要生在苏州,死要死在徽州。"②这既反映了徽州人的生活观,也折射出扬州和苏州是侨寓徽商最为集中的两个地区。而《春帆纪程》和《大阜潘氏支谱附编》中的展墓日记,恰巧分别反映了上述两个地区徽商与桑梓乡土的联系。

笔者认为,考虑到徽州社会的移民状况,展墓日记当在不少族谱中皆有保存。③ 因此,留心于此类日记的搜集和整理,或许对于明清徽州社会、经济和文化的研究,均有一定的学术价值。本文即针对上述的展墓日记做些介绍、考释,希望能引起学界同行的重视。

---

① 《歙行日记》:"徽州完粮则例,凡山税一亩,折作田四分三厘四毫;地税一亩,折作田五分六厘一毫;塘税一亩,申作田一亩一分九厘一毫;每田一亩,完税银一钱二分三厘七毫一丝。此祖籍徽州者所宜知也。"

② 崔莫愁编著:《安徽乡土谚语》"人文、社会"条,合肥:黄山书社,1991年版,第17页。

③ 《歙行日记》中就曾提及,光绪七年(1881年)与潘钟瑞同行返徽的程宝璐(筠泉,祖籍新安)"亦有事于祖墓";另,该文还提及光绪六年(1880年)汪振民(之昌)"展墓新安"。

五、谭献的徽州宦游日记

谭献(1830—1901),清浙江仁和人,原名廷献,字涤生,改字复堂,号仲修。同治六年(1867年)举人,历知安徽歙县、全椒、合肥和宿松等县。骈文师法六朝,尤工词,家藏前人词曲甚富。有《复堂类集》《复堂词》,又辑《箧中词》。

对于谭献的学术,钱锺书先生有很高的评价,他认为谭献"志尚魏晋,辞隐情繁"。张舜徽在其《清人笔记条辨》一书卷九中也指出:

> 谭氏为文,炼字宅句,深有得于晋、宋、齐、梁文辞之奥。晚清文士,大半中四六之毒颇深,俱未足称能文高手。谭氏规仿六朝,取法乎上。极其所诣,固贤于李慈铭、樊增祥。谭氏素精《选》理,于《骈体文钞》诵习尤熟,宜其吐辞摘藻,不同恒响也。①

对于谭献的《复堂日记》,张氏主要是从学术史的角度作了阐发。从《复堂日记》的内容来看,"大都循诵载籍,谭艺之言为多,余事略附,不能诠次首尾矣"。②该书属学术"札记之书,无子目,先后略以时次,谈艺六七,山水、交

---

① 《清人笔记条辨》卷九,"新世纪万有文库",沈阳:辽宁教育出版社,2001年版,第353页。
② 《复堂日记》卷一,石家庄:河北教育出版社,2001年版,第1页。

游间二三"。笔者认为,谭氏之罅补传注、抉剔子史已备受前贤珍视,但其山水、交游方面的文字,其实亦颇值得关注。

谭献于光绪三年(1877年)出任歙县知县,《复堂日记》卷四及《补录》①卷二中,留下了其人当时的宦游日记。他对新安的大好山水、徽州之吏治民风,都有精彩的描摹。对于吏治,他在升堂治事后的第三天,"点吏役名簿",就不禁叹道:"一岩邑有五六十差,东坡所叹也!"他还描述了晚清徽州官场的丑态:"三月初二日,学使诣学,陪听宣讲。支应处坐,自持节大臣,舆台皂隶,但见纷纷来索钱耳。"

徽州民风素以健讼著称,"廿三日,出堂受辞,大都浮伪,而涉讹索者且十之六,为之矜叹!反复劝导,仅一二人尚领意,冥顽狡谲者为多"。与此同时,晚清时期,各地流民尤其是江西人纷纷涌入徽州务工谋生,这使得官府对基层社会愈来愈难以控制。光绪四年(1878年)十月"初九夜雨中,都昌匪众犯县,掷火药,未炽。兵役禽[擒]五六人,讯知约黟县同起,皆江右之为木、石匠人者。前年景德镇之哄,亦都昌人"。当时,歙县等地也有"江西人形迹较异者",早已引起了谭献的重视。

在歙县,谭献于治事余暇,以阅读书籍、赏鉴古玩为乐。自明代以来,徽州的书画古玩市场就颇有规模,这在明末清初徽州古物商人吴其贞的《书画记》中多有记载。《书画记》卷二"黄山谷《行草残缺诗》一卷"条曰:

> 忆昔我徽之盛,莫如休、歙二县。而雅、俗之分,在于古玩之有无,故不惜重值,争而收入。时四方货玩者闻风奔至,行商于外者搜寻而归,因此所得甚多。其风始开于汪司马兄弟,行于溪南吴氏,丛睦坊汪氏继之。余乡商山吴氏、休邑朱氏、居安黄氏、榆村程氏所得,皆为海内名器,至今日渐次散去,计其所得失不满百年,可见物有聚散,理所必然。②

---

① 据钱基博序称:"补录者,清光绪十七年辛卯以前所刊余也。"
② (清)吴其贞撰:《书画记》,"新世纪万有文库",沈阳:辽宁教育出版社,2000年版,第62页。

尽管从清代前期开始,徽州古玩有"渐次散去"的趋势,但及至晚清,不少士绅商贾之所藏仍颇宏富。谭献就指出:

> 自至新安,与寄洲谈碑品画。所见如旧拓《白石神君》《孔宙》,诸拓皆精。画册有十洲《九歌图》,亦称佳品。寄老所藏前明及国朝名人尺牍、扇面甚富,名迹不少。近日又于故家得见戴文进《长江万里图》卷,浑秀超厚……徐文长墨画十七页,天然入妙,真足为老莲导师!此册方从鄂来,故有樊云门题诗。今日寄洲于安庆买得梧园秦仪《杨柳册》十六幅,精妙有神品之目。以之消夏,亦可谓墨缘眼福也。

从上述文字可见,谭献在徽州所见的古玩颇多故家所藏。

在徽州,他还游览了歙南名胜——雄村竹山书院,但见"台榭幽窈,花木靓秀;中为讲堂……缭以短垣,面新安江,峰峦如屏,帆缆上下,擅胜在远,山泽之姿,可以坐啸"。光绪四年(1878年)十月初六日,谭献卸任。同月二十五日,当他登舟待发时,曾对自己的这段宦游生涯做过总结:

> 计此行得歙石佳恶五、旧墨十许铤,新墨之可用者称是。至财物盈不足之数正相当,所谓故我也。

此处所说的旧墨,是指他曾获赠的程君房、吴去尘、曹素功和汪节庵等名墨。由于现在所见的《复堂日记》已"删节十之二"①,这使得谭献的日记更显简略,我们实在无从了解谭氏在离开歙县渔梁坝时的心境,不过,他对徽州的印象还是颇佳的。直到光绪八年(1882年),谭献"奉遣旌德句当",沿途的山水,仍然勾起他对昔日宦游徽州的美好回忆:

> 皖南山行,岩泉秀发,草树婵媛,殆有灵栖,或与凡隔。将至旌德,一重一掩,遥识黄山,新安江上旧游如梦。②

---

① 《复堂日记》卷一,第1页。
② 《复堂日记》卷六,光绪壬午(1882年),第131页。

六、晚清湖北武昌县的民俗与社会变迁

近年来,各种近现代人物的日记陆续出版,为社会文化史的研究源源不断地提供了新的史料。《朱峙三日记》的第一部分,刊载于《辛亥革命史丛刊》第10辑,该书对于研究晚清民国时期湖北武昌县(今鄂州市)的风土人情、礼俗习惯,具有重要的史料价值。

朱峙三生于清光绪十二年(1886年),卒于1967年。[①] 此前公布的第一部分日记,反映的年代为光绪十九年(1893年)至二十八年(1902年)间的内容。根据作者的《日记自序》:

> 予日记内容在清代者,如朝廷掌故文献,君后之败废荒淫,官吏昏庸贪墨,以及国家贫弱缘由,革命党会潜伏,内政外交,邸抄文告,凡可纪者,即民间轶闻亦悉载之。次则诗文书画之品评,音乐戏剧之观听,亦间有类载。五十余年中,国体政治之变更递嬗,因益改革,凡具有历史性者无不搜罗焉。[②]

诚如章开沅先生所指出的那样:由于"旧中国基本上属于农业宗法社会

[①] 胡香生:《作者简历》,见《辛亥革命史丛刊》第10辑,武汉:湖北人民出版社,1999年版,第228页。

[②] 《辛亥革命史丛刊》第10辑,第231页。

范畴,轰轰烈烈的政治事件虽多,社会内部结构的演变却非常滞缓。重大事件易入史书记载,渐进而又细微的演变则往往为人们所忽视。"《朱峙三日记》之侧重点恰恰就在于细致地描摹这些"渐进而细微的演变"。① 从中,我们可以爬梳出不少民俗研究的重要史料。

(一) 日记所见晚清武昌县的民俗

朱峙三出生于一个行医家庭,"家中祖龛上层供三牌:中,天地君亲师;位左,敕封药王之位;右,天花金花圣母之位"。②"天地君亲师"牌位早在明末就已流行于知礼之家的祖龛上,在清初则更成为里巷常谈;③"药王"即唐代名医孙真人思邈,每年正月初一,朱峙三都要随祖父和父亲至太平桥仁寿宫进香,奉祀药王。④ 位居右边的"天花金花圣母之位",显然也与他父亲悬壶行医有关。这是因为在传统社会,痘疹为小儿疾病中的顽症,民间素有奉祀天花金花圣母的风俗,行医之家自不例外。⑤

在《朱峙三日记》中我们看到,他常常从周遭的下层民众那里听到一些有关前朝的民间故事及传说,其中不乏颇具民俗研究价值的史料。如光绪二十一年(1895年)八月十六日条:

> 晚间,朱益舟及同屋洪光宗大爹为予说故事,谓元朝待百姓极刻薄。以胡人得天下,虑汉人造反,收兵器,十家共菜刀一把,有一蒙古人监督之。百姓成年授室,其新妇胡人逼之与己先共枕一次。

---

① 章开沅:《关于〈朱峙三日记〉的说明》,载《辛亥革命史丛刊》第 10 辑,第 224 页。
② 《辛亥革命史丛刊》第 10 辑,第 330 页,光绪二十八年(1902 年)日记。
③ 参见余英时:《"天地君亲师"的起源》,载刘述先主编《现代儒学论》,香港:八方文化企业公司,1996 年版,第 165~169 页。另,车锡伦《"天地君亲师"牌位的出处》一文认为:"天地君亲师"很可能是由明代民间教团首先提出,并为乡土社会所普遍接受。见《民俗研究》1999 年第 3 期。
④ 光绪十九年(1893 年)正月朔,第 232~233 页。
⑤ 参见拙文《徽州文书所见种痘及相关习俗》,载《民俗研究》2000 年第 1 期。

明太宗[祖?]起兵,陈友谅亦起兵争天下。元朝要败之时,百姓密约一口号曰:"中秋杀鞑子。"鸭与鞑同音。是月全县百姓争杀鞑子,凡鞑子杀绝矣。

又如,光绪二十五年(1899年)二月二十五日条曰:

祖父在日,曾与洪大爷述清初与明末洪承畴订十不降条约,然后降大清剃头换衣冠事。今仅记得一为生降死不降(死者入殓,服用圆领大袖,带[戴]方巾,孝子则留发留须,不剃头修面)。二为男降女不降(女子着大袖衣,梳髻,大衣盖膝,穿裙裹脚,一切与满妇异)。三为官降役不降(官着清制服,皂隶着青衣,戴高篦帽,明代定制未改)。四为文降武不降(文官清制,武官迎霜①降时戴盔着甲)。五为士庶降乞丐不降(乞丐办财神,戴纸盔,逢节索喜钱)。六为俗降方外不降(道士、道人、僧尼均着前代服)。七为阳官降阴官不降(府县城隍庙城隍神,均塑明代制服)。八为头降脚不降(官吏穿袍套马蹄袖,足着朝靴则方头,明制也)。九为科甲降秀才初不降(秀才初入泮,着蓝衫,亦圆领)。十为长降幼不降(幼婴襁抱中,着僧道服)。

《朱峙三日记》在对个人经历及家庭日常琐事的叙述中,时常涉及武昌县城一带的"俗例"。如光绪二十八年(1902年)五月初三日条,就记载了医生家庭与周遭士庶应酬交往的惯例:

各处送节礼人多。父亲以医为业,每日除来家就诊者,当付脉金不欠记也。其余则城内各商店认识之士庶家看病记账,分午、秋、年三节,送钱之外,伴以糕点、水果等物,名"节礼"。

又如,丧葬祭祀方面,武昌县城俗例,祀祖必须过七月初十;在初十之前

---

① 此"霜"字疑为衍文。

祭祀者,表明其家刚刚死了人。① 馈送丧礼祭幛者,均为汉尺八尺,与武汉用双幅者不同。② 光绪二十五年十一月二十日,朱峙三祖父之丧已满三年,请道士来行上堂礼。当天日记曰:

> 屋内挂红灯,做斋一天。下午五时,父亲带予、姊丈、表兄、吴表兄等戚友二十余人,至江家院烧祖父、叔父灵。着孝服,托灵出门烧后,以孝服由火上丢过去,从俗也。归后,戚友称贺,此庶人阕礼也。

"阕"是指祭事已毕而闭门之意。光绪二十六年(1900年)七月十四日,"今日午后,父亲率同予及姊丈、表兄等敬谨祀祖,礼节极繁。予等鹄立左右,自接神至排席、烧包袱、送神,约一点半钟方毕,汗湿长衫矣"。类似于此祭祀祖先的场面在武昌县城非常普遍,故而朱峙三感慨道:"吾邑城内各家祀祖均如此,真美俗也!"③

《朱峙三日记》在记叙俗例时,还不时论及社会的时尚风气。譬如,光绪二十三年(1897年)腊月,"各处送祖父祭幛礼者极多。当时习尚重门面与情感,人重礼教,俗重纯朴,是以结果如此"。又如,光绪二十四年十二月二十九日,"父亲结算收入帐[账],今年较去年收入总数尤多,唯因祖父出殡多用,故尚亏欠二十余串。人情世俗重孝忠,故祖父殡礼不能不多用也"。再如,晚清时期科举盛行,"城市乡曲尊重读书人,称幼童为无可限量者"。④ 这些,都从不同的侧面反映了当时的风情时尚。

对于当地的岁时民俗,《朱峙三日记》中亦有详细的记载。

光绪十九年(1893年)正月初八日,"父亲请年客,系女宾,俗谓之亲家过路"。十三日,"今夕县中八街均有灯,热闹异常"。对于这一天的盛况,光绪二十年(1894年)正月十四日条曰:"昨日起,各街已悬有绢制彩画人物之宫灯多架,晚点烛十余支于内,甚美观。大东门城内外共三架,小东门一架,小

---

① 《辛亥革命史丛刊》第10辑,第248页。
② 《辛亥革命史丛刊》第10辑,第268页。
③ 《辛亥革命史丛刊》第10辑,第294页。
④ 《辛亥革命史丛刊》第10辑,第269页。

西门内外二架,大西门一架,大南门一架,小南门城内外共三架,大北门一架,小北门内外共二架,俱护以木制之高篷,如一大厅屋然。晚点一灯烛,至子末止。绢灯结绳,拉可上下。所画人物工细,皆以金钱请名手所作……此人物、彩灯,或为他县所无。今夕日光大明,各街玩龙灯者,至子正犹未歇也。"

光绪二十年(1894 年)正月十五日,"县中今夕东街大玩花灯,观灯者人众,拥挤不堪"。光绪二十四年(1898 年)正月十五日,"县中龙灯甚热闹。唯东门外与小西门两灯相遇,必打架肇祸一次,今夕夜半又如此。问之,父亲云,俗称龙性好斗,故如此耶"。所谓"龙灯",是在削好的木头上蒙上纸呈龙的形状,再将灯放在里头,即称龙灯。光绪二十五年(1899 年)正月十五日,"今夕各街有龙灯。县官虑有祸,始禁谕不听,继乃派衙役多人分赴各街,随灯前后持杆弹压。每年肇祸,都是东门外与小西门的龙灯打架,报私仇。西门庶民种田者何姓人众,流痞混入,以致肇祸打伤事常有"。这在其他地方(如福州)也有所见,称为"闯神""闯将"或"野仙"等。

光绪十九年(1893 年)正月十七日,"元宵已过,看灯者犹未止,四门灯更热闹,县官亦不禁止。祖父抱予看灯曰:此夕为亚元宵也"。根据乾隆《武昌县志》的记载:当地正月十三日张灯,称"试灯",至元夕为止。"元夕"也就是元宵之夜,但据此可知,及至晚清时期,元夕之后,还有"亚元宵",一直到正月十七日。

二月十五日是武昌的花朝,亦有闹花灯之举。光绪十九年(1893 年)二月十四日,"晚间闻各街闹玩花灯,穷极华丽",十五日,"各街准备接花灯者甚多。晚七时,各街男女填街塞巷途。乡间有客来看灯,男女老幼无家无之。县令不禁花灯,只禁龙灯,因此花灯为各街商工共同出款举行"。

四月八日为佛诞日(亦即浴佛节)。对此,朱峙三写道:"吾邑旧例,四月八唱戏,各学塾均放假也。"[①]光绪二十年(1894 年)四月初七日,"因初八佛生日,城隍庙有演戏。城内各塾均放假三天"。光绪二十二年(1896 年)四月初

---

① 《辛亥革命史丛刊》第 10 辑,第 314 页。

八,"城乡各私塾停馆均如此,谓佛生日,本城城隍庙演戏六日,以记佛恩"。光绪二十五年(1899年)四月初七日,"今日放假。明日为佛生日,城内各塾一例的。闻城隍庙已写了汉口来的班子,可唱四日夜,陈师放假五天,十一日上学"。

武昌俗以五月初五日为小端阳,而以十五日为大端阳。① 光绪十九年(1893年)五月十五日,"今日大端午,县中各街所做纸龙船,均抬由予门口过去,热闹异常,称此日为大会"。次日,"自龙船下水,道士超度,人山人海,在河边拥挤"。光绪二十七年(1901年)五月十五日,"今日作《龙舟竞渡》七绝一首。晚未上学,自八卦石方井头起,至大东门止,看街市所挂灯争奇巧,异常热闹。天热人多,拥挤不堪。艾姊丈引予至大庙看戏,汉班也。老生天全、蔡炳南均到县,今夕唱五台出家,蔡唱做均佳"。对于戏班的定价,亦有翔实的记录:"汉剧定价甚贵。当时每唱一日及夜戏,日戏大小五出,夜间同价,每本百串或百二十串文"。② 另外,光绪二十年(1894年)五月十八日"看龙船下水",其下注曰:"吾邑以五月十五为大端午,十八日放龙船。据说,同治四年太平天国亡后,即行此会也。龙舟下水,听其自流,名曰送瘟船云。"

光绪二十五年腊月二十三日,"今夕祀灶神,打扫厨房干净。母亲敬谨祀

---

① 汉口的情形亦复如此,抄录于下藉资旁证。道光初年范锴《汉口丛谈》卷二记载:"……楚俗以五月望日为大端阳节,剪纸为龙船,中坐神像。自朔旦起,至十八日止,鼓钲爆竹,灯火喧阗,昼夜不辍,处处皆然。杨林口为更甚,数十人驾一小舟,众桨齐飞,疾如风雨,鼓声人声,与水声相应。岸上观者如堵,谓之龙舟竞渡。亦有士女,坐四柱青幔之船,竹帘旁挂,肴酿笙歌,出游助兴。土人云:'将以驱瘟疫也。'……"对此,黄冈吴德芝有《大端阳行》云:"午日龙舟闹江水,楚俗相传吊屈子。无端更有大端阳,初五日至十八止。剪纸为舟逼肖龙,中坐神像装束工。迎处妖娆杂妇女,扛来欶侧集儿童。金彩高张锦翠铺,极工穷巧尽欢娱。游民废业事厥役,半月以来争追呼。典床卖器供尊馔,肉山酒海腥风煽。急管哀弦恣牛饮,长旗大鼓疑龙战。醉来怒骂老挥拳,盘筵壶杯飞瓦片。明日酒醒仍兄弟,不仅娄公甘唾面。虐及神明守市廊,俨然面目与冠裳。麦瓜不黄李子黑,神前故故来相将。皆言一岁不如此,瘟鬼入门何能当。我看往年钟邑侯,曾经示禁城门头。苍官七载人不犯,间阎清洁熏风流。当时此事竟衰止,并无一家见瘟鬼。可知挽俗在循良,小人所视君子履。且也先王法制详,是月勿用火南方。喧阗爆竹若如此,微阳生意能无伤。"(第193~194页)

② 《辛亥革命史丛刊》第10辑,第318页。

灶神,供品一切从俗例"。腊月二十九日(立春),"今日县官迎春,出东门,坐显轿,十六人抬,旗伞执事,仪仗牌子,上路者百余人。县官戴红花绒大帽,如菩萨之尊严。两旁人立观之,男女称羡……"光绪二十一年十二月二十一日(立春),"今晨看县官迎春,尊严如佛,八人抬之,焚香遮道,前呼后拥一百余人"。三十日,"今晨贴春联,贴挂门钱,红色,宽三寸、长一尺二寸,于门楣上分匀贴之。各家皆然……"光绪二十五年腊月三十日"今日家中已挂红灯,贴红挂门钱,春联大小均换红色。下晚灯烛辉煌,烧火盆"。光绪二十六年十二月三十日,"早起,父命布置灯烛。下午四时祀祖,烧除夕包袱,排供较中元稍简略,礼节仅酒一巡即上饭,时间仅一小时毕。晚饭后,发灯火"。

在记载岁时习俗时,朱峙三还常常提及一些特殊的"旧俗",如"吾邑叩新香者以初一、初二为敬,初三以后即为失礼"。①"吾邑旧俗,三月三夕多有人至寒溪塘西山麓看鬼火云"。②"吾邑旧俗,贺端午节者,以初六晨至午初;贺秋节者,以十六晨至午初"。③

(二)武昌县民俗变迁及徽商的影响

从武昌县民俗的变迁来看,太平天国前后似乎是个重要的转折期。光绪二十五年腊月初八日,天气奇寒,"西山冰滑,而和尚等尚结队入城,化缘送腊八粥,以讨施主钱米。闻此习尚行之二十余年矣。太平军败亡后,黄、武两县庙宇群僧均以此事取财也"。光绪二十年(1894年)五月十八日"看龙船下水",其下注曰:"吾邑以五月十五为大端午,十八日放龙船。据说,同治四年太平天国亡后,即行此会也。龙舟下水,听其自流,名曰送瘟船云。"这是民间习俗方面的变化。与此同时,俗语方面也增添了不少新的内容。如:

> 洪大爹为予说太平天国。时我邑称为长发贼,或曰长毛,此官

---

① 《辛亥革命史丛刊》第10辑,第269页。
② 《辛亥革命史丛刊》第10辑,第311页。
③ 《辛亥革命史丛刊》第10辑,第317页。

兵所称呼洪杨者也。长毛称官兵曰妖,如官兵到则曰妖来了。当时武昌在长毛手,一有警报,人民乱吼乱跑,曰发妖风。故至今凡无意识而发吼跑者,曰妖风,已有一名词矣。①

另外,明清以还,全国各地的岁时民俗呈现出趋同的倾向,这显然与当时各地人群之频繁流动及交往有关。就武昌县的情况来看,我们明显地看到了徽州人的影响。

朱峙三于光绪二十六年(1900年)起开始就读于程维舟的家塾。"程维舟为太成典当铺管楼者,据说年可入五百串文,太典执事人皆皖籍"。② 当时,朱峙三师从闵孝荃,闵氏为徽州大姓,其至友"高幼泉、程作舟,皆皖名诸生,寄居予邑"③,彼此过从甚密。此外,"大生当铺管事徐玉台,皖人,亦秀才,此人间日必来师处坐谈者也。尚有商人汪元生,又,汪焕南,每日晚必来,坐谈甚久去"。④ 从其姓氏及从事的职业来看,这些人显然都是徽州商人及其后裔。在湖北各地,徽州人开设有许多当铺⑤,成为民间调剂日用缓急的商业组织。光绪《武昌县志》卷三《风俗》就记载:"商贾以乾嘉间为极盛,同时典商七十余户,远服贾者数百余家。"《朱峙三日记》中就记有"南门当铺",光绪二十五年(1899年)正月二十五日条曾记载:

午间,乡间杨姨祖母来家借钱,谓乡间春耕需钱。除在南门当铺当过单夹棉布衣共四件,仅得一串二百文外,尚欠一串文。

在武昌一带,除了富商大贾及名儒诸生外,还有一些来自徽州的下层百姓。如朱益舟为黟县人,"十五岁逃难至鄂者也"⑥。太平天国时期,徽州为

---

① 《辛亥革命史丛刊》第10辑,第266页。
② 《辛亥革命史丛刊》第10辑,第291页。
③ 《辛亥革命史丛刊》第10辑,第288页。
④ 《辛亥革命史丛刊》第10辑,第290页。
⑤ 笔者收藏的歙县上丰宋氏家族文书中,有不少徽州典当商及学徒的信函。参见王振忠《徽骆驼》,载《万象》第1卷第5期,1999年7月。
⑥ 《辛亥革命史丛刊》第10辑,第255页。

清军与太平军反复争战之地,生灵涂炭①,徽州及其周边均有不少人逃往外地谋生,湖北便是一个重要的地区。② 朱峙三先是从师程松年,后来由程作舟代理,作舟名揖[楫?],"亦歙县秀才,在吾邑曾从程松年师读书也"。③

另外,日记中出现的一些商贾士绅,虽未注明籍贯来源,但从其姓氏及举措行止上,仍可大致推测为徽州人。如:

> (光绪二十一年五月十五日)县中龙船会,予六岁时见之,各街俱有。历年争胜者,商民均出钱。自十四至十七,三天之内,夜间除大小西、大南三门街外,余则每家当街扎布篷,悬灯四盏,或方或圆,或扇面,或檐灯,红绿绸缎、玻璃,互相比胜,尽态极妍。而大东门汪养和之琉璃灯四盏,又东街珍珠穿扎之大灯,尤精美。琉璃最亮,珍珠最暗,白日光彩炫目,晚间烛光不透故也。④

其中的大东门汪养和,可能便是徽商巨贾。⑤ 结合长江中下游"无徽不成镇"的背景,以及上述的记载来看,武昌县城内的富商大户也是徽州人居多。

根据日记光绪二十六年(1900年)六月十三日条记载,朱峙三在典商程维舟家塾中"连日必有两桌雀牌……饮食骄奢,快乐之极"。日记并于同月二十三日条指出:"向例学东不许先生荒误学生功课,使学生无长进。而程维舟则不然,盖骄奢淫逸之家庭也。先生抹牌,其子与洪时炯至其内宅闲玩……"光绪二十六年八月二十九日条,"连日学中读书作文,毫无进步,闵师耽误时多。原拟今年可到中股或开篇者。闵师无日不打麻将二三时,同局者二石、一郑或一涂,皆游手好闲之士绅也"。光绪二十六年三月二十四日条更明确

---

① 关于这方面的情况,胡传的《钝夫年谱》中有相当生动的描述。
② 如"杨姨祖母(安徽青阳人),太平天国时自皖逃至吾邑,以难民为黄姓所娶者。与予说之太平军在皖各事,予喜听矣"。《辛亥革命史丛刊》第10辑,第282页。
③ 《辛亥革命史丛刊》第10辑,第293页。
④ 《辛亥革命史丛刊》第10辑,第254页。
⑤ 另外,光绪二十七年(1901年)六月初二日条下:"今日师云省城正在院考,城内汪成骧可望进学云。"(第320页)文中的汪氏,可能也是徽商子弟或其后裔。

指出："县中始有此牌（按：指麻雀牌），闻自皖人在此业当铺诸人教之也。"

明清以还，江南各地素有"无徽不成典"的说法，徽州典当商随处可见。武昌县地处长江中游与下游三角洲经济联系的主要动脉沿线，徽商编纂之路程图记中的"徽州府至湖广城路"，就经过此处。① 笔者收藏有歙县郑村郑姓商人的路程原件——《湖北武穴、龙坪由彭泽往徽》。根据我的研究，明清以来，鄂东沿江的龙坪、武穴、广济、蕲州、武昌府等地，均有徽商活动的足迹。② 另外，笔者手头还有一册佚名无题抄本，主要内容系晚清时期在湖北蕲春漕家河镇"恒益典"③当学徒的宋氏之"信底"。从中可以看出，"恒益典"内的学徒基本上都是徽州人。此种移民及商业背景，应是鄂东如武昌县民俗变迁的重要因素。

武昌县城内有华光庙会。据光绪二十七年（1901年）五月初二日条载：

> 本年四眼井市一里华光庙会，五月端午会戏轮到予家为头会，尚有夏乃卿、涂西垣二人，夏不在家。父亲亦往庙开会二次。会中首事请予画台上画八幅，今日下午调颜色为之而成，付首事去贴……

次日还搭盖华光大帝座棚等。据《古今图书集成·神异典》卷五十四引鲁应龙《神异志》曰："五显灵官大帝，佛书所谓华光如来，显迹婺源久矣，岁岁朝献不绝。"康熙《休宁县志》也载有华光楼，在灵顺庙前，庙右有五猖堂。"五猖"也就是五通或五显的另一称呼，而华光庙则是徽州五通或五显祠的一个别称。

五通、五显、五猖都是瘟神，民间迎神赛会的目的是为了驱瘟逐疫。《朱

---

① 详见明黄汴著《天下水陆路程》卷八，杨正泰校注《天下水陆路程、天下路程图引、客商一览醒迷》，第249页。

② 参见王振忠《新近发现的徽商"路程"原件五种笺证》，载《历史地理》第16辑；王振忠《明清徽商与淮扬社会变迁》，第100～105页。

③ 漕家河镇位于湖北蕲春县北四十里处，临蕲水为市，是县内最为殷盛之区。同时收集到的还有一张"恒益典"的当票。

峙三日记》中有"放猖会",从中可以看出,它已与武昌当地的岳王信仰糅合在了一起。对此,朱峙三笔下的记载颇为丰富:

>（光绪十九年正月朔）……本城岳王最灵验。王在南宋时,为秦桧贼所害,卒时系宋代某年腊月二十九日,即该年除夕也,后人永远不忘。王冤白后,受敕封为武昌县主,血食已久。故邑中每值除夕,天未明时,城内住户及距城三四里人家,均于三更时即到庙进香,向王祝福,烛光如画。
>
>（八月初十日）今日晚间有会,名曰放猖。十人装饰恶鬼像,以刀叉在百胜庙捉二人出,名曰寻秦桧。即纸扎之大腹人,头戴源帽,名涂老爷者,大约万俟卨也。闻祖父云:此会已行之二十余年,纪岳武穆之忠也。十二日,将此纸人锁于菜园戏台之下,压灾难云云。
>
>（腊月三十日）挂红方灯一盏,名满堂红者,每家一枚,悬正门首。问父亲云,此系纪念岳武穆者也。宋末封武穆为武昌县主,故吾邑百胜庙除夕香火达天曙。阖城人家,天未曙时,俱到岳庙行香求福。
>
>（光绪二十年八月十五日）至菜园看戏。此戏年年八月十五为正节气,酬谢岳武穆也。
>
>（光绪二十一年八月）初十日,今夕百胜庙祀岳王,大南门会首派人装点无常、保正,涂老爷用纸扎的大人,冠带本朝制,以铁链锁之,六鬼像,披发。一男一女像,装秦桧及长舌夫人。行途中叉声锵锵,沿途大吼。十五日,今日中秋,今日菜园酬岳王戏甚热闹……见初十夕放猖所捉之涂老爷在台下坐,焚香者多。
>
>（光绪二十三年八月）十五日,中秋。历年举行高架子会,有十人开花面,饰地方鬼物,拿秦桧、长舌夫人、万俟卨等。两木架高约二丈余,左右足绑之而行。有一人持长竹篙引之,饰鬼者肩上托此篙缓缓而行,不能目向下望也。其口中大呼曰"左边遭滑,右边遭踢"等语。每行一步,费时甚久,大约游街毕,须十小时。饰鬼者如

绑布松,则坐人家高墙上或屋上,换布索等事。……闻县中老年人云,饰鬼者为许愿,可却病延年云。

(光绪二十九年)八月初十日,今日傍晚,百胜庙举行放猖会。

关于岳王信仰,乾隆年间曾在扬州活动的徽州歙县人鲍皋在《海门诗钞外集》卷四中,有《舍身行》一诗:

> 扬州城内商人妇,妇人尊贵自作主。
> 大妇舍身岳庙里,中妇腰牌印累累。
> 少妇伫弱不任事,随驾最得娘娘喜。
> 扬州少男故多女,生女多居大门户。
> 女不缝纫不机杼,但坐饱食谈鬼话。
> 随驾上天乐不苦,钗厨黄金太仓粰。
> 画旗绣伞应官府,十人为什五人伍。
> 娇羞各自命伴侣,东家西家好邻里。
> 问我诸姑及伯姊,十十五五一张纸。
> 生不同生死同死,房中乳保群婢子。
> 平常束湿荷驱捶,上下一牌同列取。
> 他日左右相依倚,茶姥酒媪何能尔。
> 可怜贫家亦如此,日日从夫索钱使。
> 吴人淫祀楚巫鬼,扬跨吴头蹈楚尾。
> 岳祇尊严媲后土,不可作揖但首俯。
> 敬之且审敢玩侮,汝干以邪赫然怒。
> 不汝以福以祸汝,妇人不知道理故。
> 家翁痴声奈何许,吁嗟乎! 家翁痴声奈何许。[①]

清乾隆年间,"扬州繁华以盐盛",两淮盐商富甲天下,其中又以徽州人为

---

① 宣统三年(1911年)刊本,第2页上~3页上。

数众多,以两淮鹾贾为中坚的新安商人,对于长江中下游地区的风俗之演替,时尚之传播,均有重要的影响。诗中的"扬州城内商人妇",基本上指的就是徽州商人妇。从中可以看出,她们舍身岳王庙中,侍奉神庥极为虔诚。无独有偶,在长江中游淮盐转运的中枢——汉口,当地的岳王信仰也相当兴盛:

> 岳神诞日进香来,人海人山挤不开。
> 名是敬神终为戏,逢人啧啧赞徽台。

这首由叶调元所作的《汉口竹枝词》自注曰:"东岳庙在旷野,三月廿八庙前搭徽台演戏。"①关于"徽台",《汉口竹枝词》另有一处记载,即"……至米厂龙船,徽台扎彩演戏谢神,尤为热闹,然所费甚钜,不能岁岁为之也"。② 由此可见,"徽台"是演戏谢神时所搭的一种彩台,颇为奢侈。在清代,米厂一带是徽州盐商和水手麇集之区。除夕之夜,汉口塘角一带停泊的各种盐船,"桅灯不可胜计,自米厂望之,但见火星万点,出没云端",成为汉镇的一大"奇观"。③ 另外,明清时代,江南各地有徽商(徽州商人)、徽典(徽州典当)、徽馆(徽州菜馆)、徽菜(徽州菜)、徽面(徽州面点)、徽包(徽州包子)、徽式新屋(徽派建筑)、徽剧(徽州戏剧)、徽调(徽州音乐)和徽礼(徽州礼俗)等称呼,由此看来,"徽台"也应是与徽州有关的戏台。联系到徽商在汉口等地的活动盛况及穷奢极欲的种种举措,这样的推论应当不为无据。

此外,《朱峙三日记》对于药王(该书第 232~233 页)、文昌帝君(该书第 235 页)、睢阳会(该书第 241 页)、土地会(该书第 245 页)、马娘娘会(该书第 290 页)等民间信仰及迎神赛会(该书第 254、255 页),均有翔实的描摹,兹不赘述。

---

① (清)叶调元:《汉口竹枝词》卷二《时令》,见《武汉竹枝词》,武汉:湖北人民出版社,1999 年版,第 49 页。

② (清)叶调元:《汉口竹枝词》卷一《市廛》,第 51 页。

③ (清)叶调元:《汉口竹枝词》卷二《时令》,第 60 页。参见王振忠《清代汉口盐商研究》,载《盐业史研究》1993 年第 3 期。

七、清末徽州学生的《庚戌袖珍日记》

周振鹤教授所编《晚清营业书目》，列有商务印书馆出版书目，其中提及该馆出版有《庚戌袖珍日记》：

> 本馆自光绪三十年创制袖珍日记，历年增广改良，发行以来，咸称便利。自庚戌年起改为狭长形，置诸怀中，尤为便用。所附各表，亦均精心改制，务期适用，布面金字，装订精美，并可配装铅笔，每枚五分。①

上揭的《庚戌袖珍日记》，只是商务印书馆同类出版品中的一种。晚清民国时期，商务印书馆曾以不断修订、连续出版的形式出版同一种著作（这就是所谓"历年增广改良"），而每次修订均较此前一版更为精致细密。譬如，早在光绪年间，商务印书馆就出版有该馆的出版书目②，及至宣统元年（1909年）十月，《商务印书馆书目提要》已出到第八版。又如，民国元年（1912年）创刊的《中国旅行指南》，到民国十年（1921年）一月已出至第九版，在此过程中，商务印书馆编译所"添派专员，详为调查"，故其所述内容，从初版的68处增

---

① 周振鹤编：《晚清营业书目》，上海：上海书店出版社，2005年版，第347页。
② 周振鹤编《晚清营业书目》提及，商务印书馆在光绪三十二年（1906年）已有增订出版《商务印书馆出版书目》和《商务印书馆出版教科书目》，第220页。

至第九版时的92处,其中的子目也更为详细。从第六版起,还新附各省风景画,每省一幅,以便旅客行踪所及,"藉得按图寻访"①。而更早于此的《袖珍日记》,从光绪三十年(1904年)创制起,到宣统二年(1910年)改版,历时也有六年之久。

此类日记虽见于书目登载,但因其为个人实用之物,倘若刻意寻找一部日记原本,殊不易易。此前,笔者偶然收集到《庚戌袖珍日记》实物一册,确系商务印书馆出版书目所记的那种"狭长形"物,为蓝色布面,封面烫金字体,写作:"宣统二年庚戌/袖珍日记/商务印书馆"。据书目版权页得知,此书为宣统二年(1910年)的《袖珍日记》,商务印书馆编译所编纂,由上海北河南路北首宝山路商务印书馆发行,每本定价大洋1角6分,较此前的书目已有所提高。

(一)商务印书馆的新式日记簿

商务印书馆成立于晚清,成立之后,因其经营的灵活性而得以迅速发展。民国二年(1913年)上海海左书局印行的《最新民国商务普通注解尺牍》中,就有致《商务书馆》的信函:

> 商务印书宝馆大执事鉴:久违雅教,时切怀思。兹启者,阳历七月三号奉上一函,谅邀台阅,至今未见货箱颁下,甚为诧异,岂其未曾收到欤?抑局中半途误事欤?殊难解决。刻因询买者日有多次,无书应接,甚难为情。如政治、法学、财政等书,并民国教科书之类,皆人所亟欲购观,迟则数见不鲜,奇货不可居矣。故再申函,望将此数种先行寄下,以应门市,不可有误。忝特老主顾,故敢催促,有费清神,容当面谢,不敷之数,随当寄到。特此再布,即请

---

① 商务印书馆编译所:《增订九版中国旅行指南》"凡例",上海:商务印书馆,1921年版,第1页。

刻安！

文成堂书束。

其后是商务印书馆给文成堂的回函：

文成堂宝坊台览：阳历七月三号，尊处所寄之函，并洋若干元，货单一纸，均已收到。却非局误，本拟修函奉覆，奈局中事如猬集，以致稽迟。又以不日各书即可印齐，故此简略其事，俾宝坊盼望多日，盖不知如此之急也。昨又接华札，方悉购者纷纷，无奈今岁沪上各书局倍加发达，印刷装订等局，所出之书，不敷客帮之批发，其原因实由民军光复之后，各地书坊，货皆空虚，今庆共和成立，处处交易，同一起色，故办货者一时齐集，往往眼见现银而无货与客也。兹特照单寄上，另开发票一纸，各价登明，祈收阅可也，若犹嫌部数之特少，函示续寄不误，下找之款，望即寄下为盼。此覆，即请

大安！

商务印书馆书束。

上述二函，大致反映了民初商务印书馆所编各类图书的热销状况。如所周知，商务印书馆以编印新式中小学教科书为主要业务，此类新式中小学教科书，迄今在徽州各地仍时有发现①。除了编印、刊刻教科书之外，中小学生的文具用品，显然也是商务印书馆重点经营的对象。《庚戌袖珍日记》的后一部分印有诸多实用性的内容，主要包括：中国各省往来华文电报价目表，邮传部重订收发电报办法摘要，邮件章程摘要，购领邮票汇票行使银钱之定章，专差投递快信摘要，邮件寄费表，京汉铁路火车票价目，京奉铁路北京前门、通州至山海关火车价目，京奉铁路山海关至营口并沈阳火车价目，沪宁铁路各站价目表，杭沪铁路价目表，内河小轮船价目表，上海到沿海各埠船价表，上

---

① 据汪太戈《柯庆施在安徽省立二师》（载《徽州社会科学》2008 年第 6 期）一文透露，歙县南乡水竹坑（竹溪）村柯家，至今还保存着一本柯庆施使用过的高等小学校第 6 册《新理科》课本。

海汉口间船价表。这些涉及车船交通、邮政通信等方面的知识,颇可反映出日常生活与时代风气的巨大变化。此外,日记中尚有商务印书馆出版的各类书籍,如"欧美名家之政法书","日本法学大家之名著",《钦定大清会典》《钦定大清会典事例》《钦定大清会典图》《城镇乡地方自治章程要义》《城镇乡地方自治章程通释》《城镇乡地方自治事宜详解》,还有学部审定宣讲用书:

  《克莱武传》,三角;

  《澳洲历险记》,一角半;

  《美洲童子万里寻亲记》,三角;

  《鲁滨孙飘流记》,七角;

  《富国学问答》,五分;

  《蒙师箴言》,五分;

  《农话》,一角。

上列诸书亦见于宣统元年(1909年)十月第八版的《商务印书馆书目提要·宣讲用书》,可见,商务印书馆有意识地将该馆所出书籍的目录,悉数印入《庚戌袖珍日记》,以达到广而告之的效果。在这批"宣讲用书"中,前数部皆为翻译读物,如克莱武(Robert Clive)为十八世纪英国著名的冒险家、军事家、外交家和政治家,曾长期负责东印度公司和英国的南亚事务。《克莱武传》与脍炙人口的《澳洲历险记》《美洲童子万里寻亲记》《鲁滨孙飘流记》等书一起,成了国人开阔眼界、启迪民智的重要参考书。而《蒙师箴言》则显然是迎合清末私塾改良的社会需要。各书旁注曰:"学部奏定劝学所章程,各属地方一律设立宣讲所,延聘专员随时宣讲,而此数书,业经审定,为宣讲之用。"

在《庚戌袖珍日记》的后一部分,另外还列有一些书籍:《宪政论》《宪政研究书》《立宪国民读本》《日本预备立宪之过去事实》《十六国议院典例》《政治学及比较宪法论》《日本议会法规》《日本议员必携》。书籍旁注曰:"预备立宪之时代,不可不知宪法之要义,本馆编辑宪政各书,凡我国民,苟能悉心研究,则可知宪法精神,而养成国民资格。"这些书籍都是当时极为适用的著作。对此,晚清婺源秀才詹鸣铎认为:"古称'通经致用',今则'通法致用'。"这种看法典型地反映了科举制度废除之后不少读书人的价值取向,同时,亦可看出有关宪政各书所受到的重视。他曾前往上海法政讲习所学习,研习各种法律,主要有行政法、法学通论、经济学、财政学、民法、警察学、宪法、西洋史、欧美日本自治大观、地方自治制和城镇乡地方自治章程,共计十一项内容①,其中一些科目的参考书,即与上述的书籍有关。

此外,日记中还列有儿童用书、校外用书、初等小学教科书、女学生用书、算学书目、中学教科书、教育类书目、英文书目、字典辞典、尺牍日记、五彩地图、各种杂志、最新小学、说部丛书、新译小说和新撰小说等,内容相当丰富。这些书刊,目前在徽州民间均有大量的遗存。在清末民国时期,此类书刊对于启迪皖南山区民智起到了一定的作用。与《庚戌袖珍日记》差相同时的《陶甓公牍》记载,外界对徽州的冲击主要是来自外出经商的徽商和受新思潮影响的学生和绅士。而徽州子弟的外出求学,更带回了新的思想②。在这方面,日记后所附的广告,显然也起到了潜移默化的效果。人们通过此类广告,了解到中国当时最新的学术思潮。关于这一点,有待于今后作详尽、细致的研究。此处,仅举一个细节稍加说明——《庚戌袖珍日记》内部栏目的设置,事实上也影响了徽州人书写的习惯。譬如,民国时期的一些书信抄本(即信底)之前,有"通讯录""收寄信函表"③等,这显然是受到《庚戌袖珍日记》之类新式日记的影响。因为在晚清以前,此类的通讯录及收寄信函表,往往直接书写于信函的旁边,而不会在开首作一备查式的索引。

(二)旅外徽人之日记书写

这是一册用过的日记簿,因此,除了本身印刷好的文字外,还有使用者留下

---

① 詹鸣铎著,王振忠、朱红整理校注:《(新发现的徽商小说)我之小史》第十五回《考拔贡文战败北,投法政海上逍遥》,合肥:安徽教育出版社,2008年版,第239页。

② 参见王振忠:《徽州社会文化史探微——新发现的16至20世纪民间档案文书研究》,上海:上海社会科学院出版社,2002年版,第141~142页。

③ 《鱼踪雁影》,徽州文书抄本,私人收藏。

的诸多印迹,这些印迹虽然稍显杂乱,但仍可从一个侧面窥见使用者的社会生活。

关于袖珍日记的主人(使用者),从书中所记内容中可以略加推测。《庚戌袖珍日记》"人名录"部分,记录了主人的两位亲戚朋好之通讯录,其中一位为"程敬斋,休南汉口上村,崇基堂,南通州源大典",也就是说,程敬斋为徽州休宁县汉口上村人,他家的堂号为"崇基堂",本人则在南通的"源大典"当铺从业。休宁汉口历来为程氏族居之地,早在明代,徽州著名的武术大师程宗猷(即《少林棍法阐宗》的作者程冲斗),即出自该村①。另外,在清代,南通一带的典当业基本上为徽州人所垄断,这与程敬斋的出身背景及从业特征也极为吻合。通讯录中的另一位叫方俊卿,是歙县大洲源井潭人,从业于"苏阊门外杨安浜恒兴公茶行",也就是在苏州阊门外的一家茶行中务工经商。另外,《庚戌袖珍日记》中的"往来书信表",记录了十月十六日,主人分别寄给在北京的叔父和在天津的姑丈之信函,据此可以推测,日记的使用者应当是位徽商子弟。

至于日记主人的职业,亦可根据所记内容稍加分析。日记中多处记有英文单词,如十二月初五日乙亥处,就记有:one(混,潘,一),two(吐,二),three(特立,三),four(夫儿,四),five(反夫),six(色克司,六),eight(唵特),name(应作 nine,能,九),ten(吞,十),dollars(淘拉司)。这些都是用中文标注的英文读音。可见,此人应是一名出外就学的学生。日记中还记有其人回乡时所带的行李,即"由天津到徽州行李计数":

> 铺盖,乙个;衣包,乙个;
> 网篮,乙只;长箩,乙只;
> 考篮,乙只;伞袋,乙把;
> 衣箱,乙只;
> 木箱,乙只;腐乳,乙坛;

---

① 参见王振忠:《少林武术与徽商及明清以还的徽州社会》,《徽学》第 3 卷,合肥:安徽大学出版社,2004 年版。

九件。

共欠洋十元〇三角。

在民间文书中,数字"一"通常写作"乙"。考篮为徽州学子外出求学的常备之物,这在晚清民国时期的小说中所见颇多。以徽州为例,新近发现的徽商小说《我之小史》中,就多处提到考篮。如作者詹鸣铎等人某次赴徽城(今安徽歙县县城)参加府试,"大家穿旧式的外套,戴无顶的纬帽,手提考篮,陆续都去"①;另一次府试,每次入场,天未亮,有人就代詹鸣铎提考篮,送他前往②。以上两例是上考场的情形。还有一例是在安庆参加优拔考试,詹鸣铎自述:"是日我出场后,随唤得东洋车坐回寓来。一路之上,人见我们头戴顶子凉帽,脚下放考篮,这个样子,真个有些趣味。"③这是出考场时的情形。至于网篮、衣箱,则是当时人出门时的常带之物,这在《我之小史》中亦有反映④。

从日记主人出门所带的物品来看,此人应是在天津读书的徽州人。晚清民国时期,天津的北洋大学颇为有名。詹鸣铎《我之小史》中,就提及徽州婺源庐坑村有两名北洋大学毕业生。如第十八回就写道:"村内(詹)伯纯,在北洋大学毕业,奉旨着赏给进士出身,改为翰林院庶吉士。捷报到家,村人为之一喜。"⑤詹荣锡,字伯纯,庐坑人,据民国《婺源县志》记载:其人"北洋大学工科毕业,奖给拔贡,部试赐进士"。⑥ 不知道日记的主人是否也是北洋大学的学生?

日记所记内容,对于徽学研究颇具参考价值。如主人用铅笔逐日记录自己由杭州江干启程,经钱塘江、新安江返回徽州的路程:

十月十八日戊午(十一月十九号,星期六),是日,夜由江干

---

① 詹鸣铎著:《我之小史》第四回《回家来频年肄业,受室后屡次求名》,第115页。
② 詹鸣铎著:《我之小史》第五回《从业师再投邑试,事祖母重到杭州》,第121页。
③ 詹鸣铎著:《我之小史》第十四回《赴景镇再及浔阳,由长江直抵安庆》,第234页。
④ 詹鸣铎著:《我之小史》第十五回《考拔贡文战败北,投法政海上逍遥》:"房舱则每人一间,每间仅容一铺,铺下容放网篮、衣箱。"(第237页)
⑤ 詹鸣铎:《我之小史》第十八回《接杭电匍匐奔丧,办民团守望相助》,第283页。
⑥ 民国《婺源县志》卷十八《选举八·学位》。

起程。

十月十九日己丑(十一月廿号,星期日),是日,在富阳歇夜。

十月二十日庚寅(十一月廿一号,星期一),是日,在七里龙、冷水铺歇夜。

十月廿一日辛卯,忌辰(十一月廿二号,星期二),是日,在严州歇夜。

十月廿二日壬辰,小雪,忌辰(十一月廿三号,星期三),是日,在潼关歇夜。

十月廿三日癸巳(十一月廿四号,星期四),是夜,在港口下五里歇夜。

十月廿四日甲午(十一月廿五号,星期五),是日,在杨村降歇夜。

十月廿五日乙未(十一月廿六号,星期六),是日,在天王滩脚歇夜。

十月廿六日丙申(十一月廿七号,星期日),是日,在街口歇夜。

十月廿七日丁酉(十一月廿八号,星期一),是日,在正口歇夜。

十月廿八日戊戌(十一月廿九号,星期二),是日,各公回府歇夜。

江干位于杭州的钱塘江滨,是沿钱塘江、新安江溯流而上返回徽州的起点。《浙江水程至屯溪诗》:"归途昨夜宿江头,风送钱塘一叶舟。夜静潮生新月上,六和塔影水中流。"①七里龙亦作"七里泷"或"七里滩",与严陵滩相接。元曲有《严子陵垂钓七里滩》,说的便是此处,该地历来为泊船过夜之处。民国十九年(1930年)九月,钱兆隆在其所作《钱塘江上流游记》一文中这样描述:"至七里泷,两旁高山壁立,峰峦如画,惟时起大风,行舟畏之,有时若遇猛

---

① 《雨窗杂录》,徽州文书抄本一册。《浙江水程至屯溪诗》,亦作《杭省江中[干]至屯溪锦衣词曲》(徽州文书抄件折页一份)。以上二种均私人收藏。

烈之顶风,惟有抛锚而待,故有'顺风七里,逆风七十里'之谚。"①

另外,日记中还记有《潘伯和同吴正才兄二人路费计数》:

十月十五,支洋乙元式毛,付京江客栈伙食;

支洋乙元,付行李小车。

十八日,在杭付讫,支洋叁元式毛,付申往杭火车费;

支洋乙元六毛,付上行李;

支洋叁元,付由津往申轮酒钱;

支洋乙元,付京江栈阿小酒钱。

这些内容反映了日记主人与同行旅伴在镇江、杭州等地的开销。此外,日记中还有《沿途便记》:

十月十八日,收吴正才兄洋乙元。

支洋乙元,付加香肉。

收方纯卿洋拾元。

收吴正才兄洋拾式元。

收吴正才兄洋乙元,支洋乙元,付冬笋拾斤。

支洋式拾元〇四毛,付船钱;

支洋式元,付曹太来各人酒钱。

十九日, 支小洋式毛八分,付猪肉;

支洋四毛四分,付闻家堰捐。

收吴济川兄洋七角式分。

收吴正才兄洋式毛。

收洋式毛,付东关嘴捐。

收潘伯和钱乙百四十文。

支钱乙百四十文,付买鱼。

---

① 《地理杂志》第 4 卷第 2 期,民国二十年(1931 年)三月。

收俊卿钱四百八十文。
　　支钱四百八十文,付买鱼。
收纯卿兄钱五百文。
　　支钱五百文,付东关捐。
收纯卿钱八百文。
　　支钱八百文,付严州捐。
收吴正才洋叁元。
　　支洋叁元,付船钱。
收吴济川钱五百文。
　　支钱五百文,付保商会。
收吴济川钱二百文。
　　支钱二百文,付买肉。
收吴济川钱三百〇一文。
　　支钱三百〇一文,付吃面。
收济川钱三百〇六文。
廿二日,钱三百〇六文,付买鱼。
廿三日,收纯卿钱二百廿弎文。
　　支钱一百十弎文,付买肉;
　　支钱四十文,付买豆腐角。
廿四日,收纯卿洋弎毛。
　　支洋弎毛,付买酒。
收正才洋弎毛。
　　支洋弎毛,付买肉。
收济川钱四百四十文。
　　支钱四百四十文,付买肉面各项。
廿六日,收吴正才洋乙元五角。
　　收方纯卿洋乙角。

> 支洋乙元六角,付威坪捐。
>
> 收方纯卿钱六十文。
>
> 支钱六十文,付油豆腐。
>
> 收吴济川钱五百八十文。
>
> 支钱五百八十文,付猪肉白豆腐;
>
> 支洋式角,付王家潭捐。
>
> 收纯卿钱一百六十文。
>
> 支钱一百六十文,付酒。

上揭提及的钱塘江—新安江沿途之各类开支,颇具史料价值。"曹太来"应为"曹泰来",是杭州江干著名的转运过塘行,应系徽州人开设。詹鸣铎《我之小史》中,曾述及他多次投落江干曹泰来行,"时曹泰来行内,多是灰[徽]州客,听见皆故乡口音,气求声应"。① 《沿途便记》记录了所过各关卡之税捐,计有闻家堰、东关嘴、东关、严州、威坪和王家潭六处税捐。晚清时期,钱塘江—新安江沿线浙江省境内共有六重关卡,"三完税,三验票"②。光绪六年(1880年),祖籍歙县大阜的潘钟瑞自苏州返乡展墓,曾有感而发,拟有《行路难》新乐府一首。除了正式的关卡外,日记主人还"支钱五百文,付保商会"。晚清时期,由于"河道不靖,自富阳江至徽界抢案迭见",旅严同人组织保商分会,禀请官府允许添设巡船,保卫行旅。由于经费不足,所以要求经过新安江返乡的徽州同乡每位捐助巡费大洋壹角,在舟过严州南门时,由保商公会筹捐处经收③。

---

① 詹鸣铎著:《我之小史》第四回《回家来频年肄业,受室后屡次求名》,第107页。
② 潘钟瑞《歙行日记》,载歙县《大阜潘氏支谱》卷十《文诗钞》。
③ 参见王振忠《新安江上的徽商武装巡船》,载《寻根》2003年第2期。

八、民国时期徽州茶商在汉口的社会生活

日记是逐日记录个人行事、见闻及其感受的一种作品。明清以还的徽州,无论是乡居地主,还是童蒙学子、外出商贾,不少人都以撰写日记为每天必课。如今,随着岁月的流逝,当年的这些日记能够流传下来的,实在已是凤毛麟角。尽管一些日记的撰写者并非名人,但正是因为这一点,不少日记往往生动地揭示了普通民众的生活世界,故而弥足珍贵。本文介绍的《日知其所无》,就是侥幸遗存至今的一部徽商日记。

《日知其所无》抄本一册,墨迹书写于"王文林制"的朱丝栏簿书上(版幅约 10.5cm×17.9cm),计 32 页 55 面[①]。封面除书名外,题作"民国辛酉年/汪素峰志/第弍册"。据此看来,日记原来至少有两册。"民国辛酉"即民国十年(1921年),笔者手头的这一册,自当年阴历八月初一(阳历九月二日)至十二月初三(阳历十二月三十一日),其中仅阴历十月初二至十一月二十九日辍记,全书约一万字。该书系婺源茶商汪素峰在汉口的生活日记,对于研究民国时期徽商的茶业贸易、汉口徽商的社会生活,均有重要的史料价值。

以下,为了更好地研究这部日记,我们首先需要了解明清以来徽商在汉口的活动。

---

① 面数是指《日知其所无》有字的部分。

(一)明清以来汉口徽商的活动
——《日知其所无》产生的历史背景

明清以来,汉口是徽商在长江中游重点经营的一个城市①。清康熙七年(1668年),徽州一府六县士商为了团结同乡,联络感情,力谋桑梓公益,合作组建了新安公所(即新安准提庵)。康熙三十四年(1695年),又创设了新安书院(即徽州会馆)。继于雍正十三年(1735年)开辟新安码头,建立魁星阁、紫阳坊,北接新安街②,形成了规模宏大的新安社区。从1922年5月由湖北陆军测量局绘制的武汉地图来看,汉口当地有徽州会馆、新安公所、徽州大巷、新安东巷和新安西巷等场所和建筑物,一看就与徽州移民(尤其是徽商)有着密切的关系③。这些场所或建筑物的分布,从襄河一直到后城马路,而这一带也正是汉镇商业贸易的精华地带。看来,旧时汉口流行的"哪怕你湖

---

① 关于汉口,可参见罗威廉(William T. Rowe):《汉口:一个中国城市的商业与社会,1796—1889》(Hankow: Commerce and Society in a Chinese City, 1796—1889),斯坦福大学出版社,1984年版;《汉口:一个中国城市的冲突与社区,1796—1895》(Hankow: Conflict and Community in a Chinese City, 1796—1895),同上,1989年版。皮明庥主编:《近代武汉城市史》,北京:中国社会科学出版社,1993年版。皮明庥、吴勇主编:《汉口五百年》,武汉:湖北教育出版社,1999年版。至于徽商与汉口关系的专论,参见曹觉生《解放前武汉的徽商与徽帮》,原载安徽省社会科学研究所历史研究室编《史学工作通讯》1957年第3期,后收入《江淮论坛》编辑部所编《徽商研究论文集》,合肥:安徽人民出版社,1985年版,第125~130页。陆钦棠:《汉口的盐商》,载中国人民政治协商会议武汉市委员会文史资料研究委员会编《武汉工商经济史料》第1辑,1983年,第59~68页。邵强:《汉口汪玉霞发展史》,同上,第80~91页。程静安:《旧武汉茶业的回忆》,同上,第134~143页。董明藏、谭光熙:《武汉典当业略谈》,同上,第207~214页。王振忠:《清代汉口盐商研究》,载《盐业史研究》1993年第3期。张海鹏、王廷元:《徽商研究》第三章《徽商在长江流域的经营活动·徽商在武汉》,合肥:安徽人民出版社,1995年版,第120~131页。

② 民国《夏口县志》卷五《建置志·各会馆公所》,第22页上~22页下。侯祖畲、夏寅东纂修,民国九年(1920年)刻本,复旦大学图书馆特藏部藏(残存21卷附补遗,计10册)。

③ [日]地图资料编纂会:《近代中国都市地图集成》,高桥满发行,柏书房株式会社,1986年5月25日。此外,还有如鲍家巷、汪永兴巷等,其得名可能也与徽州人有关。

八、民国时期徽州茶商在汉口的社会生活

北人刁,徽州人要买汉口的腰"之童谣①,绝非无稽之谈。

关于徽州人在汉口的活动,《紫阳书院志略·尊道堂记》记载:

> 新安土薄田少,计其地产,不足以供生齿之繁,不能无仰给他方。故汉镇列肆万家,而新安人居其半,亦其势使然也②。

光绪三年(1877年)歙县程桓生《新安笃谊堂》序称:"郡人贸易于斯者盈千累万。"③《汉口总商会戊午年阴历正月至十二月底止收支报销清册》中,列有"徽帮钱帮",计有恒和、集成、恒裕、恒春、吉昌、协昶、荣康和汇康八家④。据民国《夏口县志》卷十二《商务志》引证的类似史料来看,"戊午"当为民国七年(1918年)。该卷还列有"商团组织"一目,指出:徽州帮包括太平帮,是安徽全省商帮的代表。其中,以典商及棉纱商最为兴盛,其次是茶业、钱业、油业及笔墨业⑤。当时,汉口商界各业的头面人物中,有不少是徽州人。譬如,光绪三十三年(1907年)建立的汉口商务总会之第六届总理,就是徽州黟县人吴幹廷(春源油行经理)。而商务总会中的议董及会董,也有不少是徽州人:

表5 汉口商务总公会议董事表

编号	姓名	届别及职务	籍贯	职业
1	汪志庵	2、3届议董	歙县	义通祥庄经理
2	孙襄其	2至7届议会董	黟县	怡生钱庄经理
3	朱保三	2、3、4、6届议董	休宁	汉口典当帮首士
4	汪益徽	2、3、4届议董	休宁	汪世昌杂货行经理

---

① 转引自曹觉生《解放前武汉的徽商与徽帮》,见《江淮论坛》编辑部编《徽商研究论文集》。
② (清)董桂敷增订:《(汉口)紫阳书院志略》,嘉庆十一年(1806年)尊道堂刻本。
③ 光绪十三年(1887年)重刊本,上海图书馆古籍部收藏。
④ 汉口文艺印书馆印,第4页下~5页上。原书王振忠收藏。
⑤ 民国《夏口县志》卷十二《商务志·商团组织》,第11页下。

续表

编号	姓名	届别及职务	籍贯	职业
5	孙理和	3至8届议会董	黟县	荣康钱庄庄东
6	孙志堂	6、7、8届议会董	黟县	葆和祥匹头号经理
7	程丽南	6届议董	婺源	隆泰茶号经理
8	余月樵	7届会董	休宁	复泰杂货行行东
9	汪美堂	8届会董	休宁	汪和太杂货行行东
10	汪春荣	8届会董	婺源	同元茶行行东
11	余德馨	8届会董	休宁	恒和钱庄经理

表1的资料源于民国《夏口县志》卷十二《商务志》，其中记载的汉口商务总会历届议/会董事计84人，徽州人的比例超过1/8。

除了巨商大贾之外，在汉口的徽州人中，还有不少是在当地务工经商的中下层民众。早在道光年间，有一首《汉口竹枝词》就这样写道："汉皋遍地是金钱，局运来时易转身。盐豆花生野鸭子，发财一半是穷人。"①汉皋，也就是汉口的别称。而在清代，"盐豆"主要就是指徽州人②。

由于侨寓当地的徽州人相当之多，太平天国时期，在汉口死于兵燹的徽州人也有不少，这在民国《夏口县志》卷十三《人物一·忠义》所附"殉难"者的名单中，就有相当多的罗列。在清末，汉口还开办有徽州人的学校，以加强对徽人子女的教育。据载："安徽徽州府同乡在汉口经商者人数实繁，子弟亟待就学，正复不少。……在徽州会馆隙地修建学堂一所，名曰'徽州旅汉两等小学堂'，招考徽州子弟。"③——这份《徽州旅汉公立两等小学堂禀夏口厅宪何原呈》，于光绪三十三年（1907年）十月初八日由徽州人程煜等提出，后经湖

---

① （清）叶调元：《汉口竹枝词》卷五《杂记》，见《武汉竹枝词》，第77页。
② （清）褚人获：《坚瓠乙集》卷一《各省地讳》："浙及徽州曰盐豆。"杭州：浙江人民出版社，1986年版，第1页上～下。参见王振忠《江西填湖广》，载《读书》月刊，1997年第4期。
③ 《徽州旅汉公立两等小学规则》。原件藏安徽博物院，此据安徽大学徽学研究中心教师陈联兄提供部分抄件，特此致谢！

北学务公所批示,准予立案办理。

及至民国年间,在汉口从业经商的徽州人仍然相当之多,笔者手头有一册《汉口商业一览》[①],为民国八年(1919年)编纂,与本文介绍的《日知其所无》反映的年代差相同时,其中所载的汉口笔墨业分布状况如表6:

表6 汉口笔墨业分布简表

编号	店名	地点	经营业务
1	久康兴	花布街大董家巷上	笔料
2	文元阁	大兴巷正街	
3	太成居	后城马路张美之巷口	
4	太极图	升基巷正街	
5	老胡开文	四官殿正街上	
6	老胡开文	沙家巷有益里	
7	老詹大有	四官殿正街上	
8	吴文照	花布街后涂家厂	
9	李森源	土垱老君殿	
10	宋丰厚	花布街大董家巷上	笔料
11	和兴长	花布街大董家巷上	笔料
12	周三盛	瞿家巷正街	
13	周天开元	士[土]垱正街	
14	胡开文	集家嘴	
15	胡开文	过龙寺正街	
16	胡开文	兴隆街口复泰昌内	
17	胡开文	鲍家巷河街	
18	胡开文	华景街新庆里上	
19	袁怡兴	花布街大董家巷	
20	张祥泰	花布街大董家巷	砚
21	彭长发	花布街大郭家巷上	

---

① 《汉口商业一览》编辑处:《汉口商业一览》,汉口大新印刷公司,1920年版。该书发现于皖南,此一事实本身即可作为徽商在汉口活动的一个例证。

续表

编号	店名	地点	经营业务
22	詹大有	鲍家巷内	
23	詹正元	四官殿正街上	
24	詹彦文	四官殿正街上	
25	詹彦文	大夹街徽州巷	
26	邹文照	大董家巷	
27	邹茂兴	大董家巷	
28	邹紫光阁	大郭家巷上	
29	邹紫光阁	花布街审判厅前巷上	
30	邹紫光阁	后花楼	
31	邓文照	花布街大董家巷上	
32	邓文照仁记	花布街大董家巷上	
33	鲍乾元	鲍家巷	
34	谢文魁	小董家巷长沙会馆后巷	

其中的"老胡开文""胡开文"系绩溪人创设,"老詹大有""詹大有""詹正元"和"詹彦文"为婺源人所开①,而"鲍乾元"则为歙县人开设②。以上各店就有 13 家,占了总数的 1/3 以上。这虽然反映的是民国八年(1919 年)前后的情形,但徽商在汉口笔墨业中的绝对优势由来已久,至迟自清乾隆年间开始,湖北方志中就有汉口"笔砚来自湖州、徽州"的记载③。此处的"笔砚",其含义与笔墨相近,应当是指文房四宝。

除了笔墨业之外,在汉口的酒馆业中,徽州人亦占有绝对的优势。民国

---

① 《汉口总商会戊午年阴历正月至十二月底止收支报销清册》中,列有徽墨帮,其中有胡开文贞、鲍家巷胡开文、詹彦文和詹正元。(第 24 页下)

② 关于鲍乾元,笔者手头有民国十七年(1928 年)三月《鲍公子权遗像》一册:"先世以盐务起家,兼营徽墨。迨太高祖于乾隆初年开墨庄于汉口,又在施南府购山田千余亩,开设烟房,制造墨之原料。自是购者纷纷,声誉雀起,而古歙鲍乾元之牌号,蜚声各省。西至巴蜀,北达津京,共分设支店十六处……"

③ (清)章学诚:《章氏遗书》卷二十四《湖北通志检存稿一·食货志》,1922 年吴兴刘氏嘉业堂刊本,北京:文物出版社,1981 年版,第 19 册,复旦大学图书馆特藏部藏。

初年,汉口酒楼有川、鄂、湘、徽、苏、浙、粤、闽、京、津、清真、素茶和西餐等十三个帮口,"中西大菜,南北筵席",各色风味皆具①。每一帮口之下,均有为数不少的酒馆。根据《汉口商业一览》的统计,徽州酒馆共有 26 处。

表 7　汉口徽州酒馆简表

编号	店名	地点
1	九江	后城马路张美之巷上
2	九皋	土垱
3	三江	后城马路三新街口
4	久乐	永宁巷
5	太白	后花楼
6	太和	歆生路
7	日新	土垱
8	丹凤	沈家庙升基巷
9	四宜	特别区共和里下
10	春华	后城马路桃源坊
11	胡庆园	回龙寺
12	泰和	华景街
13	景阳	张美之巷口
14	华义	华景街新庆里
15	华庆	前花楼
16	华庆	堤口正街
17	华兴	后城马路三新街口
18	义聚园	特别区世昌里
19	汉华	大智门
20	醉月	前花楼
21	醉陶	望平里
22	庆和	杨千总巷

---

① 罗汉:《汉口竹枝词》,载《武汉竹枝词》,第 231 页。罗汉为清末湖北候补道,辛亥革命后弃官从商,在汉口黄陂街开设仁寿药肆。

续表

编号	店名	地点
23	庆华	武圣宫
24	庆云	庆益桥正街
25	庆云	土垱
26	庆乐	法租界海寿里

表8 汉口各地酒馆数量之比较

各地酒馆	数量	位次
徽州酒馆	26	1
京津酒馆	18	2
苏州酒馆	16	3
浙江酒馆	10	4
广东酒馆	8	5
清真酒馆	6	6
镇江酒馆	2	7

可见，徽州酒馆在数量上远远超过其他各地的酒馆。上述的笔墨庄及酒馆的数量，似乎亦可从一个侧面反映出汉上徽州移民人数之众多以及徽帮势力之煊赫。当然，以上资料多是概括性的一般描述，尚缺乏个性化的内容。而新近发现的徽州文书，则提供了诸多鲜活的个案。根据笔者掌握的资料，有关汉口的徽州文书主要有下列几种：

(1)《便登》，抄本一册，封面题作"顺风大吉/同治五年二月吉立"，系笔者收藏的歙县上丰宋氏盐商家族文书之一种，内容记载了宋氏盐商由扬州至汉口的逐日日记。

(2)光绪二十一年(1895年)前后歙县徽商信底，抄本一册，其中有数封由汉口公利信局寄往徽州的书信。

(3)《家书》，抄本一册，封面题作"笔耕斋主人录本/孝先氏"，其内容是在汉口鲍乾元长房(墨庄)填字的徽州学徒与桑梓亲族的来往书信。

(4)江协邦(诚一)《日记》，抄本一册，内题"江秀卿的日记"，自民国十三年(1924年)八月一日始。

此外，便是下文要介绍的《日知其所无》。

(二)《日知其所无》解题

胡适曾指出:"日记属于传记文学,最重在能描写作者的性情人格,故日记愈详细琐屑,愈有史料的价值。"①《日知其所无》展示给读者的,正是茶商汪素峰日常生活中详细而又琐屑的细节。从中,我们不难窥见作者性情人格中的方方面面,这对于揭示在汉口从业的徽州人之社会生活,亦有相当典型的意义。

在晚清民国时期,徽州一府六县均有不少人在汉口从事茶叶贸易,根据清末的调查,休宁县北乡的龙源、北山,东乡的十一、六、八都,南乡的临溪、汉口及高枧以上,"诸族大半商于汉口,或隔年一归,或隔二三年一归,视水陆之远近而定"②。由于经济联系的密切,《汉口报》在休宁商界亦偶一可见③。祁门近城一都居民,"大半经商赣、浙、沪、汉诸地"④。当地以种茶为收入大宗,"东乡缘茶得利最厚,西乡红茶出产甚丰,皆运售浔、汉、沪、港等处"⑤。而在婺源,"东、北乡人多服贾长江一带"⑥,这里的"长江一带",应指包括汉口在内的长江中下游地区。

至迟自清道光年间起,汉口就有"无数茶坊列市阛"之说⑦。据民国《夏口

---

① 胡适:《〈书舶庸谭〉序》,见董康著《书舶庸谭》,沈阳:辽宁教育出版社,1998年版。
② (清)刘汝骥:《陶甓公牍》卷十二《法制科·休宁民情之习惯·住居之流动固定》,合肥:黄山书社,1997年版,第585页。
③ (清)刘汝骥:《陶甓公牍》卷十二《法制科·休宁民情之习惯·报纸之销数》,第587页。
④ (清)刘汝骥:《陶甓公牍》卷十二《法制科·祁门民情之习惯·住居之流动固定》,第601页。
⑤ (清)刘汝骥:《陶甓公牍》卷十二《法制科·祁门民情之习惯·职业趋重之点》,第601页。
⑥ (清)董钟琪、汪廷璋著:《婺源县乡土志》第六章《婺源风俗》第七十三课《风俗举要》,光绪三十四年(1908年)刊本,"中国方志丛书·华中地方"第681号,台北:成文出版社,1985年版,第58页。
⑦ (清)叶调元:《汉口竹枝词》卷一《市廛》,见《武汉竹枝词》第39页。

县志》记载,民国六年至九年(1917—1920年)前后,汉口茶食铺有65家,茶馆696爿,茶叶铺也多达93家①。其中,"汪玉霞茶叶""王恒丰烟袋""叶开泰丸药"等,成为汉口著名的品牌。"汪玉霞茶叶"从其姓氏来看,店主十有八九来自徽州。在20世纪最初的十数年间,汉口茶叶的外销一度颇为兴盛。"两湖茶叶逊祁宁,惟有宜昌占上停。钱价日高茶价贱,挽回无术注茶经"——罗汉上述的《茶叶》诗作于1915年,意思是说:两湖茶叶最多,但售价低于徽州祁门和江西宁州的茶;而在湖北,鄂西的宜昌茶价格则高于两湖其他地区所产的茶叶②。诗歌还透露,当时因钱价日高,茶价低贱,而使得不少商人颇感回天乏术。《日知其所无》的作者汪素峰是茶行的"司南关者",他在汉口某茶店倒闭、老板逃之夭夭后叹喟:"噫!茶行末日,斯其时矣。"这虽是对具体个案的有感而发,但也未尝不反映了茶行生意在总体上的日趋式微。

在茶行销市持续低迷的情势下,碌碌无为的汪素峰,在日记中时常表露出一种茫然无措的情绪。日记开头即载:"余自出校之后,对于记事一科,本来注意。迨弃儒就贾,亦未尝不兢兢乎是。稽夫六年中之日志,或断或续,历不可考……"据此,汪素峰显然是位由学校毕业,弃儒经商已达六年之久的商人。从日记反映的内容来看,汪氏的周围有不少来自徽州的亲戚、朋友,但他似乎又是个未婚青年,异乡的生活常常令之陡然生发出无限的孤寂之感:

> 昨夜卧时,欲望骤至,万端心事,如潮奔腾,脑海为之一苦,辗转反侧,终不成寐……

> 噫!"凄凉闺里月,愁怀客中人。"此二语可为吾等之赠言也!当此之际,人月团圞,何今日之天南地北,各处一方为谋生计,夫复何言!但两地愁怀,未免不多一番怅触。仰天视月,即皆有感慨系之矣!幸喜今夜广寒仙子隐而不出,度渠谅亦有意作态,免得在客

---

① 《夏口县志》于民国六年(1917年)七月开局纂修,民国九年(1920年)书成付梓。另据《汉口商业一览》,民国八年(1919年)前后,汉口茶栈(附茶行)有71家,茶铺41家,茶馆106家。与《夏口县志》的记载出入颇大,可能是因统计的标准不同所致。姑存待考。
② 罗汉:《汉口竹枝词》,载《武汉竹枝词》,第234页。

者之睹物伤情耳……

是夜加睹明月，大放光彩，而作贾者见之，即有"举头望明月，低头思故乡"之慨耳……

汪素峰在独处时，常以阅报、抄书（如抄写灯谜、楹联、诗文、书信和小说等）消磨时光。偶尔，他也读读小说。如长篇章回言情小说《玉梨魂》，便是他最喜欢的一部小说。《玉梨魂》是徐枕亚的成名之作，也是鸳鸯蝴蝶派的代表性作品，计30章。它讲述了清末的一出爱情悲剧：苏州未婚青年学子何梦霞为生计所迫，赴无锡乡下的蓉湖小学担任教员，与一年轻寡妇白梨影相互倾慕。但在传统封建道德的束缚下，两人不得不在情感的漩涡里苦苦挣扎，最终为情所累，梨影饮恨而卒，何梦霞亦悲痛欲绝，遂决意参加武昌起义，并战死于疆场。该书出版后，颇受知识界的欢迎，甚至风靡东南亚，成为当时最为畅销的小说之一，社会反响极大。小说于1912年初刊于上海的《民权报》，同年即出版了铅印单行本。此后翻印本颇多，至1928年4月已出至第32版①。想来是因为小说言辞华丽，情节刻画细腻、生动，汪素峰在阅读《玉梨魂》时，恍若"身入其景……不禁为梨影、梦霞二人作局外不平鸣也"，以致"心头撩乱不堪"。

为了排遣生活的岑寂，汪素峰时常与同乡一起外出消遣应酬。根据日记的记录，他曾多次出入风月场所"打茶围"，也就是由妓女陪同围坐在一起喝茶、说笑及调情。根据汉口的风俗，客人到妓院后，院方以茶、烟、瓜子和果盘等招待，并由前者指定的妓女陪着谈话，称为"打茶围"，所谓"东家去了又西家，燕燕莺莺莫管他。访旧寻新无一定，一回堂打几回茶"。打过几次茶围之后，方能"做花头"，亦即在妓院里摆酒或打麻将（也就是日记所见的"竹战""手谈""游方城""方城之戏""演竹林计"或"四君子之游"等），称为"酒局"或"牌局"②。据《日知其所无》记载："九月二日，付手谈钱叁千，付局钱二千"，

---

① 参见郑方泽编《中国近代文学史事编年》，长春：吉林人民出版社，1983年版，第342～343页。

② 参见罗汉《汉口竹枝词》"茶围""花酒"条，见《武汉竹枝词》第257页。

"九月八日,付竹战叁千五百",其开销成为日记所见汪氏日常生活中相当大的两笔支出。

对于打茶围及酒局或牌局,清末抄本《遣兴》记载了漱盂应友人之召,"往某校书家酒叙"。其诗所叙与《日知其所无》中的记载可以比照而观:

> 清佳楼上访知音,三五良朋忽驾临。
> 邀向南城公所去,藉消郁闷豁胸襟。
> 姊妹花枝次第来,殷勤相待喜相陪。
> 今宵为我光场面,不摆双台摆一台。
> 一声报下摆华筵,提笔忙书叫局笺。
> 不久即呼堂到了,回眸已见坐樽前。
> 琵琶弹得响丁东,独点徐杨二进宫。
> 唱到歌喉旋转处,满堂喝彩乐融融。
> 高唱入云各斗妍,酒樽斟满互相拳。
> 杯盘不待归狼藉,就要开消下席钱。
> 席散曲终兴未阑,再叉麻雀把心宽。
> 下场不必输赢计,纸币抽来十六竿①。

诗中的"南城公所",原为江西南城县旅汉商人的同业公会,后沦为汉口高级妓院区。关于南城公所的寻欢作乐,《武汉新闻史》收录有佚名所撰《南城公所竹枝词》:

> 衣上征尘尚未消,马头弦索即嘈嘈。
> 只应此曲沙场听,回首关山月影高。
> 原是边关变徵声,故翻淫靡作多情。
> 雏姬娇舌模糊调,却爱疏林听老莺。

该诗注曰:"当时的妓女竞尚小调,如《满江红》《打牙牌》《麻城歌》《十杯

---

① 漱盂:《遣兴》,见《武汉竹枝词》,第191~192页。

酒》《哭五更》《白牡丹》《八仙头》《四季相思》《十八摸》等类小调,你唱我和,听之令人肉麻。"①这是晚清以来汉口小调流行的大致情况。无独有偶,《日知其所无》的前4页为"京调胡琴式",分别抄录了"京调皮黄""京调西皮""京调二六板""正二黄(汉皋新民园②赠)""二簧""西皮""四合如意""十杯酒""鲜花调""下河调""梳妆台""小上坟"和"看女"等。这些似乎反映了汪素峰对于戏曲的爱好,可能也与他时常出入戏馆和风月场所有关。

从日记的内容来看,汪素峰的行为还算检点。虽然,他曾两度夜游郭家巷,或"见彼姝瞠目而视,以手指之",或"见彼姝嫣然一笑,似有伸言天上月圆之意"。在阅读了言情小说《玉梨魂》的当晚,可能是有点心旌摇荡,汪素峰在外出时"途中有遇",竟急吼吼地"尾而行之"。不过,他毕竟是有心无胆,只能于"梦中执玩双瓣金莲",在被窝里偷偷做着自以为"洵可乐"的春梦。而在当时,有的徽州人涉足花丛,流连忘返而不能自拔。如歙县文书抄本《□[尺?]牍》中就有二人的对话,其中的《致内侄》曰:

> 某某贤内阮足下:前得尊大人书,知吾侄就业汉镇。该处铁道一通,繁华甲于天下。处其间者,每因涉足花从[丛],声名俱败,甚且毒胶其身,不堪收拾。以吾侄素性谨慎,无客[容]过虑。然近朱者墨[赤],总宜处处留心,是为至要!专此,即请侍祺。姑婿某某手启。

清末芦汉(京汉)铁路全线贯通以后,汉口日趋繁盛——这是该信写作的背景。作为前信的回函,《答姑夫》一信则曰:

> 姑夫大人尊右:奉来谕,谆谆训诲,可钦可感!汉镇为通商大埠,章台走马,不乏其人。然侄遵守行规,断不敢分心闲务。荷蒙顺诚,益当谨慎自持,以副大人之期望。肃复,恭请台安。愚内侄某某叩上。

---

① 《武汉竹枝词》,第182~183页。
② 新民(园)在大智门。

这部尺牍题作"叶大纲戊午年读"。从京汉铁路之修建及其竣工时间来看,戊午当为民国七年(1918年)。该尺牍虽稍早于《日知其所无》写作的时间,但却反映了部分徽商在汉口的行止。《日知其所无》就记载了一位叫梦君的人得了花柳病,"迄今未愈,前来假借",汪素峰因"悯其病,贷钱一千"。

日记还多次记录了汪素峰出入戏馆的经历。如《日知其所无》九月十二日提及的"怡园",原是光绪二十五年(1899年)左右开设的群仙茶园,为汉口第一家髦儿戏园,后易名为"怡园"。所谓"髦儿戏",是指清代前期以来在大城市出现的、全部由女演员演出的戏。《汉口竹枝词》有"为爱女儿声色好,马车夜夜到怡园"之诗①,状摹了一般民众的时髦风尚。除了髦儿戏外,日记中还提及"文明新剧"和"女子新剧"。据罗汉《汉口竹枝词》"文明新剧"条题解:文明新剧叫"文明戏"或"新剧",是中国话剧之前身。清宣统二年(1910年),中国第一个新剧职业剧团——任天知在上海组建的进化团,拟于翌年夏天来汉上演《血蓑衣》等剧,因遭湖广总督瑞澂禁止而流产。1912年至1913年,先后有三个外地新剧团到汉口作短期演出,但并未引起社会重视。不过,从《日知其所无》来看,文明新剧在1921年时,似乎已深受汉口民众的喜爱和重视。

除了抄书、读小说、打牌、听戏之外,从日记中可以看出,碌碌无为的汪素峰有时也颇想振作一番:如九月二十九日,当他看到写有"勤俭忍让恕"五字的中堂画幅时,陡然间想起自己向来的行止,不禁"心悸焉",于是大发感叹道:"噫!吾侪年少,可不勉之?"又如九月三十日,汪素峰在日记中写道:"光阴转瞬,一月周矣。予之日志,不觉亦随之匝月矣。查一月所记之事,未免虚负韶华甚多,诚为可惜!故孔子云:'日月逝矣,岁不我与。'呜呼!希圣希贤,尚且如是!吾曹尚何如乎?"再如十一月二十日,"抄书四页,未事他事。追思朔日所志前途之语,但未实行。……方针指定,速起从而变之。孔子曰:'过则勿惮改。'"生活中的庸人,偶尔受到一点刺激,便时常会痛下决心,希望自

---

① 鹃痕:《汉皋竹枝词》;参见罗汉《汉口竹枝词》。以上见《武汉竹枝词》第317、235页。

己从头做起,一切都重新来过。但每次决心下过之后,日复一日冗长乏味的生活,又常常使得先前制定的远大目标,从来就显得过于迂阔而无从落实。

《日知其所无》在每页的天头,均记录了各日的收支情况,从中可以窥见汪素峰热衷博彩的心理。九月十日,他付了五百十文,委托荣堂前去购买浙江副券一条,这张彩票预定于翌日开彩。之所以要购买彩票,汪素峰在日记中交代得相当清楚——原来,在此前一天的晚上,汪氏寓处楼上点燃的蜡烛,结了一个"粗圆且长"的灯花。徽州人笃信灯花吉兆,民间素有"占灯花吉凶"的习俗。一般人认为:"夫灯者,乃人家照鉴之主,开花结蕊,吐焰喷光,可知人事之吉凶,天时之晴雨,仔细观之,每有灵验。"①倘若出现灯花,而且更深而不灭不落,则是有喜事的预兆。汪素峰认为自己所见的灯花相当罕见,"定点吉兆",故此购买了彩票,做起了发财的迷梦。九月二十七日,他又花了一百五十文,与他人合买湖北副券一条。对此,汪素峰踌躇满志地写道:"倘能侥幸得夺锦标,则吾二人之财运,从此蒸蒸日上,前途无限,自今伊始,预而志之。"虽然《日知其所无》并没有记录上述两次开彩的结果,但汪素峰彩票梦之破灭,大概是可以想见的。尽管如此,他还是一次又一次地参与博彩,一次又一次地在心中点燃起发财的希望:十一月初一日,"付彩票六百"。十一月初七日,"付彩票四百文",是翌日开彩的湖北乙种,他与旁人合买一张。十一月十五日,"付彩票叁百廿"。这次,汪素峰独自购买了第一次开彩的甘肃副券一条,并不无憧憬地写道:"谅可操左券,夺得锦标否?"十一月十七日,"付彩票四百文",上街购买湖北正券一条。由此可见,单单是在十一月份,他就先后四次购买彩票,耽于博彩而难以自拔,其结果自然仍是一次次地美梦成空。对此,汪素峰在日记中写道:"孔子曰:'富而可求也,虽执鞭之事,吾亦为之。'今日湖北开彩,又无影响。噫,难矣哉斯言也! 吾曹何不鉴诸? 但富贵人之所欲,亦未尝不望也!"虽然汪氏可能并非饱读诗书之士,但他毕竟也还读过

---

① 开日堂增订《释义经书便用通考杂志》上卷,第13页下至第14页上《占灯花吉凶》,刊本,王振忠收藏。参见拙文《新近发现的徽商"路程"原件五种笺证》,载《历史地理》第16辑,上海:上海人民出版社,2000年版。

几年书,受过传统文化的濡染,实际上也与一般的读书人一样,无论做什么都想到在儒家经典、先圣懿言中寻找出合理的依据。因此,我们在日记中,便时常可以读到其人虔奉孔孟为圭臬的迂阔之论。

彩票在晚清民国时期的汉口极为流行,当时活跃于汉口的徽州人,许多人都有购买彩票的经历。佚名无题"信底"(徽州文书抄本)中有两个姻兄弟的对话,或许可作例证:

> 雪舫仁兄姻长台鉴:家居日久,忧从中来,百计图维,一筹莫展。今幸买湖北票,得中二彩,虽得利不少,窃恐日长月久,渐用渐消,极想筹一贸易之方,不知当今以何事为最宜?何业可得利?但得日进分文,每年总揭得一官利,则亦足以顾家矣。存放钱行最稳当,恐被倒去。敢问于此外有何妙法?叨在葭末,乞妥筹指示,以便遵行。手此熟商,即请崇安!
>
> 姻弟某某手上

信中的"湖北票"也是彩票的一种,可能是指张之洞于 1902 年 1 月 11 日在汉口创办、发行的湖北签捐票①。对此,民国时人余槐青的《上海竹枝辞[词]》有诗云:"吕宋流传彩票来,江南湖北一时开。"其下自注曰:"清季吕宋票流入,江南、湖北等票相继发行,嗣经禁绝。"②对于上封来函的回信,其姻兄某人如此作答:

> 峻嵩姻弟台文览:来书领悉。善人是富,修德获报,古人言之详矣。吾弟绝处逢生,可见吉人天相。买纸获利,何殊点石成金,从此何事不宜?何往不利?必欲求一万稳之方,当今之世,何事可为?最好学范蠡畜牧,此求天地而不求人,品既高,利无穷也。所虑水旱,其余无患,且久长之计矣。兄潦倒商场,不知所适,高明以为然否?此复,顺颂财安!

---

① 关于清末彩票,可参见闵杰《论清末彩票》,载《近代史研究》2000 年第 4 期。
② 见顾炳权编著《上海洋场竹枝词》,上海:上海书店出版社,1996 年版,第 277 页。

根据《汉口商业一览》的记载,在民国八年(1919年)前后,当地彩票销售网点多达二十余处。此后,汉上民众购买彩票的热情更是持续不衰。1922年3月3日,《大汉报·楚社日刊》刊登有罗懋其著的《汉口新年竹枝词》,其中一首"新年百业皆停歇,奖券公司独照常。自是人争贪万利,岂知民俗自兹伤"——说的就是时届新年,各商均闭户乐岁,只有彩票公司异常热闹,"真令人叹息不已"①。

　　此外,作为旅外徽商的日记,《日知其所无》中也时常记录有徽州的风俗。如十二月十九日条就记载汪素峰之父寄来的一信:"系报葬曾祖事,地在筶坦罗家冲山,子山午向,并附地图、课单各乙纸,外另土一包,择于本月卅开土,腊月初六移棺,初七安葬……"徽州人酷信风水,治丧包括择地、告启期和择日开茔域等诸多仪节,颇为繁缛。既要选定年、月、日、时,又要选择山水形势。他们认为:子孙贫富、贵贱、贤愚、寿夭,均与风水吉凶息息相关。为了寻找"龙脉真穴",点穴时需要用秤土法,选择土重之处开掘金井。《日知其所无》中的"地图、课单",是指徽州人在死者下葬之前请堪舆地师择地时所做的记录,亦称吉课②。

---

①《武汉竹枝词》,第280~281页。
② 笔者手头有婺源堪舆师詹镜山(自称圆镜山人)的《镜山学舍选单》,其中就有不少"安葬吉课"或"托寻佳城寿域"的选单。

九、蒋维乔的《黄山纪游》

《黄山纪游》，油印本一册，藏上海图书馆古籍部。作者是江苏武进人蒋维乔(1873—1958)，字竹庄，号因是子。蒋维乔为清代廪生，早年就学于南菁书院，辛亥革命时任南京临时政府教育部秘书长，此后历任江苏省教育厅厅长、东南大学校长、上海鸿英图书馆馆长、光华大学教务长兼文学院院长。中华人民共和国成立以后，曾任上海气功研究所所长和上海文史馆副馆长，气功、静坐等造诣颇深，著有《因是子静坐法正续篇》《中国的呼吸与静养生法》《佛学大要》《道教概说》和《中国佛教史》等。[1] 民国十七年(1928年)八月，蒋维乔一行五人，"自上海乘轮船至大通登岸，先游九华山，再至黄山、白岳，溯新安江入桐江，登严子陵钓台，由钱塘江至杭州，乘火车回沪"。在饱览了皖南的如画美景后，蒋维乔以其生花妙笔，写下了几篇游记。其中，《黄山纪游》全文一万一千多字，记录了他游览黄山和徽州的所见所闻。

蒋维乔等人之游黄山，以黟县方颂三为东道，故而他们在登临黄山前后，均以黟县的宏村为其落脚点，这就使得日记意外地记录了20世纪20年代末此一皖南古村落的风俗民情。当年八月二十三日，蒋氏等前往拜会宏村南湖小学校长汪松涛及其弟省轩，在相互交往中，他们深深地感受到徽州人的勤

---

[1] 参见张宪文、方应秋、黄美真主编：《中华民国史辞典》，南京：江苏古籍出版社，2001年版，第1730页。

劳和俭朴：

> 徽俗勤朴，中人之家，妇女多下田工作；男子出外经商，即富裕者，亦不用仆人。故汪君虽为宏村绅董，然款客时献茶进点，皆主人躬亲之。昨日方家为客具馔洗衣，操种种劳役者，即方君之夫人及亲戚妇女，此等勤朴之风，非江浙人所能梦见也。

在汪松涛的导游下，蒋维乔等人参观了汪氏宗祠，但见"建筑宏壮，凡族人遭丧，既葬之后，其祖先木主，咸送祠中，不供于家，故族较大者，每房皆有分祠，于此可见宗法之尊严"。接着，他们又到由汪氏族中公产公款设立的南湖初级小学校参观。下午还游览了雷冈，雷冈的"幽秀"给蒋维乔留下了深刻的印象。据说，"村中男女于重九日，恒至此登高"。九月一日，蒋氏一行人游完黄山，再次下榻宏村，地主方颂三设席宴请，并请他们为"其考及兄题主"。翌日上午，"方家行题主礼，观澜为大宾，余与醉愚为左右襄题。礼毕，方君即率家属，奉木主送入祠中"。蒋维乔记录了此次题主的过程，并感叹说"徽俗视题主典礼，较江浙更为隆重"。

在此次旅行中，蒋维乔处处细心观察，时常触景生情，对于各处的民俗风情颇加留意。他所作的另一篇游记——《严子陵钓台记》，其中曾指出徽商的一种风俗："桐江为皖浙往来所必经，徽州人多经商逐利，其初出经商者，过钓台，辄蜷伏舟中，不敢窥视。意以严先生不求名利，若见之，即经商必失败。"这是非常有趣的一种禁忌。而在《黄山纪游》中，他更是留心徽州风俗。如他在进入歙县县境时，即留意于徽州方言的差异："徽州方言，闻之不可解，然黟县人遇休宁人，或休宁人遇歙县人，见面时若各操其方言，亦不能相通，与闽之汀、漳，粤之潮、嘉仿佛，多山之地，语言之歧异如此。"又如看到冈村等地蒋姓的聚居时，他得出结论说："皖南各县村庄，多一姓聚居，其去宗法社会，固不远也。"

蒋维乔前往黟县的道路，是明清以来大通一带通往黟县及徽州各地的重要商路。关于这条商路，笔者此前曾在皖南发现一佚名路程原件：

大通廿里　屯埠十里　横桥十里　青阳县七里　七里铺十里　柏家桥五里　江村五里　朱相店五里　龙口十里　将军庙五里　梅家塘五里　枫树岭十里　陵阳镇三里　曹家垮五里　崇觉寺五里　琉璃岭五里　六松居五里　柳家梁五里　回驴岭五里　小岭,夏村五里　乌石垅五里　船头坞五里　售口五里　过鸭脚岭,麦地五里　桃坑十里　中篷六里　桃岭三里　高岭,周王庙二里　石壁下五里　岩前即宏潭司五里　观音堂五里　油竹坑五里　扁担铺五里　枫树下即羊栈岭脚七里　羊栈岑顶八里　卢村五里　际村街十里　北庄口十五里　由黟县城多三里　石山廿里　渔亭廿五里　管今街廿里　上溪口　共计六路三百十里,如雇伕即作六路三百卅里算。

该份佚名路程原件成于晚清时期①,而蒋维乔的日记则为我们了解数十年后该条商路沿途的景观,提供了翔实的记录。如关于自然景观方面,蒋氏在过琉璃岭时写道:"岭在石埭县西北十五里,为青阳、石埭两县交界处,两山对峙,路从中通,峦翠重叠,林木郁森,下有博古桥,跨于涧上,伫立其间,俨在画图之中";过十里桃源时,"两山相对,石磴纡回曲折,涧声喧豗,杂以鸟语,往往前面疑若无路,一转即换一境,真令人有身入桃源之想";而过了岩前司以后,景物则与桃源相似,"然气象更雄伟,高崖巨壑,瀑流倒泻,声震十数里"。又如,对沿途各村店肆的商况市景亦有诸多描述:"夏村,有市街,颇齐整";"乌石陇,市肆更热闹";"桃坑,宿于村店,湫溢污秽,几不能堪";"油竹坑,居民寥寥数家,荒凉特甚";"际村街,街道甚长,商店繁盛"。九月五日,蒋维乔一行人游毕黄山离开黟县,对于途中的县城及市镇,也有不少记录。如九月五日进黟县县城游览,"至学宫、泮池,旁有魁星、文昌二楼,颇擅风景";同日抵达鱼亭,"此处为水陆通衢,市面热闹";七日至屯溪,"屯溪为交通孔

---

① 参见拙著《徽州社会文化史探微——新发现的16—20世纪民间档案文书研究》,上海:上海社会科学院出版社,2002年版,第397～400页。

道,故商务繁盛"。此后,沿新安江东下,沿途所经的市镇,如威坪"市面甚小",淳安"县小无城郭,市街亦不繁盛",而严州(建德),则是"市面之盛,亚于屯溪"。

此外,日记还对当时的交通工具,以及水道现状有所描摹,如在黟县鱼亭,就状摹了载人的小篷船:"雇定小篷船一艘。盖江之上游,滩多水浅,只有小船可行也。六时,下船。船虽小而极洁,饭食甚佳,同人皆席地横卧。夜半开行,月色入舱,别饶趣味。"沿途经过了许多闸门,蒋维乔也有翔实的记录——"江中既多滩,水急易泻,故土人因滩作闸门,以巨木横堵之,俾可容水,闸面之水,恒高出闸下丈余,舟抵闸则启门,自门趁水下驶,颠簸特甚,自鱼亭至屯溪,所过之闸,不下数千"。

十、徽州女童的战争日记抄本

1937年11月8日,女童在日记中写道:"今日,看见有几只鸟儿,在树上唱歌,唱得很好听。我说:这些鸟儿很快乐,好象唱我们上学歌。"过了几天,她又写道:"今天早上起来,看见有许多鸟,在大树上唱歌,唱得很快乐。"——这是在皖南新近发现的一册日记抄本,全书近5200字,字体娟秀,并有朱笔句读及少量批改润饰。

平心而论,女童的文字并不十分出色,但从她稚嫩的笔触中,我读到了愉悦的心境——女童快乐地嬉戏着,对于缤纷的外部世界,充满着好奇和同情。在她眼里,鸭子在陆上吃罢,又跳入池塘戏耍;喜鹊飞到空中打转,做着游戏;八哥时而飞上大树唱歌,时而跃向天空高飞;画眉和麻雀一会儿在草里觅食,一会儿又栖枝欢歌;燕子飞到梁上筑巢,"游玩唱歌";而鼬鼠则在地上寻找食物,倏忽又爬到树上,快乐地跳跃……整天唱着歌的快乐鸟儿,以及活蹦乱跳的各色动物,或许恰恰映衬出徽州女童的天真烂漫。

这一年,如果不是特殊的年份,女童的日记或许就这么无忧无虑地写下去,人们也很快会失去阅读的兴趣。然而,1937年的冬季,战争的阴霾渐渐地逼近皖南山城,在原本充溢着童趣的小本本里,陡然增添了诸多的忧伤,快乐女童也就过早地感受到人世间的痛苦。

1937年,卢沟桥事变之后,中日全面战争爆发。11月9日,在上海与日军激战将近三个月的中国军队,被迫全线西撤。此后,上海、常熟和嘉兴等地相继沦陷。11月22日,在徽州,这是个天气阴郁、刮着风的日子,女童在日记中写道:"今天,我看见苏地来的难民,到我徽州不少。我说:很可怜,难民夜里睡的稻草被,一天三餐,也没有一餐饭,难民也是没有法子,但是见他们这样难苦,不由我的眼泪,也就掉下来了。唉!……"当天,先生让她抄录一首《哭难民》词:

  逃难的同胞呀,你从战场地,枪林弹雨逃到徽。求生存,保心鲜,一天到晚走的脚下痛,饿着肚皮叫叽叽,口里说着我逃命,泪从眼里掉断弦。哭难民,夜里更孤凄,使我心中曲肠转,一哭到天边。

此后,风声一日紧似一日,11月27日,她听说日本飞机轰炸宣城,"炸死了同胞无数,看着很可怜"。听罢,女童竟冒出一句:"过一日算一日,也没有别的法子想去来,打灭日本小鬼。"——这似乎与她的年纪不太相称。同处皖南的宣城被炸,也就意味着战争已离徽州不远了。到了12月,日本飞机便果真出现在徽州上空了:

  今天放午饭,走到家里,听见轰轰的声音,我就走到外面来看,向天上一望,见有一只飞机在空中打转,又听见机关枪,很是可怕!(12月2日)

  今天早上起来,有一人说:日本飞机,要飞到徽州城里来轰炸,城里的同胞们躲避到乡下去不少,今天我们预备飞机防法。(12月3日)

  今天上午,十一点半钟,先生叫我们的同学躲避山上,防日本飞机飞来轰炸。(12月11日)

  今天上午,十一点钟,空中来了一架飞机,我学校里学友,就走到外面去看,先生叫我们不要看,我早已看见空中飞机打转,心想:不知是那一国飞机。到吃午饭过后,听见一人说,徽城上路街炸去两堂屋子,也炸死两个小孩子、一个老太婆,才晓得是日本飞机来徽

轰炸。(12月27日)

  前一天,城里丢了一个炸弹,同胞躲避。我说:也炸死四五人。今日天气落雨,山头上都看不见,日本飞机也不能飞来轰炸。(12月29日)

  ……

当时,在东南战场的中国军队虽经浴血奋战,却无法遏止日军的推进。12月13日和24日,国民政府首都南京和杭州相继陷落。此后,日军战机更是肆无忌惮地威胁到中国的内陆腹地。据方志记载,12月27日上午10时45分,日本轰炸机自西北方飞临歙县上空,投下小炸弹5枚,炸死平民6人,伤6人。11时许,又投弹4枚,死伤数人。对照前揭日记,足见女童之记载确切无讹。

日本飞机的盘旋骚扰及轰炸,打破了山城的宁静,一时间风声鹤唳,各种传言纷纷。有人从渔梁回来,传说日军即将开到徽城(歙县),号召"百姓也要赶快去救国要紧,打灭日本的军队,不要让日本军队到我徽州来"(12月20日)。女童还听看报的人说,"南京、上海,都是日本人占去,我国地方失去不少,也要快亡国了。闻说日本人在富阳上,离我徽城路,只有一百五十里,一日也紧一日了,看见十五六岁的小孩子,牺牲也不少了"(12月30日)。当时,离"南京大屠杀"为时未久,民众的传言显然并非空穴来风。她目睹大批中国军队驻防徽州,为避日机轰炸入宿民房。此外,伤兵之运输,军队的操练、演习……无一不透露出非常时期气氛之紧张。民众纷纷盘算着如何躲避战祸,女童写有《倭寇到徽如何逃避》的短文:

  现在我们同胞,也要想出法子。有的同胞,有钱的也搬到远地方去了;有的同胞,在家里。我说:倭寇到了徽州,看见同胞,就要杀害,没有钱的同胞,可搬到近地方。我说:有钱的同胞和没有钱的同胞,性命也是一样,逃到外面,不过躲目前之杀害。

难得的是,女童虽小,但透过她的记述,我们更可了解这场战争对皖南山区经济造成的破坏。12月7日,女童"走到外头,听见有一个人说:渔梁各店多闭市。我说:有铜钱也难买食物吃,很很[是]维难。"渔梁是徽州的水运码头,也是歙县城郊重要的商品集散地,显然,日机对皖南的盘旋威胁以及野蛮轰炸,直接影响到徽州人的日常生活。翌年4月25日的一个雨天,女童走在琳村街道上,发现当地人还没有开始做茶叶,不禁回忆起"旧年到三月底,茶叶上下,非常热闹",而"黄山今年茶叶,也都一落千丈,琳村人家家里,都没有茶叶做,很苦些"。琳村位于渔梁的下游,是珠兰花茶的窨制中心,也是歙县内销茶的集散地。据方志记载,自1913年开始,歙县就窨制珠兰花茶。天津、山东和通州等北方茶商纷至沓来,收购茶叶。山东茶商认为,歙产珠兰所窨之茶,虽经多年而香气如故,为茶中上品。因此,歙县珠兰花茶在青岛、济南等地的售价,往往要高出福建同类产品的一倍。当时,山东茶帮集中在琳村窨制珠兰花茶,茶业极盛时期,琳村厂号多达四十余家,年产珠兰花茶七百数十吨。但1937年的冬季,日军相继占领济南、泰安等地,受战争的影响,山东商人裹足不前。1938年4月30日,女童写道:"去年从七八月和日本战争,失去土地很多,所以山东也失去了。山东省的人,不能到我本地来收珠兰花做茶叶,养珠兰花的人没有钱进,苦了很多。"

民国时期,随着盐、典等传统生业的衰落,在皖南,依倚茶业为活者日益增多。而日军的侵华,则使本已竭蹶困窘的民众生计更是雪上加霜。徽州女童的战时日记,正以生动的笔触,描绘了此一严酷的历史事实。

十一、徽州学徒的《习登日记》

徽商的日记账册,有的称作"便登",如同治五年(1866年)歙县上丰宋氏盐商的一册日记,即称为"便登"。结合抄本的内容来看,《习登日记》一册,可能是指徽州学徒的日记。该书封面除书名外,另有"方业远"的字样。日记写作时间从某年二月二十二日至翌年六月十六日,仅留下断断续续的记载。反映的具体年代不详,只能大致判定为晚清或民国时期。关于抄本的作者应是方业远,可能也就是书中的"方光洪"。这是因为抄本的后一部分有《初出门寄信式》:

> 母亲大人膝下:拜别登舟后,于某月某日抵店,途中叨庇清吉,身子亦获平安,望勿远念。男谨遵店规,习学生意。临行示谕谆切,牢记在心,不敢有违。兹值寒暄不一,伏望顺时珍重,谨此禀安,嗣容后报不悉。男光洪拜。

上述的信底,是明清以来徽州文书抄本中最为常见的内容之一。当时,徽州有大批男子外出经商,他们往往是从学徒做起,慢慢积累从商经验,逐渐小本起家。"出门"亦即外出从商务工,前揭的《初出门寄信式》,反映的就是一个学徒初次出门时写给母亲的家书。与此相关的还有《已接信式》:

> 母亲大人膝下:某月某日接奉来谕,敬悉一切。遥维兴居集福,

遇事成祥,为慰为祝。男在外叨庇平安,请勿远念。肃此禀上,伏请万安! 男某某百拜。

这是一份书信活套,是供做了一段学徒之后写信给母亲时套用的。此种情形应该相当普遍,就像晚清民国时期定居上海的徽商后裔胡祖德记录的一首民谣所写:"天竹枝,尖叶头,人生最苦住徽州。端正儿童出门学生意,路远遥遥娘心忧。写封平安信,寄到家里头,叫我爷娘勿多愁。……"①由此看来,上述二信亦即歌谣中的"平安信"。此外,《习登日记》中还有封方氏兄弟之间的通信:

> 光祖兄青览:弟于十一月初五日到申学习,暂在四舅父"巨成昶"号耽搁。母亲前首有信,办合和絮一条,计六斤半重,分为两条,办就寄申江"巨成昶"号次四舅父转交弟可也。母亲并嘱兄寄洋来里,应付会款并家务等用。要紧,切切不能误事! 并询金安,不一。弟光洪手启。

"巨成昶"是上海颇为著名的店号,在历年的《徽宁会馆征信录》中时常提及。该信之后抄有一信封皮:"江苏太仓城石皮弄口交/济泰公典内/方光祖先生收启/申江光洪寄。"可见,方光洪本人在申江(即上海)"巨成昶"商号做学徒,而他的哥哥方光祖则在太仓济泰公典中习业。抄本的最后一部分是"归除总法"等算法,应是方光洪练习书算的记录。

抄本的前一部分也就是《习登日记》,可能是方光洪居家时的日记,其中有不少反映歙县"木客"(即木商)活动的内容。明清以还,歙县的北乡和南乡均有一些人从事木业经营。尤其是歙南,早在明代,这里的山林经济就相当发达。明人方承训所著《复初集》中即曾记载一位曹富翁,"尤饶山木,木子钱

---

① 《天竹枝》,见《沪谚外编》,"上海滩与上海人丛书",上海:上海古籍出版社,1989年版,第41页。

冠邑以南";①歙南下濂人程涓从事山林经济,"岁致数十金,子钱积千余金"。② 及至晚清民国时期,歙县孝女乡延宾里曹氏文书《日平常》抄本亦有相关记载:

> 为木商,最获利,水里求财岂容易,虽然造化赖五行,也要经营会算计。
>
> 拼青山,须仔细,百千万数划估值,兑价开山择吉辰,议字拼批要先立。
>
> 数目清,码细记,斫拖拖放须人力,水火二字早夜防,牌[簿?]到江干才可喜。
>
> 出山河,放大江,毂头虎尾木牌长,撑放昼夜多辛苦,劳苦工资须早偿。③

上述的记载,描摹了木业经营从山林砍伐到运输、销售的整个过程,反映的是普遍的情形。而《习登日记》所展示的,则是个案的记录,颇为生动。从日记的记载来看,主人公活动的地域集中在厚坞、阳坑、绍村、南源口、茶园和金滩等地,也就是歙县的南乡一带。

日记不足千字,但记录的内容却颇为丰富,其中有不少反映了下层民众的日常生活,对于徽州社会史研究颇有助益。如《习登日记》第二年五月十五日条载甲某船户装松板往茶园,回空时装回石板。据民国《歙县志》记载:徽歙"道路皆以石成之,虽穷乡僻壤,入山小径,靡不石也。石类不一,有青石、红石、红麻、白麻、凤凰麻等石。康、乾以后,更采用浙淳茶源之青石,质美而坚,全县交通,虽积雨不病泥泞也"。④ 徽州的乡村景观,以粉墙黛瓦、马头墙

---

① 《复初集》卷三十一《吴茂才传》,《四库全书存目丛书》集部第 188 册,济南:齐鲁书社,1997 年版,第 188 页。
② 《复初集》卷三十二《程处士传》,同上,第 202 页。
③ 参见王振忠《徽州人编纂的一部商业启蒙书——〈日平常〉抄本》,《史学月刊》2002 年第 2 期。
④ 《歙县志》卷一《舆地志·风土》,民国二十六年(1937 年)铅印本,石国柱纂修,许承尧纂,"中国方志丛书·华中地方"第 246 号,台北:成文出版社,1975 年版,第 157 页。

以及青石板道为其显著特色,这从一个侧面折射出明清以来徽州社会的富庶。而铺砌青石板道所用的石料,清代以来多用"浙淳茶源"的青石。所谓"浙淳茶源",亦即浙江淳安的茶园镇。据光绪《淳安县志》,青碧石产于茶园对河的青石埠。① 上述的日记,显然可作《歙县志》及《淳安县志》的一个注脚。淳安茶园镇,清代属严州府,当地"市镇颇大",有新安会馆,徽商营生于此者为数不少。② 故此,该地与徽州歙县等地的交流一向相当密切。《习登日记》闰五月十四日条记载来自严州的五加皮,"吃味不如从前,可见目今生意,愈趋愈下"。这些记录,均可反映新安江流域日常商品的流通状况。

---

① 《淳安县志》卷五《食货志·土物·货》,光绪十年(1884年)刊本,清李诗等纂修,"中国方志丛书·华中地方"第208号,台北:成文出版社,1971年版,第518页。
② (清)潘钟瑞:《歙行日记》,载《(歙县)大阜潘氏支谱附编》卷十《文诗钞》,1927年铅印本,16册。

下编　资料编

一、明万历三十三年(1605年)冯梦祯徽州日记①

(二月)二十四,早,大雾,雾开遂晴。齐夫之难,不减于潜。从此到新安一百八十里,夫价每名二钱,大累此中矣! 日午始行,过一渡,逾二岭,至界口铺,宿方店。薄暮,天忽变,洒雨数点。既至,复洒雨。晚饭,步至溪桥,约长二十丈,溪声入听,如轻雷急瀑,四山绕之,甚佳。

二十五,昨夕天阴惨,疑有变。早起,大晴,快甚! 饭毕,遂戒徒御行。途中高岭,惟老竹岭最高,中岭次之,车盘、王干又次之,俱舍车步行,凡过六岭。中火王干,晚宿苏村。一路溪山颇胜,忘其疲也。宿处烟太多,猪矢太臭,逆旅之苦,自当生受耳。是日,行九十里。

二十六,鸡鸣,盥栉戒行,不奈猪矢烟熏,不饭而驾。行时始明,三十里而饭,又四十里到府城。水路行李,初八日已到。金太初到,再移寓所。将至新安三四十里,溪清山秀,是宜文物兴焉,不但财物之饶也。至寓,汪座师三孙来。汪仲嘉闻余到,亟来相访,见甚欢,相别八年矣! 薄暮,方伯文明府下顾,意甚勤至。答拜,延余轿至堂,后堂相接,复延余至衙,出其仲子元庆、元赓已下。伯文于任得二稚子,仲与长已游庠科举,长君在家。明府欲扳明日白岳

---

① 冯梦祯(1546—1605),明浙江秀水(今嘉兴)人,万历五年(1577年)进士,官至南京国子监祭酒。其徽州日记见《快雪堂日记》卷六十二"乙巳"。此处所据为明万历间刻本《快雪堂集》,复旦大学古籍研究所资料室藏复印件。

之行,当在二十八日矣。

二十七,阴雨。汪氏诸公孙欲延余住遂园,许归日赴之。方侯设席溪上,舟中相款,大席设渔梁,汪仲嘉相陪,意甚深至。二更尽,回寓。

二十八,阴,午后间有微雨。辰初,行二十里,至岩镇中火,方明府所设。访潘景升,请见其尊人,留饭。崇睦坊吊汪前峰,行礼于攒所。礼毕,至宅,景和、景纯、景谟三兄弟出迎,汪仲嘉代陪,托潘景升达意,遂辞。行三十里,夜至休宁,馆于刘圣邻东山园,夜宿甚安。圣邻两弟、一子俱侍,景升后至。

二十九,晴。过圣邻宅,方饭,李明府来,吐哺迎之。饭毕将行,丁长公贞伯来,遂行。报诣李明府,偕潘景升,途中吊丁氏母丧,贞伯、谷初、以舒三兄弟之母也。丁南羽母氏将出殡开丧,往吊之,金太初、黄问琴、鹓儿俱从。留其斋中,待潘景升不至,遂行三十里,至齐云之麓,路在云中,夷躄相半,多下车步行,行三分之二,至天门,此为最胜。羽流道行里许,至榔梅庵,居停主者李云桥,即旧居停处,其主道吴莲塘,作古多年矣。偕金太初、黄问琴、鹓儿步自殿门,至舍身崖,遥睇香炉峰,殿倚屏峰,左节右鼓,而北向虎砂甚紧,微断为炉峰,石俱横断若叠,外一层为天门,右象左师[狮],左宽右紧,形势如天成焉。潘景升晚至,共试新松萝茶。余宿右小楼。

三十,早闻风雨声甚厉,久之,呼童物色,则又大晴,其松涛溪声乎?梳洗毕,汪生应选二堂弟应荐、应举求见,见之。客去,上殿谒见玄君。礼拜祈祷毕,回寓,则汪生应和之子日灿求见,有所诉。后房金羽士斗阳设饭相款,景升、汪宣之在座。饭毕,过飞雨岩文昌阁。此阁,余昔年曾三宿其处。丁贞伯、丁生士宁来同叙,巴羽士乾溪相陪。余昔年赠之诗扇尚在,其诗失稿,命录之。过西关,眺望西面群山。回车,过无量寿殿,汪司马创建。正殿弥陀立像,甚工丽,左右二室续建观音、势至二大士,面相稍长,工丽不如弥陀。无量殿之上即飞雨岩也,雨点从县岩飞堕,随风敲邪,或烦或疏,仰首窥望,有如雪花,最为奇观。归寓,作《登白岳诗》。丁贞白治斋斗阳房,请夜酌,景升陪。

三月初一,早起,书扇赠前房李云桥、汪君敕、汪远志三羽士,后房金斗阳各扇一,并分别赠金。方外申君无来谒,即景升所云申师爷,能通《阴符》《道德》者。登舆,至香炉后峰,观三松树,末一树矮大而偃盖,离奇尤妙,峰石亦苔绣润泽。过天门,徘徊古楠下,楠死而复生。未至望仙亭,觅路访申君。初至桃源宫,黄居士无心所造,无心舍财作大布施,将老于此,今复将营黄山。申君所居曰翠微,天宫外寻支径而上,数十武,得其处,中为一龛,左右二室,门对青牛山,坐御屏,真隐士之居也。出槛,留余及景升小坐,余啜粥二盂,遂行。下山甚捷,劳半于登。至前日登山中火处,始及鹓儿、金、黄。凌元孚自黟县来,将还郡,遣人相闻,亦晤于此。元孚为余停休宁,让居东公馆。丁氏三昆来,汪宣之来,程又新来。下午,赴元孚之席,鹓儿侍,优人改弋阳为海盐,大可厌!二更归寓。

初二,晴,暖,去绵。汪生日粲来,遣书方明府,送诗扇一。吊奠刘圣邻尊人内人。查孝廉有光见访,晤于圣邻宅。汪生伟元、黄生渭、曹生观文执贽,俱圣邻交契、称能文者。观文即宗可之侄。赴丁氏兄弟酌于文溪,鹓儿、金太初、黄问琴俱从,侑觞有谷、刘二妓。潘景升以候陈子有,与刘圣邻俱后至。昨下山所遇四轿黄盖贵人者,即子有也。溯舟过三滩,至落石,石甚奇,大类西山石公。日晡,从小舟看,西去石壁约数百丈,尚未能穷。回舟处,有苍松百树。下滩舟甚易,视溯流之难,不可喻矣。昏黑归寓,今日诗以上巳修禊为题,四言、五言各一首,潘景升同赋。圣邻饷余泉水,夜索烹茶,已杂入他水,又无炭,驱西施入厨婢,可叹也!

初四,大晴,暖。婺源余生懋挚以山阴令过里,今之任,谒余。又出侯给事公善之门,复添一线瓜葛。报谒山阴君,其两弟复执贽余。潘去华之婿张敦孺来谒丁以舒,见其子,遂往尚山。行山溪中三十里,过姚溪,又五里,始及尚山,日西而至,四兄弟惟谦等出迎,舍惟让宅。潘景升后至。吴季常来,病初安,形瘦,失其旧三之一。既饭,步行访季常及其兄州刺史带沙。归寓小憩,主人设夜,四兄弟、季常陪,侑酒有曲中沙粟英。晚阴,五更闻雨。

初五,阴雨,午后骤雨。带沙亲弟在竹来,遣迎孙子真于凌溪,晚至。元益、若渝兄弟作主,夜,登席作戏,有女旦二。

初六,大晴。拜在竹,遂游蓝园。地名蓝田,引溪为池,溪即蓝溪也。坐水亭,其东隔池为长廊十九间,佳树掩映,竹树淹密,松大者可合抱,屋宇曲折,以长廊蔽之。其西南曲楼数层,阁道相通,上祠大士。东临大溪,位置甚合,伯实先生所开,即江南佳园不能过之,惜琅琊公不见也。见如子明典来孙子真写照,图余及鹓儿稿。归寓小憩。下午赴季中翰之席,沙粟英来陪。散步园中,初名素园,澹庵所创,后割其十之六,为四宅,尚有大松、杂卉,牡丹盛开,粟英立花下,拟作《花下美人》诗及《蓝园》诗。

初七,晴。完《花下美人》诗,书饷沙姬,侑以绛纱。游玉兰园,位置甚板,兼垒粗石为山,以旧易粗,甚无谓。主人名继臣,带沙亲房弟,官儋州倅,以五妾往,家中尚留数姬,与余同岁。玉兰颇多,盛开时一片如玉,亦佳观也。二更归,作《兰园》诗,又成《花下美人》一首。

初八,五更闻骤雨声,平旦闻雷,晨起有晴色。带沙兄弟设伊蒲于清署见邀,即赴之。北行,转东里许而至。其山名石壁,精舍北向,门对松冈山,甚秀,有藏经阁。主人具饭,素肴甚精。登阁,扁名不雅,余易以破尘阁。浴室甚妙,就浴颇畅。主人邀余登山,屡憩。亭院大,有大松、巨桐。天暖云蒸,颇有雨意。余贾勇前,寻径游季园,陟南麓,缘石壁而下,屡憩。至九苞堂北即石壁,主人出名画数十幅示客,内多佳者。马麟梅花四幅,华亭朱少司成故物。憩九苞时大雨,雨毕还寓。少憩卧室,赴少逸席,沙姬来陪。

初九,早阴,渐开霁,日色暄暖,仅可单衣。带沙、在竹、季常、泰常叔侄俱来送,送至一里外。行山谷,绕溪,山川甚美,近商山数里,水俱佳。上三十里,过草市,访孙子真。又十五里至岩镇,居停西墅,景升父子三老出迎,设晚饭相款,月甚佳。

初十,晴,暖。尚西墅一日,遣奴回,采茶岕中。作姚氏叔侄、丁长孺共书六七函。孝廉方大观、郑逸少父名泽来访。江存仕来。潘是仁、郝之璧来。中书君子膺祚来,即居停主人也。景升款客,费甚,劳及家仆,甚愧其意。

十一,晴。赴郑孟浦游牌之席,景纯、程贞伯诸君陪。同登荫山亭,小坐。周遭大松甚佳,可北望黄山,岩镇万家,见三之二,远视者见泉口塔,余与景升不能也。送落日,复登牌,顺流而下,问琴唱曲二套侑觞。

十二，晴，热如昨。早登途，道信行山，拜吴飞鸣，其族弟从先称赘。飞鸣留叙，过日中始行。又八里，至溪南，主江村家园中。诸吴三四辈迎于门。吊慎卿家烈妇及夫之丧。过慎卿园居，访养泽，足病不能出。访謇叔。汪仲嘉晚至。江村设夜酌，家中相款。吴飞鸣夜至，小酌园中，燕姬李一侑酒。连日亢热，不能御单衣，得雨良快。雨彻夜，至明不止，寝甚甘。

十三，早尚雨。吴氏诸昆季来拜：曰宣字季常，府庠生；孝廉二，士海、应鸿；中翰二，养春、养都；廷羽字左干，旧识。致丁南羽书。养都，余为司业时门生。江村见其子芬。冒雨访汪仲嘉，下午冒雨归。溪流急而浊，夜雨彻明。

十四，雨，竟日不止。登楼望水，看赵松雪《千文》二卷，又唐人《火龙烹茶图》，僧惠崇山水小景。润卿斋中，夜作律诗二首。夜雨。

十六早，雨止，尚寒。吴思古、吴元满、吴元凤来，江村设燕相款，觅戏子不得，以二伎代。汪仲嘉、象先、诸吴慎卿、謇叔、民望、左干、季常、郑翰卿俱在坐。翰卿，闽之福州人，故为诸生，流寓于此，有词赋才，年始四十，甚可惜也。夜，复有微雨，明日晴不，尚未可卜，黄山宁却客耶？

十七，巳初雨止，午后洒微雨，初更复雨，二更势稍杀，俄复雨。赴汪仲嘉之席，遂往象先斋中。其居新创，位置甚佳，出旧帖数种相示。二更，雨少衰而归。过板桥，势甚可怕。

十八，早尚雨，午后见日，夜星光皎然。刘圣邻、曹无邻、张幼裁自休宁至，见僧普门。圣邻偕普门俱履不借，步行三十里，大有行脚之具，普门亦本色苦行人也。赴吴氏望约，并出宝玩见示，玉物多有佳者，手卷惟孙过庭《千文》至佳。夜，成《方明府招游》七言律二首。

十九，大晴。汪仲嘉以其从子巨源、亲弟延清名一渭者、子无云见。吴君元满来，执书数种，商略焙松萝茶入瓶。謇叔招叙，同诸君赴之，宾主凡十六人，有侑觞幼妓李六月，甚佳。

二十，晴，暖。粥后，溪边关王庙看迎会。吴伯昌晚来，商略明日入山之事。官夫以备曾太宰取用，不得来，乃议雇役，定议江村郑翰卿陪往。夜雨不止。

二十一，雨竟日。冒雨为黄山之行。十五里，过杨干寺，不入。又五里，中火。溪曰容溪，入路有山曰容成台，余宗汉醉入巾服处。雨，不克登。度岭而下，曰石壁山，溪亘其中，曰漕溪。石壁陡削，衣苔藓，树木葱蒨，新笋怒生，如龙之未飞，其处最胜。再度岭，岭曰石真，上有亭可憩。望前山雨气如云，明灭岩端，变幻不测，凝视久之，后乘俱至，乃行。逾岭，民居数十百屋，即山口也。自山居而西曰蒋村，北去沿溪行，石壁间路险而奇。又数里，入歙中，汪司马所题。居停吴氏园有楼，对白松一树五六干，同根拔地四五丈，甚奇。下二室，余与鹓儿各处一，而诸君子处楼。蒋氏诸君百昌之亲自蒋村来作主，入夜，犹治具，潘景升趣其出粥，幸及疗饥。薄暮，雨甚。

二十二，早尚雨，辰至午未晴。过歙中，韦堂有主延款。宅西即园，憩楰木亭，问琴唱曲。园西看九曲水，主人设饭宅西小楼，楼有司马公《歙中记》。我辈急欲趁晴进路，而用卿、翰卿为主人前途未备，苦留，不得已从之。归寓园卧良久，未起，则主人已设席待矣。再宿吴氏园。夜仍雨。

二十三，早雨旋止。遂登舆，过石嵌岭，又过壶岭，过中段，谢醍斋留中火。又行溪山间二十里，至芳村，谢隐黄迎至溪桥，邀至家，设饭相款。主人豪爽，酒量颇高。郑翰卿约明日会汤寺，赠余龙头万岁藤杖一枝。又十里，抵汤口。又八里，抵汤寺。一路溪山甚妙，登降俱奇，然稍有崄处。汤口百余家，两溪相合，溪由太平出。汤寺僧接至六里外，奉茶。近寺景益奇，溪流出石间，寸寸可恋。既至，上殿礼佛，迎坐小轩，面紫石峰，峰之前为青鸾峰，后为老人峰、炼丹峰，峰双顶，时为云气所蔽。丁南羽、贞白迎至山门前，坐定，言汤池去此甚近，导余诣彼。过木桥数武即至，遂解衣入浴，其泉甚暖，去垢甚佳。余先之，鹓儿与景升辈继之，次及仆从。天下温泉不减八九，得从黄山始，且无硫气，大快事也！南羽、贞白来此三日，今日登莲华庵，僧无碍弟子所居。南羽云：至其处，可望炼丹诸峰，不觉形骸俱化。闻之心动，恨雨气未清，不宜遂登耳。晚坐小轩，无碍乞名，余以其正对紫石峰，题曰"紫玉"。晚，啖粥一盂。粥罢，僧进茶，问琴唱完昨《灵索强披襟》曲一套。余宿紫玉轩右室。

二十四，雨。不能登览，再宿紫玉轩。谢隐黄来。寺僧来，号无圣，作主留款,夜酌甚盛。夜有星。

二十五,晴。早浴汤泉,游莲花庵,山僧所创,曾武林谒余,乞"惟心精舍"额。可望天都诸峰。归途,步观药铫坑,从石上扳路至寺左,复从石壁间入路,路可登汤岭,太平县道也。又从支径沿溪数里,访硃砂庵,即汤泉源也。水穷而至,其处平坦,僧居反在偏侧处,有小山丛石,丁南羽与鹓儿贾勇先行,余从之。路尽,得横岭,可憩。归途遇郑生大心。过石壁,再浴汤泉,始至今四浴矣。憩紫玉。

二十六,早微雨。而白云庵之兴不可遏,一浴汤泉,丁贞白送至汤岭,遂与鹓儿先行。过板桥,中有一石支桥,硃砂溪、桃花溪合于桥下,题之曰"支机桥"。行十里,至岭头,所过有醉石、鸣弦泉。然十里中,泉石甚多,不可名状,然石必戴藓,或生杂卉,或如崩云,或如落星,或大如屋,或小如禽鱼,或离或合,或仰或覆,如太仓之粟,难可指数。同至汤寺者,余父子、黄问琴、潘景升、郑翰卿、丁南羽六人,益以谢伯贞为七。沿途待诸君子,三四憩坐。途稍险峻处,舍车步行,三四舍车,遂至绝顶,稍憩而行。下岭稍峻,途仅五六里,亦一再舍车。过岭,南北望俱晴色照耀,而当岭处独阴雨不散,溪流垂人鉴訇彻耳。过岭下,步过云门山脚,仅见岩石,如笋如人,青翠溢目,上为云气所戴,隐其峰尖。岭尽,得一草庵,吴使进茗于此。庵外沙地亩许,可以种植,中拥石颇多,余选一石,同鹓儿小憩。遂自溪中改途东南行,途甚峻,然诸峰如班玉笋,或隐或见,愈折愈高,凡数十盘,其两石相合而中虚,仅过人处,曰天门。入天门,再过溪五六,复折而下,又过小溪,得庵,即白云庵。庵斜对一苍山,如贵人端立。而左望,则所见诸峰班玉笋者,又卓立云际。溪水随峰而俱流于庵右,景绝奇,恨其太窄,止屋三椽,右一小披炊,不堪容我辈主伴耳。幸后有六角茅亭,余先索卧具,稳睡一觉。起,迎诸君子。谢伯贞至;又久之,潘景升至。景升言平路步行,费脚力,以致晚到,愿行山路,不愿行平路,再三言之。庵小,不能据案弄笔墨,日晡即卧。余与鹓儿同卧茅亭。夜,犹闻雨声。

二十七,早微雨。而决意取海子,虽云甚险,而途止十里,意颇易之。过溪傍涧入路,路三夷而七蹩,盘折甚多,七升而二降,过天门,更一降,甚峻。

寻溪登一岭，数折而至庵，僧慵真在彼相迎。庵为黄无心所居，数日前他出。余留憩久之，申清虚归来谒，邻庵汪君介甫来，迎余过彼庵。南羽、景升先行，余、鹓儿继之，遂与南羽分居二室。过岭时，日光自西而射，微雨自若。汪君庵尚未名，余名之曰"海潮"，因题十庵名曰"海空"等。汪名浔，介甫其字，乞余改，字之"子九"。无心所主曰"海净"，慵真所主曰"海印"。憩海潮庵。久之，日出风起，云雾俱散，日仅昳耳。余方喜俱南羽露坐，俄而云合，得飘微雨，而鹓儿与僧印我自庵左登山，纵览久之而返。云行至方臣峰侧近，峰面尽出，奇秀不可言。申清虚与景升、僧天然俱在，天然慎甚，惟恐下堕。所经由数里，所见峰甚奇。余憩息，因补书连日日记。晚，落照甚明。西初又飞微雨，俄而止。

二十八，早雾，五更大风。晨未起，闻鸟声、涧声互答，甚快！已，雾开复合，遂雨，大自败意，作诗一首。饭后忽开，喜甚，高兴勃发，遂由庵右登山。过一山，即申清虚寓处。路湿难步，黄问琴诸君继之，遂由清虚所规为轩辕宫北者登炼丹峰，峰上石间松甚奇。诸君俱至，惟潘景升、申清虚后。云开，东面诸峰甚翠，峰后一山，大似观音大士所坐宝山。凝东北一峰如翠屏，其下即丞相原也。丁南羽道余及鹓儿下峰，看所云如宝山者，山势特圆。自山麓觅路，误入灌莽里许而后出，遂登丹峰后山，见诸君子先坐海门，一峰甚奇，前后诸峰如挑玉笋，奇不可言。余因从之。问琴云：峰头奇甚，潘景升先登矣。余后从之。数峰如仙掌豁开，下临不测，为蛟龙所潜，谢隐黄仆夫试石惊龙，即此处也。徊翔诸峰久之，而郑生所占之峰最高，有一石高卓而下断，名曰飞石，约十丈。景升、清虚、鹓儿、印我俱至其下。时日始晡耳，遂与诸君觅旧路下山。诸峰间矮松约万余，奇者颇多，近岁人多取以市利，又不能活，甚可惜也！晚，天又昏翳，夜遂雨，俄风雨大作，震雷，过半夜少衰，卧室颇漏。

二十九，风雨竟日不止。作《登炼丹峰》诗、《历海门诸峰》诗。申清虚、潘景升来，景升挈示清虚所撰《阴符经注》。夜半雾散，有星。

三十，晴。晨饭，自登炼丹峰路三之二，莲花峰麓下山，十余里，自丞相原从舆还汤寺。初登岭西，望远峰俱拥白云，或在山半，或在山顶，露青碧数重，近峰翠顶映朝暾,忽作金色,甚奇。海门诸峰,微挟云气,依依送客。下山路甚奇,段段改观,下见莲峰下一石笋离立,得一大石踞之,二三君同坐。右有练泉垂下,烦黄问琴歌,歌《芳草香堤》一曲。行五六里,路岐而险,方伯文遣使以书相闻,物色至此,赖其指迷。又行数里,有石如柱并立,俗谓之石牌坊,甚无谓。然一路甚险,过溪数重。又五里,至丞相原,始与䴔儿登舆,幸得代步。其处有潘景升旧馆,谢在杭曾五宿于此。相近数里,卉木翁翳,红、紫、浅绛、粉白诸花,重重如绣,与新绿相映。前见一地,悉身逆势,虎作下砂收水,逆受原中诸水俱尽,龙六秀嫩,后鬼分明,出水处,即所云九龙潭,每潭口上窄下宽,其深不测。每旱,则下铁牌,激龙致雨。常溺人,不可救。余从左山舆中视,但见如匹练耳。左山尽处有蟠龙,然亦不尽。过苦竹溪店,中火。南行,见其山尽处有结,然终为逆龙收水,力不如也。其外一层,则自青鸾峰、云外峰而南,收细夹而前。左行者,尚过苦竹溪,不知几里尽何处;右则汤口两翼,水俱出芜湖。由汤口过板桥西八里,至汤寺,遂浴温泉,劳劬如失,尚薄暮耳。诸君步行者徐还,惟潘景升后至。谢隐黄别于苦竹溪,约明晚过其斋中。夜,作《白岳记》。

四月初一,雨竟日。早作《黄山记》。浴汤泉,冒雨至芳村,赴谢隐黄之约,馆于池馆。夜,雨。

初二,雨竟日。下午还溪南上村馆。夜,脱身,感微寒,体中忽发热,四更汗出而解。夜,雨。

初四,大晴。吴太宁儿以赴考至,得骥儿家书。此儿山水间致不少,甚念之。前此二月初旬壬子、癸丑、甲寅有雨,丁巳又雨,自丁巳至今,果阴雨四十五日而得晴。谚云:壬子、癸丑、甲寅晴,四十五日满天星,又要丁巳做媒人。雨则反此。果验。民望来约,夜看出灯。用卿出郡城,晚回,同过民望。出灯者,溪南俗,元宵后以灯娱神,例正月二十五出,不晴则更期,遂至此月。鼓乐前导,台阁、彩船、旗盖,俱以灯为之,上饰倡女,凡二阁一船,后纱珠、羊角等灯,多至数百。后迎关神,巫以巨斧入额寸许,血淋漓被体。男女聚观,道路为拥。

初六,早阴,晴,下午阴,微雨,暮骤雨。葛万悦来谒,留谈半日。民望迎同游,筏直至玄通庵,转湾看石壁而返。遇雨。侑酒二妓,即昨夕二李,余与万悦、翰卿、百昌、一妓占一筏,民望陪鹓儿占一筏,黄问琴诸君占一筏。薄暮遇雨。

十一,晴。作家书,以《黄山记》并诗五首示骥儿,足知老子近况。夜,看月溪桥,侑觞有二伎。

十八,雨。待饭而行,遂过午。今早始知有鹓儿纳偏之事。从来无买妾新安者,孺子多此一事,可笑!然亦愈于游荡,姑听之。下午,到太平寺,始汲溪水烹茶。

二十,晴。下午,赴方明府席,舟中、禹庙两设,仲嘉、中甫、景升陪。夜,坐石台颇爽。明府亦情至,更余,又送至舟中,仲嘉、中甫、景升俱到舟而别,始宿舟中。

二十一,平旦,移舟傍官舟。余念新人过船,起居不便,因让官舟处之,与问琴、午川共其民船,颇便。两山回合,舟行其中,惟过滩甚驶,余时水宽,又联舟而行,不甚疾。至夜,过界口十余里而宿。

二十二,晴,早颇寒,单衣二层。五更移舟,天明,距淳安三十里。过淳安,午前始开,距严州四十五里,泊船,地名仓后滩。

二十三,晴。巳至严州。薄晚,过桐庐不泊。夜行,有微雨。

二十六,晴。偕长吴姬湖中看景情如君。试丁长孺所饷新洞山,尽日而返。

二十七,晴。鹓儿新安姬至家。夜,召金姬侍宿东楼。

……

二、明万历三十八年(1610年)李日华《礼白岳记》①

余昔连举子而殇,家君曰:"里中礼白岳者,生子辄育,曷以瓣香遥祝之?"果举儿亨②。越四日,而乡书至,则余与荐。盖今上辛卯秋八月也,余方治公车装,壬辰春竟第,留都下,家君乃代余礼岳。自是岁一遣苍头潮,奉香惟谨。今岁庚戌夏,家君忽苦脾疾,已而益剧,余方皇皇医疗、祷吁间,苍头潮者夜忽惊呼,妻蹴之,则曰:"主方遣我礼岳。"迨明,余请于家君,曰:"白岳神最灵,儿当躬往祈安。"奈汤药未可委人,其具疏疏悃,令潮先乎。则呼命潮,潮因述夜梦,相与嗟异,叹余念甫萌,而神已告矣。潮以五月一日行,家君疾渐愈。至九月秋爽气,体益平复。余乃以(万历三十八年九月)八日治行,辰刻登舟,夜泊石门,得选古一:

  夙志礼灵岳,差池肯尘栖。缨组幸已解,樊笼安足羁。皎皎晴昊碧,苍苍平楚低。清风引余袂,快舸遵水涯。如彼入云鹤,矫矫凌晨曦。

九日,由谢村取余杭道,曲溪浅渚,被水皆菱角,有深、浅红及惨碧三色。

---

① 李日华(1565—1635),明浙江嘉兴人,字君实,号竹懒,又号九疑。万历二十年(1592年)进士,官至太仆少卿,能书画,善鉴赏,世称"博物君子"。其《礼白岳记》收入《四库全书存目丛书》"史部"第128册,济南:齐鲁书社,1997年版,第109～120页。

② 亨,指李日华之子肇亨。

舟行，刼手可取，而不设塍堑，僻地淳俗，此亦可见。余坐篷底，阅所携《康乐集》，遇一秀句，则引一酹。酒渴思解，奴子康素工掠食，偶命之，甚资咀嚼。平生耻为不义，此其愧心者也。夜泊杨家桥，去县尚二十里，明晨登陆矣。成一律以应令节：

> 梦结灵峰顶，身为独往云。高流溯欲尽，仄岭望初分。笑与鸥凫别，行随麋鹿群。龙山尘土事，拂鬓亦埃氛。

十日，从余杭埠口觅笋舆，冲烟而发。一诗云：

> 刺船蒲苇中，瘩痳念登陆。舟人凤戒旦，稚子催栉沐。软舆轻可御，结束称野服。微雨时淅沥，霾霁候纤旭。霜叶缀乱红，寒溪澹澄绿。峰衔霭霭云，石压襥襫竹。每当赏心处，矫首送遥目。

三十里至青山坡，石皆沉紫色，老苔渍之，极其古秀，画家所未能状也。

又十里，至五柳。又十里，至马溪桥。溪流得雨，淙淙有声。桥左一大士庙，老僧进杯茗。

五里，至临安西市汪铺，馈食皆淡味。古云山中无盐豉，故寿，其然邪？

十一日，五里，至青溪渡。溪多马卵石，一路多水碓，泉流甚壮。又五里，至钱王铺。又十里，至化龙铺。十里，至横塘。又十里，至藻溪。时雨初霁，云气乱如奔马，四山多画眉声。一绝云：

> 春闺为尔点妆浓，几向花前弄晓风。今日空山烟翠里，数声犹似出雕笼。

三里，至瓶窑河口，溪声潺潺。跨溪建一观音阁，老僧煎茗施行者。土人赵老角巾褐衣来迎客，云阁本其所建。生二子，一掾史，一诸生。平生步履不越溪上，日听水声、看山色而已。谈吐颇有味，马少游辈人也。

七里，至戴石。十里，至镇郭。有万寿寺，树木颇阴森，而像设荒落。五里，至方园铺。十里，至太阳铺。尽日行两山合沓间，一峰吐云，一峰送日。夹路野松，雨蒸日炙，香气扑人，衣袖为沾渍者，撚之皆有龙麝气。一绝云：

松头云破日穿怀,松下云浓拨未开。松雨湿时松日晾,赚他香藓上衣来。

十二日,雨。十里,至庐岭。十里,至昌化县。县在万山中,无城,儒学倚一峰下,面对稠林,森秀之极。十里,至白石桥。十里,至手挖巡司。十里,至朱柳,有睢阳双节庙。十里,绕溪行。六七里,四面峰峦回合,疑无径路,逾一小岭。又三里,至结口宿焉。是日雨不止,衣袍沾湿,仆夫颇疲顿。余于舆上,领略云山瀹濛之状,沉绿深黛中,时露薄赭,倏敛倏开,非襄阳米老,断不能与造化传神,乃知此老高自标置,固非浪语。向余不知画法,不为此行,在万山中适值澍雨,亦何由证入哉?忆余初从余杭渡口,晴色可掬,止西望有晦昧之意。今乃知余来时,正山灵酝雨之候也,余实步步入雨境耳。一绝云:

蘼芜渡口一登台,一抹青烟炯未开。不是山行偏遇雨,却缘身入雨中来。

十三日,大晴。自颊口起,行五里,至高路。五里,至横溪桥。十里,至岭脚,过车盘岭。五里,至顺溪。五里,至杨家塘。五里,至昱岭关。五里,至新桥铺,上老竹岭,岭当两山回合处。岭以东,水皆流入太湖;岭以西,水皆流入浙江①。山势两背相抵,曲涧蛇行其间,万杉森森,四望疑无出窦,而竹岭稍通一线,亦半假人力凿治,真一夫当关之胜也。气候新晴,愈觉澄朗,诸峰晓色,澄翠拖蓝,日光射之,远者如半空朱旗,近者如涂金错绣,丹枫苍桧,点缀其间,万壑屯云,千流漱玉。到此,又思李昭道父子画法,不为虚设。大小米如中书堂淡浡判押,挈其总领而已。早成一诗:

雨中涉崎岖,行旅蚤休息。店舍炊烟昏,树杪犹滴沥。寒衾卷如蝟,四壁轰鼻息。霜鸡喔喔鸣,起坐窥窗白。旭日虽未见,澄彻已殊昔。登舆俄顷间,众山呈晓色。朱旗曳天半,涂金绘峭壁。的烁

---

① 李日华《篷栊夜话》:"老竹岭溪水皆南流入钱塘江,溪深迅不可测,中多礁石,相传刘伯温窖金在石下,诚意伯每数十年一遣人来取,土人妄意凿之,终不可得。"

攒遥林,喷雪泉流急。烟霭互起灭,岗陇相出没。平生看山眼,裂眦瞪双碧。恨不携素友,来此快奇臆。

山有草花,红媚可人,叶如牡丹而小,土人名之秋海棠。我地秋海棠生墙阴湿地,花如豆蔻,叶如苋,乃断肠草,非此种也。今因改名秋牡丹以配之,且令僮辈携其种回,不知肯滋殖否?漫为赋一律:

粉薄香残梦未空,暗随蝴蝶上秋丛。空山暮雨消魂处,曲涧春流照影中。金谷岂烦横笛怨,玉楼不用卷帘逢。自从姚魏争妍后,羞说班姬脸颊红。

度老竹岭,西脚鲍店酒颇醇美。十里,至王干巡司。广叶岭、钟岭、黄土岭,所谓王干三岭也。一过老竹,即为歙地,山形非不雄壮,而势稍散阔。土人工殖利,山下开塘蓄鱼,虑人窃取,则作砖墙围之,每亘数十百步。以杂树与柏子利薄,多改殖樟子,砟油转售,故无红叶点缀。凿石煅灰,多作窑穴,白垩淋漓可厌。盖陶、白、猗、卓之策行,则孙绰、谢眺[朓]、卢浩然之趣不免减损,物之不能两大,固其理欤!

又十里,至杞梓里,宿。

十四日,三里,至徐坞。七里,至苏村。五里,至斜干,有槐源大石桥。五里,至蛇坑。五里,至赐麟桥。五里,至山后铺。五里,至郑坑。五里,至七贤桥。土人云:昔有七贤者,作七井七灶为糜以食饿者,又共作此桥利济,诘其姓名,则不知为何。拂碑,碑泐不可读。一里,至方村。一里,至北岸。一里,至大佛铺。吴氏住处,乔木阴森,俗传半夜夫妻八百丁者。有衍庆桥,蜻蜓湾。四里,至蔡坞口。六里,至章祁铺,有越汪公祠,诘土人,不知公为何人。余按唐杜伏威部将王雄诞传,称歙守。汪华在郡称王已十年,雄诞攻降之。至今歙人称汪王,其即华耶?抑其子孙耶?① 五里,至郎源口。

---

① 李日华《篷栊夜话》:"五代时,汪华僭有此土,与其妻巡行山川,堵筑险要,以修四塞之固,出入张一真珠凉伞为美观。一日天骤风,掣伞入云表,良久堕下,珠悉迸落草间,因生草缀珠,名真珠伞。"按,此传中的"五代",当为隋末。

又五里,至稠木岭。二里,至七里庙,有八相公祠。二里,至新安第一关。六里,至城,绕城行一里,至河西桥,桥有十七洞,下俯大溪雄跨,胜吴江垂虹也。余以山人装,竹兜潜行,不敢过诸豪贵交人,亦无从物色。余蚤息旅馆,无事,作《山中十三声诗》,亦经行所感也。

  伏流声

烟莽结未开,伏流吐幽激。行行难置此,拂拭莓苔石。

  溪吼声

山中雨初足,苍峡飞玉龙。奔来雪色狮,震地作雄风。

  叶上雨声

春蚕行箔上,战蚁酣枯穴。回风拂林端,番作幽蝉咽。

  水碓声

石田鸟自耘,空山谁相杵?雨晴秋黍繁,蓦地惊野耳。

  山果落声

平原猎火余,霜林寒月晓。谁抛金弹丸,扑落惊弓鸟?

  驴铎声

尾橛不浪施,项铎自有节。寄语鸣玉子,步骤安可越。

  叱牛声

铧锸入未深,牛步乱阡陌。农夫吓斯怒,山鬼亦动魄。

  牧笛声

革背暖可眠,霜芦秋可卷。呜呜远近声,不知山几转。

  樵斧声

烟径细欲绝,磨崖耀霜斧。根株未易删,啄木知余苦。

  凿石声

白云根未断,白雪未可就。欲施女娲术,先试五丁手。

  溪女笑声

我来礼玄祖,玄律安可犯?溪女鸟一群,喧寂任聚散。

  僧磬声

临崖嵌佛屋,乞钱作香火。一槌凉胆铜,悭囊亦须破。

  鹅鸭唼声

回塘荇藻乱,㦄㦄棹红掌。飒飒山雨来,一片寒芜响。

十五日,十里,至岩市镇,街术纵横,车毂凑击,聚落之雄胜者。以礼岳故,不敢迟徊流览。入一小肆中,午餐。几案楚楚,薰炉砚屏,若苏人位置。壁有文太史画一帧,题句云:"秋色点霜催木叶,清江照影落扶疏。高人自爱扁舟稳,闲弄长竿不钓鱼。长洲文璧。"

十里,至杨村。十里,高桥。十里,万安桥。十里,休宁县,县冶壮丽,江南北所未见。冒雨行四十里,至岩脚,沐浴更衣,蹑级而上,日已崦嵫矣。至天门,有青童二人,执炬导余归黄庭院。

  晚蹑烟峦谒帝穹,上方仙侣已鸣钟。岩嶕云阙千峰里,峻削天
 梯一线通。步步渐窥猿鸟窟,行行时逐鹿麋踪。到来灯火玄关近,
  导引先烦双玉童。

院主陈建宇、吴立斋具精蔬款余。羽流俱能酒,酣肆雄快,绝无城市跼蹐卑趋之态,恨无展、陆妙手,作《醉道士图》贻之耳。

十六日,五鼓起盥栉,同羽流鼓吹诣拜表台上章。天风猎猎,清寒砭入骨,如置余九霄郁罗之府,尘海浩浩,俱出履带下也。表云:……归院,午飧罢,羽流乞书扇者棼集。漫占语应之,不复计其工拙。

……

天门外石室中遇张躐蹋,一百二三十岁人。

十七日蚤,下山。改从溪路,取严州道。

……

  溪行竹枝词

  觉得船来号浪梭,縠纹鸳鸯尽平铺。诗才到此应华秀,莫道澄
 江净练无。

  喷雪成花逐水流,轻于柳絮转于球。朝来峡壮滩声急,片片浮

来㴭钓钩。

出没溪山小蛋乡,儿童群浴弄沧浪。戏将卵石安丛苇,赚得哺雏老秃鸰。

五百溪程十日回,郎行妇送小塘隈。翠青筁里鸳鸯鲜,换得淳安白酒来。

溪窄湾湾点鹭鸶,溪宽一片野鸬鹚。高人钓手云山外,可道虚垂百尺丝。

百丈争牵上濑船,一头载米一头盐。石儿自割青山卖,凿地钻空要趁钱。

十八日至休宁,过落日台。

突兀当斜照,凭临帆影间。点波双鸟白,弄水一渔闲。井邑雄蕃服,衣冠慕古贤。秋来矜物色,流咏足新篇。

乘月行五十里,至屯溪。

漱玉溪流正发酷,孤槎直向斗边回。银河泻处青山断,已在屯蜂聚蚁堆。

十八日,易船,行四十里,至辰山渡。二十五里,至筁团山,山多翠筁。十九日,行十里,至绵溪,有汪五峰墓。

经汪五峰住处

狠土污潴已百年,草莱寒雨带蛟涎。当时横海虯蜉众,犹结青磷上故原。

罗汉洞

应真物外人,超劫能造劫。聚沫成山河,遗灰洞前业。坐此岩窦中,湛然无起灭。谁为宣妙义,萝烟与松月。

狮象石方腊祖茔

狮挠头,象截鼻,当年豺虎群,雷雨供啸叱。狞牙不可摩,铦爪如剑戟。纵横水窟中,思搏凤凰翼。玉京帝主红云中,宫殿虚无霄汉隔。艮岳高高磨斗极,九真安妃新受册。王韶覆熙河,童贯启金狄。封桩久作犬羊饵,禁旅桓桓竟何益。收拾聊凭水浒雄,五国荒寒归未得。狮挠头,象截鼻,奇形诡状应不识,何不运入花石纲,免使精灵夜深泣。

二十日,晚,至黄馆驿,易徽客汪姓者船,夜行五十里。

廿一日,至七里泷,过严先生钓台。

无数云峰剥刺天,桐江一线碧于烟。夜来伸脚芦花底,绝胜齁齁帝腹边。

五十里,至桐庐。五十里,至新店。

经方千故居。

越国佳山水,名贤昔考槃。鸥翻江影碧,石带藓纹斑。夜久月千里,雨晴云一滩。孤亭萧洒处,尽可着渔竿。

四十里,至富阳。连日大东北风,水势既阔,行湾曲中,雾气茫茫,浩如泛海。

二十二日,辰起,雾未解,风势未定。余从富阳起陆,觅官舆一乘、驿骑四匹以行。沿山度岭七十里,至六和塔,一望烟江无际,余向所弃舟,竟不知何处,始信置足实地之为快也。

又十里,至出山埠,觅西湖划船,至昭庆云山房,宿焉。舟中遇同载一僧,从云栖来,号慧文,颇知诗。因言云栖岩下有一穴,仅容一人侧卧,有一僧处之,上则草木萧蔚,下则涧泉瀺灂,僧寒暑不出。慧文作诗赠之,曰:"岩上草萧萧,岩下水潺潺。中有上皇人,侧身卧其间。痴憨似布袋,撒颠类寒山。乞食尚无瓢,世故岂相关。自言无体面,要求方寸闲。"其风可想矣。

二十三日,从松毛场觅舟,得湖客舫,子夜行,泊石门。

二十四日,抵家,晡矣。

三、明万历四十三年(1615年)至清顺治九年(1652年)《曹应星日记》①

万历四十三年,乙卯岁。

五月初一日,造兴福寺。十二月十三日,造关公殿(能干②毓萱等共十人)。是年,志宁叔院试,考取榜首。

万历四十四年,丙辰岁。

万历四十五年,丁巳岁。小谷每勺□□,小麦每斗六分三厘。

是年,县报大户领银买官谷,毓葵伯、毓莳叔二人名目。六月,文公众与王仲亦告状,为官元上造坟侵界,用银百余两。

万历四十六年,戊午岁。小谷每勺八分。

万历四十七年,己未岁。小谷每勺八分。

是年二月十七日,造文昌阁。原志岳叔做浙江山阴主簿回家,说山阴县造馆东阁,文[风]大起,因接县学婺李锦溪先生来宅作向,遂迁于新兴墩下。

是年,志让叔、志宁叔、应旸兄、(毓莳叔)各助田造,能干毓萱叔、毓光叔、

---

① 抄件1册,承安徽省绩溪县宅坦村村长胡维平复印惠赠,特此致谢!
② "能干"是绩溪当地对族中管理人员的一种称呼。

应求兄、应瑞兄并本家五人。毓柏①叔进京科缺,应亮兄进京纳通州吏。

万历四十八年,庚申岁。八月泰昌登基。九月天启登基。小谷每勺八分,小麦每斗七分三厘,黄豆每斗九分。

是年,毓章叔选山西理问。

天启元年,辛酉岁。小谷每勺一钱,小麦每斗八分五厘。

是年一月,应训弟入学。十月,毓芬叔选官回家,授山东寿光县主簿,二年上任。

十二月,国胤弟入学。

天启二年,壬戌岁。小谷每勺九分,麦每斗八分五厘。

是年正月,毓茂叔进京选官。

天启三年,癸亥岁。小谷每勺八分,占谷一钱,小麦每斗七分。

是年六月,三王庙做善会,兴福僧俱去做道场。有旌德县四人夜间到寺内投宿,后僧通法回寺,叫村内去捉贼(已在偷物矣),本夜送,当夜送司,后再送县,蒙官收监,死了一人,累讼四年。毓萱叔、毓贤叔、应监弟、应训弟。

天启四年,甲子岁。小谷每勺九分五厘,占谷壹钱,小麦七分弍厘。

是年,香火屋前坦筑照墙。

七月,应试兄入武学。

天启五年,乙丑岁。小谷每勺壹钱三分,占谷同,小麦八分。

是年七月,大旱,通都至登源②祖殿求雨。

是年,又造香火屋明堂地面,头首十九人出银。

---

① 曹毓柏是旺川曹氏家族家喻户晓的人物,其人行名志让,字克之,号太乙,生于明万历癸巳年(1593年),系粮商曹显应的曾孙。其大兄毓鄂官任江西抚州经历(四品职衔),三哥毓蕙钦授云南武定推官(三品职衔)。其人于万历己未(1619年)进京科考,获太学生学位。参见曹天棣《曹毓柏轶事》一文,见《旺川古今》第199页。

② 六月善会时,祠堂坦供有登猪、登羊等祭品,这是做善会值朋的人家及许愿的人家提供的。登猪早在做善会三年前就饲养,登羊是放出饲养的,叫做善会羊,头上系红布带,在村中穿门入户,村中人见此羊入户要喂食,以示对神的虔诚。(曹尚荣:《昔日旺川的"六月会"》,《旺川古今》第156页)登猪和登羊,显然与登源有关。汪华又叫汪羊。

天启六年，丙寅岁。小谷每勺壹钱四分，占谷壹钱五分，小麦每斗七分，黄豆每斗壹钱。

是年十月，光庭侄、光宇侄入学。

天启七年，丁卯岁。小谷一钱二分，占谷二钱三分，小麦斗七分，黄豆每斗一钱。是年七月初七日，起香火屋前堂厅屋。能干共十二人。十月，毓章叔由山西转官回家。八月，志宁叔中副举人。准作贡竖旗竿。

崇祯元年戊辰岁，小谷每勺一钱，占米一钱二分、小麦七分八厘。是年二月，造众社屋。六月，毓禄叔起服赴北京选官回家。八月，众接关爷上座。

崇祯二年，丁巳岁。小谷一钱二分，占同。麦斗九分，豆斗八分。是年二月，新桥下作水口堨，为首者毓萱叔、光禄侄二人。十一月，月老弟、福老弟入学。

崇祯三年，庚午岁。小谷一钱一分。是年毓柏叔进京纳监，四年九月，始回家。志宁叔北闱中举人第一百零二名。

崇祯四年，辛未岁。小谷一钱一分。是年毓章叔选江西长史上任；志宁叔北京会试。四月，毓禄叔江西任回。十一月，毓芬叔做河南卫经历，领官银四千一百两，拖害宣叔结讼二年余。

崇祯五年，壬申岁。小谷每勺一钱五厘。是年应瑞兄捐纳中书，竖旗竿。十一月，熊知事奉上谕团练乡六十名，着各乡助饷。

崇祯六年，癸酉岁。小谷一钱二分，小麦一钱(斗)。是年二月，志宁叔选官赴任。四月，光烈侄、光武、光表侄同入学。九月，接五显菩萨，分作五柱，大分柞公、辅公为二柱，二、三、四分各一柱。

崇祯七年，甲戌岁。小谷每勺壹钱三分，小麦斗壹钱。

是年正月，众邀立子社。

二月，志宁叔赴京会试。

六月，大水。

崇祯八年，乙亥岁。谷、麦价每勺斗壹钱。

是年，本县熊知事着报营长，阁众请教师在祠内习武，并习练枪棍。

九月，又饬大户买官谷。

崇祯九年，丙子岁。谷壹钱三分五厘。

是年七月，为应翔兄赎首字号田，为文公清明祭扫之费，共计二十四股，共用银壹佰另八两。前四月十八日，老坟上有虎二只，一赶至麻塝打死，一赶乌干打死，各重八十余斤。

崇祯十年，丁丑岁。谷壹钱三分，麦每斗壹钱。

是年，应衽弟入学。

崇祯十一年，戊寅岁。谷勺壹钱弍分五厘。

是年正月，文昌阁悬钟重一千余斤，共计银三十一两六钱。老屋立会祭灯、修屋共二十四人，每人出银壹两。

六月，光耀侄入学，光宠侄入武学。

十一月，龙吟阁迎文昌神登座。次年二月，立文昌会，共计三十人，每人出银五钱。

崇祯十二年，己卯岁。谷每勺壹钱。

是年三月，应锡弟、光台侄同入学，与花楼结讼。

五月，光宇侄补廪。

十一月，应参弟、光和弟同入学。

崇祯十三年，庚辰岁。谷每勺壹钱六分。

是年正月，接汪公大帝（分五柱出神）。嘉成侄坐监回家。

五月，毓章叔死于江西任所。

崇祯十四年，辛巳岁。谷每勺叁钱六分。

是年五月，村中做戏并做道场，系保麻痘。

六月,做瘟斋,接观音大士①。斋官应锡兄等七人,头首五十二人,每丁出银弍分弍厘,每灶出面半斤。

计开丁数:

珙公壹百弍拾肆丁　　乡公玖十柒丁　　　科公陆拾叁丁

元公壹百弍十弍丁　　瑶公壹百壹拾五丁　　增公陆拾肆丁

𤱌公叁百拾陆丁　　　二分壹百弍十弍丁　　三分壹百〇五丁

四分柒拾捌丁　　　　中门壹百壹拾五丁　　下门弍百弍拾捌丁

外姓壹百五拾丁　　　家人叁百弍十弍丁　　毕姓叁拾壹丁

汪家柒拾壹丁　　　　上田冲壹百肆拾陆丁　杨桃坑壹百五拾肆丁

姑婆冲肆十丁　　　　下舍弍拾壹丁。

以上共计肆仟肆伯肆拾伍丁

崇祯十五年,壬午岁。谷每勺叁钱陆分。

是年五月,应翔弟入学。

三月,毓萱叔造石桥。

五月,星光弟、光禄侄纳监。

九月,光夏儿由旌德兵备道入武学。(不发簧案,众新生于十一月下旬容学院衙门请发簧案,共用银壹百余两。)

十二月,惠老弟入学,应铎②弟入武学,应枢弟、光圣侄、四老弟三人入武学,余均送彩仪。

次年正月,祠内演戏开贺。

---

① 曹溪桥北头有观音菩萨和蚕花娘娘神龛,《旺川古今》第5页。民间俗有"七都观音八都会"之谚,旺川是七都的首村,每逢农历闰年的六月中旬,都要举行为期十天的赛会,称为"六月会"。这六月会的内容有三个方面:一是观音会置观音阁于曹氏宗祠的正厅上,以迎接观音大士降临人间,护佑一方百姓,解难消灾;二是太子会,以纪念隋末汪华——汪公大帝的第三太子汪达,颂扬他舍身卫家乡的精神;三是善会,又称"船会"或"保安善会",以纪念唐朝安史之乱时,死守睢阳十个月、江淮赖以保全的张巡(东平王)、许远(乾胜王)等英烈。参见曹尚荣《昔日旺川的"六月会"》,载《旺川古今》第156~160页。

② 应铎为曹毓尊的二儿子。

崇祯十六年,癸未岁。谷每勺壹钱伍分。

是年,福老弟、生老弟、光禄侄纳监回。

管排年由县申文到兵部院,用费数十余两。

九月,光德侄与叶应龙因人命事结讼。

十二月,因上年江西流寇未窜入本境,演戏还愿。

崇祯十七年,甲申岁。(谷每勺弍钱)

四月间,北京凶信,祠中为崇祯帝起灵,生员、监生、耆老、排年哭拜三日,始除服。

是年,户房额外加征,阖邑人民起县递禀,刘县主不理。城中罢市后,又下府递禀,又至旌德兵备道衙门递禀,又下南京户部告状。南京初五日起灵,百官不理事,后带回户部批词,送府太爷处,始将户房十一人收监。

六月,祠内接观音,做保安善会,共壹千六百柒拾弍丁,每丁出银壹分。老坟上白果树生白果六粒,有婺源曹君远先生作记其事。

七月,众议下南京效劳科缺,共去十一人。次年,南京失守,俱逃回。

是月,迎太子老爷,照旧分五柱。次年,因兵乱不下旌德,在三王庙做斋。

十月,兴福寺造观音楼。

十二月,众议造栅门,因世风不靖,以便巡更。

石桥头、塘塝上、水井边、百邱木桥、老坟边、屋门口、坑边、乌干桥头。

宏光元年①,乙酉岁。谷每勺弍钱。

是年四月,宏光出亡。

七月,福建立隆武帝。

五月,府秦太爷着七、八都营长守杨桃岭②。后闻都内人纷纷逃避,族人立保身会,张、曹、石、汪四姓立忠义社。

六月,三王庙善会,登舟起衅,与张、曹、石、汪等争杀一事,共用费千金外

---

① 旁有小注:实为弘光二年。
② 绩溪旺川西北有黄山余脉大会山,海拔1259米。杨桃岭位于大会山主峰以西,是歙县和绩溪通往旌德西乡的交通古道。见曹健《杨桃岭探幽寻古》,《旺川古今》第152页。

（详细情形另抄列后）。

族人又立一会，名尚义社，家人立信义社名目。

尚义社：光嵩、光文、光韬等八十余人。

信义社：文光、社保、大林、寄社、观盛共式百余人。

九月间，兵至泾县考坑，村中人心惶恐，各家打窖，藏衣谷等物。二十一日，兵至杨滩扎营。二十二日，过镇头，守兵四散乱逃。中午，过翚岭，至县校场，捉了金翰林、江天一，送至南京。二十三日，下府众官俱逃去。温四府自刎后，我村中人渐渐回家。

十月，大兵又上徽州。五都杨滩等处焚掳一空，殉屋折毁棺木作马槽用。

十一月，祠内做安土道场二日，每丁出银式分。因兵乱各家打窖动土。

本年春间，有鸟如喜鹊大，色微红黄，立大树上哀鸣，其音响似云："逃难、逃难……"老坟水井忽然水混如红白色，越二三日始清。

顺治三年，丙戌岁。谷每勺叁钱叁分。

是年正月，徽郡东山营闻知七、八都尚有多数未剪发者，要发兵来剿。各家惊惶万状，我族于夜间派兵至文昌阁上守望，以鸣钟为号。一夜，有盗抢中王村应试兄家仓谷，邻人汪应秋着家人点火把相救。明训等听见文昌阁上鸣起钟来，叫村人逃走，抢谷人亦逃走。

又刘总镇带兵在县，族人议去送礼，粮一石，出银六分，妇人出米一升，典出银一两，共送去米三石弍斗，猪肉一百二十斤，酒三坛，礼银十式两。又送各官兵丁，共杂用银九两〇七分。应锡、嘉成、光明、光嵩、嘉龄、春远等送去。

二月，应铎、应环、光标、光栋等为首，起会抢谷，拟抢世吉、光宪、应梅、福老等家，毓柏叔邀众至祠内劝谕。邵三爷同刘总镇带兵来祠，调查不上粮钱并捉拿土匪，用银百余两。

三月，应铎等百余人至旌德庙首，四处会同土兵数千，在江村、庙首、下杨、洪溪等处抢劫，声言又要来本村逼饷、烧屋等事。各家女眷均至三、四、五、六都去逃避。

四月,官兵至庙首,杀死数百余人。应铎、光栋、文保、六什、太儿、寄恩等二十余人均被杀,应镶亦捉去上杀场。六、七日后,光扑、光丘、易老,始逃命回家。

以后闻说旌德乡兵要来报仇,又纷说本县会兵来剿,村内人心惶恐。毓柏叔闻杀伊侄应铎,不敢出来。我等亦东西走避,无安宁之日。后闻斗银赴县送礼,其事始寝。

五月,刘总镇带兵过上洪溪,至张家讨火引路。有看田水人叫众人奔逃,官兵转来,住于祠堂。共用银拾三两,妇人出米一升,又男妇出粿一个。

毓柏叔为伊侄应铎被杀,于三月间借山轿一乘过旌德,被旌人见之,认轿上有"太乙"名字,说:"柏叔是贼,要捉拿。"速回家,诣祠内,送刘总镇银一百弍十余金。

许村起灶兵百人,来捉许百益、曹宗启等,杀死许村三十余人在杨林桥后。带二百余人住青山塘,又至村中挟饷银数十两。

都内棍徒并家人入伙。又旌德姓芮人来约有千数,四处打劫,村内家家闭户,土贼日日至板树下,劫夺过客财物。

六月,官兵从庙头山至青山塘杀贼,于是土贼逃去,庄屋尽被烧毁。

曹宗启等屡至宅坦逼饷,伊村人恨之入骨髓,嘱胡世以将宗启杀死在黄花岭。光丘侄恨他吊打,邀同光觉侄去剁开宗启胸部,挖出肝肺煮吃。讵先有人切去手一只,并阳物割去。

张都爷闻八都兵乱,亲来查检,转黄花岭验尸。扎营奎喜庵,马兵入上溪山捉贼。八都各村焚劫一空,复转七都[①]来。

九月,冯村半夜边突来有官兵二三百人捉贼,计捉去十五人,至翚岭关杀去十四人,放冯鳌一人回家。

---

① 胡士云、曹兰芬《说七都》:七都有广义和狭义两个概念,元代绩溪县内的行政区划为十乡领十五都,七都包括旺川、会川、鲍家、尚廉、石家、中屯和寺后十八村,这是广义的七都概念,旺川是七都的首村,旺川村名既曰旺川,又称"七都",此乃狭义之七都。见《旺川古今》,第13页。

邵三爷奉兵备道差下乡催粮,查土贼,点十家排,并籍没应铎、光栋家产,光标打板锁去。

十一月光抚侄、光训侄全入学。

本年秋收大旱。

顺治四年,丁亥岁。谷每勺四钱。

二月,祝百子母朱氏告,按院状批,府刑厅审定为杀人大冤事。

被告:曹大老　曹应样　曹应锡　曹应湛　曹应星　胡观样　胡世概等。

干证:吴如初　汪显龙　张应宗等。

府刑厅审定于曹、石二姓,各返银二十两给百子母。

蒋四爷审语,刘按院批详,另抄。

四月,毓柏叔下府赎罪,并给祝母银二十两。后石可英复告,凭刑书讲和,立有议约二纸。

蒋四爷复审语,另抄。

汪显龙屡害汪凤龙等,将显龙打死,告官后始和息。

毓柏叔与嘉玑争田结讼,又大老、应鳖等牵连讼事。

顺治五年,戊子岁。丈量门弓琏公丈化字一号至式百号。是年,盗贼纷起,又夜夜劫掳。

二月,张三等为盗,夜鸣,火把、铳炮,转杨桃坑,将应老捉至里碓桥杀死,将其头抛在溪内。

光浩、光蒿、应镶、易老、光恕、春元、七老、嘉德等结党四十余人,要杀死光明。

三月,清明日,田将官、丁捕衙、陈巡司带马步兵并快手弓兵二百余人来捉土贼,扎营后头山,光浩等逃走,捉住应镶、七老二家妻小,带至祠内,各用银若干,始得放出。后光浩又钩结石可献、张三等三十余人,夜劫曹村,天明至村内劫掳,毓柏叔当店一空,可献等各无所得,遂去。又扎营兴福寺,劫掳各处不一。

光浩与张三结伙,各处行劫,中屯、张家、石家①贼党出具禀官,都推委于罪恶。曹姓人请官给告示,饬三姓同剿。我村灶丁票已印下,幸我村斯文、光宇、光台、月老、应锡、排年嘉龄等同赴县,城内西门紧闭,走南门,用银两去见田学官,再去见郭爷。光宇等回家后,集众去捉张三,未获。捉得王庆生、胡宗宪等十余人。程应芝到县,杀在下三里;又捉得毛儿,杀在坦头;捉得从旺,杀在石家面前;捉得大恩,杀在庄台上;捉得汪汝显,杀在石桥上;至岩前石洞里,捉出张三与胡育老二人解县;又将七老、光夔二人送县,四人均杀了。嘉德、光亨、光都三人投水死,此事大,共用银壹百式十余两。贼党见杀了三十余人,后渐敛迹,地方亦略平静。应镶投案,郭知县初发应锡取保回家受押。

四月,学官叫斯文赴县画卯,光夏自去。

十一月,做还愿戏,为兵乱稍平事。

顺治六年,己丑岁。

众议修崇福寺老佛堂。

八月,地震有声。

十一月,众议修兴福寺关公殿。

顺治七年,庚寅岁。

正月五显汪公放灯。

三月,明山降做庵堂(因古塘有盗,故移此)。

七月,旌德白坑汪姓赴兵备道告状。起灶兵,至杨林桥会官兵捉贼,杀死杨桃坑良胡志仁。

十月,光绍侄、光宁侄同入学,光汤侄补廪。

---

① 石家:石家村与张家店隔芦水(又名"桃花溪")相望,全村姓石,据称为北宋开国功臣石守信的后裔,于明代迁此建村。《旺川古今》第11页。元末明初,石荣禄因葬父、母于绩溪岭北乡七都旺山北麓,并庐墓守孝三年,后又举家从原居住地歙北石家坦(今吴山铺附近)迁旺山定居,于是成为石家村的开族始祖。此后,其子孙后辈就在旺山脚下繁衍子嗣,继而修建宗祠、立祖庙。(第145页)明成化至正德年间,石家村还只有十多户人家,宗祠未建。至明朝末年,石家村逐步进入兴旺时期,村中建立了石氏宗祠,宗祠派下又立了辈分排行,当时石家村已是有数十户人家的中等村庄。(第148页)

顺治八年，辛卯岁。

正月，县办保甲，又出示收关税。

六月，应惠弟入学。

顺治九年，壬辰岁。谷每勺四钱，麦每斗二钱六分，猪肉一角，牛肉六分。

是年正月，盗劫曹村，数家财物一空。我村议做栅门并巡更、防守。应锡弟立排门册簿，日夜点查。毓柏叔请众斯文赴县，请县主申文与胡总镇，求发兵六十名。以三十名扎三王庙，以三十名扎杨林桥。后贼党闻请官兵至，逃入旌德及歙县行劫。又大盗叶风老在祠后打劫，保正王监邀众至庙头山捉出插死，余盗逃歙。府内发兵，杀死五六十人，地方渐平。

二月十五，地震有声。

三月，郭县主至八都，会二府捉盗，转回至我村，斯文进见，公举毓柏叔馆祠内，为约正，光宇侄为约副，光宪、嘉昌、光大、光冕、应昤、应助、光贤、光朋诸人为甲长，应禄为保正。

六月，二府奉院差下乡，点十家排，九年分户晓单。

是夏大旱，通都求雨。

七月，七、八两都请王乌庙德轩道士求雨，十三发檄文，十五登台，未时得雨。

郭县主给"道法自然"匾；

兵备道给"道可格天"匾；

旌德令给"施泽保民"匾。

顺治九年，将毓柏叔等同经管宗祠帐［账］目遗交下首（内载曹石争杀事），始末开后。

宏光元年，乙酉岁。

六月，时当国家鼎革，土豪石可英同弟可褒乘机倡乱，纠合凶党挟都众千余人，到村逼饷、伤人、烧屋，事败，尤四路买兵复仇，本村人只得昼夜防守，又复贿歙官洪明伟与府县棍党至村胁和，我村义不与和息。

九月，清兵入徽。至丙戌夏月，唆使祝百子之母朱氏，妄将大老、应锡、应参、应星、应祥、胡观祥、胡世盖等七人告府及道院,共五状,结讼五载,所费五百余金。前与各姓斗杀,一切使用,系通众照人丁、钱粮、屋宇科抖,又有外村人帮助,我村致牵连胡姓二人名目,族众俱坐视不管,所费俱各人自己出银了事。前四月间,因地方贼匪未清,并有不剃头者,又说有不服清廷者,委刘总镇带兵至镇头。邵三衙到我祠内稽查、威吓,村中惊恐万状,请斯文送礼与邵,又送猪肉、米与刘总镇。后刘总镇带兵回县,又复将礼物送去。四月初,有人谣言惑众,谓旌德庙首地方贼党数万,村中有人入伙。及旌德白将官杀败,闻说要行文至绩溪,发兵来剿贼党。村中傍徨,斯文出具送礼止兵。五月初,刘总镇又带兵到旌德上洪溪等处捉贼,回到我村中住宿,因不扰害地方,接饭款待,又出具送礼谢步。

五年,戊子岁。

清明日,田将官、丁捕衙、陈巡司夜半带兵至村内捉贼,复送礼与三位长官。又禀官起灶兵捉贼送县,又出县送礼,并衙门杂项使用等费,祠中用银不济,并借各家银添用。本村照粮食、人丁、屋宇科斗,有全出者,有半出者,又有外姓助用,共费银千金以外。又换眷梁,砌引道,除冠巾,各人助工一日,仍用五十余金,除用仍剩实在租银若干。

曹石争杀原委:

宏光元年乙酉岁六月廿二日,三王庙合都做保安善会。二十二、三、四日净街,二十五日登舟,中屯冯社寄为斋官,因登舟,时僧通济未点光,遂下溪,众议罚纸,应岩兄管总,私护僧通济,忠义会(石、张、曹、汪等恶党)首魁曹宗启等(中屯人),日日在庙中寻事起衅,遂殴打应岩兄。次日,石可英等亦着罚纸调处。又次日,应镶等酒醉,打至庙上。次日送圣,烧菩萨。村中保身会光京等百人,各带兵器去看;曹宗启、石可襃、张世俊等,亦持兵器偕往。候送神完,彼此互杀。我村人先走,彼遂欺我村人心不齐,曹宗启赶来,将光圣背上斫了一刀,遂逃回。二十九日,石可英等庙上议事,要罚我村银一千两。曹宗旺出来调处,毓柏叔、应试兄同我三人许与银拾两,回信不肯,而且要头三个

(应锡、星老、应参)。中午,总集恶党千余人,在下曹村祠坦上搭台,石可英、曹宗启为将,汪显龙为军师,张世杰为先锋,杀至文昌阁边,将光祖屋烧起,再烧我屋及星老、光衡、光星、应锡、应参等住屋八堂。八都、五都人见火光烛天,齐来劝和,许银五百两,猪十个,米十担,下午送去。夜间,应参、应锡、星老等集议,誓不甘心,难平气愤,纷纷召外人相助,集族中并家人四五百人,又往冯村、坦川、汪姓雇七八十人。光浩又出县请友助社数十人,以为抵御。次日,石可英为主,复至曹村搭台,拜曹宗启为将,汪显龙为军师,曹宗满、张世俊为先锋,分兵五路,一路把守石桥头,一路把守木桥头,一路把守上碓,一路把守毕家岭后,一路把守麻境。相持至午后,各都人四山看者无数。后贼党至曹村吃饭,去者大半,我村人杀出,将汪显龙屋烧起,杀至曹村,贼党大败。赶至张家,又杀了张世俊,将头挂在桥头。越五六日,伊父庆荣托光台将头讨去,再烧张显世居屋,又烧石槐芳书屋、碓屋、新屋、住屋,祝百子逃至宅坦,王元勤逃至櫸树下,皆捉来,杀在石桥下。僧海松逃至宋家,捉来杀在活石边。嘉龄与石可英原属两亲家,遂发誓不与结亲。村中昼夜防守,城内大灶兵四十余名,由光浩、光桃请来,至第三日始去。费用照人丁、钱粮、屋宇科斗,共用银五百余金。石可英与宗启等下府告状,我村人亦下府批详转来,用银二拾二两。

本村呈词列后:

具禀曹宗祠为土寇焚劫事。缘七都大寇石槐芳子可英、可褒,富豪数万,恶霸一方,白占田产,强夺房屋,淫人子女,逼收良民,实属罪大恶极。今值国家鼎革,乘机倡乱,胆敢聚集大盗曹宗满、吴守文、汪显龙、胡世倚、张世俊、王元勤、高四老、张显老、曹宗启、祝百子、僧海松等,并协从十余人,于前廿九日登台,拜曹宗满、宗启、世俊、元勤为将,拜显友为军师,海松、百子、世倚为先锋,可英自称为主帅,各执兵器,将我村团团围住,并放火烧屋八宅,恣行劫杀,刺伤多民。族畏其凶,莫敢与敌。于次月初一,又复提刀威吓,逼饷银五千两,分兵五路,要首级三颗。幸三、四、五、六、八都并市坊大社数十人齐动公愤,来兵救援,陈杀张世俊、祝百子、王元勤、僧海法等,仍渠魁未歼,余党奔窜,希图复聚再举。诚恐一族生命莫保,伏乞转申府道,急剪寇党,以苏一方之命,为此激切控告。

石可英等呈词略:

为仇谋倡乱伙寇焚劫杀命屠尸生死冤惨奔叩救剿事。

贼党至旌德江村,买人来说海松(僧)是他家人,要复仇。我族送书与江村大绅江一爽先生,蒙其回书我族云:顷闻宅上之变,初疑为传者之误,及接宅上冤折,始知巅末。舍下以地隔,未能排解为歉,忽承翰谕舍下,有海松为言者,海松未知何许人,即云出自舍下,业已舍身空门矣。且渠以倡乱殒命,舍下与有公愤,谁无身家,尚忍助若辈凶焰耶？此事不难,弟毫末未闻,即询之合族约所,亦未有妄启一辞者。不知何物以海松为题,藉舍下为兵端也。舍下闻之,不胜愕骇！肃此奉闻,倘再有此辈妄肆猖獗,听宅上处裁,寒族断无异议,此覆。又六月十四日,江一爽拜复。

闰六月二十日,贼党至歙县,贿官洪明伟、生员洪子升及洪洪魁、黄在田等四十余人来村胁和,我族义不与和。七月,又托县中棍党生员周调鼎十余人讲和,并同中屯张家正觉寺整酒赔礼,接应台兄、福老弟同去。是后,石、张家人才敢归家。八月中秋,族中家人往张家看戏。石、张又整酒席请文兴、观盛等三四十人。张玉老同子尤儿结亲家后,又放肆。九月大兵南下。

顺治三年丙戌岁六月,府歙家曹以任抄祝百子母朱氏控府批刑厅词底,列被大老、应锡、应湛、应星、应祥、胡世祥、胡世盖七人,干证石可褒、吴明初、张世荣、汪显龙等。

七月十二日,毓柏叔下府诉词。

十六日,星同应祥兄、应锡、应参,邀宅坦胡百衡官、百岳官、世锡官、观祥官、长金官、汪百子官下为听审,胡钥先生由县到府。

我家诉词:为逆党漏网反肆唆诳事。

祝家催词:为财势抗藐恳赏手提事。

廿一日我家催词:为奸党抗延恳恩赐审事。

(府四爷面批,准挂牌堂审)

廿三日堂审，问吴明初，说为善会事起。问我等，说是六月事，余俱遂出不问。

八月抄出参语：审得去夏以世变迁，人因恣纵奸宄，从而播弄，聚众结社，名为御乱，实为倡乱。其中彼此竞力，互相擅杀，种种为非，莫可穷诘。如祝阿朱氏之子祝百子，均是孽党被杀，阿朱尚称为曹、石两家构衅所致，思修隙而掩其逆，欲蔓引以遂其私，研审情无别异。总之，一群匪类，为害地方，睚眦之恣横肆凶，及生犹欲捕之以正法，而死实足以蔽其辜。况事在赦前，屡奉宪檄，概置勿问者乎。此当逐之，以斩葛藤也。祝阿朱、曹大老，各告状银钱五十，供状申府，四家算账，共用过银七十二两七钱，五人派文，请干证酒席各派银五十钱，又送胡钥官、唐应受官、曹以任家各米乙斗，又送宅坦五位，各银一两，未收。

四年二月，府歇家曹以任抄祝百子母告按院状，发府刑厅严审究报。

祝氏告词：为杀人大冤事。被同前。

初九日下府诉状，十六日审一次，打五板，叫地方石可褒到案。廿三日，又审，打了地邻胡天高。廿九日二更，问决于曹、石二姓，各返银二十两，给与祝百子母。

二月初十日抄出参语列后：

蒋四爷参申：按院刘爷审得曹大老、石可英等，盖乡民之雄黠者，当新安未顺之日，各招集多人，名曰立社，以保乡村，实阴寓不轨，用抗王师，所以亡命之徒，恒争先附入，称戈比干，希快一时文武。岂知负固之罪，未彰于天讨，先受祸于萧墙。祝阿朱之子祝百子，因以为石氏之先锋，肆虐曹姓，无厌之求，已寒村人之胆。曹非弱族，同有社党，自擅雄尊，安敢相忘于无敌乎？故百子纵为血气之勇，罔识进退之术，众溃之后，身毙重刃，此自作之孽，咎谁与归？祝阿之仇恨于大老等，以俗人之见论之，未为蔓及，究所由来，百子乃可英之羽翼，可英虽未杀百子，而百子实因可英而死也。倡乱作祟，王章难贷，奈系赦前往事，不敢为明旨违，亦不应为阿朱悯也。但于茕茕老妇，衣食无资，姑于曹、石两姓量断养瞻［赡］银四十两，以斩葛藤。惟大老、可英等结社起衅,各拟一杖不枉。

按院刘爷批详:

据详,曹大老等乘机结社,致朱氏之子以挟饷伏诛,虽孽由自作,而结社有因。依拟,各杖赎罚,照断返给库收,领状缴。

四月,毓柏叔下府纳罪,与祝给主用罪纸银四两一钱六分,给主银二十两,送吕圣功银五两七钱八分。

十六日,石可英到按院告状,为剿家反害事。

被:曹大老、应锡、应星、应祥。干证:张应荣、章之祥。

五月下府诉词,可英说刑厅书手江承元讲和使费对认。

十九日同至汪王庙,对神剪生为誓,再立议约列后:

立议约人石联桂、曹大老、应锡等,原因祝百子前年夏月身死,其母祝阿朱氏控告按院,送刑厅蒋四爷台下审,于曹、石二姓,各断给主银廿两,致石因给主复告按院,亦蒙送刑厅老爷台下,其给主银,业已遵断完纳,凭众亲友劝谕调息,二各输诚,洗心明神。和息之后,两不得怀挟私仇,所有告和纸罪使费等用,二各均出。此系两愿,如有反悔者,凭亲友议罚银卅两助修城隍、汪王庙宇。今恐无凭,立此议约二纸,各收一纸为照。

顺治四年五月十九日立议约人石联桂、曹大老、应锡、应祥、应星

    居间　　石廷桂、曹正仁、江百符、章茂

    代书　　汪万盈

七月,蒋四爷申按院参语:审得石联桂、曹大老僻处乡陬,结社连横,悯不畏法,于新安未定之初,皆如是也。事由大老与石姓为难,致毙祝百子之命,业经前案,念系往事有赦,姑于曹、石两姓量给养瞻[赡]银四十两,与百子之母,以斩葛藤。岂料联桂尚不输诚,又复滋此讼乎?联桂健讼无厌,法宜严惩,念伊亲生员陈其泰等具词哀恳,联桂、大老妇供,姑开一面,以广宪仁。特其好事生端,渐不可纵,石联桂拟杖以儆,犹属宽政也。

算账用银四十九两四钱七分七,与石可英四股均出。又算前祝帐[账],共用银乙百陆拾乙两四钱,六股出。使用饭帐[账]共壹百拾两○五钱。又抄

参语取供给主赎罪,共五拾五两四钱。又我家外用银三两余。又送胡钥官等各米乙斗。又祝百子母四斗,终送香烛,回钱三钱,祠内请酒谢干证。此事都内从古未有之变,烧屋、挟饷并官司,破费千金之外,生事之人,一毫未出。

四、清康熙五十七年(1718年)程庭《春帆纪程》

泛泛松舟,维江之汜,终风且暴,行行止止,脂我征车,戒我行李,载驰载驱,爰归于里,日居月诸,有歌有纪,命以春帆,弗忘其始。

余世籍新安,自先大父侨居维扬,遂隶籍焉。余生四十七年,未尝一睹故乡面目。然先世之丘垅具在,每岁时伏腊,迢递云山,无由展敬,霜露之感,何时已耶!向曾束装者屡矣,或以事羁,或以病阻。迨今康熙五十七年戊戌二月,卜期于初三日,果于行矣。酉刻登舟,偕行者方子公由、家彤有侄。登舟后,诗以志喜。

登舟

拂去尘氛累,飘然向故山。松楸常系念,亲串远相关。野鹤踪难定,归云意自闲。充闾无善状,空见鬓毛斑。

初四日,至真州闸口。粮艘鳞集,梗塞难前。更乘舴艋棹,至黄泥滩上江船。是日,西风不利,未得解缆。

初五日,黎明,东风微起,挂帆行三十里,至青山之白茅墩,忽西风大作,碇舟江心,掀簸不已,舟中人心烦目眩,殊不可耐。日将暮,势莫能鼓棹而前。青山一带,又素称萑苻之泽,未敢卜夜。于是回帆,仍宿黄泥滩下。

阻风

东风不肯借,天意滞归舟。缥缈孤帆远,嘈吰急浪稠。卧惟翻蠹简,寒尚恋鼦裘。未识乡园乐,先谙道路愁。

初六日,西风如昨。留方子督率僮仆,在舟候风。余与彤侄,各束襆被觅肩舆,由陆途先发。四十里,饭于东沟。因忆丁丑岁,偕王子勿翦、曹子天五,阻风栖霞,共策蹇经此,适见一舟覆没,余急买小艇往拯,生得七丈夫、一小儿及行李辎重。其中有先拯起者一人,甫登岸,衣带淋漓,即携一行囊奔去。余怪其同舟遭难,不宜漠然相视若此。遣人侦之,果系同行者之物,其人垂涎,冒取而遁,为追者夺回。因叹世路人心、江间波浪,其险也相去几希!饭毕,行六十里,至瓜步唤渡。过俞氏山庄,门径荒芜,竹蔓丛杂,近又不知归谁氏矣,慨叹久之!自瓜步至浦口四十里,堤柳行行,水田井井。时正残霞敛江岫,纤月出林表,门掩幽篁,闻村童读书声,江乡乐趣,吾不如老农矣!是夜,宿浦口。

初七日,自浦口募舆夫,订驴券。长行二十里,入江浦县,晤曹子清。门屋后小圃,梅花正放,香气袭人,啜清茗数杯,别去。二十里,饭于高望镇。又二十里,至乌江,宿杨子端揆寓中。其地有西楚霸王庙,王像紫面虬髯,执圭衮冕,范增、龙且左右侍,后寝供虞姬,亦衣褕。霸王墓即在庙后,远近居民,凡有求必祷,屡著灵异,香火甚盛。

项王庙

盖世休讥未足谋,美人骏马总风流。已归隆准收秦鹿,空怨重瞳沐楚猴。霸业初成由破釜,盟言虚信割鸿沟。江东子弟还相恋,俎豆千秋拜冕旒。

初八日,十五里,孟家桥。野水无航,舆人褰裳濡足,舁舆涉水,余独浮木罂以渡。又十五里,沙河家咸远再侄具壶餐,觅渔舟以俟。餐毕,渡江。江行二十里,至采石矶,即翠螺山也。山下人烟稠密,悉环山面水而居,半有太白楼,访而登焉。堂三楹,中供先生遗像,前峙平楼,江山在目,庑下壁间,题咏极多。惜行色匆匆,遽不能遍读耳。山之前,即牛渚温太真燃犀烛怪处也,不及登眺,怅怅然去之。又二十里,长堤夹柳,周道坦夷,直接太平府治。穿城度浮桥,宿南关外。

百字令·登太白楼

翠螺山半,见梅花影里,丹楼飞矗。上有谪仙遗像在,满目江山不俗。殿上调羹,亭前洒墨,文采谁能续?纷纷项领,而今无限名宿。　　崖下裂石崩沙,蛟龙出没,月冷枫根秃。一自骑鲸人去后,万里江波空绿。斗酒浇来,百篇吟就,醉里挥珠玉。如先生者,方称不愧醽醁。

牛渚

绝壁危亭啮碧萝,风翻雪浪吼鼋鼍。江干不用燃犀照,世上于今怪侭多。

初九日,四十里,玩鞭亭,晋明帝潜瞰王敦营,为追者所迫,帝留七宝鞭与道上老姬。追者至,索鞭传玩,帝得逸去,即其处也。沿途堤柳如采石道中,自此五里一兰若,十里一津亭,随处泉茗,清洁适口,不似长安道上河润艰难,令人吻内生烟,无解渴处也。二十里,入芜湖县城,度浮梁而南。又三十五里,住石会镇。此间居民取鱼不施网罟,各负笭箸,持纶竿,结队成群,向陂塘垂饵,深得钓而不网之旨。是日,遇健足谢甲北去口传平安,令其归报。

初十日,早渡石会河,坡陀曲诘,无复平衍。彤侄谓余曰:此渐入山径矣。行三十五里,新林镇。又三十里,宿南陵县。东门外邮亭嚣杂,绝无意趣。

道旁古冢

孤冢自何年,石马横官道。涧水咽无声,残花风乱扫。碑阴不能辨,姓字安可考。鬼啼山月黑,狐伏枯松倒。耿耿漆灯明,长眠人未晓。

十一日,三十三里,鸡子岭,上有汉寿亭侯庙。又七里,三板桥。再二十里,过下坊渡。留健足汤二,并叮咛旅亭主人王姓预备担夫、蹇足,以待方子公由后至。盖江船自真州开行,至宣城之湾沚镇,复易山船,约两日程抵此地,即从陆矣。又十五里,晏公塘。舆人息肩小餐,人家多编竹作箕,远近争购,不识能媲美京口、入宣武之赏否?又十五里,宿考坑。

踏莎行·鸡子岭和壁间韵

侧帽登临,停车小住,鸣泉乱下澄潭去。炊烟一缕翠微生,人家几簇云深处。拂尽闲愁,吟无佳句,沉思倚遍残阳树。桑麻鸡犬绝风尘,乡山仿佛桃源路。

十二日,朝阴欲雨,午霁。十里,逾月明岭。十里,白花铺,人家屋后青山,屋下流水,乔松白云,石梁风磴,宛如图画,此景惟大痴笔法能之。又二十五里,吴家桥。饭毕,五里,入三溪。三溪左右,危峰插天,中横深涧,两山瀑布奔流,争入涧底,其声淙淙然。山半石崖,广不及丈,人马行崖侧时,有盘谷旋风吹来,几不能立足,令人凛然。回环纡折,亘十里有余,至藁口溪而止。忆昔游泰岱之回马岭,其险峭相类,然不过里许,未若是之遥遥也。使此崖复加高峻,下临千仞狂湍,则蚕丛栈道,不得使人独叹其难矣!自藁口二十里,入旌德城,时已曛黑,叩逆旅投宿。

泾县道中

逶迤石径水回环,村坞参差烟树间。群岫放云云不去,模糊绝似米家山。

融融和景散朝曦,白兔新裘不用披。雅称书生藜藿性,满斝白酿饱黎祈。(腐酒最佳)

景媚花明入眼新,过江桃柳最先春。扬州盼到花朝日,寒勒东风逗未匀。

茅舍春风粢粔香,老饕处处索炉旁。篮舆绕遍晴岚里,一路看山到故乡。

宿旌德县

雉堞倚层峰,礁硙迳欲封。山城常啸虎,野寺不闻钟。柏叶翠将滴,枳花黄正浓。晚寻投宿处,叱驭莫从容。

三溪

纡回且喜入山深,险仄才知戒客心。樵径悬崖通一线,松烟绕涧倒千寻。风雷不断蛟龙瀑,冰雪长留天地阴。谁信江南春已半,披裘拥鼻尚寒吟。

十三日,分界山,徽、宁接壤境也。又二十五里,至新岭之麓,另觅山轿,雇健夫舁送过岭。岭极险峻,顶有庙,供广惠王神像,王即唐之汪公,讳华,因隋末兵乱,保障宣、歙、杭、睦、婺、饶六州地,至今新安人祀之。岭路近为僧人湛禄募修,已成其半。自顶至下至九里坑,共十五里,健夫等曳山轿辞去,余复乘故舆。行二十八里,宿临溪,计距余家之岑川,仅五十五里。忆余弱冠时,遂久抱归乡省墓之念,岂期蹉跎廿有余年,头颅老大,潦倒依然,以兹面目,展礼宗祠,晤对亲族,能不报然汗流,凄然涕下?

新岭

新岭何岩峣,蹑足千峰杪。羊肠盘诘曲,天外回飞鸟。俯瞩幽涧深,砰訇瀑声悄。昏旦含晖阴,烟岚倏萦缭。仄径悬危磴,苍松虬碧茑。篌舆习不惊,历若飞猱矫。履险客怀孤,寒风振丛筱。

将抵里门前一夕有感

光阴负我去堂堂,身贱多惭入故乡。类犬不辞因画虎,补牢纵早已亡羊。枕中黄卷仍遗泽,匣底青萍欲掩光。敢乞山灵一抔土,余生安复计行藏。(此行为先人卜地)

入新安界

过尽宣州路,乡音渐可亲。廿年频梦客,千里乍归人。白璧修前志,青衫老此身。敝庐堪托足,旧业未全贫。

十四日,三里,至界牌岭,自此入歙邑境矣。徽俗士夫巨室,多处于乡,每一村落,聚族而居,不杂他姓,其间社则有屋,宗则有祠,支派有谱,源流难以混淆,主仆攸分,冠裳不容倒置——此则徽俗之迥异于别郡者也。至若男尚气节,女慕端贞,虽穷困至死,不肯轻弃其乡,女子自结褵未久,良人远出,终其身不归,而谨事姑嫜,守志无瑕,没齿无怨——此又余歙邑之独善于他俗者也。乡村如星列棋布,凡五里、十里,遥望粉墙矗矗,鸳瓦鳞鳞,棹楔峥嵘,鸱吻耸拔,宛如城郭,殊足观也。入境二十里,桂林村,洪氏居焉。彤侄内舅洪子席玉邀至家,具醇酒,温淘作饷,饱餐而别。十五里,至太平桥,俗名河西桥是也。府治大桥有五,曰紫阳,曰万年,曰古虹,曰黄金,曰太平,惟太平称最巨,广二丈许,径三百八十余步,下串凡十六洞,岁久倾圮,近为家农部封延兄捐囊修理,费且不赀。往来络绎,莫不颂美。立桥上右眺黄山诸峰,千片芙蓉,隐隐群插天外;左瞻太平十寺,绀宇苍松,疏钟夕照,恍非尘境。循石栏而东五里,越丰隆岭。又十里,抵岑山,族中老幼欢迎,牵裾执手,乐如何之!

途中观赛社有作

频年左耳似乘龙,屑墨敲琴唤鞠通。寄语故园兄弟好,社公余沥莫教空。

题河西桥

作赋空思轹长卿,锦江练水碧粼粼。沉吟未敢轻题柱,可有他年负弩人。

十五日,登岑山礼佛后,拜谒社庙、祠堂。毕,通候阖族尊长弟侄辈,而邻乡如义城、雄村、绍村、槐塘、洪坑、梁下诸亲串闻余归来,各各惠然枉顾相见,欣喜倍常,酬酢终日,竟尔忘疲。按:岑山居练江之中,距余村仅半里许,而形家谓为水口之关键,屹立中流,高三十丈,松桧插天,苍藓荟蔚,四时青翠不凋。元郑师山更名"小焦山",今俗呼曰"小金山"。余谓金之琳宫梵宇,焦之乔木烟萝,各有偏胜,未若兹山之绮疏。俯临木末,枝柯掩映楼台,俨然荆、关画图,较金、焦自谓过之。相传有师山读书楼及郑公钓台,今皆不知其处。旧寺名曰"周流",唐天祐间建,至明万历时徙于溪西三里许,今寺久无定名。康熙丁亥春,恭逢今上南巡,驻跸维扬,余讷庵伯父绘山图,率子侄叩恳御书锡予佳名,蒙上赐额"星岩寺",赐联曰"山灵钟瑞气,溪色映祥光""玉映珠辉,鸾骞凤翥",镌之贞珉,永垂不朽,是固山川之厚幸也!然自此而世世子孙,振振鹊起,咸沐浴于祥光瑞气之中,吾族之仰叨天赉,岂浅鲜哉!寺内文昌阁,原先大父首建,近渐圮,寄亭叔父葺而修之,轮奂一新,更为改观。殿右小阁,曰昙泛。老树蔽亏,不见日影,最称幽邃,游赏者辄留连于此。

岑山

鳌柱高擎涌翠螺,朱栏面面俯清波。鱼龙腾鬐三秋瀑,松桂盘囷千尺柯。浪浴孤峰飘梵呗,钟分两岸出樵歌。一从宸翰亲挥赐,暖瑼家山瑞气多。

十六日,渡河,至结林候通族。余程氏自晋代始祖元谭公居新安,迨明永乐间,十世祖诚公始自大程村迁于岑川,迄今子孙繁衍,阖郡推为极盛。而岑川依山之麓,临水之湄,广仅里许,径亦如之,人庶地隘,逼处维艰,遂延居于溪东之结林,一水盈盈,而望衡对宇,襄裘可就,今概呼曰"岑渡"矣。午后,往大圣山卜地。

十七日,往里仇村拜曾王父墓,回看勋冲地。经潭渡,望黄氏祠堂,规模弘丽,艳羡不置。过郑村桃花坝,花正烂熳,为之停车玩赏,移时而归。

乍归里中

山径逶迤足力穷,中年且许暂扶筇。村村箫鼓争迎社,队队犁锄早劝农。舌涩渐调乡语熟,面疏旋叙旧亲浓。柴门随意留宾酌,笋脯松肪可作供。

十八日,入查坑卜地。

十九日,拜先高祖墓于杏村。此地去王村不远,里人呼"杏"为"罕","王"为"杨",方言之讹也。若以正音询人,鲜有喻者。余亦不得不作"罕""杨"称之,可为喷饭。哺时,往雄村,晤曹氏亲友。

杏村

豚栅牛宫老树斜,山腰锄隙艺桑麻。东风二月轻烘染,红遍千林踯躅花。

二十日,偕张表侄权与驾小舟,往义城村,晤杨、朱两姓亲友。复乘肩舆,偕表兄杨浦西、挽涛、漪文昆季同至庄源,拜外曾祖杨公墓。冒雨归饮浦西五有堂中,醉卧瞻隶表兄水阁,听雨竟夕。

二十一日,早霁。同朱子汉司、文瑜表兄、浦西昆玉,泛舟梅口卜地。是夜,汉司招饮于宝稼堂。

二十二日,自义城归村。饭后,登岑山眺览。寺僧以文昌阁联为请,书以畀之。薄暮,驭天、于磻两兄抵里。同于初三日自维扬长发,彼取途于水,余则兼程就陆,故能先期九日耳。

二十三日,扳曹二莱业师、张表兄孺修、池献及汉司、文瑜、浦西、挽涛、家修驭、公美二叔氏复阅查坑地,适挽涛携樽馔相饷,因拉诸公至村中,集草堂畅饮。

二十四日,进绍村晤张氏亲友,拜二姑母茔。绍村地处群山,中峰回转,溪水潆洄,天然一武陵深处也。村口即张氏宗祠在焉,祠前隔涧,有山岚苍,乔松怪柏,柯干参天。其上曰松冈,下有卧云之石,蒙泉之池,坡陀曲折,梅树横斜,是即张表侄权与所葺之梅硐也。曩余尝作《梅硐》长歌以赠。权与喜读书,耽丘壑,既种梅于硐之左右,复遍植桃、李、杏、梨、海棠、辛夷、玉兰之属以映带之。余至时,群英正丽,红紫芳菲,就中有昙花数株,花五瓣,似海棠稍丰,苞中吐六须,三长而三杀,色作退红,上有艳光,一若蟾影之映绛雪,溶溶焉流动而无定,宜乎堪入旃檀林之清供也。花底一亭,曰就草亭,亦权与所创制者,有榱有柱,有栏有槛,覆以棕榈,束以机钩,可卷可舒,随时随地,恍如鹅笼书生,径尺铜盘直自口中吐出,真巧思也。复读其所作就景亭及梅硐诗数篇,清新可咏。夜,集孺兄之慎德堂中,见其埙篪和叶,而子侄辈莫不朗爽能文,怡怡融融,觉一门雍熙之气,酝为醇醪,竟不必引满而后酩酊矣。

绍村

绕谷篮舆到处停,嶙岣有径上青冥。石生碧沼成瑶璐,松裛苍萝结茯苓。山厂好招云入户,人家都倚翠为屏。春来一桁莺花丽,烂醉高吟就景亭。

二十五日,食橡栗粉,俗呼为櫸粉,惟里中人知食之。忆自先王母弃世以来,二十余年未尝此风味矣,为之饱啖,扪腹称快。孺修昆玉引余谒其祠堂,观社神所御车辇,辇高八尺,上圆下方,面面雕镂亭台、人物、鸟兽、花卉,逼肖犹生,丹黄璀璨,传自元时所制,何工之精巧一至于此,似世人所艳称之鬼工。球桃核舟,又不足比数矣。往阅余岸地,回,张子颖修招饮。

二十六日,赴张子燮友稼初席。散,回村,午桥侄抵里,夜,小集于磻兄处。

二十七日,同于兄、午侄、彤侄拜扫各祖墓。先至五子里,次互塘山,次张家林,次溪流背,次本村口。哺时,诸族人携酒馔,招梨园于草堂,演昆仑红线传奇,三鼓始散,仍偕于兄、午侄登舟往休宁。

二十八日,舟行四十五里,至率口。率口亦吾族程氏所居,村口罗汉松一株,苍翠古秀,合抱数十围,云是宋时所植,抚玩良久。又五里,屯溪,访相国吴文僖公之祖墓,观八门松,松干参天,柯条枝枝下垂,偃卧地上,横陈丈余,蚴蟉互结,复又腾踔而起,空中如幢盖之飘璎珞,如浮屠之列象阙,神异如此,殆地灵之所钟欤!是夜,维舟闵口。坐肩舆,二十里至几山,拜先伯祖上慎公墓,巳刻返棹①。

练溪泛舟

匼匝重峦处处幽,人家都住碧溪头。深深老屋藏高柳,漠漠平沙散野鸥。樵语出林空谷响,渔歌入浦晚烟浮。琴樽适与随春泛,不让山阴道上游。

二十日②,候方柘源业师,由罗田至岩镇,访汪子楚英于苣园、吴子志山于梅庄,吊汪辱斋督学,一执孝子牧亭之手而别。午间,饭于张子英玉宅,殷勤款洽,醉饱而归。

三月初一日,里仇村拜扫。毕,往候槐塘诸同族,丰玉叔饭余于书室,座

---

① "小方壶斋舆地丛钞"本《春帆纪程》,"坐肩舆,二十里至几山,拜先伯祖上慎公墓,巳刻返棹",系于二十九日。

② "小方壶斋舆地丛钞"本《春帆纪程》,此条系于三十日。今查《近世中西史日对照表》,该年二月确有三十日,故可从。

中有振鸿兄、树馨、青路、汝遐诸弟。归舆过洪坑,洪子起霞复拉至家泥饮。

初二日,阅环山地。

初三日,昌堨山中卜地,不吉,意兴索然。忽风雨暴至,急趋山下,避吴子自天精舍中,踞灶燎衣,啖粗粝,饮白酒数杯。俟舆人午餐毕,阴云四散作霁色。因闻路口村每逢上己[巳]日,有龙舟之戏,士女游观极盛,遂绕道五里,趋至,则风雨复大作,莺俳燕傺,社散人归,求所谓扇影衣香、采兰赠芍,杳乎其不可得矣,怏结而回,襟衫尽湿。

昌堨山中冒风雨

沉沉雾幕四山昏,一抹难分远近村。藻气黯默浓泼墨,阿香砰磕乱倾盆。风翻半壁乔松偃,瀑吼千条老石崩。射虎屠龙还素愿,狂蛟何事任奔浑。

初四日,晴。午桥、天牗、静微三小阮约登岑山散步,山僧烹腐①治饼相款。适四山昙花尽放,映水更妍,相与坐昙泛阁中,畅谈至暮。

村居

我爱村居好,身闲得自如。愿逢春夏日,静对短长书。拾橡兼锄笋,相牛还种鱼。岑山当户近,空翠落衣裾。

初五日,清明节。新安最重此节,凡子孙虽至贫乏,亦必先半月前具牲醪,肃衣冠,相聚拜于始祖之墓,而后高、曾、祖、考次第展拜,罔敢紊渎。坟茔自晋、魏、唐、宋以来历历可稽,非若他郡迁徙靡定,不数传而后裔相忘,松楸寂寞,麦饭无人,为可慨也! 是日,余复往查坑。午归,偕权与步至雄村。遣小童往约汉司、浦西、挽涛,集二莱业师斋头小聚畅谈,并与浦西、汉司订黄山

---

① 明李日华《篷栊夜话》:"歙人工制腐,垲皆紫石细棱,一具二三金,盖砚材也。菽受磨,绝腻滑无淬,煮不用盐豉,有自然之甘。箬山一老王姓,以砂锅炕腐成片鬻之,味独胜。相传许文懿公在中书,遇不得意,辄投其笔曰:人生几何时,用舍吾乡炕腐而食煤火肉耶? 人因目为许阁老腐。今彼地豪者,以大盉瀹腐,而杂珍错其中,有一盉费至千钱者,是直以腐为名耳,非许公所好也。"

之约。

初六日,开卉山地。

初七日,偕于兄、午侄入城,谒蒋明府。复候巴表兄薪又昆玉,留酌。时将暮欲雨,席未终遽辞。回至丰隆岭,天大雷电,以风叩寺僧门,假雨笠、火炬而行,入村已二鼓。

初八日,微阴。蒋明府枉顾,设酌岑山相款,未刻别去。是夜,村内召优人演《目连救母》,院本俚俗,堪为捧腹。其事虽本之梵经,然白香山"碧落黄泉"句,遂蒙目连觅母之讥,可见在唐时已盛称其事已。

初九日,往查坑,回,又往唐坑岭卜地。

晚归

柳坞花村处处通,轻衫扶杖步从容。山畦得雨锄争入,野碓无人水自春。醉里巫歌挝急鼓,烟中樵影散疏钟。欲思极目探黄海,须上藤萝第一重。

初十日,驭兄招集小坑别墅中,阶下牡丹大放,听卜子君重度曲,暨小童数人清吹,临风举觞,又何减沉香亭情况耶!倚醉赋七律一首,用壁间八大山人韵:

驭天兄招集天放楼下赏牡丹用壁间韵

暗贮秾芳别有乡,归来端不负春阳。琅琊丸髻风前倚,天宝霓裳醉后妆。脱土龙孙供雅馔,寻香凤子绕文梁。故园无限勾留处,况复清歌列两行。

十一日,开古城关地,复同曹丈尔谏看徐村地。

十二日,曹丈尔谏同其小阮自上来村,约看烟村地。薄暮,修驭叔、驭天兄作主人,张灯载酒,泛棹岑溪。

十三日,权与为余治糇治粮,具茗饵、屏当、芒鞋、竹杖,作黄山之游。适汉司、浦西遣奚童来,期会于王干寺。权侄即先束装往,偕二子由岩镇至潜口,越佛子岭而去。余则欲至巴氏大姑母坟所,遂取道于丰口。将五十里,始抵善福里，拜墓迄，日渐西没。又三十五里，度乌石岭，径路纡回，林深月黑，似有腥风袭袭、山鬼攫人之状。二舆夫及一担簦者，各口噤足缩不敢前，余妄作大言以慰之。下岭，入呈坎村，村人诧余曰：此际客自此中来，抑何险耶！畴昔之夜，有虎踞此咆哮而弗去也。余不觉转为之股栗。出村口，觅桃花坝，跟跄投王干寺中，时三子已迟余久矣。

十四日，具牲醪，拜五叔祖自远公墓。墓在流花坞，与寺相隔一溪，遥相望也。饭毕，遂偕三子进发，由谷口入山，经容溪，容成子得道处，有台距溪尚远，弗及访矣。十里，至长滩，沿溪悉植修篁，烟条露干，凤尾龙孙，梅道人欤？管夫人欤？不谓练水溪中，亦具此潇湘之胜致也。里许为石壁，壁上松柏葱蒨，间以红白昙花，五色陆离眩［炫］目，花也，竹也，若微逗黄山之一斑，犹之武陵洞口数粒胡麻，便自引渔人入胜矣。三里，永清桥，桥头"练水飞虹"四字，为汶阳希任所书，笔法遒劲可爱。十里，山口岭，岭上望天都、云门诸峰渐露头角。五里，石碏岭。二十五里，芳村。欲贳酒以犒仆役，苦无旗亭，叩门遍索。有少年谢姓者，唯唯入户，良久而出，延客入饮。询之，曰：余非从事曲蘖者，家固有斗酒，当请母命许可，而后诺客耳。此意不殊古人，余极赏之。又十里，汤口。访家尔辉弟，订其于次早入山为导，并以小篾舆相假。八里，抵祥符寺，寺为唐天宝间志满禅师创建，俗名汤寺，以其近于汤泉也。入寺，已曛黑。包命列炬，度石梁，浴于汤池。池纵横方丈，原覆以亭，好事者易以阁，反增蛇足。池水深不没胸，浅及于膝，寒燠得宜，底生融砂，自然供澡豆之用。泉泛泡珠，自砂中涌出，作砵砂香壁，镌"天下第一名泉"，良不诬也！浴毕，余觉体惫，先入寺就寝。

王干寺晓发

曳杖辞僧汗漫游，半生清梦定堪酬。还愁岩壑多奇幻，未必奚
囊许尽收。

容成台

缥缈台空不可登，仙踪今尚说容成。时闻水月松风下，若有人
兮吹玉笙。

长滩

人语溪喧乱不闻,槿篱虎落畛畦分。龙孙戢戢森头角,十万琅玕散绿云。

石壁

苍松紫柏倚崔嵬,深浅昙花相映开。不是繁华金谷里,何因锦绣簇成堆。

汤泉

石梁东傍注檀芽,盘礴常邀客驻车。晶晶华池融玉乳,温温旸谷沁丹砂。分明勾漏神仙窟,不是骊山帝子家。涤尽俗尘千万斛,披襟从此染云霞。

十五日,朱子权侄复浴于汤泉,余与浦兄尚在睡乡。啜粥后,三子策杖而出,余以济胜无具,独命小舆长随,访桃花源。磴断径迷,汉司以杖拨去荆蔓,余徒步从之。遇陡绝处,或相共攀附枯藤而上,或命健夫掇石补级而登。渐闻水作砰訇,导者曰:白龙潭近矣。不数武,见瀑水奔注,左右扼以巨石,凡数折,水益奋迅,跳珠喷沫,鳞鬣之而,俨然龙也。原有狎浪阁、响雪亭峙其前,为观瀑佳处,今亭已无踪,阁半倾圮,不敢一登。绕阁前石上,立赏移时,因叹兹山之胜,必得方外名流、具泉石膏肓烟霞痼疾者实心培理其间,庶种种灵奇,不致灭没于荒烟野草之中。苟非其人,乌能胜任而愉快哉!丹井深三尺许,多五色石,斑斓可爱。浦西踞井栏,令童子探取不已。药炉如数石之釜,中凝澄碧,水注炉满,然后溢流涧下。再前,则鸣弦泉,泉自绝壁上作细流而下,如圆珠碎玉触于石,其声清越融和。余曰:是音也,即师襄子之所以授吾孔子者也。设必命良师,挥朱弦而抚玉轸,夫安得此高山流水之真情耶!钟期既没,谁解吾语?仍循旧路出汤口,啜茗于脚庵,即云谷下院也。各乘舆而上,憩智如亭,观九龙潭,蜿蜒髼髿,令人生畏怖心。又里许,则仙人榜,石削如屏,隐隐列蝌蚪篆文,相传有人识其一字,雷火辄轰灭其迹,不识天工作此,仆仆何为耶!晚,投丞相源,入云谷寺,有钵盂峰屹立寺前,因又名"掷钵禅院"。

祥符寺用权与韵

檀栾围古寺，碧窨隔溪烟。经吐莲花舌（印我上人刺舌血写《华严》八十一卷），诗留东海仙（罗文庄自署"东海樵夫"）。当窗悬紫石（峰名），涌地注丹泉。无复遗碑在，惟传天宝年。

白龙潭

轩皇大药成，白龙护丹井。龙已随帝归，空潭尚留影。

桃花源

仿佛武陵溪，仙源依旧迷。涩苔枯叶满，虚磴冷云低。饮涧猿联臂，含香鹿护脐。到来寻响雪，何处可留题。

狎浪阁

栏楯欹依玉碣偏，苍萝千尺挂寒烟。慈光寺下风波急，未许闲鸥狎浪眠。（时慈光寺中洲、克已二僧方搆讼未已）

鸣弦泉

如拂松风百衲琴，高山流水奏清音。我来倚杖成孤赏，一片元和太古心。

九龙潭

银海摇光粟起肌，衒衒曳练影蹀踱。双成醉舞山香罢，遗却瑶环九子螭。

仙人榜

蕊榜琳琅仙吏署，雷封未许凡夫觑。山中猿鹤好安排，他年有我题名处。

十六日，早晨，寺僧引入后阁，观舍利子，贮以金塔，有赤、白二种。按：释迦舍利珠八斛四斗，其三之一住于人间。白色骨舍利，黑色发舍利，赤色肉舍利，此则骨、肉二舍利云。又明季惠藩常润捐赀所写金字《光明经》，丁云鹏、汪无中所作水、陆二轴，皆足珍也。出寺，未里许，见锡杖峰卓然拔起，与钵盂峰比肩而立，旁插仙掌峰，拓入霄汉。下舆，坐石上，遥望罗汉绕塔、鱼篮大士诸像，下瞰峰腰牌楼、石山君石，无不逼肖。岩花涧草半不知名者，每品各采一枝,遂至盈掬,清香扑鼻。同人时舆时步,随行奴子辈或啸或歌,各皆从其意之所适。日将下舂,约行十余里,见峰头一羽士星冠氅衣,举手北指,曰"仙人指路"。权与笑谓曰:此举手之意,其讶客耶?其驱客耶?余曰:是易晓也,遇佳客则招之使来,逢恶客则麾之令去耳。相与大笑。不里许,将达皮篷,有老者朱颜苍发,白髭飘然,逍遥户外。余坐舆中,窃讶斯地又一指路之仙耶。就前视之,方知为雪庄上人皮篷,即上人习禅地也。近更名"云舫",舫仅五楹,中供如来拈花法相,即上人手写者。一设广榻为游客寝息之所,一为客寮,一作斋厨,一贮书史笔研,以供诵读挥洒。此外则一斗室,不满一弓,为上人栖定处。佛前灯一龛,不设钟磬,不理梵呗,时或弹琴击鼓,能令四山皆响。所绘黄山图百幅,悉得山灵之真面目,不假穿凿。闲辑山中所产异花,得一百六种,命之以名,且系以诗,一一传染其色态。余按图册而求之,始知适途中所采,有所谓宝网、醉仙、缨络、山海棠、山金樱等名目,仍有十余种雪师亦复不知。盖彼百六种数内,专取色香兼备者,否则仍不采入,是足征奇花异草之多品矣。啜茗快谈,盘中以蜜渍书带草、茉苷、白木槿等饯作供,顿令齿颊俱芬。坐久,渐觉白云环布,涌如冒絮,阶前天医、仙乐、老人诸峰一时尽失。顷之,烟雨霏微,冷气袭衣,急掩户。命从者泻偏提香酿共酌,上人以余固劝,亦为满引二蕉叶。是夜,高卧禅榻,万籁无声,但闻微雨萧然,蘧然入梦。

云谷寺

薄暮寻山径,悠然闻远钟。乱云迷古寺,孤月浸寒松。酒出青猿酿,茶经紫雾封。老僧坐潭曲,无意即驯龙。

云舫用权与韵

山人清且癯,非墨亦非儒。结屋千峰绕,听泉一杖扶。野花垂宝网,春菜撷珍珠。读画焚香外,弹琴意自娱。

十七日,平明惊心,侧耳犹恐宿雨未收。枕上忽闻山鸟相呼,继而曦影透入窗罅,余怀畅然,因披衣急起。雪师留饭,旋烹山韭及鲜珍珠菜充馔,赋诗而别。由云舫左折登岭,磴道逶迤,扶杖缓行,岩际松柏,悉露奇态。约十里,登光明顶,即炼丹峰,山志首列第一峰也,居天海之中,与天都、莲花鼎足而三。俯视日昨所历诸峰惊为高插云表者,至是悉在足下。踞顶而坐,振衣长啸,殆将仙去。诣平天矼,仅里许,其登蒲团松下趺坐,松去地尺余,平铺如盖,可容十数人。向西枝干少缺,余笑抚之,曰:是岂为老僧坐破耶?汉司曰:松固有二,为宣城樵人所伐,仅存此株,犹为人偷斫其一干去。因叹此松居高峰之巅,轮囷镠葛,久谢栋梁之任,宜乎劫火不能燃,罡风不能折,而顾凋残于俗子斧斤之下,天下事岂易量哉!五里,登始信峰顶,两山壁立,无径可通,接以石梁丈许,下临千仞,奇险惊人,恰得老松自彼岸横拖一干,翼石梁而前,曰"接引松"。游人攀松以渡,若栏楯焉。过此,则一石窦,侧身而入,当前则扰龙松夭矫盘空。余惊魂未定,乍视之,莫辨其为松为龙矣。瞑目少坐,收神息喘,然后纵观散花坞、石笋矼,花花萼萼,离离斑斑,上林嶰谷,俱不足道也。近前一峰,两老人对坐,松生石前,宛若棋枰,二老沉吟审局,旁有伟人峨冠博带,负手谛视,曰"丞相观棋"。一人椎髻胡服,背负鹦鹉,手捧宝瓶,欲前而复却,曰"波斯献宝"。前有蜡烛峰亭亭独立,顶有焰光流动,视之则松枝也。左有三仙共伞之景,三老人共坐偶语,上有松如盖以覆之。今松亦戕而为薪,三仙露顶濯濯,居然秦廷之陛盾郎矣,惜哉!他如"五供养""八仙渡海""夫子听琴"等峰,以松石未相联属,无暇细嘱。仍出石窦,度危桥,下狮子林。饭已,登狮子峰。复折而西,寻西海门。山径久无人迹,箬叶布满,零露瀼瀼,衣履沾湿,仰视飞来峰、石鼓峰,如经大力者负之而来,掷此而去,幻之至矣。上阎王壁,登炼丹台,日渐西没。晚,云作五色,万千变态,或巾峰顶,或抱山腰,或涌涧底。有时群峰缺处,矗出一峰,云补之也。有时群峰簇处,忽失数峰,云收之也。俄而琼楼玉宇,俄而瑶海芝田。同人布席台顶,坐者、卧者、有连浮大白者,恍置身于广寒高处,不复知有人间世矣。晚投指月庵,扃户无僧,排闼而入,客自涤釜作炊,扫榻以安枕。

赠雪庄上人

　　松鹤清姿薜荔裳,一瓢一笠足徜徉。能从仙佛云霞境,还洒缥缃翰墨香。磵外黑猿参几座,铛中白石当斋粮。高怀不肯因人热,含笑飘然别帝乡。

指月庵

丹台纡北径,兰若最清幽。榻冷云闲卧,巢空鹤远游。散花余丈室,藏壑置虚舟。欲觅青精饭,仙人似可求。

十八日,复走天海,至鳌鱼洞,取道于鱼口中,陡仄非常。先命健夫将行箧衣囊绖下,余辈交臂联接、踵趾相属作猿猱状,历二百级方出洞。不半里,即百步云梯,绝壁悬空,下临不测,石上凿级层层,普门禅师开山之力也。级高且隘,每一举趾,则膝必及胸,且苦无可攀援。余掷杖抠衣竟上,凡三驻足,而尽此七百余级。小憩石上,余兴勃勃,颇不以此为难。回顾从者,犹摇首吐舌未已。静听仙乐鸟十数成群,鸣声清脆,宛奏笙簧。仰看月里娑罗及破壁把门二松,惟呼咄咄怪事。方命童子爇败叶煮茗,进果饵,少养足力,拟上登莲花峰顶。尔辉以风厉固沮,余犹在踌躇,汉司劝余当留不尽以为续游张本。浦西曰:此去峰顶非遥,莲蕊峰、采莲船历历在目,盍与之面订约于他年,可乎?余强而中止。权与勇气百倍,踊跃趋前,余目送之。见峰顶有两鸳鸯飞来,栖于采莲船上,引首相向,低回不去。余谓同人曰:此岂山灵遣青鸟来,与吾辈成后会之盟欤?顷之,权与返,手掬香砂一握云:顶有泉,此即泉中所产,清芬苾苾。余益怅然如有所失,遂拂袖起,下莲花沟。石磴倾欹,无着足处,且橡叶堆积数寸,干滑难行,曲折数千余级。余以一手挂杖,赖尔辉左右扶掖,转至喝石居,其径更险,石上凿有趾迹,深不及寸,仅容足指。尔辉至是,亦不能为余助,因自掷杖,以手以腕,以腹以膝,合肢体之力,匍匐蛇行,蠕蠕而上数十武,抵文殊院。院屋三间,旧有楼,今毁。背拥玉屏峰,俨如负扆。有鬈思其髯,蹲踞于左者曰"狮峰";有鳞鬣其鼻,屹立于右者曰"象峰"。中耸悬崖,隐嵌宝座,曰"文殊座"。座后有亭耸然,为京江李筠冈先生新搆,收奇揽胜,莫善于此。登亭纵观,见莲花居于其昭,而莲蕊佐之;天都居于其穆,而耕云佐之。拱其前者则朱砂,次则桃花,其余诸峰滚滚,悉若儿孙罗拜于下,肃然如清庙明堂,令人起敬起畏。右折数武,登立雪台,不禁愕然而太息曰:异哉!奇妙一至于此乎!前后二海,犹外庭、内室之分也。前海则冠裳剑佩,钟鼓尊彝,森森穆穆,俨若朝典,具备观瞻。至后海,内室之韫藏,自兹台而览之,有难以更仆数者。如窥其后宫,则燕姬赵妇,越女吴娃,粉白黛绿,皓齿明眸,曳绮罗者三千,簪金钗者十二;探其内库,则象齿犀贝,火齐木难,夜光之璧,径寸之珠,翡翠千重,珊瑚七尺。至若湘灵宝瑟,子晋瑶笙,龙女吹引凤之箫,冯夷击灵鼋之鼓,许飞琼、萼绿华辈拥紫云绣羽之幢,作垂手翠盘之舞,此其供别院之菊部也。又若白鹤赤兔,蹑影追风,紫燕之骝,绿螭之骢,笼以满月之鞯,饰以涂金之鞍,此则实外厩之腾骧也。其余簇花攒锦,挼藻摘葩,怪怪奇奇,不一而足,留连不忍遽①去。尔辉拉余看奇松盖鹤景。返院午餐,左折经小心坡,余以阅历云梯后,视此坡又成坦径矣。次入石洞,石断绝,阶以木梯,镌三字于石,曰"不可阶"。由此出一线天,看卧龙松,根磻石上几数十丈。再前,则迎送二松,对客颇有恋恋之情。坐良久,与松分手,下云巢洞,望老人峰,伛偻磬折,似非瑰然伟躯也。浦西、权与率童子数人登峰,抚摩其项背,旁有一道童侍余,以遥瞩不甚了了。自此坡陀稍平,心为小安。度龙翻石,历观音岩,投慈光寺。是日山径最险,有筱舆不能乘,余徒步约行二十五里,体为之惫。

十九日,礼普门和尚塔,寺僧出所遗瘿木、钵盂、天然如意相示。寺原名硃砂庵,明神宗母慈圣太后感梦送佛,遂赐名"慈光"。佛有四面,凡七层,计大佛二十有八,各坐莲台,花一瓣,涌一小佛,法相庄严,光彩夺目。旧供佛大殿,今已拆毁,尚余败瓦断榱,遍地委积,而此毗罗旧佛,又析而为三,置之于客寮中,香火不断。新创大殿另供大佛三尊,布金未满,舍此就彼,未喻寺僧何意。殿左木莲树叶如枇杷,阴蔽数亩,闻五月作花,一苞九瓣,清芳异常,惜不及见。乘舆复问祥符,再浴于汤泉,风于紫玉轩,观印我上人刺舌血所写《华严经》,卷首尾皆名公题跋甚伙,雒诵良久,辞僧出山。至汤口,尔辉具鸡黍为饷,并赠藤杖、黄精言别。是夜,宿于杨村。

二十日,谷雨节。过石碣岭,伫岭回顾,云雾荡滪,峰峦尽掩,滃翳中惟有涧水多情,作潺潺声送客。至山口而返,饭于王干村舍。叩寺门,僧已不知何

---

① 《四库全书存目丛书补编》本《春帆纪程》所据底本原缺第三十一页,所缺文字自此至十九日的"寺僧出所遗瘿木、钵盂、天"止,今据《小方壶斋舆地丛钞》本《春帆纪程》补入。

去。阶下小犬闲眠，亦不识余为曾宿客矣。绕道乌石。晚，大雨，宿云岭寺，即佛子岭也。一僧曰晓峰，能品泉瀹茗，与之谈旗枪细理，娓娓不倦。一僧曰苍霞，赋诗工画，出所辑《云岭志》示余，极该而文，喜其淡雅绝俗，挑灯赋词三阕赠之。

减字木兰花（赠云岭寺晓峰、苍霞二上人，并寄怀汪子于鼎）

黄山谷口，才与容成分袂后，云岭停车，又见琴聪与蜜殊。晚风凄冷，留我听钟，还说饼湘几炉烟，正是茶香谷雨天。

安禅清暇，齐已诗才摩诘画，彩笔能双，不让当年老渐江。探奇搜僻，网尽珊瑚成大集，衮衮名流，芍药连篇列上头。

闲吟缃帙，最爱汪伦称俊逸，握手偏难，万叠云遮饭颗山。临风惆怅，寄语桃花潭水上，纵染尘氛，不作攒眉社外人。

石磴岭头遥别黄山

恍历仙源与世分，仰看飞瀑俯看云。痴情再恋扬州梦，嘲我移文定属君。

一转回峦境一新，芒鞋乱踏石嶙峋。匆匆遥与山灵订，他日重来是故人。

鸣泉送客下长溪，回首桃源径已迷。知尔离情亦无限，烟鬟掩面背人啼。

有约重寻世外缘，莎衫桐帽任悠然。归来醉把容成袖，一个峰头住一年。

二十一日，过潜溪，访汪表弟玉依、禹裁昆季，留饮于绿参亭上。亭立万竿修竹中，嫋娟映水，绿荫几席，捧读舅氏右湘先生遗稿，因话当年靳雁堂明府，时招汪扶晨、家非二山尊诸前辈，集于舅氏之水香园，清谈雅酌，分韵联吟，风流胜事，至今未易多得。晚钟遥动，不胜杯酌，遽辞而归。

潜溪访汪玉依禹裁昆季留饮绿参亭

涌地莲花霄汉斋，旁通一荨出潜溪。高标人拟云中鹤，静读燃分太乙藜。翰墨流传香更远,琅玕划遍客留题。晚归载得篮舆稳,不惜为君醉似泥。

二十二日,王村看地回,集舒秀弟清音阁上小饮。

二十三日,闻许姊丈又米携姊氏归里,偕孺兄冒雨往唐模候之。

二十四日,入城,辞蒋明府并薪又诸兄弟。晚,赴庭在弟席。

二十五日,往昭姑亭开地。

二十六日,约汉司、孺修、家万青叔,复诣昭姑亭。

二十七日,治装别通族。酉刻登舟,便道雄村,辞二莱业师,留酌。定侯偕曹子圣和携襆被来同行。过义城村,许子子和亦至,遂放舟,泊于朱家村。

别故庐

尘海蹉跎鬓已霜,而今始识旧茅堂。奚童促整归装早,却认扬州是故乡。

情话蝉连不放杯,屠龙心事未全灰。他年油壁香车下,愿载东田小蕖来。

二十八日早,将解缆,权与送至此别去。家万青叔鼓小棹来,引至薛坑口,拜先高祖茔,次至张潭看地,万叔回舟。余是日行一百一十里,宿街口,出新安界矣。

二十九日,八十里,淳安县。县无城郭,水潆山抱,直吾歙之一大村落耳。又二十里,泊遂安港口。风雨竟夕,蒻篷渗漏,衾枕沾湿,寐而复起者数四。

四月初一日,阴晦。一百三十里,宿严州城下。人家延僧作道场,燃莲花红灯,遍放河干,随流上下,绰约辉煌,颇堪娱目。

富春江上

一叶蒻篷轻,江流淰淰清。石横滩更怒,树静鸟孤鸣。舟自山中出,人从画里行。遥看如旧识,鸥鹭自相迎。

初二日,凌晨风利。倏过钓台,余卧未起,不及谒祠、一拜严先生为憾。午后,转东风作梗,共行一百八十里,泊汤家埠。夜,复雨。

严陵钓台

天子不能臣,高台自古今。披裘忘岁月,垂钓纵闲吟。笑谢泥涂浼,清娱山水音。贤哉东汉王,犹有故人心。

初三日,一百二十里,抵钱塘江口,投逆旅何姓主人家,倾箧倒笥,搜查殆遍,然后注单,按数报输关税,静候给票,方准过坝。仍宿舟中,方子载锡自维扬来迓余,相晤于此。

初四日,大雨如注。戴笠披毻嵩,觅肩舆走凤山门,出武林门,至德胜坝上鸭嘴船。顷之,定侯、子和、圣和、载锡率童仆载行李至,开行。十里,抵北新关,门已下键矣。

初五日,度关,行一百四十里,至石门时已三鼓,仍雇驿夫挽纤,乘夜进发。

初六日,七十五里,嘉兴府。子和、载锡登岸,买荔枝、粎馒。入舟四鼓,宿平望,距嘉兴六十里。

初七日,立夏,晴明。一百一十里,泊苏州浒墅关。吴人竞于此日送春,画船箫鼓,阗塞虎丘,客舟经此,几不能度。

蝶恋花(立夏日舟过虎阜,观吴人送春甚盛)

十里山塘丝竹乱,柔橹轻桡,载出芙蓉面。不向贞娘坟上奠金樽,共把残春饯。咽杀流莺忙杀燕,春若知情,春亦应留恋。芳草天涯春不见,东风飐遍垂杨线。

初九日,早过毗陵驿,风小却,余复易小舟,三鼓泊京口。

初十日,黎明渡江,风浪大作。巳刻抵广陵,内人、儿女辈团圞欢饮之次,争问故乡风景,因口占四律答之。

渡江

蒲帆十幅趁东风,海气遥腾晓日红。估客惊心白浪里,榜人闲语绿烟中。源通万里涛何壮,地压三山势最雄。莫倚柁楼吹短笛,一声云裂撼蛟宫。

妻孥问故乡风景拈此答之

新安江上水,可以濯吾缨。不自源头洁,何因彻底清。松间流细韵,岩际泻空明。那减中泠味,偏输第一名。

新安山色好,天半插莲花。翠影摇清霭,岚光散绮霞。幽岩丛瑞草,灵境驻仙车。五岳名区外,悠然别一家。

新安花树幽,嘉植遍林丘。凤尾凌霜劲,龙鳞阅岁留。愿存泉石志,不受栋梁求。黄海多奇草,神农识未周。

新安风俗美,醇朴古人如。邻过墙头酒,宾分屋后蔬。茗柯含露摘,山陇带云锄。办得官租足,衡门课子书。

五、清乾隆三十九年(1774年)、嘉庆五年(1800年)海宁吴骞《可怀录》《可怀续录》[①]

予故家在休宁县玉宁门之内,里曰"厚田"。自高大父达宇公始徙于浙,迄今历百有余载,故乡之间井犹可物色,由达宇公以上,历世先茔,俱在玉宁门外,虽春秋尝祀无阙,顾水阻之江,陆逾千里,反不若先墓之在浙者,子姓得不时瞻展。予以乾隆甲午仲春渡钱塘,为省墓之行,往返逾月,合道中纪述为一编,取潘黄门《西征赋》"故乡可怀"之语,命之曰"可怀录"。俾后之览者,时切维桑之念,毋遂以并州为咸阳也。(诗见《拜经楼集》,不重载)

乾隆甲午春二月十三日,自小桐溪解舟,暮宿范蠡塘[②]。塘在海宁县西三十五里,世传少伯送西子,从此入吴。

[①] 吴骞(1733—1813)为清浙江海宁人,字槎客,号兔床,笃嗜典籍,藏书达五万卷,精校勘,筑拜经楼藏之,是乾嘉时代江南著名的藏书家。吴骞祖先主要从事盐业,据《新葺祖考玉方公卢家桥墓祠记》曰:"……先世丁明季板荡,祖、父皆隐居不仕,或用禺笑,往来嘉、湖、苏、常间。……祖籍由休宁厚田里徙浙。新安旧俗重家庙,吾族自唐左台公来,有大宗之祠,有分宗之祠,有小宗之祠,春秋滕腊,恒以不及归预奠醊为怏怅。厚田小宗之祠,嘉靖中毁,每为子弟言之,辄于邑不自胜。又倡议房族每岁按蹉引捐金积累,为兴复小宗祠记,至今奉行不懈……"(《愚谷文存》卷八)上揭的"玉方公"为吴骞祖父。除了盐业外,吴氏还从事沿海贸易。"予家先世有海舶数艘,往来贸易明、越诸岛"。(《愚谷文存》卷十二)

[②] (清)吴骞:《拜经楼诗集》卷一《长河早发》:"范蠡塘边客,凌晨趣放船。薄烟笼岸柳,残月淡湖天。路指征鸿外,山横晓镜前。东风最无力,偏解别愁牵。"

十四日，侵晓过长安镇，即陆放翁《入蜀记》所谓长河堰也，鱼虾小市，至今犹富。午后至临平，汲安平泉煮茗，遥望平林远岫，若橐驼之卧芳草，昔时山上有窣堵波，故东坡乐府云：谁似临平山上塔？亭亭，迎客西来送客行。今遗址不可复识。暮抵武林，闻绿饮绣溪未来，即过翠璁珑馆，寻铁生不值。夜宿横河舟次，月色颇佳。

十五日，未刻雨。绿饮自绣溪至，即移舟来送，予出所携宋椠《九经》白文共读。暝后雨转密，丙夜始别去①。

十六日，俶装至江干待舟，晚宿何氏江楼。夜半月色转佳，闻潮声隐隐从海门西上，瞬息达楼下，启窗而望，真平生一大观也！

十七日，雨。发钱江，乘潮挂帆，舟行甚驶，推篷远眺，暮云城郭，乍有乍无，极烟霭苍茫之致。晚次义桥。

十八日，晨起，阻风王洲。按：《元和郡国［县］志》：王洲产橘，为江东之最。唐时尝修贡，今不复有遗种矣。风定，放舟过富春城下，遥望层峦秀嶂，与楼阁相掩映，始悟一峰老人《富春山图》之妙②。夜宿长山泷。

十九日，五更，西南风复作，舟不能发，饭后稍行，至窄溪宿。

二十日，犁明张帆，至桐君山下，人家方晓炊。禺中，入七里泷，风日清美，弭楫登岸，访方干故居不得。按范文正公诗云：风雅先生旧隐存，子陵台下白云村。则当与钓台相近，而今无可考矣。午后，次睦州。自此西上，湍险濑激，客舟例募纤者而后行。是夕宿城下，闻箫鼓赛江神，达曙不辍③。

二十一日，微雨，东风甚寒。自钓台西上，青山两岸，壁立万仞，百余里间

---

① （清）吴骞：《拜经楼诗集》卷一《雨渡钱江却寄绿饮》："饱挂轻帆出乱峰，茫茫何处托离踪。银涛打岸春三折，碧海粘天雨万重。修禊兰亭人已远，探奇宛委兴徒浓。相知剩有孤飞雁，尺素休辞一再封。（鲍当以孤雁诗得名，人称'鲍孤雁'。）"

② （清）吴骞：《拜经楼诗集》卷一《富春》："近游何处不沉吟，至此真疑画里寻。十幅晓帆依树出，一江春水抱城深。岩阿不改云烟色，霄汉空悬故旧心。只有闲鸥知此趣，浮沉随意到如今。"

③ （清）吴骞：《拜经楼诗集》卷一《江行竹枝词》二首，其一曰："木兰舟小撇波浮，朝发衢州暮睦州。直到钱塘分手处，与郎同赛广陵侯。"其二曰："乌石滩头送客风，青山两岸月当中。郎行莫似随潮燕，半夜西飞半夜东。"

无平迤之道,而胡孙岩尤极峻崄。岩下为胡孙淇,湍流迅驶,挽舟者至此,邪许之声,前者呼后者应,盖不必巫峡猿猱始堪肠断矣。晚泊茶园,雨。

二十二日,晴,滩势渐高,舟进甚艰。际晚过还淳,县无城郭,居人皆傍江结屋,前有浮航,连以铁筶,蜿蜒江面,望若游龙。《水经注》言:"剡县西渡,并二十五船为浮桥,以通东阳。"其广袤当不是过也。追怀方雪瓢明经,不胜存没之感。雪瓢名粹然,文辀先生仲子,文章具有家法,癸巳秋日没于西泠客舍,贫不能敛,吾友鲍以文、陈奕亭、陈象韶、奚纯章诸君经理其丧①。自此入新安江,太白诗所谓其清见底者也②。

二十三日,山崖益崄,濑益高,水亦益清泚,俯视皆五色圆石,澄鲜可爱。亭午至清溪,有洞,即韩蕲王获方腊处,故又名"咸平"。南行二十里,入街口,为江南歙县境。江面尽轮囷丑石,或出或没,星罗棋布,长年之巧者,能舒篙宛转以避之。杜诗云:欹帆侧舵入波涛,撇漩捎潰无险阻。于此益信。晚,望云中山,忽见瀑布如银,从峰顶飞舞而下,可千余尺,直泻江浒,行舟咸稍远以避其冲。夜过天井滩,宿。水声如雷,倦枕屡为惊觉。

二十四日,寒食节。早过黄石滩,又西二十里,为镇口。水浒有石鸡,相传石鸡见则歙中米贵,居人常以之为验,盖亦越中射的之类与?自此至雪坑,屈曲西上,每数里辄遇一聚落,俱极幽胜,所谓"山重水复疑无路,柳暗花明又一村"者,唯此足以当之。比户皆插柳枝,亦有坎其击鼓而祭者。忆元李草阁《寒食新安道中》诗云:黄昏闻击鼓,民俗赛汪王。则此风其来尚矣。黄昏,至麦滩宿。

清明日,清晨至浦口。过此而南,水石稍夷,然滩则愈浅,两岸人家益增台榭之胜。是日风色晴明,上冢者船中悉载弦管,翠幕纱窗,笙歌嘹亮,数十里往来不绝。临水之家,则有凭栏下瞰,飘然欲仙者。宋人所作《清明上河

---

① (清)吴骞:《拜经楼诗集》卷一《始新追悼方心醇明经》:"邑小无城郭,民居近百家。春风多掩户,寒食自飞花。铁锁溪航断,魂归垄剑斜。伤心徐孺子,襆被又天涯。"

② (清)吴骞:《拜经楼诗集》卷一《一百五日新安道中寄内》:"熟食惊心道路长,飞花无力点轻装。家山尚阻齐云岭,生计真同上水航。夜雨楼台人卧病,春风杨柳客思乡。明朝试脍兰江鲤,定有机中泪数行。"

五、清乾隆三十九年（1774年）、嘉庆五年（1800年）海宁吴骞《可怀录》《可怀续录》

图》，未审视此何如耳！暮抵屯溪①，去海阳仅一舍。丙夜，大雷雨。

二十六日，阻雨。屯溪上承率水之大源，旁带黟、歙诸溪，每一雨作，则奔洪四注，势若建瓴，江舳率联樯牢碇，须其势少杀而后发，此亦江行之一艰也。

二十七日，雨不止。薄暝，舟子冒雨挽船过屯溪桥，宿西岸。自钱塘入新安七百余里，绝少桥梁，有之，自屯溪始。桥修三百尺，广十之一，壮丽亚于歙万年桥（俗称"河西桥"）及休之夹溪桥，建于明嘉靖中，至国朝康熙时而圮，率口程氏重建，朱竹垞检讨所为作记者矣。按《水经注》：浙江又东迳遂安县南，溪广二百步，上立杭以相通，水甚清深，潭不掩鳞，故名"新安"。斯盖浮桥之属。晋太康中，因以为郡，然则兹郡之得名，亦由桥杭所自兴欤！

二十八日，晴。早发屯溪，午刻达万安街。古城岩在其东，越国公汪华故居也②，清流碧嶂如罨画。自万安循陆南行五里，为休邑之东门，僦居报国僧院，即出钟秀门，展拜先茔。茔在富琅之原，俗称"茅司徒岭"，四面皆崇山，背倚万岁，面对松萝，右挹捎云，左揽金佛（皆山名），原隰颇爽垲，而松槚皆凋尽，惟余穴旁一樟，其本大，可合数人抱，阴荫十余亩，犹前明天启年中物。三十年前，二株为人盗伐，从兄正模、如江至休讼之，勒示申禁，及樵牧、蹢践二碑，今并树墓左。归寻厚田里故居遗址，鲜有知者，不胜城郭人民之感。

二十九日，出西门，拜始祖左台公。墓在风[凤]凰山之麓，青乌家称"文犀望月形"，墓门西向，宰树虽无多，而郁葱之气，故未艾也。据《新唐书·文艺传》：公与武功富嘉谟同以韦嗣立荐，为左台监察御史，预修三教，珠英公卧病，闻嘉谟卒，恸哭赋诗，寻亦卒。旧谱志公生卒，谓生于高宗洪道元年，殁于代宗大历四年。骞按公哭嘉谟诗云：遘此敦牂春。敦牂在岁名为午，大历四年岁在己酉，则谱所言尚恐非实，宜更加考正。

三十日，寻老柏墩于忠孝门外，墩西南有左台公墓祠，此旧祠也，竹树颇

---

① （清）吴骞：《拜经楼诗集》卷一《暮抵屯溪》："不见黎阳戍，屯溪信可怜。风花度寒食，萧[箫]管咽春烟。旧国枌榆社，新笳玉几泉。今宵拼一醉，旅思豁江天。"

② （清）吴骞：《拜经楼诗集》卷一《古城岩》："一邱仿佛小蓬莱，半壁风云亦壮哉。江日有情穿雾出，岩花无主背春开。客来放食跳朱鬣，僧引寻题扫碧落。若问汪王当日事，六州儿女到今哀。"

茂密。是日，又至玉宁门内谒新祠，祠创始于乾隆甲戌，落成于丁丑，裔孙光禄少卿伟等以支裔日蕃，而旧祠稍隘，乃谋诸通族，共营斯祠，视旧加扩正室三楹，寝室三楹，中奉左台公以下历世之主，其左曰"报功"，右曰"崇德"，率支庶之祔食者也。余若藏器之室、胙饮之堂以至省牲庖湢，诸所规制，一皆称是。夜，雨。

三月甲寅朔，至先茔修春祭。

初二日，至堨田。堨田在休宁东七十里。侵晓出休邑东门，宿雨初霁，林烟未散，望白云蓬蓬满山谷间。篮舆行二十里，始见村落，诸山亦渐次呈露，足下水声潺潺，视之作桃花色，盖山中溪硼皆紫石也，石理细致，而柔润者中砚材，其次斫为腐砲，尤有名，凡菽受磨，绝腻滑无滓，瀹之不必盐豉，而有自然之甘。明时箸岭有王叟，能于炕上制腐，得名。相传许文穆公在中书，遇不得意，辄自投其笔曰：人生几何时，舍吾乡炕腐而食煤火肉耶！至今人目为许阁老腐。前辈风流，足令是物与莼鲈争胜，亦故乡一佳话。晚，宿汪叟旦华家，予故人也。

上巳日，由堨田还休宁。是日虽天朗气清，而群芳俱谢，途中但杨花扑面而已。

初四日，检视行李。

初五日，出城拜辞祖墓，忠孝支族人天衡来送。天衡名廷机，世居下塝，年七十余，而视听如少年，谈及先世，常以其支祠岁久力难重葺为忧，盖亦笃行之士也。

初六日，凌晨微雨。出南门，附下汶溪航至屯溪易舟，从者皆有寒色[1]。

初七日，雨霁，朝至篁墩，谒二程夫子祠[2]。午后过岩镇，途中望黄山三

---

[1] （清）吴骞：《拜经楼诗集》卷一《发下汶溪留别宗人天衡》："白岳秀南障，汶溪渺东注。飘飘远游子，驾言从此去。举足念乡国，一步一回顾。溪光迭明晦，寒烟引轻素。不见山中墓，犹见山头树。丁宁感父老，握手临歧路。劝我强加餐，慰我长相慕。同姓古所敦，他人不犹愈。所嗟良会悭，复此分张遽。东风作春阴，江雨晚飞絮。千载富琅原，是我吾声处。"

[2] （清）吴骞：《拜经楼诗集》卷一《题篁墩族人山楼》："背倚苍崖面石淙，一间危阁万株松。凭谁绘我松窗下，看煞西南始信峰。"

五、清乾隆三十九年(1774年)、嘉庆五年(1800年)海宁吴骞《可怀录》《可怀续录》

十六峰,烟云如画,信所谓怡神之胜地已。尝观《水经》"渐水出三天子都",郦注引《地理志》云:水出丹阳黟县南蛮中。意颇疑之。偶阅廖腾煃《休宁县志》率山下注:率水所自出,其源至大,与饶、歙诸水汇而入于浙江,且谓蛮乃率之讹,盖率古作卛,转讹为蛮,亦焉乌之类,与昔鄞全谢山先生尝七校《水经》,而仁和赵东潜又博综诸家之说,为刊误一书,诚有功于世,意此说亦可资考证也。归,宿族人殿华山阁,松风如潮,竟夜不息。

初八日,为先大父玉方公讳日,途中改服,怆然永怀。午后游古城岩,岩深广,可坐千人,土石頳润如丹砂,昔人题名,以雨作,不及遍览。

初九日,自浯村发舟赴浙,暮宿深渡,微月。

初十日,谷雨,轻舟下诸滩,其疾如箭,真少陵所云"下濑不须牵"矣。暮至始新,宿。

十一日,晓大雾,江日始升,四山草木作黄金色,移时雾散,则青苍如沐。晚次铜官。

十二日,侵晓微雾,日中雾方霁。入七里濑,泷中高峰层抱,其水尤深,风逆则不能行。是日微飔从西南来,遂扬帆过钓台,台凡二,东西对峙,而西台尤高,上有石亭,俯瞰江津,不下四五十尺。对岸即严陵,水木明瑟可爱。闻台下有小鱼,长不盈寸,世以子陵目之,味绝佳,访之渔者,终不可得。汲水试松萝山雨前新茗,陆季疵所品第十九泉也。晚雨,风颇利,榜人乘雨夜行。

十三日,平明雨霁,经富春,遥眺山头雉堞,犹与晓烟相出没,江船连樯帆风。自富阳至钱塘,两岸山皆不甚高,而江暴涨,则海潮不能上。昔朱竹垞检讨与查初白内翰《江行联句》有云:百里晴山平似屋,一江春水健于潮。非身历不知其语之工也。日曛时,抵钱塘,沙涨数里,舟楫不能近岸①。夜,大雨。

十四日,禺中,雨少止。从浅滩乘牛车登陆,复买舟入城,暂息篁庵。庵在小营巷,本名"王庵",昔董浦先生与僧天池为方外交,暇即来游,以其地多

---

① (清)吴骞:《拜经楼诗集》卷一《舟抵江干,以沙淤不能登陆,夜宿梵村,怅然有作》:"东归千里俨朝昏,一舍无端限梵村。未必怀沙能病客,只应剪纸忘招魂。郊台暮雨销金弩,鳖子春流壮海甍。为谢西湖渔钓侣,肯容清梦到芳尊。"

笛材，遂易王以篁。全谢山庶常至武林，必下榻于此，晚年常为养疴之地，故自号"篁庵病夫"。晚，过绿饮知不足斋。

十五日，晨雨。过水村莱园，余祖姑适项氏，早寡，以苦节称。其子格凡先生筑此，以娱其晚景，故以莱名，在庆春门内，林木皆合抱矣。随登舟，出艮山门东还海宁。午刻雨止，薄暮复雨，中夜过长安堰。

十六日，晨雨。达小桐溪。

可怀续录

予自乾隆甲午春省墓归海阳，转瞬二十七年矣，星纪如驰，齿发槁落，恒恐无复再至故乡之期。客冬，有宗人不远千里言造敝庐，为述桑梓，卷卷之意，既欣且感。遂以今嘉庆庚申仲月下浣，与兄子衡照、从孙英达、从曾孙申锡克日偕行。回忆前度出门时，伯兄送予，握手临岐[歧]；而吾妇为治装，丁宁周至。今吾兄及妇并已下世，悯悯就途，悲从中来，不禁涕泗之横集也。爰辑途中日夕所经，及古近体诗为一卷，曰"可怀续录"。（诗见《拜经楼集》，不重载）

嘉庆庚申春二月二十八日上春小桐溪登舟，暮上长河堰，宿胡令公庙南，庙有桑，称"二御带"，像颇奇。

二十九日五更，闻觉王寺钟声，促解维。禺中，经皋亭，与衡照信步山坳，值小雨初霁，桃李半放，参差高下，与山云相间，东望临平，西眺黄鹤，有渲染家所不到者。际晚，入艮山水门，夜泊横河，龚氏玉玲珑阁在焉。玉玲珑本宋花石纲故物，蘅圃先生得之，以名其阁，藏书最富，今皆散入《云烟过眼录》，而阁亦数易其主，惟石独存耳。

三月初一日，至梅庄，访陈花南通守。按《咸淳临安志》：梅庄在西马塍韩蕲王园，广百三十亩，今尚有梅坡、桃花港诸迹。花南名韶，青浦人，性恬雅，工诗画，不乐仕进，闻人言黄山白鹤之胜，即裹粮以往，数月穷其趣而返，其高致率类此。

初二日，与衡照走别小岘观察，且乞书"万雪山房"额。山房，余生圹旁丙舍名。

初三日,独游湖上,寻宋茗香、吴仲伦不值。

初四日,晨雨。与衡照出凤山门,至何氏山楼,英达与申锡先二日至。楼临中河,隔岸万松岭,出没烟霭中,若断若连,其下皆菜花,弥望数十里,一金堤也。壁有过客题诗颇佳,惜不尽记。饭罢,觅笋舆登舟。时晚潮未平,风雨沓至,舆人力与浪敌,惶遽呼舟,衣袽如涤矣。

初六日,黎明,北风甚利,帆行颇驶。午过闻家堰,贳酒一瓯,暮宿富阳,数人一饮几尽。

初七日,晓过桐君山,一峰突出江面,日映江底,荇藻可数,水色或赭或碧,厘然不杂,扁舟若在五色琉璃中行,真奇绝境。榜人云:赭者雨后新涨,碧者溪之故流也。

初八日,初入泷中,风不甚利,舟行渐艰,长年八是日复雇挽人四。过钓台,登子陵先生祠,日已下舂,是夕遂不能出泷。

初九日,五更,由乌石滩解纤,午抵严州。同人游建昌山,山在乌龙之南,上有庙,祀金元七总管神,古封利济侯。山门有宏治、万历二碑,殿宇甚修洁,右有亭榭,朱甍碧槛,槛外残桃数树,苍松古柏相掩映。远眺江流一线,抱山麓西上,风帆沙鸟,极缥缈之致,真严陵第一胜境也①。晚,泊十里铺。

初十日,晨雨。禺中,过胡孙淇,为淳安县界。

十一日,经茶园,晚泊遂安港口。夜雨。

十二日,清明。风雨竟日,高滩急浪,篙楫纵横,同舟有善四弦者,常为数弄,以遣闷怀。忆甲午清明在浦口度节,作诗寄家②,而哀弦中绝,已五度清明矣。

十三日,过淳安,县前风景犹昔,惟浮桥已撤,设一舟待渡而已。

---

① (清)吴骞:《拜经楼诗集》卷一《晚过严陵》:"客星留故迹,弭楫问江浔。不见先生面,窗伤此日心。祠边双鹭下,钓处一龙吟。水远山长意,寥寥自古今。"

② (清)吴骞:《拜经楼诗集》卷一《宿浦口》:"夕浦维舟客,凄然思不穷。灯青疏雨外,头白乱滩中。失侣悲沙雁,含辛习蓼虫。山城清漏断,五两又乘风。"

十四日,过威平,风日清美,同人登陆,闲步拜蕲王祠,祠前紫荆花盛开。

十五日,晓微雨,入街口。午霁,过深渡。溪山绝胜,自西来云峰万叠,至此皆折而南趋。罗鄂州《新安志》云:从此而上,穹山峻流,秀爽尤异,峰峦掩映,有若云屏,实百城之襟带。非虚言也!

十六日,雨后,经浯村,仰睇层厓,台榭森矗,视昔有加。夜,泊篁墩观月。

十七日,侵晨大雨,抵屯溪,别赁舟至休宁。停午,行李初安放,经隆阜,湍急水深,一叶如舞,暮雨转甚,篙师并力至前阜,过断桥泊舟,雨竟夕。

十八日,晓雨稍霁。自前阜解纤,经古城岩,至万安街小泊。复益挽舟妇数人,未刻抵下汶溪。行李由玉宁门入,寓于南街莲塘新祠。祠创于乾隆癸卯,祀二十八世祖唐安卿公,公讳晋,左台公九世孙,后嗣繁盛。大京兆华孙为篁南支裔,以公未有专祠,乃创议度地建祠于左台公统宗祠之西,其规制宏敞,亦与左台祠相埒,有左台三十七世孙、今河督璥碑记。

十九日,率衡照、申锡出钟秀门拜祖墓。穴后古樟尚无恙,惟枝柯少瘁于前。近墓居民罕相识者,不禁怅然。时英达以疾不与。复至厚田里,寻故居门径,依然为族人所质,已历数世,居者知予为故主,引入遍观,且谓息壤在彼,盖吾乡风俗之厚如此。

二十一日,复率衡照、申锡至祖墓。归游崇道观,阒无一人,先世尝有铜剑助观中,久莫可考矣。

二十三日,过族侄道仁,饮于西门查氏偬宅。

二十四日,同衡照等游东山竹泉主人程氏新构亭馆,有层楼,居万竹深处,筠窗四启,惟任烟云出入。客至,登楼啸歌,辄供佳茗。楼下凿方塘数亩,悉植菡萏。稍东碧玉一泓,澄澈可鉴,即志所称"东山泉"也,甘冽为一邑之冠。

二十五日,左台公祠修春祀,诣登名所者八十有一支。次往石舌山墓祭,归而祠祭礼成,各受胙饮福而退。

二十六日,安卿公祠春祀,诣登名所者四十有六支。是日,骞等恭奉本支著公、万钟公、琦文公、正纯公四主入祠,阖族公祭,礼与左台公祠同。

二十七日，忠孝支宗人奕光明经来访。奕光名之熙，天衡子也，因知天衡之卒，已二十余年矣。询其宗祠节烈叶孺人栗主故无恙，复出。予旧为之宾公追立，后议视之，即欣然请归传录，盖亦崇本之士也。

二十八日，至统宗祠观先世遗物，有唐时磁权一，传为左台夫人所遗，权形类北瓜，青花白地，隆起觚棱，六棱各绘人一，制作朴古，重一十六两。

二十九日，同衡照、申锡至祖墓祭扫毕，随从下汶溪唤渡至流川，观修春祀，薄暝始还。

四月朔日，过奕光并其侄念芳。

初三日，从孙英进自浙至，视英达疾。

初四日，同衡照游万岁山。

初八日，复与衡照、英进至祖墓，重理碑碣，断泐者补之，并添界石。归途再游竹泉，道仁饷青精饭。

初九日，凌晨饭青精，偕宗人良健及衡照等为齐云之游。筍舆出齐宁门，度夹溪桥而西十里，至蓝渡，复渡石桥而南，循崖陟岭，二十里至山麓，由登封桥进路，攀磴梯霞，又十里，始达太素宫。瞻礼出，茶话于道院。三姑五老诸峰，罗列槛外，直几案间物。而黄山三十六芙蓉，或隐或见，尚在缥缈之间也。复出院，观香炉峰如桌锥，欲寻李君实太仆过邋遢仙故迹不得。循榔梅庵至罗汉洞，玩真珠帘良久。出天门，觅路下山，回听万壑松涛，若雷轰天际矣。

初十日，小北门赛关帝会。复过敉宁旧居，以明日俶装还浙。午后，复与衡照等游落石台。按《祥符图经》云：昔有两舟泊此，一祭一否。夜半有神，移祭者之舟于北岸，有石五丈，自壁而坠，碎其一舟。语似近诞，然谛观石壁，宛有凹凸之形，亦一奇也。

十一日，辰刻，别祠墓，出城至下汶溪登舟，宗人元溇、良健皆送至溪步而别。向午，抵屯溪易舟，晚泊潘村脑。

十二日，过雄村，同桑典林孝廉游曹氏园亭。虽在溪山深处，而结构布置，稍乏林壑之致。典林名庭坛，弢甫先生孙也，时馆于曹。随解舟至浦口，雇舆携旧藏商雕戈入歙城，访程易畴学博，以客泉口，晤其孙。

十三日，立夏。出街口，抵深渡，宿。欲觅樱笋不得。

十四日，凌晨挂帆过严州，午炊抵钓台，日已曛黑，遂炳烛题诗严先生祠壁。还舟而饮，夕风转利，乘月东行，四顾岩谷寂寥，水天一色，与向时风景殊不同矣。

十五日，至富阳，停舟候潮，远望城郭极卑小。晚宿朱桥，以避大汛，新月将出，水面如金丸，微云抹之，与水光相下上，乍离乍合，久之始散。

十六日，晚抵江干时，潮退波平，可以径涉，乃倩牛车，载行李寄何氏，而予与衡照等先入城。

十七日，过万松书院，王兰泉司寇出汉铜雁足灯及赵忠毅公铁如意见视，为作歌。

六、清同治三年(1864年)歙县盐商宋氏《日记簿》

(甲子巧月)二十日,天晴,东北风。

早晨自吴城动身,将上船时,见北风大作,故与三兄、叙兄、文德、新贵及轿夫二人、挑夫二人、船户一名,同至茶铺吃茶,以期转风。嗣因粥后风头稍转,是以与永吉即行登舟,孰知解缆后,仍是逆风,势不得已顶风而行。其船或上或下,或左或右,坐卧均不能安,幸如天之福,尚称安谧。于是日酉刻,方抵李家塘。随至茶铺聊为解渴,即着该夫前行。至黄土铺地方(原文旁注:离李家铺十里星子县八都),日已暮矣,即在该处住宿。会晤该□[县?]附生黄焕然,请教捐输之事,情意殷殷,故将捐例与彼细言。时届二更,不得不睡矣。

廿一日,天晴,东北风。

黎明即起,食粥一碗,即行就道。一路之上,遇茶吃茶,遇粥吃粥,一切裨益。而挑夫因担过重,实不能挑,故放石一,各计钱四百文。是日该夫共行百十里,不能赶至浔阳,即在和尚墓饭店住宿。查此地离九江十三里,因无灯草可买,势不能行也。

廿二日,天晴,二更后下雨两阵,即行天晴。

即刻起来洗脸、吃茶,又复就道。路过十里铺,会晤汪雨亭兄,叙谈片刻,在彼处稍食点心,即行告辞。而渠又托说江裕昌生意,当即允许代为关说。于本日己[巳]刻方到浔阳,将行李等件发在丰泰,将轿夫等开发后,午后即出来应酬,晚间即住丰泰矣。

廿三日,天晴。

早晨,月衫兄细谈往扬情形,并道及彼处家务,与我商量一切。金仰兄又索捐例。粥后,怀兄、以兄、澍兄均来致候,应酬实不暇也。饭后,即搭飞似海马轮船。而澍兄又来商量一切,并托代书对联。当即作札,托尚察兄代书矣,又代馨士兄代筹一切。当日傍晚,即上飞似海马轮船矣。

廿四日,天晴。午时暴雨一刻,子正大雨淋漓,丑初雨上[止?]。

昨日晡后,登飞似海马轮船,即在楼上住宿。同舟者共有卅余人,其船椅棹全备,均有高铺,茶水便益,饭亦精洁,并代客办菜,一切皆不计较。至于上船、下船,无一不照应,自坐轮船十余次,未有如此受用也。惜乎晚间咳嗽不止,因一路冒风寒所致,可见人生在世,不能过于享福也!是晚,轮船住在金陵以下。

廿五日,天晴,卯时大雾,巳时方收。

五更开船,因卯时大雾,该船停止,巳时又开。午刻,抵镇江之七号口,当即雇一驳船,计钱五百文,又雇邵伯划船一只,计钱三千,嘱该船即刻开行。又着永吉至怡利洋行取灯笼,讵料张姓在旗昌,永吉将寄吴城信托彼同事寄至浔阳,由该处转寄。是刻也,划船开行,始则逆风,继则无风,一路两棹而行,毋使其休息。至子正时一刻,方到仙女镇之司马头也。是晚夜深,不能上岸也。孰知三更后忽然恶寒,又咳嗽不止,心甚筹[踌?]躇,幸黎明后两病均好矣。

廿六日,天晴。

早晨起来洗面、吃茶,即行上岸,据船家云此处名外江。临上岸时,嘱永吉看船。忘记记路,直至信宜钱店,阅金章弟所存之信,知彼等已在口岸,大为拂我之意。比即作札,托该店专至口岸,嘱金弟回仙女镇,以便计议一切,限该足廿七日午刻回来。其时书坊□初情意殷殷,邀往茶馆,实不能却,只得与彼偕往。讵料呕恶交加,点心皆不能食,约坐半个时辰,即欲回船安睡,以期调摄。行至半途,见和泰□招牌,想起老浩乃眷之病,不能不告诉,在该行谈坐片刻。嘱福妹专信至泰州知照浩兄，随即回船。讵料精神恍惚，目眩神迷，不知船之所在，寻至一个时辰，茫然无知，万分焦灼，势不得已雇剃头店人，着同寻船，允以钱百卅文。又寻一个多时辰，方始寻着。询此地名乃是司马头，或名中洲，可见船户说是外江，妄语也。回船后，思茶末如此滞销，又以金等不听我言，以致愁肠百结。稍睡一刻，始觉精神稍定。及看表时，未初一刻，方知及早至今，未食一味，即勉食粥一碗。食毕后，又恐金等靠不住，故又作札，嘱金弟带茶末样，明日起早来仙女镇，限天成信局晚间到口岸，计专力千三百钱，立有收条，过时议罚。至发信后，神气又倦，不得不静摄矣。傍晚后，觉神气稍好，即于二更后安睡。不料四更又咳嗽矣，实深愤愤。此廿六夜之情形也。

廿七日，或阴或晴，巳时大雨，亥初雨止。

在船闷坐，午后据头次专人来云：彼将信携至口岸又新茶叶店，金在泰，尚未回口岸，渠等未便拆信，该足将原信带回。闻言之下，尤为郁结，何彼等竟不体贴我心也！意欲着永吉往口岸取茶末样，拟俟天成信局回来，再行定夺。一夜焦灼，莫能制止，此中景况，竟无处可告诉也！

廿八日，天晴。

早晨，着永吉往天成信局问信，据彼云称该足尚未回来。嗣据金弟来云：彼同该足于昨晚二更冒雨至仙女镇，不知船之所在，故住在信宜钱店，今早起来找寻船只，无处可觅，幸信局告以在司马头云云。比将口岸情形细问，方知一切。申刻，将茶末样与该店细谈，价目悬殊，不能脱售。又询装盐船只，居然未有，只有宁波之船，而江湖之路，全不能悉，恐靠不住也。是晚，问老金外间一切情形，时届四更矣。

廿九日，天晴。早晨，雇划船一只，言定无论居行，每日给钱九百，午刻过船。未时，胡划船开行，是晚住宜林。

卅日，子刻小雨。

午刻到泰，即嘱金弟叫六弟来船。申刻方到，问彼一切情形，备悉一是。又知春纲引数，业已截数。惟本月廿六日曾已议定，凡运西盐斤，每引预付金陵大营厘金银二两。俟售盐时,由西局扣还。似此意外又添出银二千两,成本较重,令人焦灼之至。六弟于亥刻回寓,而我千愁百结,一夜不能安神,兼之嗽咳不止,实属不成人境也。

八月初一日,早晨天晴,巳时大雨,申刻云收雾散,天始霁矣。

早晨守船户,不能开船。粥后大雨,在船中闷坐,虽读《纲鉴》聊为解闷,而心中郁结,竟不能去诸怀也。傍晚,嘱该船伙将船放至泰州南门,再守船户。孰知此人回邵伯,允定今日回来,何其竟不来也!

初二日,午时暴雨,申时天晴。

巳刻,船户仍未回来,即嘱永吉看船,俟船户一到,即将船放至口岸。我与金弟先行起旱,行至数武,目睹满天黑云,恐有暴雨,势不得已,雇船一只,计钱三百。行至刁家铺,又雇车往口岸,计钱二百文。戌刻,至口岸,寻觅茶末之船,与秀明兄细谈一切,此为二日情形也。

初三日,天晴。

嘱金弟、秀兄速售茶末。又新茶叶铺同事黄青麟翁来邀上馆,却之不去。问及此人系吾北乡竹会寺,其家与徐宅隔壁,在口岸生意卅有余年。其时嘱金弟、秀兄同至馆上。饭后,将各事料理,并再四嘱咐。申刻,允吉坐划船到口岸,晚间不惮烦言,又晓谕一番,以便第二日开船也。

初四日,早晨天晴,未刻大雨淋漓,酉时雨止。

粥后,由口岸开船,未刻为雨所阻。晚间至泰州,嘱永吉叫六弟来船,三更后六弟回寓矣。

初五日,阴雨。

粥后,至洪永裕茶叶店兑茶末银曹纹九百〇七两七钱四厘,讵料该店一时挤不出,允以初六日兑二百余两,其余约定初十后准有。午刻至栈,罗训、叶仲日兄碍留吃饭,叙以浮谈。申刻,至六弟寓。晚间,栈内备有酒席,似不能回,故与允吉偕往,交子后即回船矣。

初六日,大雨不止。

早晨,嘱永吉、六弟往永裕兑银,讵料在船中守至酉刻,未见永吉、六弟回来，甚为闷闷。傍晚，六弟携宝四只来，据云：允吉在寓内，突然痢疾廿余次，不能行走，只得嘱船户将行李送至六弟处。晚间，日兄送酒菜，与六弟同在船上吃。交子后，彼等皆回寓矣。

初七日，大雨不止。

早晨，写字。问永吉病，据船户回云仍然未好。下午，六弟来船，询以永吉情形，知彼已成痢疾，好在能吃，虽无关紧要，而我不能久待，再四思维，只得嘱永吉住六弟处医治，我一人往冈。傍晚，栈内又来请吃晚饭，虽然碍回，而店价不得不赏钱一千。晚间，六弟又送果来。三更后即着其回寓，并嘱其照应允吉一切矣。（本页天头注：收钱十千，茶末银换，六弟手；支一千赏栈价。）

初八日，早晨微雨，午后天晴，顶风。

早晨，自泰开船，傍晚到姜堰，查此地离泰六十里，是夜即在该处住宿。

初九日，天晴，顶风。

黎明开船，晚间抵兴化。即上岸剃头，回船吃粥，日夜闷坐船中，不觉万事来朝矣。胡万元船户，付钱二千。

初十日，天晴，顶风，午后顺风。

早晨解缆，孰知又是大顶风。午后顺风，是晚住陈家仓。

十一日，半阴半晴，顶风。

五更开船，酉刻至上冈。

十二日，阴雨。

出来应酬。

十三日，阴晴。

上半日应酬，下半日与老端说话，晚间与老五说话。是日午后，允吉到冈，午刻在元丰吃饭。

十四日，天晴。

应酬半日，即着允吉往下川，又与老二叙谈。晚间，与老五叙谈，四更天。

十五日，大雨，午后天晴。

午前应酬,午后与老四叙谈,晚间心中郁结,戌刻即睡矣。

十六日,天晴,与老四剀切陈词,彼亦推心置腹。所可恨此老二忘恩负义,全不知情耳。恨极!恨极!

十七日,天晴。

老二复又盛馔请我。酉刻即向源源取钱。因咸丰十年,因贼窜旌、太,箬、色两岭告警,各村派团练守岭,祠会诸公托我借钱二百千,每日二分行息,今已五年,无人问及。其钱系文辉叔佐夫酒等开支,何以迄今无人问耶?晚[?]后,与大兄细谈一切。

十八日,天晴。

午刻,在德兴吃饭。未刻,追源源之钱。讵料诸人皆不问,我亦不便深追,惟有面斥诸人而已。嗣后,爵三兄送来钱卅千百文,德堂送来钱百〇八千,其余皆无着落。傍晚,糊涂人与允吉同来。二更上船,与诸人应酬。后大兄与糊涂人与我细谈,三更方散。此十八日情形也。

十九日,天晴。

黎明,由冈开船,闷坐船上。想及淮盐章程遗忘携带,故午刻抵盐城后,即专人往冈取淮盐章程,三更后专足带来。

廿日,天晴。

早晨,由盐城开船,晚间住东保庄。

廿一日,天晴。

粥后,抵兴化。即上岸买篦卅张,计钱八百四十文。又篦二张,计钱百六十八文。当即回船,嘱船户开行。是晚住六甲,又名汤家庄,查此地已过兴化六十里。

廿二日,天晴。

哺后,至泰州。

廿三日,天晴。

早晨候客,访问西盐之事。又晤汪鹤兄,细谈一切。讵料西盐之票业已请完,无法可想,实深焦灼!

廿四日,天晴。

粥后,上街买物。午后,在六弟寓内吃饭。

廿五日,天晴。

由泰州动身往口岸,至刁家铺,又坐车前往。未刻,到口岸,与秀明兄细谈一切,傍晚回船。

七、清同治、光绪休宁胡光瑛《迪祥里胡氏谱局韵枫氏日记》①

瑛于辛未年九月廿八日，里中动身，由安庆附轮船名婺源者，往楚京山县属省墓，及整理祖业生意。壬申夏初，得里中实甫弟手书，并汉口利川叔手札；及抄里中公信、清华知启函札。阅知里中有清华九修宗谱一事，问瑛是何起落，欲瑛急早里旋，妥商复夺。

瑛乃于四月十八日，自京属启行。

廿三抵汉口，晤会在汉诸本家，将前后修谱事宜大略商酌。皆云各尽心力，嘀瑛即行回里举办。

五月初六，瑛汉搭巴陵轮船，动身抵安庆省，起旱，十三到里。实甫弟、茂林叔当出清华三月来信二封、知启一通、合族通知上下江信稿一件示瑛，因详问瑛所以修谱原委。缘辛未年六月间，瑛馆移秩斯堂避暑，有小坑处馆之黄麟（字紫封）先生，系婺源清华街人，郡廪生，癸酉拔贡生，是时过访，见厅悬有

---

① 胡光瑛（1827—1894），字文玉，号韵枫（润峰），休宁县周村石田迪祥里人，府学生员。同治十一年（1872年）分任婺源清华胡氏谱总局迪祥派胡氏支谱编纂，光绪元年（1875年）支谱告成，手订《迪祥胡氏谱局韵枫氏日记》一册，细述谱局四年间其人之外联、筹资、编撰、接谱、祭仪等诸多经历。该书原由吴敏收藏，后收入王振忠主编《徽州民间珍稀文献集成》第2册，上海：复旦大学出版社，2018年版，第329～409页。

清华分迁迪祥世系牌,问瑛由来。是以知我迪详胡氏,乃婺之清华分支也。后紫封九月初回婺,瑛亦于九月底往楚。恰好十月中,清华旻公支议成九修《胡氏宗谱》,适黄紫封在伊内弟胡俊文宅,谈及修谱事。黄因云:休宁迪祥胡宅乃贵族分迁,现有光瑛、光信昆仲,与麟相契甚厚。俊文即向总首步唐言及,清查迪祥之派老谱,却无迪祥注脚,只有休宁周村石田一派。

壬申正月,清华谱局开门,发函各外派会修。因过徽郡城,适值院试,局送信者便至黄紫封寓,访问光瑛。是时,瑛未到试,乃访晤光信,信亦不知就里,乃令弟光仪伴婺宗台回里。信、俊亦后回村,与在里众丁商酌此事应如何回复。权将婺局宗台先行辞去,待我族信知光瑛及客外丁众后,即有信上复。于是在里丁众同修公函,寄达上下江,通知瑛抵里后即具信,将原委达汉诸公,妥议经费兴修,立待信至,便好寄复婺局。

七月初四日,黄紫封自清华来小坑馆,承代带有婺局催领红格信一函。

七月初七,适兴化士棠有家书到里,比茂林、润峰、实甫同具信,附伊宅报内寄达。廿七到兴,八月廿四,士棠兴具信复,九月初十到里。

八月初二,汉上信寄回曹纹四两零五钱,并兴化士伸、士棠复汉公信,俱于九月初十到里。即日便酌定复信,申汉议成。士椿、光瑛、光信三人,定廿六日往婺领格。

九月十一,在里丁众公议学堂楼上设局,先汇草系寄达上下江,各丁书填各支上代生卒、配葬事实。

廿四日,草系成,即肃函总寄汉口,至便分寄江北。

廿六日,椿、瑛、信三轿动身,由下路,五里冯川,五里琅㽘,七里龙源,八里蓝渡,过河进坞,五里霞溪,五里渭桥,上街头,左进五里,外板桥,五里三望源,十里石田,十里上溪口,对河和村住夜。

廿七日,十里岭脚,十里花桥,十里淇园,十里庄前,五里浙岭脚,上下岭计十五里,岭脚西坑住夜。

廿八日,五里麟清桥、虹水湾,五里石堡,十里山坑,十里沱口,十里花园,五里灵官亭,五里清华街口,过石桥,双河头,过石桥,清华下街,左往东园,直上中街。胡氏谱局设在中街经正堂偏厅修礼堂下,隔壁有饭店。三人先落饭馆歇下,即向店东问:胡氏谱局,隔壁是否?比谱局董事闻知,便出,相邀三人到修礼堂坐下,便张罗轿担,打入经正堂,将铺盖安在后厅房内住歇。会晤局总领事胡锦标(字步唐)、胡光熊(字美卿,邑庠生),司出纳者字毅卿,另知事俊文、尔多、翼功、焕成等,陪坐谈叙。从来知乾隆廿七年成谱,乃常侍、明经合修《胡氏宗谱》也,计十五本。我村前修之谱,即此次谱也。我村世系,从学公起至卅世开字派止,仅半本,与别支合成一本。又乾隆廿九年,清华常侍公下六公支七修《清华胡氏统宗族谱》,我村未与修。谱头有子原公分迁休北周村石田,至十九世复一公止一款,以下未续。又嘉庆六年,常侍公下六公支,八修《清华胡氏统宗谱》。我村支派,亦只知注子原公分迁周村石田,至复一公止,以下未续。瑛等时生也晚,向只知我村已修有族谱,实不知有常侍、明经合修之谱,更不知有清华胡氏六公支七修、八修之谱。今亲谱局,目睹前谱,及看现在铺设、经理位置、悬议章程,知为真实辨事。更聆语言敦笃,款待殷勤,知非冒昧将事者,乃着仆下将带去人事呈送局中。

翌辰廿九日,三人即具衣冠,拜谒局董。并托尔多宗台引谒各支房头,计到八宅。旋局后,各同支有卅余人,皆肃冠裳,到局回拜。将息片时,又备香纸、边爆,托步唐、尔多、稻荪、焕明,同诣南市晓公狮形墓前省视拜瞻,遍阅常侍公统祠勋贤堂基址,及日新公各祠堂毁址,并上市胡祠址地、九公新祠、张大帝新庙(据云此庙系我日新公支下供奉大帝之庙,前被贼毁。今春得步唐经手,重新庙貌,并将余资起立文社,请师月课,以培人材),转局。是晚,局办盛筵十六碟(四汤、四点、九簋),有同宗之稻荪、云高、焕明、尔多、毅卿相倍[陪],椿、瑛、信三人登席,步唐另壶劝敬。比夜,步唐又房陪坐,谈议各件,甚合机宜。三鼓后,小酌,方各安息。

卅日,又备香烛,托步唐引去东园村中,瞻拜六公坟墓,兼看东园支新造祠堂。返游双河桥上观鱼,步唐指点清华八景。晚时,有步唐之侄胡鋆(咏亭)、尔多之子及佩芬等县试回来,特至拜晤。询及清华中尚有十几位应考者。当夜,便向步唐告辞言旋,彼挽留再三。

十月初一辰早，又向言辞。于是，饭后乃捡封红格二百张，外送金豆、冬笋，三人同辞回旋。是晚，住庄前。初二，住石田。初三午后，到里。初四，叫木匠整理学堂，装修门壁、窗户。瑛、信同搬铺盖，住宿学堂楼上，汇集我村世系稿。初十，清华局着翼功、焕成特信来村，并问北山派兴修是否当晚留住，即具信复。十一，清华二位回转。十三，具信托洽舍余赞言兄带汉，关会里中已设局汇稿。廿日，兴化士棠有信到。廿四日，复士棠信。

十月初二，草系成，具函寄上下江汉口公信一封、草系一本，江北公信一封、草系一本，总封托儒村余泽民兄由轮舟带汉，并望汉即转寄江北。

初六，北山胡竹渔先生来村学堂中坐下，彼访问谱修章程、经费、款式，午后回转。

十六，又具信寄汉，并京山、兴化、五河信。此次信，托小坑汪星耀先生带汉，并由汉分寄各处。

廿七日，得兴化士棠（十月廿八发）带回洋信，计士棠七丁，费洋廿七元。比时公信具复，瑛又另信附呈锡藩叔公。

十一月初六，北山竹渔先生来信关及，伊宅已于冬月十六日往清华谱局领红格回矣。

十二月十六，瑛解馆并撤局回家，各办年事。

十二月廿八，得汉十一月廿八封发公信一函，并《胡文忠公集》一部，计钱三千七百文；笔卅支，计钱七百廿文；大小图书七个，计钱一百七十四文；信力包皮，钱二百九十六文，并江北复汉信稿。

癸酉年，新正八日，复汉旧腊廿八日到里书包公信。

二月初十，得兴化士棠寄里公信，并嘱里中佑叟找丁费银四钱八分，谱局当付丁费、信力钱一千零八十文。当夜，具函寄复士棠。

一月廿五，清华谱局尚人来村，催送红格信一函，当即具复婺局。

二月初九，得缉庵抵里带到汉三月初二发寄公信，并缴回汉草系及江北信稿。

四月初一，复汉公信，并报三月清明前七日来龙树木、柴薪被烧情形。

四月廿八,得汉公信。

五月初三,得汉公信,并寄北信稿。

五月十一,清华谱局来信,示期开盘,催送草系急切。比夜,复清华信,准六月初间送稿。

五月十二日,里中开局。光琬汇正世系正稿及各基墓、容像、草格,参正各序传,一切总揆;光信拟各序传草稿并謄正;光俊绘画各基墓、容像图謄正;光熙謄写世系正格。四人谱局日夜謄写汇正。

六月初一,得兴化士棠寄回汇收丁费洋廿一元,汉寄去收票底四十二张、北丁履历数件、北丁捐洋清单,外送椿、琬、信虾子、虾米各一包。比日草复足行。

六月初六,得清华谱局尚函报准。

六月初七,开盘。十一日,即印我支子原公下世系,希如期准到,勿自误事。夜,公具函复招准期到。

六月初九,我村稿成,即商光琬、光信二人,将稿送婺。

初十,里中动身,至城,闻汉口有代义盛店寄铜汇款,比至义盛,凑洋五十元起行。是夜,住石田。

十一,住庄前。

十二午后,到婺局,即将红格呈局,并缴洋六十元。其局果于初七日开盘刷。以上世系,自十世以后,即以我子原公为首,先要从迪祥派世系挤起。因我支红格未到,十一日,欲暂停候,众口纷纷。恰好琬等十二到局,则将红格便对便挤印刷,设若十二我派不到,则议成另附于后矣。若此,则我等操劳几载,几为江北草系不回所误。幸祖宗有灵,红格赶早謄正,十二赶到婺局,汇串刷印。在局连日核对详正,斟酌尽善。

十九,事毕。

二十日,琬、信、□记、尔多同往羊莪山省视始祖学公墓,就墓祠停舆,登墓瞻拜,焚纸。环视山水,是山一嶂,只学公一墓,前墓祠,云清明墓祠,有祭祠,内并有书斋,胡姓后在内肄业,月有考课。祠东首有尼庵、家庙,并照应祠内香火,离清华街约计廿里路。旋时旁[傍]晚。

廿一,局又备汤点席待。晚,便向局董步唐辞行。

廿二,清华叫轿回旋,伴黄紫封先生一路。是晚,住西坑岭脚。

廿三辰早,上浙岭,岭顶僧房有黄紫封门人二位,用功下科。晤时,多承果子、茶点。按:浙岭顶上之水,由山凹流来,自屋上接入水缸,水味清美。又有"吴楚分源"石碑一座,在岭顶山左边。又右边山顶,有石碑一座,上刻曰"堆婆坟",旁有小字,看不清白,不知所谓堆婆为何出处也。询之,紫封亦云不知,且待后访可也。晚住和村。

廿四午后到里。椿、熙将初十日接到汉信,并对汇休城义盛店铜银四十九两九钱,汇信交来,信内有士榛附条,嘱将富顺叟[嫂]节孝汇入一说。然富顺叟[嫂]之节孝,经手早已代为注谱矣。又六月初九,瑛、信进城,与义盛店结账,将汇数收足。又六月十四,肃函寄复汉口。又六月廿七,公局具函,并江北寄回照票等件,附光熙带汉,原交汉经理手收。

七月初二,瑛、信同伴,附南乡试。

九月初三,金陵回旋抵里。

初七,宗隽汉口回家。

十三,为宗隽娶妇,吉期一应勉循旧规。

十月十四,宗隽朝谒齐云山还愿。

十月廿八,清华谱局附黄紫封带来一函。瑛于是有信寄汉,辞馆。

十二月十六,解馆。

甲戌[戌]年,正月初十,得清华旧腊附来一函。

十五日,着旺仆往清华,系送诗引,并实甫母五十寿序。

廿日,旺仆回里。

二月廿一,瑛同宗隽、士榕里中动身,由安庆往楚。

廿八早,抵安庆太和洋行。

廿九夜,搭快也坚轮船。

三月初一夜,拢汉口。

初二,上坡,寓恒丰客栈,宗儁原就玉霞生意。

十一,瑛搭皂舟。

十四,抵皂市。

十六,到源泉镇。

廿三,往胡金店,访凤祥支、开埠支,无下落。至桑树店,问士俭、士家、光裕,亦无知者。

廿五,到德安府城,住万源杂货店,代元顺行宝典要旧账,大费唇舌。将账代为结算清白,具信回汉后,即自行来汉交代。

廿八,返住田店仙芝堂。

廿九,住曹武街。

四月初一,回源镇。

十二,往皂市。有寄居皂市世珉支孙士增,邀往会晤胡顺茂木行,叙及顺茂乃祁门贵溪分派,非我迪祥支也。

十三,士增同瑛往蒋家场(皂市旱路到此卅里),住光贵杂货店。按光贵系元凤公支。

十四,到公议场(蒋家场旱路至此廿里),宗德家乡店歇息。片时,即往辰巳台(公议场至此五里)会晤六叔(士锦),年六十,子光宝,字惟善,孙宗懋,幼读。夜,与锦谈叙谱事,锦年老昏昏,所答非所问。其媳李氏甚贤能,云:"大好事,应当努力相助,请宽住几日,知会诸伯叔兄弟筹嫡。"云云。

十五,备酌陪款。

十六,光宝引至天门县城(离辰巳台八里)一游。

十七,雨。

十八,晴。

十九,增、瑛言旋,光宝送至公议场。又邀侄宗德一路,至龙坑地方饮茶。适天气炎热,瑛饮茶后陡发吐泻,即搭划子至蒋家场歇下,吐泻大作,势甚危险。瑛乃自开方服药,至三更,吐泻止,而神疲倦,不能安枕。

廿,天明,瑛恐病倒异地,其若之何?于是急切买舟,同士增回皂。

廿一日午后,抵皂,本拟大同约到光贵会议,忽因病急返,至事搁下。

五月,得徽里来信云:"四月间,汉口利川经理汉捐账务包封寄里,交开津收据。"闻开津信复汉口,云瑛早往楚,信不日亦要往汉,士椿父子亦秋中往北。开津便于四月廿间,在秩斯堂,将汉口寄回汉捐,开津径收,图书当厅劈碎,云:"免留后用,伊印私收。看此谱事,彼三人俱出外,定是不能结局之故。"

五月十二,光信到汉,即有函寄源镇,并抄里中四月廿八清华来信,及里中复稿示瑛。秋,思美携眷,带妻柩回里。

十月,利川自汉回里,为母六十寿辰。思美在里,造北首假四合屋。

十一月十一日,上梁。

十二日,仕楷妻吴氏,在厅辞祖出家。彼时,在里有开汉、开津、开铭、士津、士榛、士模、士泰、光玵、光迪、光达、光本、光林、光俊、光仪等多人,并无人阻拦,在所默然,任其胡行,族规何在?良可哀也!适士椿于十一月初九日动身往江北,十二月回里,婺局无事,亦无信往来。自椿、瑛、信俱外,里中诸人纷纷议论,以至思美捐输,后竟分文不出,各应派丁费,亦不缴足。发此妄言者,闻是开津劈经收图书,男妇同起,三人猜疑,诸人不度事理,信此妄谈,几败我族公事,幸祖宗默有以佑之。十月,孙女爽姑生。

十一月十五,媳余氏产后受风症殁。里信寄源,年内未曾收到。

乙亥年,正月初六,得里中旧冬腊月家书,发函展阅,泪从肚落,急欲回里。奈店事不能从心,无可脱身,徒清夜心焦,何正、二两月,将店事铺摆就绪,拟在三月念间,启行回里。

三月廿,往曹武街辞行。恰是日午后,利川叔自汉来曹,晤知利叔于今正月廿六里中动身,二月初十抵汉,回元顺成,行事难为力,乃不就行,转来乡省墓。比晚谈叙,直至四更。

廿一日,利川、浩川、光瑛同来源镇耽搁数日。

廿四午后,利川、浩川转曹。

廿五,光瑛自源镇动身至皂。

廿八,皂买舟。

四月初一,□汉口,寓同顺栈。

初四,搭俾物乐轮船。

初五夜半,大风雨,抵安庆,登岸。

初六,雨,过江长行,住黄溢。连日落雨。

十三巳刻,抵里。

十九,移下屋住,另为孙女雇奶娘。

六月初四,清华来信,并知会各用清单。

初五,具信复婺局。

初十,公商具函寄汉,并清华事用清单呈汉,另与光信、公信一封。

九月初五,清华到信,报领谱日期,当即具复,如期早到,云云。

初八,在里丁众及老成、女眷,俱邀众厅商议接谱事宜,大略公同,具信申报汉口,立待复示酌夺。此信十三日托石壁下吴愿贤兄,附轮船带去。

廿二日,到汉。自二信去后,椿、瑛又邀及光俊筹商应用经费如何措办,家乡恐无能为力,眼望汉上未缴派费,并允许捐款,以济乃事。

十月初七,得光信来信,云汉口经手早置不闻问,且逸口嚣嚣,信亦不能远赴,领谱之事,在里中商领,汉口已无经手人矣。时士椿、光瑛邀大众商议,以椿、瑛往婺领谱,光俊同大众在里,备办祭事。期定十月十三动身,其需用经费,欠缺甚多,里中经手人实费周章,而不能充用。

十二夜,士椿辞不赴婺,愿在里办事,嘀光俊同去。

十三辰早,瑛、俊启行。是夜,住和村。

十四,住石堡。

十五午刻,到清华谱局,叙及上代祭事,云经已先祭矣。兹二十日,谨祭清华始祖及以下各支祖云云。茶点毕,即送瑛、俊住竹溪书屋作寓。午后,北山派竹渔、仲纶、子畏、苇卿四位到局,亦送来书屋,同寓寓处。局早派有知事人照应供给,其随去轿班,则自行投馆安顿,长随则随身听使。

十六,将带去应缴各费如数缴清,付有足收票照。

十七,谱局传来兴祭仪注,先期演习,以待供职。

抄:

一、正通三人;一、副通二人;一、正引二人;一、分引八人;

一、燎脂一人;一、嘏词一人;一、司帛二人;一、毛血二人;一、司告一人;一、司祝一人;

一、纠仪二人;一、金钟一人;一、玉磬一人;一、大鼓一人;一、洪钟一人;一、发馔二人;

一、侑食二人;一、望燎二人;一、侍席十人;一、传橐十二人;

一、歌童十二人;一、主祭一人;一、分献四人。以上正名,共计七十三位。

陪祭各派人等,随班跪叩。

通唱:序立,执事者各执其事。通唱:倍[陪]祭者就位。

通唱:主祭、分献者就位。通唱:迎神。通唱:降神。

通唱:燎脂。通唱:告文。通唱:献帛。通唱:鞠躬,拜,兴。四拜。

通唱:行初献礼。正行唱:跪。通唱:献毛血。通唱:祝文。通唱:歌童升阶。歌毕。右通唱:歌童复位。正引唱:俯,伏,兴,平身,复位。通唱:鞠躬,拜,二拜。

通唱:行亚献礼。如初献礼进酒馔,加点心一盘,歌童歌颂八十乐章。复位。通唱:鞠躬,拜,二拜。

通唱:行终献礼,如初、亚献礼,跪进酒馔,加汤一碗,歌童升阶,歌颂诸贤乐章,复位。通唱:鞠躬,拜,二拜。

通唱:侑食,进茶壶、酒壶,各席加茶、酒于杯内。通唱:引主祭者饮福受胙。

通唱:嘏词。司嘏者上右立,向上一揖,右手持杯,左手持肉盂,唱云:退位。主祭者退后一二步。就位。主祭者向前一二步。整冠。主祭者正冠。撩衣。主祭者撩衣。束带。主祭者束带。跪。

主祭者跪下。司馘者高声唱云：祖考命工祝，诚致多福无疆，于女孝孙，来女孝孙，使女受禄于天。司馘者将右酒杯向天一扬。宜稼于田。司馘者将肉朝地一抑。眉寿万年，勿替引之。饮福酒。司馘者以酒受主祭，主祭受之，先天后地，自少尝。受胙肉。司馘者献胙肉于主祭，祭转付燎脂者，供桌上，对揖立定。正引唱：俯，伏，兴，平身，复位。通唱：鞠躬，拜，四拜。通唱：告礼成。诸班如前退下，可暂憩息，外派子孙次第到案前展拜。

通唱：复位，各班如前，各复原位。通唱：焚祝文。通唱：化财。通唱：望燎。

通唱：辞神，鞠躬，拜。（四拜）通唱：撤签。通唱：撤馔。通唱：送神主入享堂。通唱：礼毕退班。十九演祭，俱用常时平顶袍套。二十正祭，俱用高顶公服、方靴。此申。

……

十八日，往经正堂看执事榜，并看祭日位次、祭器、祭仪，转同竹渔等往看戏。是夜开席，谢主赞先生潘国霖。

十九辰，早点备，敬肃衣冠，诣经正堂，大众到齐。茶毕，起鼓演祭。演毕，便茶点，各回寓更去衣冠。又去看戏班，加官谢赏。夜，又往看戏。是夜，谢谱司席。

二十正日辰起便早饭，毕，祀堂即有知事人来，招请同去兴祭，便整束冠裳，随到修礼堂。茶毕，齐集，候鼓三通同出，立东庑一字摆立，相向一揖，立定，四通分上，通唱各接班上。礼成，随班退下，揖散，各自回寓卸装。是夜，请谢礼生，共计八席，每席六位。开席，首一席太平人，二席竹渔、润峰、仲纶、子畏、董卿、旭安等六位。初十二□，清华宗台一位，衣冠奉酒，定位毕，席前一揖，大众恭回揖，乃入坐[座]位。次六汤，次四点，小杯松茶。茶毕，择汾酒杯，上十大碗，每上一汤点菜，则奏乐一曲。有侍席者，轮位斟酒，中有知事敬酒，小旦敬酒，吹乐敬酒，计赏九蹄色、十正鱼，出即起身辞席。清华宗台俱衣冠，侍立左右。送客，相向一揖。辞出，俱宗台及边炮、鼓乐，随送大门外，一恭而别行。

廿一日，宗台引班来寓点戏。饭后，又同去看戏，加官谢赏。夜又看戏，回三更候，忽步唐宗台来寓。据风闻云，上溪口有黟县不清白之姓胡者，前到婺局兴修，局查访不确，乃辞不能与修。闻是姓本黟小户迁外，近有七八十丁，听得谱成颁散，欲躲在上溪口一带拦抢族谱，云云。夜，太、泾支闻是，风传纷纷，将谱大众分背，辞行不及。

廿二，礼送。当夜，已散去多派矣。

廿三，北山支诣局辞行。

廿四辰早，北山支行矣。午后，我村轿班到局。比日，瑛、俊诣局辞行。

廿五辰，起辞离寓，知事送至谱局，班戏开场八仙，加官财神、魁星封赠。戏毕，局众、宗台一二十位，执事、边锣、吹手送行，至双河桥东头辞谢，乃将谱箱安放停当，上轿起行。是日，过浙岭，住庄前。

廿六，至渭桥住夜。

廿七，到拱北桥，知会村中大众来接谱。士椿率同阖村正幼丁众、吹手、边炮、执事、香案、插灯，迎至拱北桥上，将谱箱□抬案桌上，一直由大路进村，到秩斯堂，将谱箱安放中堂香几上，供正幼丁众对对展拜。拜毕，阖村女眷亦挨辈随拜。毕，新人献茶，大众贺喜，用酒面过中。乃暂将谱箱，借瑛宅放存一二日，待祭过，再议安顿处。

廿八，议定祭期十一月初二日。

廿九，安排。

卅日，摆设悬榜，托司厨官武叟、阑香煮饭，光□叟、集叟、司茶登叟、学叟、顺叟、四十叟，后厅办席。

十月初一，与祭人员、吹手到厅演礼。

初二，正祭。祭毕，大众用面讫，吹手捧灯，引谱箱，抬至族长开铭宅，将谱交存守。又将谱箱、锁匙，用茶盘盛送房长士椿宅收存。又将支谱二套，一送在长房光瑛处交存，一送在二房光信处交存。毕，通村登门道喜，男妇一例恭喜，当将祭猪斫分，每位礼生分送胙肉二斤。晚，谢礼生四席，菜九簋，海参、蛏干、片肚、海虾、香荨、肉枣、烊鱼、烊鸡、方肉。

……

吹鼓上菜,饮毕,席散。

初三,大众当厅算账,除收汉口、江北、里中丁费外,仍空洋四十九元,当便账写悬厅,阖族周知。正丁再饮算账酒,开铭、士泰、士椿、光㻒、光俊、光揆、光迪、光达、光仪、光绩、光本、光林不到席。饮毕,众议所空应如何出销,皆云都垫不出,权将祀业店屋三间出典,以济公用,议定。

初四,放焰口一堂,以度漏落未修入谱者,用和尚四名。

初八,补食和尚一名。至是,可谓大功告成矣。

八、清光绪三四年(1877—1878年)谭献《复堂日记》①

光绪三年(丁丑)

七月十六日,檄权歙县。新安大好山水,且近故乡,差幸也。

八月一日,之官,登程②。

十六日,过休宁城外,见程篁村墓道,绰楔如新,其族犹盛。

十八日,丑,接受道字三百七十一号歙县之印,升堂治事③。

十九日,阅城垣堵毁已殆尽,四门不能启闭。张文毅公驻师府城,弃县城

---

① 据《复堂日记》补录卷二,辅以卷四相关记载。
② 《复堂日记》卷四光绪丁丑:"八月,之官歙县。十四日,上大洪岭。飞泉百道,响若琴筑。若当盛夏,雨余飞瀑,殆如悬布耶? 上岭七里,可二千级,石磴宽平,殊不觉念闽中万松仙霞之峻,且狎视之。登绝顶望仙亭啜茗,俯视千岚百嶂,举手欲摩其顶,始知所历高矣。下岭八里,行人记壁间云,凡二千三百四十七级。盘折而下,目瞰万仞,使人心栗。舁者当峰回路转,足真垂二分在外。中秋,宿渔亭。"
③ 《复堂日记》卷四光绪丁丑:"十八日上官。"

不守,遂颓废至此。闻朱霞轩令此邑,曾计工须五万余金也①。

二十日,点吏役名簿。一岩邑有五六十差,东坡所叹也!

廿三日,出堂受辞,大都浮伪,而涉讹索者且十之六,为之矜叹!反复劝导,仅一二人尚领意,冥顽狡谲者为多。饭后,录《箧中词补》,将竟之业不欲辍耳。

廿七日,鲍子禾书来,赠名墨四:一程君房,一吴去尘,一曹素功,一汪节庵。

卅日,撰小启谢子禾。启云:

> 子禾尊兄年大人执事:承惠名墨四铤,耀目珠辉,袭衣兰气,即佩坚凝之才性,如揽馨逸之文章。君房、去尘之遗制,三百年珪璧同尊;易水、素功之良工,十万杵烟云俱古。同此磨墨磨人之感,愿矢如漆如石之交。什袭永珍,百朋让价。新染书香,此日幸窥秘藏;敢辞墨吏,异时竟压归装。

九月初二日,敬夫自屯溪来郡见过,出新购得戴东原《水经注》稿本以诧我,又出旧玉,数事皆佳。谈至三鼓,并为予定墨模。

初六日,寄洲以沧湄先生旧藏尺牍见示。中间巽轩先生论骈体一札,实斋先生论读史□谱一札,云台先生论辨赋一札,又听禅者谈禅二札,皆绝妙鸿宝也②。

重九,登太白楼。壁画许、李相见象,有唐英一扇云"第几醉乡",甚妙。

---

① 《复堂日记》卷四光绪戊寅:"歙县官廨落成,内外楹联录存。大门云:'山居者多寿,学道者爱人。'大堂云:'患寡患贫告闾阎,疾苦未平,莫向讼庭甘对簿;以养以教课殿最,拊循乏术,重新官阁愧峨冠。'仪门云:'歌古调,试濯尘缨,白水浅深江见底;活疲氓,愿求丹药,黄山缥缈吏如仙。'二堂云:'茶户喜,麦陇香,大有频书,歌舞遍天都士女;江水清,庭花落,一行作吏,咨嗟问山越饥寒。'客座云(问政山房):'稼穑艰难,怀古名山思问政;文章缘饰,微吟流水赋新安。'卧室云:'何忍鞭笞夸健吏,试从衾影问初心。'楼题以'大函楼'(面大函山),联曰:'谈风月,居高明。'"

② 《复堂日记》卷四光绪丁丑:"歙朱寄洲以巽轩先生骈文手稿六篇见示,即沧湄观察初刻七篇之底本。朱氏旧藏尺牍孔先生论骈体一札尚在。"

下临碑[砰]月滩,左望黄山,风景胜绝。得八字联,曰:"杯浮白也,袖指黄山。"

十一月廿九日,大雪,登楼。望四山积素,欲颜以"听雪楼"。或曰"皓然",《孟子》"浩然之气",古本作"皓然",取"流无声山皓然"也。

光绪四年二月初七日,阅《通鉴补·唐纪》粗毕……①

三月初二日,学使诣学,陪听宣讲。支应处坐,自持节大臣,舆台皂隶,但见纷纷来索钱耳。一笑!②

初三日,填词……

初十日,买得林文忠公《政书》。……又买得《墨林今话》……

十一日,闻余杭褚叔寅同年讣……

廿四日,阅《通鉴》……

廿八日,晨,大雷电。冒雨上乌聊山,祀东岳。初生竹林数十百挺皆作花,亦一异矣。

四月初十日,阅《二申野录》……

廿九日,阅《疑耀》二册毕……

六月朔,朱博残石前年青州出土,数十字,隶体浑健,足与河平三年麃季禹刻石媲美。蔡子鼎双钩寄示,偶付工刻木成,因作书与子鼎,寄印本往杭州。

七月初三日,自至新安,与寄洲谈碑品画。所见如旧拓《白石神君》《孔宙》,诸拓皆精。画册有十洲《九歌图》,亦称佳品。寄老所藏前明及国朝名人尺牍、扇面甚富,名迹不少。近日又于故家得见戴文进《长江万里图》卷,浑秀

---

① 《复堂日记》卷四光绪戊寅:"游雄村竹山书院,曹文敏、文正二公先人所筑文社。台榭幽窈,花木靓秀;中为讲堂,旁为'得此乃清旷'楹联、'畅以沙际鹤,兼之云外山'屏刻。曹学诗《得此乃清旷赋》即以联语为韵,史梧冈书之。二君,《西青散记》中人也。缭以短垣,面新安江。峰峦如屏,帆缆上下,擅胜在远。山泽之姿,可以坐啸。昨致宝见桥书云:'顽云痴月,枯坐秋阶。散朗神情,不耐走俗。'今日略一陶洗耳。"

② 《复堂日记》卷四光绪戊寅:"歙司训巢县鲍云章,字秋河,著《姓氏蒙求》,亦学官之大雅者。原名《姓苑联珠》,予为更定。"

超厚……徐文长墨画十七页，天然入妙，真足为老莲导师。此册方从鄂来，故有樊云门题诗。今日寄洲于安庆买得梧园秦仪《杨柳册》十六幅，精妙有神品之目。以之消夏，亦可谓墨缘眼福也。

廿八日，寄洲以《燕兰小谱》见示。二三十年未见之书，甚喜。作者题西湖安乐山樵，盖仁和余秋室先生集所撰。惜在都时未与王小铁辈论及此也。

九月十七日，闻春舫夫妇同逝，为之雪涕……

十月初六日，送印新尹①。

二十日……午得黄竹轩书，言初九夜雨中，都昌匪众犯县，掷火药，未炽。兵役禽［擒］五六人，讯知约黟县同起，皆江右之为木、石匠人者。前年景德镇之哄，亦都昌人。乱氛未尽，复遭饥潦，愚氓煽动，可悯可忧！此事予三月前已知之，与太守论及，即郡中亦有江西人形迹较异者也。作书答竹轩，稍以慎杀劝之。

廿五日，登舟待发。计此行得歙石佳恶五、旧墨十许铤，新墨之可用者称是。至财物盈不足之数正相当，所谓故我也②。

……

---

① 《复堂日记》卷四光绪戊寅："戊寅十月六日，歙县受代。"
② 《复堂日记》卷四光绪戊寅："二十六日，发舟渔梁，寒崖绀碧，树草依依，未甚寒也。倚篷读书，周美成云'依然旧风味'！阅汪灿人《理学逢源》。学究著书，不离兔园册子。……《水经注》以《浙江水》终篇，舟中读之。新安发源以下叙次甚简，并有讹失。记严先生事，仅云有石室，不言钓台。按：子陵钓富春大泽中，非必凭江垂纶也。郦《注》于楚、越间水当时在南疆者，大使舟车未经，褫略茫晦，而《江水篇》又有阙卷，有原无委矣。"

九、清光绪四年至七年(1878—1881年)祁门历口利济桥局局董日记[1]

　　光绪四年戊寅六月□□□□□□□□,连日阴雨。是日,自寅□□□□□□□涨。诒燕祠内水深二尺有零,□□□□□塍路。自我家凌家园□园起,□□□□门边止,佘扫一光。二兄□居新屋□□□列柱过乐意屋前地,四婶叶氏仨店屋□□□中前半截,余屋耳门边一截,尽成长河。新屋墙倒时,我等仍在楼上,后由正屋照眼,度余屋水势小退,划水走至志勤堂。此自迁居以来,未有奇灾。新屋遭毁情形,更令人心伤目惨。数十年蓄植花木、松柏及案头簿书□、日记,尽付洪涛。是夜,率燮元等在祠淤泥中驻足。(前堂新椅桌,继祖等水将退,冒险捡收,族达之弟同为出力。)

　　二十日,鸡鸣时,雨方住点。

　　闻闪里水势更大,佘店数重。绳祖于初八日陪马锡年甥同往喻义店嬉,道路谣传,纷纷不一,深为悬虑。晚,探闻马口有过客自闪来,喻义店水齐柜台,幸无事。(督同新祖、继祖,并倩自来,河边捡收砖。)

---

[1] 作者(1830—?)为祁门闪里人,系当地的生员、商人,书中记录了历口重建利济桥的桥局公事、家庭琐事、乡间要闻等。原稿本1册,由吴敏收藏,后收入《徽州民间珍稀文献集成》第3册,第361~543页。

廿一日,阴。

伦坑致远叔、殿三兄,著家人来探灾。

浆坑叶亲来探问。

绳祖、马甥同上海春华祥庄客汪子怡,因□□水退后,浑浊难以安身,三人雇轿同□□□□□,始得家灾□□,下午到,在志勤办□□□□□□屋住宿,伊家水未进屋。

光金兄、燕嫂掭畚扫屋后前后堂淤泥。

廿二日,阴。

邓家淑辉之夫特来探问,掭同收理砖物。

邬才喜来新屋内,掭同畚扫后堂。

沧溪庄胡光旭来,同光金兄、新祖等畚扫祠堂。

焕妹婿尚接成侄来问信。

廿三日,晴。

回焕闪里家中人口平安信。

廿四日,晴。

蕴来家。(得灾信。)

廿五日,晴。

马甥坐蕴来轿出邑。

七月初一日,晴。

耿扬兄邑回家,与其熟商合村基址情形,非□力建造老河坝,后虑深长,万难居住。越数日,伊邀同登儒叔、起仁兄、振和叔、含辉叔等,集议绍祠各户名目,共写捐洋　元,实皆勉力倾诚,约计估工仅敷其半。侄绳祖等筹商此事,幸合族同心,我家不尽力勉出重资,万难成事,亦写一捐单:鸣位捐洋七十元,蕴兄弟锡光堂捐洋三十元,春捐洋十元,洺捐洋十六元。

初五日,刘彦诚石工填正屋地。

初十日,晴。金少尹奉邑主黄委来勘灾。

十五日,晴,午烈风雷雨。

十六日,晴,午大雨。和兴店宗仰南兄,著伊令郎来该店,前月□□修理墙垣一切。渠因我家中被灾更甚,故未便来讲。不料昨午狂风暴雨,店背后冯姓虎形坟山,几抱围古木当腰折断,压在店屋中进,尽行倾倒。请我到店,商量动手建造费用。

十七日,晴,下午雨。芹弟长子桂祖亥时殇。

廿三日,晴。动身到历口曹村益丰店留宿。

廿四日,晴。晨到和兴店。该店年久毁损,木料概不堪用。现已雇齐砖、木各工,与仰南兄、冯濬川酌议,中一进索性办新料建造,一□[劳]永逸。

廿八日,晴。历口到家。合村丁工起工,开挖老河。湖北石匠刘彦诚来,承做河塍路,高枧胡金祖居中立约,订定:拆石计六尺高,脚一丈阔,每丈计价洋六元。

八月初九日,晴。湖北石匠做路起工。

十一日,晴。招子婶巳时无疾忽故。

十七日,晴。开河丁工复轮。

九月初七日,晴。路功成。

十月初六日,都邑杨全善、杨南林木匠起工修新屋,十四日竖架。

十月廿四日,晴。石匠沈靠天等起工,点工筑造老河坝,于十一月十六日功成。

十一月十七日,雨。修整新屋,架门坊。(石司陈新盛、砖司梅周福祭门坊,喜包、红录均属一样。砖司十一月初一日来,初二日安踏底。廿一日,动手封墙。)

十八日,雨。邑主黄临村催征。

十九日,请勘,与发春构讼余屋。

十二月廿六日,阴,午小雨。在迳亭岭山安葬曾祖妣氏陈、程,继祖妣氏陈三棺,先期与绳祖看形势稳妥,用邬光容兄分金。

廿八,交大寒节,小雨,吉日。在楂树坞将母氏吴柩扶移至店头厝基,与父同处,照辛酉、辛未老向分金。

光绪五年己卯日记

正月元旦,润泽生民。

初二日,花飞六出。

初三日,晴。蕴弟家晚酌,后喜得二兄店盘账信。

初五日,阴。廷瑞家晚酒。

初七日,晴。序和家晚酒。

初九日,阴。智如叔家晚酒。

十一日,晴。汝侄轿往闪。

十三日,晴。出灯。

十四日,立春,晴。请族内知好春酌。(廿三,芬幼女冬云殇。)

十六日,阴。(思耿兄家晚酒。廿五日,舍叔家晚酒。廿六日,良进叔家晚酒。廿八日,振和叔家晚酒。)

二十日,晴。开学。(廿五日,二兄同廷瑞轿出邑,往休诊疾。廿七日,取善甥完娶,便送贺礼去。)

二月十八日,晴。许佩和先、黄兴茂先、冯胜英先、宗殿三先、春成先崗函著轿,接至历口,集议重建利济石桥(该桥嘉庆二年丁巳曾祖荣序公捐银三百两倡首),局暂设义泰店。下午到局,晚饭,和兴店宿。

十九日,雨。具信致各都、各村商议。

二十日,雨。河东冯宅、河西许宅写乐输,合局人同在合兴店早饭、晚酒。

廿一日,雨。宋村冯宅写乐输,肇馨茶号晚席。

廿二日,晴。大树下冯宅写乐输。(冯景山先家午饭,大茂榨晚酒。)

廿三日,晴。上、下闪黄宅江任□写乐输。上闪午饭。江任晚酒。

廿四日,阴,午雨。武陵坑吴宅写乐输。吴钦明先家早饭,晚冯栋材先家盛席。

廿五日,西塘黄宅写乐输,永顺号晚酒。

廿六日。

廿七日，马儿坦、择墅岭各处写乐输，义泰号晚酒。

廿八日。

廿九日。同冯胜英先、冯景山先、宗殿三先赴曹村写乐输。（曹村公办供给。）

三十日，陈田浆坑等写乐输，宿陈田。本月廿五、廿六两日，自新造河坝之下至上塍门口河洲，共栽枫树、榉树一千余根。

三月初一日，到叶村乐输回，候后商议，各人回家。砖司梅周福等四人来。十二日，架院门坊。廿一日，正屋院内俱成功。

初九日，晴。冯胜英先、宗殿三先、耿扬兄在箬坑写乐输。著轿来，下午到箬坑王允卿先家晚饭，同宿上箬坑王渭川先家。

初十日，晴。王德芬先家早饭。同胜英先、渭川先、耿扬兄到小驲坑写乐输，该村公备供给。

十一日，晴。同到港上大屋里陈小成兄家早饭。午，仍回小驲。殿兄由插坑来，亦到用晚饭，同至文堂宿。同胜兄宿陈怀玉先家，殿、耿宿陈柱才兄家。

十二日，雨。陈嘉言兄家早饭，陈醉经先家晚饭。

十三日，晴。同殿、胜、耿，在茶科树底陈清远兄家早饭。由沿边峡城各村写捐。午，到闪，寓喻义店。晤坑口陈树人亲翁，伊比寄信与兄陈价人先生。本日仍来闪晤候，与陈孟卿兄同在店晚饭。

十四日，晴。陈仰之亲家早席，陪：价人先、孟卿先、仰高、作求。陈韵泉侄婿早晨来闪，加雇轿二乘，同殿、胜、耿四人午刻轿到坑口，寓洋洋发庄。下午陈丙人、价人先陪行到潘村，晤陈步衢。树人亲翁家晚席。（是日清明佳节，伊昆仲馔盛意诚，殿兄等拇战，酒酣畅叙，几过夜半。方斐成先、价翁陪。）

十五日，晴。价人伯亲翁家早席。（陈丙人先、陈居正先、斐成先、韵泉陪。）

午轿回闪，仍寓喻义店。

十六日，晴。胜英先回宅，同殿兄、耿兄进桃源。（陈维豫先命子辅之再三来接。)维豫先家午、晚席。(陈孟卿先陪。)下午轿送回闪,陈广兄家晚酒,孟卿、仰高陪。

十七日,晴。陈孟卿先家早席。

十八日,晴,午大雨,夜雪。同殿、耿兄闪雇长夫六名(每名自食,二百文一日),度新安岭,午到新安洲(隔闪十五里),寓恒春宝号(上湾汪汝常兄、箬坑王康侯兄合开),用午饭。汝常兄轿陪至南门洪家,洪镇廷兄款茶点。雨甚,不能候客,请洪启明、庆兄、轶才兄来叙。晚,回恒春店餐宿。

十九日,晴,雪后霜,寒甚。复源榨王贞吉先生令郎接用早饭。汝常兄轿同到上湾,晤汪汉邦兄、汉廷兄(上湾隔洲五里)。到下湾(距上湾二里),晤汪朝梁兄、秉朝兄。午到赵家(下湾对面,只隔一河),晤赵岱宗先(印光前)、丽三兄。回上湾汉邦兄家晚餐,复恒春店宿。王康侯兄自饶到店。

二十日,阴风,冻。王天化兄轿,同到长滩赵家,赵作舟兄款茶点、午饭,并给轿夫八人酒饭。晤赵振邦兄、廷谟兄、汝明兄、汝易兄。午至上岭(连近良禾岭),到山腰,轿不能行,步行上山里许,到汪玉川兄家,茶点。本日仍回恒春店餐宿。

廿一日,阴、晴。王述堂兄接早饭。□□宗先、洪镇廷兄等来新安洲。回候各处□□输单均送来。自新安动身过李坑,候陈以清兄过金家坞,候王伟青兄游延青堂书屋,回廊曲折,花木周遭,松柏数盆,年分甚久,惟杜鹃花更多,承其各赠一株。下午到高塘,住王维扬家。

廿二日,阴、晴。王暎南、受之、景文、于廷,同由汪村进查源,王克家兄款茶点。游查源村口书屋,内有大方塘二所,中构书舍,流水相通,古木森翳,惜未收理。族侄鸿燾设帐于此,坚意留宿,固辞,仍回高塘维扬家。晚酒,暎南等四人陪。

廿三日,阴,下午雨。自高塘度榉木岭到闪,寓喻义店。殿、耿廿四日回家,予在店住,候收各处乐输单。

廿九日,晴。闪里轿到家。

又三月初五日,晴。同耿扬兄、序和弟进马山写乐输,叶用宾先家晚席。

初六日,晴。叶仲升家早席。

初八日,晴。历口桥局轿来,下午到局,局暂设迎晖书屋。

□□日,晴。□口雇轿出邑。照桥局价,轿力钱八百四十文。

十八日,晴。与汪发春旧讼,著抱呈迭词。

十九日,晴。著马桃兄挡信到历口。

二十日,晴。焕妹婿备席,同席马在丰先、周玉川兄、蕴弟、大茂伙。

廿四日,晴。出批:候催传集讯究断,毋先辩渎。

廿五日,阴。下午大雨涨水,历口水汆桥渡。

廿六日,晴。收蕴弟茶捐票八十六两四钱(翠春七十八两,同盛八两四钱)。邑回局,潏川先家晚饭。

廿七日,小雨,夜大雨涨水。潏家早饭。同殿兄肇馨茶号晚饭。丹春伙请旌德造南渡石桥,王双喜石司到局。

四月初二日,晴。各匠起工,修理双和店做桥局。

初三日,晴。上之、序和为金良叔女事出邑。

初五日,阴,下午雨。德修回家,由局过,晤。(吐。)

初六日,小雨。焕为捐事,峕徐康兄送信来。(带。)

初七日,阴。(带。)

初八日,雨。渡船撑上来。

初九日,阴晴,午雨。

初十日,阴。

十一日,晴。

十三日,晴。同冯胜英先、冯潏川先、吴钦明往石子源写捐。吴廷玉兄家餐宿。山岭险峻,实甚疲倦。(夜作烧。)

十四日,晴。回局患疟疾。

十六日,晴。请宗永贞先诊视,开方服药。

十七日,雨。改方服药。

十八日,雨。许佩和先、黄兴茂兄来局问疾。

十九日,晴。服红灵丹并佩符,疟截愈。(吐。)

廿五日,晴。德孚侄芜城归,过晤,局留宿。

廿八日,晴,下午雨。宗子冶先邑来,由局过,晤。

三十日,晴。焕妹婿因予五十生辰,峕函送大泥马褂料一件。

五月初一吉日,早雨,午晴。寅时,由迎晖书屋来进新局。撰局联幅:乐善必同人,幸各区踊跃输心,众擎易举;奉公须洁己,倘吾辈丝毫染指,天理难容。中堂横披[批]:范文正公。每日必念自己所食之食与所为之事能相准否,相准则欣然,否则不乐。此前贤辈不自欺处。吾人一饮一食常持此念,自不肯糊糊涂涂过了日子,定然于事有济。己卯夏五桥局同人书以自警。后厅"内省"二字跋:

> 利济桥要津也,旧年蛟水冲坠,人窃忧之。欲成,任大责重,公事一不当人意,啧有烦言,人又以为惧。予等不揣浅陋,远近捐募,设局鸠工,此三年中,惟日兢兢以求此心无疚而已,夫何忧惧之有?

劝捐重建历口利济桥启:

> 窃思梁成十月,民无病涉之嗟;事利一方,人乐输将之助。是以修数百年崎岖之路,造千万人来往之桥,固阴骘内之大端,亦王政中之一事也。祁西历口,上达苏杭,下通汉武,青山两岸,绿水千寻。每当"溪涨春生,川流夜长,公无渡河"之句遍咏,行人卬须我友之歌,空怀舟子,苟非填同乌鹊,亘等彩虹,鲜不杜足于清流,伤心于涉水,此嘉庆初年利济桥之所由建也。想其经营伊始,竭力图成,甃石匀排,行旅极往来之便;阑干环拱,儿童免蹉跌之危。亦尝费数百万贯之钱刀,历八十余年之车马。讵期旧夏鲸波肆虐,蛟水为灾,溢川涨于须臾,隳石梁于顷刻,见之者咸为太息,闻之者莫不咨嗟。然而天道无往而不复,人事有废而必兴。纵鼍梁已没,徒余鳌足之存,若鸠众重营,尚可虹腰之跨。惟是一木难支大厦,众志始可成城,敬告仁人,共襄善举。或居同梓里,不辞将伯之呼;或过此萍踪,咸望取

怀而予。果得裘成千腋，合隋珠卞璧，以偕来行。看期匝三年，赏月影霜华之依旧。谨启！

    光绪五年　月历口利济桥局同人公启

承和兴宝号送来局白面姜一斤，录[绿]豆糕一斤，盐子十八元，粽卅个。承冯高玉兄送来局粽二十四个。

初三日，雨，夜涨大水。

初五日，雨。在局度节。承黄兴茂兄来局白鸭子二十个，冯栋材先送来局粽十八个，冯潘川先送来局粽二十个，冯胜英先送来局鸡子十六元、粽十六个，大茂号送来局盐子十二元、粽十八个。

初九日，晴。承许佩和先、黄兴茂兄、吴钦明先、冯胜英先、栋材先、潘川先、宗殿三兄知予本月生日，在胜英先宅出己资备盛席。予临席，见其开席，华烛彩爆，愧不敢当，记感厚意。

十五日，晴。拟定石匠承约，并定各石价钱，事关重大，信请各都当事人来局公同商酌。是日，局备三席，先请本街及附近各村当事人。

十七日，晴。各班石匠立约成事。旌德鲍宏告、王双喜，太平薛社贵、叶功大，婺源鲍锦云、鲍蹬华，祁门程顺全、陈树林等（作四股分承，各立一约）：

  立承约人　邑石匠，今承到祁西历口利济桥局建造石桥一度，作四股分承。身等承造一股，先行打石，计方论价，建造起卷，自食点工。其钱文，打石则在山交货收钱，点工则按工支取，不得预先挪扯钱文，以致半途生端异说。所有打石、点工价钱及一切规则，逐一开列于后，日后毋得异言，恐[空]口无凭，立此承约存照。

  一、洞石要二面放阳，装讹平正，以二尺阔起数，如欠一寸不用。一寸两锥，做细成功。每方计价钱九十千文。

  一、洞石接缝，背上以五分至一寸为率，不得空多填塞散石。上下水洞口面，造起再量，照洞石扣算。

  一、不子鞋尖、布袋口石，装讹平正，以一尺七寸起数。一寸两锥，做细成功。每方计价钱三十八千文。

一、桥面石墈石一寸三锥,做细成功,每方计价钱二十千文。其桥面石作七路安排,中间横石路心六尺阔,与压边石格外加厚,长短广狭均要一样。

一、洞石及各石,必先做细熨贴[帖],上架时砑缝一二分。小修如临时修改,耽搁多工,身自认工帐[账]。

一、建造起卷,自食点工,每工计工食钱二百六十五文,用炭、菜蔬、点火、油、茶叶各项一并在内。

一、打石,将本桥所存老石查清,尽先配用,欠阙多少,如数采取。倘不先划算,多打无用,收数后俱任凭一□还,扣除工价。

一、鞋尖内每层,俱要安放长大撑石,不得草率贻误。

一、量石悉遵裁尺,石价工钱兑付洋钱,按照时市扣算。

一、桥务工程浩大,必期坚固久远。倘打石不如所议尺寸,及建造卷洞有不合式,听凭另承他人,毋得异说。

一、工多日久,务必始终如一,不得无故耽搁,致误日期。

一、起卷大神福,每洞每人折酒席钱二百文,尖桥照样。

一、小神福兴工一次,安眠牛途一次,安铁蜈蚣一次,鞋尖共四次,每次每人折钱六十文。

廿二日,晴。(吐。)

廿五日,晴。廷瑞邑代带捐照来,留局宿。报捐监生加州职衔:米二十四石四斗八升,票银一百廿二两四钱。加捐父、母封典,貤封祖父、祖母封典:米十四石四斗,票银七十二两。每百两,饭银一两五钱;每照一张,银三钱。

廿七日,晴。局轿回家。

初十日,晴。耿扬兄接晚饭。

十三日,时雨。局丁高仰来挡禀稿,胜英先、殿三兄、耿扬兄出邑,禀请告示:

具禀监生许钟杰,五品衔监生冯邦俸,廪贡生汪上清,廪生汪汇江,蓝翎县丞、五品衔汪秉森,五品衔文生陈常,职员王瑞麒,岁贡生倪人瑞,五品衔候选县丞、文生汪恩煦,前署泾县教谕汪承恩,前署当涂县训导汪光烈,文生王作霖、陈振璜、吴广安、金钰,增生郑云章,五品衔文生冯升,六品军功、监生王克昭,例贡生程士杰,监生许仪吉、叶占鳌、陈在鸣、黄焕章、黄兴茂、冯得桂、冯法庆、黄锦辉,武生曹恩荣、江殿魁,童生汪列宽,耆民王志玉、黄天寿等,禀为兴举大工叩赏示禁约束杜患事。生等住居西乡,生乡十八都历口地方,向建石桥一度,名曰"集福"。厥后重建,易名"利济"。上通苏浙,下达武汉、江右,实为通衢要津。桥长五洞,工资数万。旧夏六月十九日,突被蛟水尽行冲倒。该地方禀报,沐前宪黄履勘在案。近虽架有木桥以济行旅,春夏涨水日多,时架时倒,设舟济渡,而来往人多,日不暇给。生等再四踌躇,惟有力图重建,方为长策。爰集同人,首先倡率,合境挨户劝捐。现已写定捐洋一万四千有奇,一面先行鸠工采石,此后再为就地筹划接济章程。其捐户中有乐善好施、家无厚产、愿助重资者,拟俟功成,分别请奖。但石工、杂工统计不下数百人,非叩宪谕严加约束,诚恐有吸食洋烟、赌博、纵酒,滋生事端,于地方有碍,不得不将开局、开工一切条规粘呈,公叩宪大父师鉴核,赏给钧谕,俾大工克成,仍于地方无患,实为公便,上禀。

(计呈)局规:

一、局内督办工料,一人司帐[账],一人伙夫,一人局丁,一人议定工俸,长停在局,以专责承[成]。

一、办事公议:十八都坐办二人,附近十七都一人,十九都一人,轮流坐局,照应一切,不给工俸。离局远者,来去只给路用,余用不得开支。

一、钜工务须众志,本都各村当事及各都当事商定襄办。有事信请来局,务须始终如一,不得推诿。

一、局内伙食,早晚按人数誊入《伙足簿》,每人每日计钱一百文,一月一结,不得多用,以示限制。

一、银钱洋数出入,设立银洋总钱。总收支一日一结,毋得徇情悬结挪移,如有此弊,经手者加倍偿罚。

一、收缴乐输,比时注清存照、执照。执照骑字号中裁,给捐户;存照存局备核,以杜遗漏、扯收各弊端。

一、各处来局缴捐,量路途远近,款待茶点、餐宿,不得怠慢。

一、公事必须和衷共济,遇事公同商议,择善而行,不得固执己见,一言不合,借端推诿,有始无终。

一、吾乡地方贫瘠,此番乐输,各村踊跃争先,足见人心向善。在局办事之人,务宜洁己奉公。功成,盟神算帐[账],刊刻总簿,分送各村。

匠班规条:

一、现办保甲清查户口,各匠班到日,匠长赴局,报明姓名、人数,缮誊一簿,便于稽察,以杜宵小潜踪。

一、本地方向来遵例严禁赌博,现奉示禁,不准开设烟馆,各匠班务须恪遵严禁,如违,禀请究惩。

一、工必居肆,乃能成事。各匠工日夜毋得出外闲游、在店家、户家纵酒滋事,违者立辞下工。

一、同伙内偶然因事口角,必须告明匠长,分别是非,不得逞凶斗闹,违者立即辞下工。

一、匠工人多日久,地方菜蔬、食物一切,彼此皆宜买卖公平,如有不遵约束,肆行窃取者,查出禀究。

一、桥务工程浩大,必期坚固久远,各匠工如有不由局董、匠长指挥,故意坏事者,禀请重惩,以警习顽。

一、各匠工及杂工点工自食,起工、收工俱遵局定时刻号令,如有杂工倚恃附近地势,故意混工,不听指挥者,立辞不用。

十五日,晴。绳祖轿出邑,局留餐宿。奉县正堂柯批:

据禀：现在重建该都利济桥，诚恐匠工人众酒、赌滋事，不为无见，候给示严禁，抄粘附。

十六日，晴。下午风，暴雨。

十九日，阴，微雨。下午，大雨时行。

二十日，晴。奉到邑主禁牌告示。县正堂柯示：桥局重地。县正堂柯示：禁止喧哗。县正堂柯示：谕各匠工，遵局约束，倘敢有违，提究不贷。县正堂柯示：匠工名数，书簿对同，毋使奸宄，混迹其中。告示前照叙禀帖情节，后列匠班条规。

廿一日，立秋。大沛甘霖。

廿六日，晴。德孚侄接晚饭。

七月初一日，晴。晚酌，请耿兄、德孚。适叶用宾先来邀同晚饭，家裕兄、蕴弟。局中初四日各庙敬神许愿来函。初二日著轿上来，因汝侄邑未来，不能赴局，尚信回复，寄去敬神祝文稿：

　　桥梁之设，王政匪轻。况当孔道，数省通行。在昔有桥，结构工精。民无病涉，利济锡名。讵意旧夏，虐肆蛟鲸。虹腰乍断，鸟翼旋倾。长河两岸，一水盈盈。行人兴叹，父老心惊。同人集议，众志成城。事虽有志，任恐难胜。涓兹吉日，敢竭下诚。焚香顶礼，敬告神明：默佑各属，年谷丰登，家多储蓄，户有余赢。更祈神力，相我经营，自从创始，以迄功成，逢凶化吉，履险若平，人人清泰，事事咸亨。翳神之赖，敢不祇承？功竣酬愿，用享明禋。谨告！

初五日，晴。汝邑到家。

初六日，晴。到局。

初八吉日，晴。四班石匠齐到，寅时禁土起神，辰时开工打石。

初九日，晴。下午，好雨知时。

十四日，晴，午雨。

廿二日，晴。局丁高印挡信出邑与焕妹婿。（吐。）

廿三日，晴。著抱选词。焕送来雪梨四个，盐饼廿元。

廿八日，晴。德孚侄往芜城，过晤，局留宿。

廿九日，晴。殿三兄同王望醇先出邑，由局过晤。望醇送来洋糖一瓶，蜜钱干一包。

八月初四日，晴。二十二都汪汝常先来局缴捐。

初五日，晴。同冯胜英先至环砂岭、马儿坦查看各处石窟。

初七日，阴晴。下午雨。

初八日，绵雨竟日。秋杂有登。

初九日，小雨，午晴。寄送焕妹婿肭腿二只（十六两秤，七斤六两），小酥月饼二斤。

初十日，晴。宗广渊来局晤叙，送来饶州生饼一斤。承和兴店送小麻酥月饼二斤。

十四日，晴，夜雨。程敏修来局，接看戏。

中秋日，晴。在局过节，合兴号送来局生饼一斤，月饼一斤，盐子十六元，粿廿四个。佩和先送来局粿卅二个。栋材先送来局粿卅二个。大茂号送来局盐子八元，粿十六个。兴茂兄送来局切面　斤。收王渭川兄东参三两八钱九分（计十支），计洋一元，钱三百五十六文。又收青梅一斤，钱四分；红梅一斤，钱二分。扣洋二角六分。回与薛社贵石匠，当收钱二百六十文。付光洋一元（大年肭十八），又付钱四百文，仍欠钱二百五十六，其帐［账］归黄兴茂兄位叨光让讫。

十六日，晴。局轿回家。

廿六日，晴。耿扬兄乡试到家。马体乾甥代买来贡缎靴一双（计钱二千四百），白皮帽匣一个（计钱六百），线缎边六合，纬冬帽一顶（计钱一千九百）。前付洋四元，两吉。

九月初六日，晴。到局，原差来。

初八日，晴。历口轿到邑。

初十日，晴。寄信至局，代雇轿，请族中含辉叔、德修侄。

十二日,阴晴。殿三兄到邑来晤叙,欲办盐、茶捐务。

十三日,晴。亲自送词,含叔、德修轿一更后到,住妹婿家。

十四日,晴。南闱发榜。

十五日,晴。陈永林兄接面,同含叔去。

十六日,晴。下午堂讯。

十七日,晴。黟邑见报。

十八日,晴。著抱迭词,轿送含辉叔回家。

十九日,晴。王子璋先接面。

二十日,晴。同叶子振先、王润之、王世平、冯俊扬等和高枧胡友良兄与王姓讼事,在胡润川家早面、晚餐。

廿四日,雨。

廿五日,雨。

廿六日,晴。宗静卿接面。进胡、王和息,比批出:准如息销案,遵结附。体乾甥送缎瓜帽一顶,元绒领一条。体甥之子宗杰十月初二日周岁,办送天青哗叽夹马褂一件,纸包钱二百文。舒家弯租十六秤:犬叔十秤,廿八会四秤,坎二秤。

十月初一日,晴。林祖长子乾元本月十七日子时生。冯子绅等接面。冯胜英先到邑。

初二日,晴。宗会源等接面。

初三日,晴。县考。偕胜英晤省吏科吕子逸。

初四日,晴。叶兰蕙等接面。

初五日,晴。阳生等接面。

初八日,晴。轿到局,接宗殿三兄,信邀到若坑约局,商催各村头项乐捐。

初九日,晴。局轿动身,路闻二兄昨日到家,由家一过,比日仍到若坑赴约。宿王德芬先家。

初十日,阴,下午小雨。缴文约三、四、五三年父位店租纹银八两钱,三年共一收照。

十一日，小雨。殿胜等商议分路临村催收乐输，我往二十一二都，轿晚抵闪，寓喻义店。（同局丁离仰。）

十三日，阴。陈仰高先接晚饭。送林玉姑果子二包（酥糖、麻烘）。候陈仰之亲家谈叙思祖取[娶]亲，择取明年十月初八吉期，比蒙允诺。

十四日，晴。著局丁随鸿鬶往二十二都收乐输。姑家接早饭，宗弟陈维岳先、陈秉钧先同席。陈仰之亲家晚席，宗弟陈孟卿、陈仰高、陈叶吉、徐茶栈客同席。

十五日，晴。红紫金奉璋先、金天锡先来缴乐输，店款茶点。陈辅之兄来晤叙。局丁回来。

十六日，晴。宗道南先来晤叙。

十七日，晴。局丁仰回局，致局催附近缴捐信。

十九日，晴。同汪汝常先轿到新安洲，佑祖同去。

二十日，晴。崗人同佑祖送信到下湾、长滩等处。

廿一日，晴。回闪。接静卿局来信。

廿二日，晴。著缉祖到沿边胡乞坑等处催捐。

廿四日，晴，水始冰。往田源收乐输。

廿五日，晴。著冯志富伙明扬弟往文堂收乐输。

廿八日，晴。闪轿回家。查喻店帐[账]春位四年戊寅，结共收货钱九千三百五十二文。下路共收乐捐洋二百八十四元，于初三日著新祖送至局。

十一月初一日，许佩和先送来鲤鱼二十斤，计十一尾。与裕兄一尾，汝侄四尾，金意嫂一尾。邑主公馆签到，亲临催征。

初三日，何郡守致仕回籍，由祁过，邑主自彭龙回城。

初八日，晴。二兄去店。

十二日，晴。轿到局。付正大榨柜子六秤，八斤十四两。

十三日，晴。承许佩翁送壶闭碗一付、寸金糖一包。

十四日，晴，暖甚，大吐。

十五日，晴，暖甚，夜大雨，氛雾冥冥，雷乃发声。

十六日,阴、晴。著局丁挑盐物回家。

十七日,晴。上筹坑王树德兄来局晤叙。局中因开发石工,需用伊起填祀捐洋三百,商缴洋一百二十五元。与王渭川、允卿、荣宗同在局便饭。

十八日,晴。宗致远叔、绍宽兄在局便饭。喇往邑。

十九日,晴。耿兄到局。夜吐。

二十日,晴。代二兄收和兴店洋二十元,寄与汝收,与伊家用十元,代众备屯石灰十二斤。

廿一日,晴。致远叔为伊族众拼山口角出邑。仰南兄有子侄在内,同耿兄劝挽转身。耿兄至伊宅,代其讲和熨帖。邑尊催征,又到叶村。闻其要到,五约著局丁到家关会。

廿二日,晴。下午得信,邑尊走筹坑、文堂,由下路回城。

廿七日,晴。辉祖为旺祖疾,来局雇轿,往石潭请医。未到,代芹弟付轿工钱四百文(腊月二十四还讫)。

廿八日,小雨。

廿九日,雪兆丰年。

三十日,雪。

十二月初一日,阴晴。烈祖长子达元,本月初五亥时生。写河东、河西店家每日愿捐,每年约计钱二百千文。本年自七月初一起,作半年扣。

初二日,阴。吐。喇往邑。

初四至初七日,雨雨、阴阴、雪雪。

腊八日,阴,冻。量收太平班石数。

初九日,雨。

初十日,阴,冻。收太平班石数。

十一日,阴,下午雪。收太平班石数。

十二日,阴,冻。收旌德班石数。

十三日,阴晴。上午收旌德班石数,下午收婺源石数。

十四日,阴。收婺源石数。

十五日,晴。上午收太平班石数,下午收祁班石数。

十六日,晴。收祁班石数。旌、婺石司结帐[账],存钱十八日找清。

十七日,晴。太平石司结帐[账],独伊班石工、石窟俱逊,存帐[账]所找无多。

十八日,晴。祁班石司结帐[账],存项嫡暂付洋钱八十元,仍存六十余元。因客班远路,先找本处,待廿二三付清。

各班共收:洞石十九方五尺二寸三分三,计钱一千七百五十七千零九十七。不石八方六尺三寸四分二,计钱三百廿八千一百零三。板石三方八尺九分六,计钱七十六千一百八十八。三共计钱二千一百六十一千三百八十八。

办东用锡锅:墨刺参鸡一,大贡淡炆肉一,大桂鱼一,冬笋冻腐一,烧麦一蒸笼。客七位:佩和先、兴茂兄、钦明先、胜英先、栋材先、潜川先、橄庄兄。

十九日,晴。汪仰南兄办东二席,意亦酬上季五月之情。

因今年时势,乐输难以收齐,局议先行开发客班,本处石匠存项已付大半,其余嫡待廿四之前找清。此实情不得已,抑亦事理之常殊。石匠陈树林等酒酣,带伙入局滋闹,比时即挺找帐[账],大非情理。

廿一日,阴晴。收恒大榨茶油十斤(寄存和兴店),菜油十三斤七两,除收,仍存榨油十斤。局轿回家,收蕴位洋四元,春位洋一元。缴桥局序(公名目乐输)。承宗静卿送白莲子二包,百合粉二包。张丹春司送腊豆腐一元,又送二兄一元。和兴店送果子二包(玉带、麻酥),寿桃饼二斤。宗仰南兄送一斤烛一对,荣记烟一包,玉带一包,麻酥一包。黄兴茂兄送笋衣一包,贡面四筒,回送百合粉一包。送许佩和先百合粉一包。邬有喜送来跨口亥二斤二两。

廿二日,阴晴。延寿叔送来细磁小面盆一个,又鸡子十元,橘十个,洋一元。桃源送冻米糖糕来,回寿桃饼十二片,香干四札,使力钱二百文。含辉叔送来面二斤,香肠一支,耳舌一付。

廿三日,雨、阴。付蕴弟捐项洋五元。芹弟送来白米糖一斤,盐子十元,光洋三元,回腊豆腐一条,细面一筒。蕴弟送来大贡枣一匣,回腊豆腐一条。

喻义店送来大烛一对,千边一包,果子二包(麻酥、麻烘)。又汝来亥二斤一两。在历口办物,寄送焕妹婿家:细面五斤(官),(一斤)红烛一对,果子二包(玉带、麻酥),荣记烟一包。承送来白莲子一包,山粉三斤,盐子廿元,斗饼二百个,青果、金橘各十个,酱油十一札。送沈天春面二斤,寿桃饼四片。收喻义店发来:省(五十)边二包,一百六十;一百边一包,八十;(一两)双响二札,六十四;(四号)红通一斤,五十六;十四箔三条,一百四十四;光古一刀,卅二;子午香十支,十;木兰香四封,四十;(十八支)烛一斤,一百廿;称灯半斤,七十二;法烛四两,卅;(四两)双盖一支,卅六;熟花生二斤,一百十二;新中和半斤,一百廿;瑞鱼半斤,二百四十。共计钱一千二百八十四文。

廿六补发:十四箔二条,九十六;(五百)边一包,八十;(四号)红通一斤,五十六;京表廿张;蝎蛾三两;(六片)寿桃饼一斤半;泗记烟一斤;酥糖一斤;麻烘糕一斤;(五十)页条簿三本;历日三本。

廿四日,小雨,立春。结该孝善店钱七百廿文(还讫)。送舍辉叔果子二包(玉带、麻酥),鲜亥二斤(未收)。春和妹婿进来牧公祀。寄与四婶占米五斗,外寄付旧存谷洋一元。旧存入仓谷八秤五斤。六年九月初八,又付钱五百文,讫。

廿五日,雨,霰。延寿叔、荣组进半坑收众租钱。送林玉姑家占米五斗,白冻米三斗,麻片糖一斤半(官),收回来卜丝一斤。送德修侄鲜亥二斤,果子二包(玉带、寸金)。冯大茂榨著伙送来:鲜亥一腿,计六斤(大)。(二斤)头双盖烛一对,果子四包(玉带、交切、寸金、雪枣)。来伙因晚留宿。回四记烟一包,麻烘糕一条。

廿六日,雨,彻夜大雨。承镜之甥又送来:麻酥糖一斤,麻烘糕一封,省千边一包,足斤红烛一对(烛存入帐[账],未挡来)。延寿叔、荧祖半坑来。收四英店租洋三元一角二分,钱二百文。本年除收,欠钱一千文,订明年标坟交。又收来钱三百六十文。收王神佑亲坦租钱二百文。收胡初喜谷钱八百文,收洋一元一角六分,找伊三百六十文。共收来洋四元,又钱四百文整。

廿七日,绵雨。与宗弟面结,年头各用三千一百七十文。廿二,付洋一元,又付钱一百文。付钱一千二百九十文,会养山会并众谷钱。除付,应找钱五百八十文(当如数付讫)外,又借去洋一元(存清明用洋二分,廿一收)。又辉祖手借钱二百五十文。

二十八,阴。德修侄邑来,送来青果十枚。汪发春子承炎,略卖发妻,族照旧规议逐。

除夕,大晴。养林镢司廿二日供饭二工(砍换祠边梁松木),付货钱二百九十二文,喻店,六年总算讫。众买石灰二十五斤,二十五,去钱一百六十三文。该达之店钱七百廿文,还付伊家中讫。光祜砖匠存工钱五百文整(六年还讫)。合凤送来鸡子八元,香干一扎,又檫子豆腐,回寿桃饼四片。旧云路侄借钱七百文,收光洋一元钱,收洋吉讫。

光绪六年庚辰日记

正月元旦,黄云捧日。丑时开门,寅时出行东北方,文庙谒神。

初二日,阴,夜山云。自炎、季芳伙来家。喜接二兄元旦新发手函,店中岁杪诸务平安,大出交易,寄来加料大饼一斤,计四片。

初三日,阴。社庙敬神。发拜年信,寄宽弟去店。

初四日,阴,晚大雨。备春酌,祠内拜祖后,邀延寿叔、裕兄、宗弟、蕴弟、芹弟、琦弟(未到)、全茂、绳祖、洛祖,于祖先容前结算众祀上首数年帐[账],并嘀议修整祠宇费用。

初五日,雨。

初六日,晴。接到宗殿三兄旧十一月到五河任发来信,叙该处清寂情形,并念念桥工事务。

初七日,阴,午雨。历口冯沛如先来拜年。接二兄店盘帐[账]信,店中旧岁生意,除与镜之二家支用外,尚可补红茶亏蚀。伙计辞桃源淦茂,加用明扬弟,余俱照旧。宗致远先来片贺禧。

初八日,阴,晴,晚雨。森奴弟来家,送来干桂鱼一尾,户粉约半斤。

初九日,阴。

初十日,阴,夜大雪。

十一日,阴,下午大雪。

十二日,阴。

十三日,大晴。

十四日,大晴。养山会结旧司年帐[账],计存洋五元,透用钱三百九十三文。

上元灯节,晴,下午小雨。晚吐。坟上拜年,店头丁家墈过细斫钹,新祖、继祖二人共与钱一百二十文。

十六日,阴,晴。尚田嘉善家接春酌,汝与思祖同去。

十七日,小雨。同汝燮、思祖、芹弟家晚酌,宗蕴、绍祖自陪,共八人。买养山会柴三披(三十五、三百三十五、三十七),计价钱一千零五十五文。旧去镴工钱八百四十文,又挑工钱三百一十文,共计去钱二千二百零五文。

十八吉日,开学,悦祖上学。历溪灯来,送帖来人给纸包钱三十二文。新祖出邑,挑锡匠家伙、寄信,接妹夫来嬉。

天春日,晴。冯胜英、濬川先、宗仰南、明东、明丽兄等来片贺禧。

廿一日,晴。接妹夫十二日新发贺函。接合时之妹,与如弟婶等早饭。

廿四日,晴。同汝在舍辉叔家晚酒。

廿五日,晴。闪轿来,汝带庆元往店。夜吐。

廿六日,阴,晚微雨。吐。

二月初一日,晴。醋药酒一尊:野云苓一两,炙甘草五钱,桃源酒十斤,六百四十,大熟地一两五钱,当归一两五钱,东洋参一两、野白术一两(约八百),川芎七钱五,白芍一两,五加皮一两,杜仲七钱五,元眼半斤、金豆一两(一百四十八),木瓜一两,独活五钱,北枸杞七钱五,药计钱三百四十。大共计钱一千九百二十八文。

初二日,晴。吐。碧云侄女来家,送来麻酥糕一斤,烟一角。

初三吉日,晴。合村布种天花,迭元男苗一枝,乾元男苗一枝。

初四日,雨。宗仰南兄为和兴店事难妥,至今仍未开门,特来晤叙。欲邀下去代为清理。因汝侄不在家,回待迟日。伊用便饭,比仍回宅。

初六日,阴。耿扬兄赴局。

初七日,晴。带。

初八日,雨,夜大雨。和兴店轿来,至历口。宗致远叔亦到。

初九日,晴。冯胜英先家晚席:致远、耿扬、学周、春成、栋材、仰南。

初十日,晴。至环砂岭石酒缸查看石窟,冯潜川先家晚席。

十一日,晴。至青山下宋村背后查看石窟所打石,祁班洞石平正可观。冯栋材先家晚席。

十二日,晴。裕兄、林祖、荧祖出邑标坟,局款午饭,去洋三元,去钱四百文。冯大茂榨晚席。

十三日,晴。冯声和先家晚席。

十四日,晴。冯新祥兄家早席。

十五日,晴。

十六日,晴。三泰号晚席。

十七日,晴。早,许佩和先挡物来局办东。晚,黄兴茂兄办东。荧祖等邑标坟回来。和兴店旧年修,店东认一半,计钱一百零四千六百六十文。四、五两年租金存店,我家两股,计钱六十九千七百七十三。

十八日,晴。

十九日,晴。轿回家。

二十日,晴。

廿一日,晴。吐。迎春弟同徒进来打锡枧,上午到,仍起工。

廿二日,晴。原差三人来。旧选为思祖完娶吉期(乾甲子庚午戊申癸亥,坤乙丑乙酉丙申乙未),庚辰十月初八日卯时(庚辰丁亥癸卯乙卯),九月十七日未时安床、廿六日午时安床楣。歙石桥头选用辰、巳时。

廿三日,晴。

廿四日,晴。寒食节。迳亭岭新葬祖坟,安石碑,封墓门。

廿五日,阴,晴。清明节,午微雨。

廿六日，晴，雨。动身往郡岁试，历口行夫二名，自家到郡，计洋三元、钱四百文。是夜，宿桥局。

廿七日，小雨。到城。

廿八日，阴，晚雨。宿渔亭。

廿九日，阴。午到万安街，为桥局选日。一更到石桥头宿。

三月初一日，阴，小雨。吐。自石桥头至田干里谢瑞祥先家，约三里，候其选日，在伊家用饭。晚仍回石桥头宿。

初二日，雨。石桥头动身。午雨甚，宿冷水铺。

初三日，晴。早晨到府，寓西城坊。

初四日，晴。武童府试派保。

初五日，晴。文童院试派保。闻焕妹婿是日到村嬉。

初六日，晴，午小雨。德修、绍祖到府。

初七日，晴。孙学宪下马。

初八日，晴。喇越控学辕。

初九日，晴。填岁考册。咸丰九年入学第三名（年二十九岁），邵院补行四年科试学书新造册，从四年扣算，年貌舛错，因为改正，将册底录来。同治二年九月初十日，丁父忧。四年十二月初十日，服阕。六年，朱院补元、二年岁科试，二等十七名。补四、五年岁科试，一等第二名。案：下补廖壬銮故缺。八年，殷院补七年岁试，一等第四名。九年，补八年科试，二等廿三名。十年，景院岁试，二等三十七名。十三年五月初五日，丁母忧。光绪二年八月初五日服阕。总共计费用洋三元，又钱六百文。三年龚院岁试，一等第七名，收郑元良，故缺。院学房费四两八钱，计去洋七元。门斗投文洋五角，又与钱四百文。学书洋一元。欧阳、江二老师。老规每位赘见钱四百八十，嫌轻未收，后送毛尖茶各二篓。次年仍扣除一年廪俸。六年，孙院岁试，二等第一名。

三月初十日，晴。婺、祁、黟、绩文生岁考。

十一日，晴。

十二日，晴，午小雨。

十三日,小雨。

十四日,晴。陈韵泉侄婿自我家到郡来晤。

十五日,晴。考歙、休、祁、黟文童,出一等案。

十六日,晴。

十七日,晴。

十八日,晴。出歙、休文童提覆、提案。热甚。

十九日,阴,午雨。出祁、黟文童提覆案,祁提四十一名。

二十日,雨,阴。出新进案。认保:汪会源,西黄龙口;曹际鸿,西曹村。派保:陈佩芳,西文堂;李训诰,南狗石;冯国桢,西大树;汪芬,南楂湾。芹与序和等回家。

廿一日,晴。德修回家,借去钱五百文(十二月,收代过会吉泰帐[账],讫)。

廿二日,晴。武外场。冯寓晚席。

廿三日,晴。内场。南乡文约晚席。

廿四日,阴、晴。内场。陈寓晚席。

廿五日,晴。出武新进案。仪甫寓晚席。

廿六日,晴。会源寓晚席。陈成之先借去洋五元(邑收还讫)。成之先本年两学,计洋二十元。考贡用则:学书办文约洋四元,府转文洋六元,院正费洋卅六元,场费洋二元,贡单一元。

廿七日,晴。景唐下午上船。焕回宅,承带思祖到伊家,因咳嗽,就洪松年先医。王周盛亲借去洋八元,邑收还讫。叶仲升先借去洋一元,(六月)收还讫。芹弟借钱一百文,与寓家酒钱。

廿八日,晴。郡轿动身,订到邑,计洋二元、钱四百文。宿万安街。

廿九日,晴。午到渔亭,宿。

三十日,晴。午到城。

四月初一日,晴,午雨。

初二日,阴,午雨。

初三日,晴。

初四日,晴,热甚,夜大雨。

初五、六、七日,晴。

初八日,晴。讼事,亲迭投讯词。午接耿扬兄信,并轿局峕轿来,云汝侄为二兄病,初三日到闪,心甚悬急。幸比即探闻桃源秋兄,并晤洪斐庵先,初六日自闪来,俱云转愈,心下始安。

初九日,晴。午到桥局。

初十日,晴。午到家,局丁代挑零物来。

十一日,晴。闻德修侄自初五日得病,我去探视,见其病势沉重,代其写信与耿兄,请宗永贞先来诊视。服药不效,于十三夜更作古人。

十五日,晴。绳祖四女辰时生。

十六日,晴。接二兄来信,泰来亨头字红茶,九江出盘三十七两未卖,抵汉口售四十一两,甚获厚利。十一日成盘,十五三更信到闪。王周盛亲送来花一对,粉二匣,扇一把,盐齑菜,新鲜金鱼一尾。

十七至廿日,俱大晴。怡丰红茶头字,汉口售卅七两五钱。

廿一日,早阴微雨,连日燥甚,晚大雨。带。

廿二日,大雨,午晴。

廿三日,晴。差来行本月初十日票。桥局来请汝侄同耿兄往下路收捐。局信来,河洲老石量定,洞石约十三方有零(应加打卅二方,旧已收数十九方五尺,仍应打十二方五尺)。布袋口、鞋尖石十七方有零(应加打四十方,旧已收数八方六尺,仍应打卅一方四尺)。付汝侄带下闪洋三十元,内点花十四元换净光,存过礼用。

廿四日,晴。思祖上午到家,昨邑动身,午到桥局,留宿。和兴店送来白面姜一斤,杏酥一斤。

廿五日,晴。佳成来票,发养山会谷七秤(鸿蕚梟)。带。桐城张游馆,人与钱四十文。禾尚侄完娶,接晚席。族与本家二席。汝不在家,接燮元来去。

三十日,晴。德修开孝,礼生七人,比日出。

五月初三日,晴。汝侄闪轿来家,来白面姜二斤,盐子廿元。悦祖来饶条系烟一包,鸡子八个。金龄:鸡子八个。旺祖:砂姜一斤,鸡子八个,粽八个。

初四日,晴。宰家豚一口,付自成店亥九十一斤。又付油五斤半:兰婶,去油一斤;玉意,去油一斤,再去油一斤;绍祖,去油一斤;嫂嫂,去油半斤;合时,去油半斤;香婶,去油半斤;现钱,去油一斤。与小婶、合时、冬梅、雨弟、香婶,亥各半斤。汝侄家蹄亥二斤七两。下锅(亥肠、脊亥)四斤九两。自用蹄、肚三斤七两,油二斤半。又三两,总共一百十九斤六两。

初八日,晴。桥局轿来,下午到局。

初十日,雨,下午大雨,涨水。同宗则诚先在许佩和先家早饭。曹仪甫送来谢保洋四元。

十二日,晴。收恒大号茶油五斤,付汝收。带。

十四日,晴。二兄邑诊病回局,留宿。

十五日,晴。二兄回家。

廿六日,阴。带

廿七日,大雨涨水。吐。

六月初一日,大雨。历口水涨上虎形坦。闻家中大水,较前年六月十九亦只小二尺。徽州进士七名:汪宗沂(歙),郑振声(婺),查荫光(婺),余文蔚(婺),俞炳辉(婺),曹作舟(绩),江昌燕(歙)。会元吴树棻(山东历城人)。

初三日,晴。接汝侄家中大水平安信。接二兄来信,思祖亲事,陈仰之亲家九江回来,承陈介人亲台、陈维岳先代为说妥,礼金洋六十元,押日子洋十元,外加办金匾簪一支。

廿一日,晴。吐。王超凡先、王宗绪先来信,请出邑和怡大与润之讼事。

廿三日,晴。耿兄为上筶讼事出邑,我因局中不能离身,未去。

廿五日,晴。巳刻接汝侄信,二兄十八日店中轿来家,忽于十九夜起烧热气搐,日夜不能安神。廿四日,又加咳血。在历口雇夫三名,尚信托焕妹婿代请洪松年先,送请封洋四元。局下午轿动身,二更到家。二兄下半夜热稍退。

廿六日,晴。午志弟回来,接妹夫信,明早陪松年先来。

廿七日,晴。妹夫同洪先晚到。是夜,仍诊视,开方服药。廿八日平平。

廿九日,晴。手足厥冷,汗如雨注,势甚危急。卅日稍平。

七月初一日,晴。陪洪先、焕在振和叔家晚饭。连日服药,应效。是日早晨,大便通利(未通已有十日)。

初二日,晴。气稍平,咳血渐减,出热疹。局内特著局丁来闻疾,承送来腊腿一个,鲜亥二斤半,果子二包(金豆、豆糕)。

初三日,晴。局内代雇夫三名,并著局丁来,送松年先出邑,下午动身,到局宿。送谢仪洋十元。

初八日,晴。吐。兼旬亢旱。午,病人烦躁之甚。疹愈出,势虽沉重,湿热达于皮肤,该当总是生机。是夜,幸得透雨。

初九日,雨。木匠五人合寿器。用石灰一秤,桐油三斤(榨秤)。气弱脚冷,不得已,权服高丽参、东洋参。

十一日,晴。寿器成。漆匠棺内漆布熨帖,内用漆三斤(廿两秤)。午大发燥,夜复咳血,不安神。

十三日,晴。坑口陈树人亲著人来问疾,送来果子二包。

十四日,晴。三甥取善来。早晨大便大通,神安气定。

十五日,晴。

十六日,晴。取善去,因余辉妹急于得平安信。

十七日,晴。轿妹夫回城。宗仰南兄著令弟子承来问疾,承送腊腿二只,每只(十六秤六斤),果子四包,嘱我二家分收。

廿三日,晴。自病起,是夜才得安睡,自此神气日清,饮食渐进,方见真正转机。

八月初一日,晴。著庄人至闪,在店宿。烈祖去店。

初二吉日,晴。送日子至陈宅。礼金洋六十元,押日子洋十元,果子四十包(顶荤月饼十六,元眼八,杏酥八,麻烘八),跨口二个(计六斤五两),外金簪一支,回来客鞋二双,荷包一个(内银一锭,计一两),丝带一条,洋巾一条。庄人使力钱四百文,外送陈介人亲果子二包(月饼、麻烘)。陈维岳先,二包。麟玉姑,二包。

元年八月初八日下聘,计送礼金洋十六元,果子包数并跨口同上,首饰四色(挖洋镯一对;金耳环一对,三钱五分;金界[戒]指一对,二钱二分半;银匾挖耳一支,三钱五分半。三共手工,去钱七百文),回来鞋二双,扇套一个(白纸扇),洋巾一条,川纸二刀,墨十匣(青云路),笔(得意书)十支,使力钱四百文,外送姑母果子二包。

初六日,晴。修造河边塍路、水埠,十三日成功。

初八日,晴。有人自郡来,喇前月廿八迭词,初三出批,俱到。和兴店送来加料小酥二斤,与二兄分收。

十一日,晴。带。

十二日,晴。同。二兄来加料麻酥一斤,顶酥一斤,六片生饼二斤。烈祖寄来葱酥月饼一斤。悦祖来雪梨四个、鸡子八元,金龄来鸡子六元,旺祖来顶酥一斤、鸡子八元,良有来鸡子八元。

十三日,晴。接桥局来信,节后欲予到局,并潘川先家查出伊祖手家支簿,上录先年建造石桥首事人名:

乾隆廿七年造,五十一年洪水冲损,五十三年全佘。桥在今上首,瓢形,下角。

汪天叙　冯深远　叶东玉　王国俊　汪有章
僧首芝　冯汝彦　冯献可　吴德纯　程瑞玉
冯用五　冯尔庸　汪宇相

分班办事人员未录。

嘉庆三年重建今处,六年完工。

首人

汪储文(汪村)　冯尔庸(中泉)　汪时若(伦坑)　王尚文(下若)　汪廷佐(汪村)　陈廷试(正冲)　冯正清(中泉)　陈光远(文堂)　吴学琳(武陵)　冯辉五　方孔珍(马耳坦)　汪懋功(彭龙)

程国华(环砂) 程楚玉(环砂) 汪辑五(彭龙) 汪惟善(黄龙口) 汪国英(正冲坑) 胡天申(古溪) 周绍尧(古溪) 王君茂 王五二(历溪) 许日辉(河西) 黄君取(上闪) 汪荣光(深都) 黄子玉(西塘) 曹有章(曹村) 王大如(陈田) 叶协文(叶村) 叶殿臣(叶村) 汪廷相(伦坑) 王法太(小驲) 王汉宗(上箬) 叶首占(马山) 叶执中(马山) 冯禹林(大树) 汪惟则(汪村) 王凤仪(栗里) 冯宪章(中泉) 汪德维(黄龙口) 王喜庆(下若) 汪秀山(黄龙口) 许用占(河西)

石司：旌德，姓王，做东头；太平，姓叶，做西头。

承定计银二千七百两，板石每方钱八千文。

十八日，晴。荧祖往大沧监谷。

廿一吉日，晴。供湖北石匠修前厅、明堂，供尚田光祜砖匠同新祖筛砂，打前堂地。前堂正厅并两廊，计地二方零四寸，计用石灰七百七十五斤，每灰十篓，掺砂六篓，砂要在流水滩筛淘净。大门口计地三尺，计用石灰一百零五斤，灰一篓、砂一篓对掺。

廿二日，晴。掘旧地。

廿三、廿四日，晴。罗砌地石。长寿叔景镇坐车来家，送来小磁樽一支，顶荤月饼一斤，黄条干一斤，冰姜四两。

廿五日，晴。上灰。

廿六、七日，晴。下午小雨。打地。

廿八日，晴。耿扬兄桥局来家。打地成功，砖匠计六工，杂工计十二工，木匠办家伙一工。廷瑞弟屯溪回，代买来：真清水天青纯素杭线绉一丈六尺五寸，四十九，五元一角零一厘；玉素朴绸，二丈六尺，八八，二元二角八分八；紫铜小花扣一付，六五，六分五。以上做套料，共计去光洋七元四角六分。二墨刺参一斤，六角八分，贡淡半斤，一角六分。总共计洋八元二角七分，付洋九元，仍存伊处洋七角三分。本月二十日，契买栗里王应祥兄塘背坞口实谷四秤二斤，田皮一并在内，计价洋六元二角。又中资钱二百四十文。

九月初一日,晴。延寿叔来家,送磁[瓷]器人物二个,床槛挂用。

初二日,晴。桥局因木匠初四日承做卷桥架,特著轿来,午动身到局。

初三日,阴。

初四日,晴。木镢匠立约,办成交三椟,在局并附近当事匠班,共廿二人。

  立承约人冯贵林、江富林、石贤元、江秀林,今承到利济桥局建造石桥桥架二个,局中采定树木,身等承定砍斫镢料,造竖成功,卷洞包用二洞,卷成三四洞,移架并卷桥四洞。应用木尖、夹板、行锤等项,局中办树,亦系身等一并承造,当面议定:木工工食洋一百三十元,镢工工食洋一百一十元,二共计洋二百四十元整。其洋约计按照工程支取,不得预先扯透,以致半途生端异说。所有应办事件,逐一详开于后,日后均毋得异言,恐口无凭,立此承约存照。

  一、桥架、树木,身随局董眼同采定,无论路途远近,俱系身等砍斫,镢料成器,局中只管扛抬放水人工。

  一、四洞尖、桥木尖、夹板、行锤等项,局中办料,俱系身包承造作应用,不得临期短少贻误。

  一、自竖桥架至卷洞成功,身等须着当事人在栈,照应各器械,随损随修,不使临时措手不及。

  一、桥架木料长短、广狭、尺寸,身等须预先斟酌妥善,倘有不合用、不坚固处,局董、石师指示掉[调]换,俱不另加工钱。

  一、神福。镢匠起工伐木,神福一个。木匠起工架马,神福一个。竖架日,神福一个。平时在栈照应,其应给神福,悉与石匠班相同。

初五日,晴。局轿动身,便至三洪石,监小方丘租谷。下午到陈田良谷家宿。明日,顺便监大方丘。

初六日,晴。下午到家,长寿叔请族含辉叔、振和叔、登儒叔、智如叔、耿扬兄并本家诸人,将己置屋业、店屋、田租与弟延寿叔品搭均分,尚不失先祖南陔公遗意,令人称羡。晚,备酒二席。

初九日,晴。韵泉侄婿来店中商办冬货。二兄气喘,不能寐。

初十日,晴。澄叔来俸洋二元。

十二日,晴。扫尘。

十三日,阴晴,午小雨。大吐。闪里开书单号派来本家,并余书共二十封:

堂规三千三百	迎送一千六百	乐金八百
开门一百	启扫一百	提筐一百
司厨四百	炭金二百	提灯二百	开面二百
庭燎烛五斤	梳妆烛一对

十四日,晴。鸿霱、蕴弟、绍祖代糊房。十八日,文堂迭兄扎灯。

十九日,晴。烈祖因病来家。森奴亥时物故。历口许佩和先、黄兴茂先、宗仰南先、冯胜英先、新贵先、栋材先、濬川先,著局丁送贺礼来。

二十日,晴。昶众祀谷。糊房三人,针匠五人,消夜,并本家人共二桌。

廿一日,晴。房糊成功。局丁去。

廿二日,三房在徐家垟山坦,安葬荣庠公夫妇三棺,发镗公夫妇二棺,森奴附葬,共六棺。宗致远叔因事来,问二兄疾。

廿三日,晴。耿扬兄到局。

廿五日,晴。灯扎成功。吐。

廿六日,晴。巳时安床楹。柏茂木司,子茶,早饭,喜包一百文。

三十日,晴。烈祖病,接文堂陈鉴光先来诊视。二兄气喘搐,下部浮肿,就医。

十月初一日,晴。周向初著人来收卷资,款待餐宿。

初二日,晴。陈镜之甥尚人挑猪边盒来,陈作求表弟尚人送礼物来。

初三日,雨。著庄人潘丙荣至闪挑辞家担。麟玉姑同其女原意外甥来,系绪祖在闪代雇客轿。碧云侄女来,亦系在闪雇客轿。

初四日,晴。挑送辞家担猪边五十二斤半(廿两秤,十二折),回猪嘴、尾一斤七两,熟占米一㪷二斗。回来鞋二双,拖鞋洋巾一条,鞋内子七元,又连子、枣、元眼、荔枝、栗子。

初五日,晴。桃源内侄陈功成耑介挑猪边盒来。妻舅陈祖绳,挑猪边盒来。陈维豫亲翁,送贺礼来。

初六日,晴。接成侄来。局丁代挑和兴店糖来。桥局伙黟邑王丹春来,同接成代司厨。二兄痛于未时作古。

初七日,晴。送轿共十六文。轿四,锣二,提灯二,火把二,盐米一,乐工五。十排四人,本庄金匀家二人。倩乐四人,每人工钱五百文,外喜包一百文。倩庄六人,每人工钱三百文。

初八日,晴。未刻到。送嫁小客二十三名,取亲本庄十六人,共五桌。进门桌:盒糕、茶糕,每人二块,晚正酒。夜,金匀家领宿五人,必炎店内歇十四人。陈宅班头四人,祠内办床铺,其余附近倩庄各归家宿。初九,早晨俱来。

初九日,晴。小客庄人五桌,早桌盒茶,每人子二个,早饭八碗。小客每名脚力钱四百文。花红,计碌桃红布三尺。铺陈二名,脚钱加倍。外又抬箱二人,因上有客被铺盖,另欲求赏给,与钱二百文。晚请女客八席。智如叔家接请喜筵。

初十日,晴。请男客七席。

十一日,晴。请男客二席。长兄接谨初,发市。

十二日,晴。请男客一席,汝侄家接请一日。

十三日,晴。丹春同接成去,因其办有司厨鞋来,各送布鞋一双,外送接成钱八百文。渠店中系倩人抵工,坚押,渠收。嫂嫂接请谨初一日。尚田又臣到邑,焕妹婿得二兄凶闻,特著取善甥来唁。

十四日,晴。时辉妹之夫入武泮开贺,与汝侄共送千边一包、双响二扎,收面二斤、子廿元(未收)。谨初芹弟家早席,秀婆婆家晚席。

十六日,晴。取善甥去。

十七日,晴。陈重光表侄来,谨初宗弟家晚酒。

十八日,晴。六姊王氏午时物故。蕴弟家晚酒。

十九日,晴。叶增保兄著轿来接姑嬉,未去,款待饭,给脚钱二百文。重光由叶村去。谨初绪祖家早酒,绍祖家晚酒。接茶姐人来。

二十日,小雨。茶姐去,送粽二盒(计八十),菜四(鸡,折钱一百;亥,一斤二两;鱼,二尾;子四元),使力钱一千六百文,来接人脚钱二百文。历溪王胜瑞拼白云庵背后香炉峰至水泽门杂木,烧白炭、黑炭,每担山价钱四十文。正卿公祀出拼约人:发良、振和、起仁、登儒、春江、上之。谨初含辉叔家晚酒。

廿一日,晴。谨初宝珠家早饭。

廿二日,晴。接淑辉妹早饭。赴天林兄家喜筵,伊三子完娶。陈镜之甥来。

廿四日,晴。汝侄家陪镜之晚席。水始冰。

廿五日,晴。早办席,请姑母女并安云、碧云。陪:足意嫂嫂、顺时、芹芳。晚办席,请镜之甥。陪:进暲、裕、蕴、燮、春。

廿六日,阴。镜之甥去。谨初母家二人来满月计粽六百个,又谨初袋包粽一百一十个,与汝侄钞袋包粽二十个,回伊回子饼一百、亥四斤。又菜钵酥、米、盐、水豆等物,回送果子二包(麻酥糖、寸金),香干四扎,来人使力钱八百文(系姑意,要从重)。邬阳生弟母寿,与汝侄合送:(一斤)寿烛一对,(一千)琢边一包,收鸭子廿元,细面三斤未收。

十一月初一日,晴。上成基里铲木子。阳生弟家晚酒。闪客轿来接姑母原意。夫起早来,比日去。送栗子包粽一百个,糖二斤(官),冻米二斗。原意之子发市包钱四百文。

初四日,晴。吐。栗里王镇坤妹婿来拜,客办扛箱拜坟,祠内拜祖,与拜金钱四百文,乐工、庄人纸包钱六十四文,款果子、茶、粽子、点心。王富荣兄陪来。铲木子完工,共十三工,共净子二十秤零五斤。

初五日,夜小雨,阴。族有保兄后山铲木子,跌死。吐。

初六日,小雨,下午晴。

初九日,阴。自炎弟完娶,接赴喜筵。历口雇夫来。

初十日,晴。送安云归家,送去新中和二斤(官),柿果二斤(大)。闪轿起早来接碧云归家,送去麻豆各糖二斤(大),栗子一斤四两(大),冻米三斗,麻烘糕一包。

十二日,晴。达之为母开吊致祭,接请赞礼。

十三日,晴。邑主柯亲催钱粮,自若坑动身,粮差头牌到。未片时,三十多人随即到村,在道生祠办公。馆因费用无著,我备上席茶点。晚餐户房、柜上,停序和家,差停自顺兄,店夫安置必炎家歇店。马山用宾并约内各村人来商量合办,照各村欠则出费。

十四日,阴。严催欠,则不动身,上席仍在我家办,八小盘,四暖锅(刺参鸡一,大淡炆肉一,鱼肚浮元一,粉皮煎付、白菜心一)。

十五日,小雨。邑主诣勘余屋,先将汪发春图契对勘,四至全然不合;再对我家图契,四至一目瞭然。任春支吾言语,官心已明白,当场即举硃笔,在我所呈图上批注"光绪六年十一月十五日勘明,该业四至相符"字样存卷。官比即动身至历溪。

廿日,晴。桥局轿来,午动身到局。

廿一日,小雨。收曹浩清兄谷洋一元,系土塃下五年租谷八秤,又钱三百。六年据云"存谷十秤"。

廿二日,晴。寄冯声和兄信出邑与焕妹婿。

廿三日,晴。著抱迭词投讯,批:"准投,候催集覆讯断详。"汪致远叔邑回,来局晤叙。据云二兄统祠内神主,已代登名熨帖。

廿四日,晴。冯学奴兄接晚席。

廿五日,晴。耿扬兄邑来,接妹夫信,惊悉玉巧甥女初四日生一子,因病体素弱,产后愈甚,于廿一日云亡。所遗十余日婴孩,令人心惨!

廿七日,大冻。至宋村商拼枫树七株、大松树一株。

廿九日,雪。

十二月初一日,雪。

初四日,晴。同许佩和先各处看所取眠牛涂,并查检桥架各件数目。

初六日,雨。当时姑之夫舒进宝(石邑人,住宋家坦)送来七都寸金糖一包、北瓜子一升。

初七日,晴。收婺源班石数。

初八日,晴。收旌德、祁门班石数。

初九日,晴。在局办席,请前月送贺礼诸位:许佩和先,黄兴茂先,冯景山先,冯胜英先,冯栋材先,冯澬川先,宗仰南兄,耿兄代陪。外宗学、周春成兄帖请未来。

初十日,晴。收太平班石数。

十一日,晴。马儿坦拼树。同佩耿兴茂兄店晚酌。(带。)

十三日,晴。太平石师结帐[账]归,找洋无多,仅敷开伙计。

十五日,晴。收旌、婺班石数。

十六日,晴。旌、婺石师结帐[账]归:旌找洋一百余元,婺找洋二百余元,由其本主平时勤作。收曹村洪兴旺、汪光感坦租洋一元,又钱六百文。

十七日,晴。代汝侄寄婺源石师鲍锦云买金豆洋二元。

十八日,下午阴,雨。局轿来家。承和兴店送果子二包(麻酥、雪枣)、(一斤)红烛一对,承黄兴茂兄送细面二斤、笋衣一斤,承王丹春司送腊豆腐一元。送局丁高养亥二斤(大),今年代挡信物上下多次。送含辉叔牛肉二斤。

十九日,晴。结自成店帐[账]。

二十日,晴。谨初母家送年节礼来:糖糕一元,肉丝糕一元,鸡子五十元,亥三斤,冻米糖各物,又另外与谨初鸡子　元。回送果子二包(麻酥、雪枣),香干四扎,使力钱二百文。

廿一日,晴。送鸿䴏侄果子二包(交切、龙酥)。栗里王周盛亲翁借去洋四元,订明年茶市归还。绳祖晚到家,与芹等同行来。

廿二日,晴。扶二兄柩上厝,因明年厝向不利。扛柩八人,金匀来四人(族乐意、亥意、天善、辉祖)。含辉叔店中送来耳舌一付、香肠一支、面二斤、香干一扎。寄丙森出邑送妹夫家:细面三斤(大),麻片糖二斤(大),冻米一屏,牛肉三斤(大)。周盛亲翁送来栗子一斤。

廿三日,晴。绍祖、思祖进半坑收租钱。

廿四日,晴。桃源内弟陈致之亲自同庄新送年节,并接明正看演火爆戏。

伊亦是痰嗽气喘,步履亦不易。此人饶有古风,送来白糕一元、亥二斤、鸡子十二元、冻米糖、盐干菜,外光赐送柿果二包,回送细面二斤、寿桃饼八片,使力钱二百文。庄人比日回。芹弟送来洋三元,鸡子十二元,柿果一斤。金龄送来鸡子十二元,焕妹婿回送来腌鸡一只,盐子二十元,回子饼二百个,青果二十枚。收喻店饼货钱三千七百三十六文,代众。已位收(十四)箔六条(五十),三百;光古一刀,卅八;(五十)省边二包,一百六十;(一百)边一包,八十;子午香廿支,廿;木兰三封,卅;(十八)支烛半斤(一百一十二),五十六;寿桃饼一斤,六十四;(四支)双盖一支(一百三十六),卅四;连四纸三张,十八;白光纸十张,廿六;京表廿张,十;表辛一刀,卅,泗记一斤,一百四十四;瑞鱼四两,一百廿八:共计钱一千一百卅八文。外又收店送麻烘一斤,寸金一斤,泗记一斤,(一千)边一包,(一斤)烛一对,(六片)寿桃饼一斤。绍祖、思祖半坑回来。

二十五日,晴。致之亲去。汝去店。宗静卿自上洋回,闻二兄故,耑函慰问,送来苏竹筒一方,苏信笺、信封各一匣。

廿六日,晴。洪盛借去洋八元,潘金钩经手立契,高坦垟田租押,因其女婿火烧登儒叔门下山茶科,愿认挖工。耿扬兄桥局到家。

廿七日,小雨。代汝寄局丁高养洋一元,订买细面。寄送黄兴茂兄野鸭一只。新祖闪来,承镜之甥又送来果子四包(麻酥一,麻烘、柿果二)、(一斤)烛一对。

廿八日,晴。耿扬兄送来桂鱼二尾,大秤二斤,已破肚。良友来盐子八元、青果十四个、酱油一筒(约一斤)、洋一元。悦祖来子八元、青果十四个、洋二元。

廿九日,晴。送沈天春(六片)大饼一斤,熟花生一斤半,香干一扎,双响一封。又汝送泗记烟一包,花生二斤,红通一封,(五十)琢边一包。俱系因其代拾木子,从重。与长兄柿果一包(廿两秤一斤),青果八个。与嫂嫂酥糖半斤,青果八个。

除夕,晴。春女送来麻元一包,鸡子八元,来卜半秤,回寿桃饼四片。

照抄喻义店帐[账]：

共计货钱七十三千一百零三文。

(十二)扣洋六十元零九角一分九。

二兄位代付洋五元一角四分六。上年至六月十八，货钱六千一百七十六。

又付洋四十元。

除付，仍欠洋十五元七角七分三。

光绪七年辛巳日记

正月元旦，日丽风和。丑时开门，出行东北方大吉。祠内饮屠苏酒，甚甘美。

初二日，早沐膏泽，拜年时日出。耿扬兄、鸿夤姪嵩为拜谒二兄灵前，记感死生不易之谊。率思燮等文庙敬神。

初三日，早雨微润，卯晴。社庙敬神。

初四日，雨，雷乃发声，午雪。是夜，在含辉叔家承茶，坐叙至十一点钟回家，接春。

初五日，子时迎春接福。昨雨雪交集，今新春天晴气朗，定卜一年佳象。思祖赴县考，新祖挑铺盖、考具，接绍祖一同用饭。辰正动身，到历口歇，带去川洋三元。送焕妹婿橡片一包、麻烘糕一包。长弟媳送思祖茶仪钱一百文。谨初长弟媳家早饭，松弟家晚酒。（耿兄家骨片下，二百五十。）

初六日，氤氲气暖，晚微雨。思祖等度早到城。谨初在和龄姪家晚酒。

人日，天朗气清。谨初在全茂家早饭，德孚姪家晚酒。率燮元、庆元上坟。

初八日，晴。谨初在起仁兄家晚酒。县考。耿兄家骨片，日上三百五十，夜上五十。和龄姪日下五百，夜上二百卅。

初九日，晴。谨初在月弟媳早饭。进暲弟自若坑来，闻伦坑宗廷若兄之子于初五夜云亡，为之感伤。

初十日,晴。夜骨片,耿兄下三百,序和下八十,松下一百五十,澄上卅。

十一日,晴。新祖邑到家,焕送来香干二扎。接焕信:县考头场题"子钓",(二题)"许子以釜甑爨""千门万户皆春声""(未)必先利其器",次诗同。

十二日,晴、阴。率燮元、庆元栗木庙酬神。

十三日,阴。邀延寿叔、宗弟、蕴弟至尚田,为金魁、渺二人旧腊盗砍徐家坪坟山松树,托嘉善、茂林、记生向理。承嘉善弟家坚留,款茶桌盒子糕,极其诚挚。(覆试)晚,嘉善、茂林下来回话,遵照扶禁,十六吉日安坟。款子茶,请族登儒叔、耿扬兄、上之弟来说,养山会亦要照规循罚,以扶禁约。

十四日,阴。门斗陈欣来报头案。因新年,款桌盒子茶,给纸包钱一百文。招覆绍祖第十五、思祖第十七。借汝砂糖九两(大)、长兄一斤八两(大,连筒)做香糕,每池官秤粉一斤,砂糖半斤,冷水大半盏,和糖。(带)上元天官赐福,膏泽下民。耿兄家骨片,春下四百,澄上四百五十。

十六日,晴。闪里轿来,接谨初归宁。因下只二人来,着长青跟轿,带送香糕六斤(二十两秤),香干八扎,酥饼七十个,绞线一百零八支,泗记烟五角。伦坑灯来,送宗子承叔侄等点心熟广盐子十二元、香糕一斤。又,汝送饼六片。历溪王宅灯来。

十七日,雨。再试。汝侄店来家,来洋糕一块,洗手大饼二片,酥糖半斤,寸金半斤,新果子,师姓马所做,果子较旧甚好。

十八日,晴。十八会余班从祀,两股做头,去平伙钱七百八十八文(系廿四股平伙,做头五人,派出每人管四股零八,每主平伙钱八十二文)。又享糖,每人派钱一百廿文;火炮、红烛、纸货钱十八文。两股共去钱二百七十六文。卅股(五人)做头,管子酒,每人出子十个(折钱七文一个),浮子酒廿九杯。外与乐童福首水酒半壶,子一个半(折钱九文),纸货钱廿文。尚田金魁等徐家坪祭坟(礼生登仟叔、上之弟,尚田本村中人主祭),送来木命洋二元。门斗来报二场案:取再试绍祖第十七,思祖第五十七(取三试第七十一,取终试第五十五)。给纸包钱六十。覆试题:"王立于沼上"至"王在灵沼",(经题)"毋雷同""鹓鸿得路争先鬻"。

十九日,晴、阴。四试。

天春,小雨。文堂陈佩芳甥来拜客,与汝共去介小纸包钱卅二文。耿兄家骨片,日下五十,夜上三百,澄下一千。同澄叔在耿兄家晚饭。

廿一日,晴。

廿二日,晴。耿兄上之澄叔骨片,晚请便饭。耿日下六百五十,夜上一百。上之日下一百五十,夜上三百,澄结通扯平。

廿三日,晴。韵泉侄婿寄送油酒鸡子二十元。终场。

廿四日,阴、晴,翻潮,躁甚。出正案。

廿五日,阴、晴、潮、燥,夜雷雨。阅《楹联丛话·许周生驾部》:宗彦病中语人云:夜来曾作诗,记得二句,颇切近状,句云:厌闻家事长如客,爱看名山悔不僧。纪文达公挽龚鲍伯先生(禔身)联云:地接西清,最难忘枢密院旁,公余茶话;恩深南徼,惜空留昆明池畔,去后棠荫。四川李墨庄太史(鼎元)客死扬州,贫无以敛。吴山尊挽联云:百金囊尽扬州死,万里魂归蜀道难。气数不言仁者寿,性情犹见古之愚。诔文作自先生妇,遗稿归于后死朋。桃花流水杳然去,明月清风何处游。不作风波于世上,别有天地非人间。兄挽弟云:同气遽分途,原隰秋风魂不返;异时谁共被?池塘春草梦难通。

廿六日,晴。午风阴寒,夜大雷雨。著大旺挡信出邑,约接妹夫日期。寄与思祖洋四元,又与绍祖一元。门斗报县正案,绍祖第二十,思祖亦取终场正案六十一,终场取八十名。门斗给饭,与钱八十文。

廿七日,阴雨,春寒。

廿八日,雨。

廿九日,雨。大旺邑回。

二月初八日,汪发春批:

  查此项余屋,前经本县顺道亲诣勘明,其四至核与汪汇江原呈图说印契均属相符,核与尔呈图契则相迥异。其为系汪汇江之祖汪春元向汪元议买地建造,并非尔业无疑。乃尔始则藉别项屋契混控冒争,迨经本县核契勘明,尚不自知悔悟。今犹以汪汇(江)契载四至与屋不符为词,抹杀前情,来案混渎,殊属恃老逞刁,候催传集讯究详。

二月初一日,晴、阴。绍祖动身往郡考,新祖出邑接安云。

初二日,巳雨。安云来,酉刻到。送来香干一扎,盐饼十二个,绞线十支。思祖邑动身府考。

初三日,午雨。

初四日,雨。新祖历口挑布。历口行轿,出邑接妹夫。绪祖来家,自炎驼金家坞大柏来。

初五日,雨雪风冻。焕妹婿来,取善甥来。

初六日,雨雪冻冰。谨初轿来家,本家一人挑物,送来缠布孝堂。韵泉侄婿同碧云外甥轿冒雪上来,同焕、取含辉叔家晚酒。

初七日,雪冻。桥局著局丁送轴奠礼来,同焕、取、韵、鑾在澄叔家晚酒。

初八日,雨霰,大冻。府考。伦坑宗子承先随盒亲吊,留请赞礼。

初九日,天霁,下午又雨。陈镜之甥轿来。宗静卿来吊。

初十日,雨。崗夫四名,请宗致远叔题主,下午到。饭后成服开吊,午后迎祖化笼。

十一日,雨。早晨题主时,雨小歇。饭后绳祖致祭,午后率林祖等致祭。

十二日,晴。早晨,祯弟、芹弟等致祭。办翅、参、鸡桌面十二碗送来,俱收。绍祖、绪祖二人致祭,办参、鸡桌面十二碗送来,俱收。午后,镜之甥致祭。礼生九位,各送果子二包(酥糖、麻烘)、高丽巾一条。焕妹婿致祭,送礼生果仪洋二元,白标布一匹。伶人钱四百。武陵庵和尚四位来。

十三日,阴晴冰点,夜大雪。早晨拜忏,浆坑叶有根亲来吊,请致远叔正席。

十四日,晴。早晨缴忏,韵泉致祭,午出殡,芹、芳等路祭。

十五日,晴。同客在耿兄家早席。和尚去。轿送致远叔回宅,子成亦去。

十六日,晴。同焕、取、韵在鸿壽侄家晚酒。

十七日,晴。请客嬉一日。

十八日,晴。陪客裕兄家早饭。

十九日,晴。韵泉去。

二十日,晴。请客一日。

廿一日,晴。

廿二日,晴。碧云、安云标社,共标粿一千五百有零。

廿四日,晴。取甥出邑,思祖来家。

廿六日,晴。安云回归,送伊柿果一包,鸡子廿元。

廿八日,晴。松弟搬入乐意屋,请德孚侄陪焕便饭一日。

廿九日,小雨,晴。出邑标坟,寄付历口桥局光洋一百元。桥局请马晓初先司帐[账],本月初二日到局。焕经手议俸钱三十千文,渠意欲稍加,我已信知局中,俟后再讲。

三月初一日,晴。燮元、序和馆中上学。

初二日,晴,夜雨。闪里轿来,汝侄同焕赴店。谨初母家来粿五百四十个,鸡子五十元,鲜亥三斤,外又与谨初子　元,送汝侄粿廿二个,系轿夫顺便送来,给力钱三百文。回果子二包,写票喻店发。

上巳,雨。门斗报府考正案,与纸包钱四十文,因到晚,代认歇钱廿文。

初四日,晴。

初五日,晴。请景唐弟为烈祖诊视开方。众标坟,邑标坟到家。

清明,雨。

初七日,晴。众标坟。

初八日,晴。标牧公坟。桥局嵩局丁来信,约至局。

初九日,晴。

初十日,晴。

十一日,阴。佳成妹夫谢善丁,其弟名求丁,在祁城东街里剃头店,知高淡所窃我家族谱二本,押在南路饭店,八本卖与芦溪小汪,共只洋数元。

十二日,晴。代开秋芳八字与历口(乙亥七月十一寅[卯]时)。

十三日,晴。丙森代思祖挑书箱出邑,计大秤五十三斤,与挑力钱四百文。下午大吐。

十四日,早微雨。

十五日,晴。思祖出邑,从马体乾甥读书。结众祀帐[账](旧七月过),透用钱卅四千八百四十九文。旧下年至今,家标坟过支用钱卅四千一百零四。

十六吉日,晴。河坝起功,余成清等石工十一人起工,贴神福亥四斤,付[腐]干二十二块,付[腐]十六块,酒二斤,在自成店挡。(燡庆甥昨夜作烧,掇老屋来宿)进半坑标坟,陪聚庆叔、景唐弟德孚侄家晚酌。

十七日,雨。结牧公祀帐[账],五、六两年,收支两抵,透用钱十九文,四年结存钱一千四百五十七文,总结至旧腊月过,存钱一千四百卅八文。

十八日,晴。

十九日,阴、晴。

二十日,涨水,雨。阅《楹联丛话》摘录:"若使子孙能结果,除非盗贼不开花"——四川某尉署中自撰;"能受苦方为志士,肯吃亏不是痴人"——梁山舟先生;"事能知足心常惬,人到无求品自高"——陈白崖先生。石天基《传家宝》中有一联云:"言易招尤,对朋友少说几句;书能益智,劝儿孙多读几行。"真传家宝也!"纵横百家,才大如海;安坐一室,意古于天"。"人有不为斯有品,己无所得可无言"。"清言每不及世事,静坐可以修长生"。无锡嵇文敏公曾筠及文恭公,父子相继为宰相,门联云:"主圣臣贤,两朝宏硕辅;父先子后,一气转洪钧。"桐城张文端、文和,亦父子宰相,门联云:"二世三公,太平宰相;一堂五代,富贵神仙。"我朝韦平济美者,满州[洲]人为多,惟尹文恪公泰、尹文端公继善、庆文恪公桂,三世蝉联为最盛。汉人则山左刘文正公统勋、文清公墉及嵇氏、张氏,皆以父子相继,此外无闻焉。宋尤玘万柳《溪边旧话》载:其家自文献辉、文简裒科名接武,尝筑圃西湖,度宗幸其堂,御笔题楹间一联云:"五世三登宰辅,奕朝累掌丝纶。"朝绅荣之,知盛事亦自古所仅见矣。

廿一日,雨潮,燥甚,下午晴。科第世家,以江南惟盛。我朝溧阳史氏、昆山徐氏两家祠堂长联,熟在人口,不但今世所稀,盖自古亦鲜遇矣。按:史氏联云"祖孙父子兄弟叔侄,四世翰苑蝉联,犹有舅甥翁婿;子午卯酉辰戌丑未,八榜科名鼎盛,又逢己亥寅申"。徐氏联云:"教子有遗经,《诗》《书》《易》《春秋》《礼记》;传家无别业,解会状榜眼探花。"按:上联非空对,徐健庵尚书、徐果亭阁学、徐立斋相国,经学俱各有著作。山左刘文清公在相位,其太夫人九十寿辰,仁庙赐寿,备极恩荣。阮云台先生撰联寄祝云:"帝祝期颐,卿士祝期颐,合三朝之门下,亦共祝期颐,海内九旬真寿母;夫为宰相,哲嗣为宰相,总百官之文孙,又将为宰相,江南八座太夫人。"盖其时文清以两江总督遥执相权,而信芳先生已官太宰也。此与昆山徐氏、溧阳史氏家祠中联,皆无第二家足以当之。

廿二日,晴,午吐。燡庆甥不是种麻,因烧有许几日,下午著林祖、燮元下闪,唤韵泉上,与服回春丹半粒,研细,肚脐上放一粒,用如膏。盖之夜半发汗,通大便,转机。

廿三日,阴、晴,大风,午微雨。琦下镇。喇郡迭词。韵泉同林祖带轿夫来,幸午微雨风静,燡庆甥平安归家。

廿四日,阴、晴,下午微雨。接绳祖信,燡庆昨日到家平安,甚慰。渠因闻碧云说烈祖病重,寄与钱一千文,甚为得力。

廿五日,阴、晴,晚雨。林祖去镇。湖北石匠自食八工,修衮浮坝。新祖自食一工,上午坝下栽树,下午挑砂浇坝。

廿六日,小雨。谨初归母家,与信至喻店挡果子二包,(十片)生饼二斤。

廿七日,雨。著天善挡信至桥局,晚接回信,仍是初一、二轿来。夜大雨涨水,大桥俱倒,所做河坝未成,我心急虑,一夜目未交睫,天明去看,幸仍无事。

廿八日,阴、晴,午雨,夜涨水。

廿九日,绵雨,午晴。

四月初一日,晴。石匠自食十工,头关浮坝衮造成功。桥局轿来,二更到,因避水,走若坑。

初二日,晴,午雨。赴局,收耿手交盘现洋十二元,票廿,票七十四,刷书一,佩四十,又票十元,又六十。

初三日,晴。局办便夜饭,请地方襄办诸位帮收乐输,趁此茶市好收,万不可迟。架高桥。

初四日,雨,晴。耿兄往廿、廿二都。冯潜川先往十九都。绍祖往郡,局用饭去。寄与思祖洋七元。

初五日,晴。

初六日,雨,午阴、晴。原差行二月票,与钱四百文。

初七日,晴。接绍祖邑来信,思祖于初二日往郡,思祖廿六来信亦寄到。思往郡,余妹送洋一元。

立夏日,雨。冯栋材先送来局夏粿廿八个。

初十日,晴。接焕信,东山书院吴老师三月开课,头课生监题"谓之中发而皆中节",童生题"吾止也"至"进";二课生监题"子曰:默而识之"两章,童生题"孟子曰:人之患"。体甥,头课特六,二课超一。思祖,头课次十,二课上三。

十三日,晴。付局票洋二十元,兑讫。寄宗子成先洋信出邑,托妹夫完粮。

十五日,阴,午雨。接焕回信洋完粮,分厘作五角五分半,一千二百,钱价合二百卅,

代买好洋布二丈一尺,计去光洋一元。学宪十一日下马,十四日考七学,十八日考歙、休、祁、黟文童。

十七日,大雨,涨水。

二十日,晴,夜大吐。

廿一日,晴。接焕来文生科考一等信。夜清。十四日文生题:"夫子喟然叹曰"合下五节。策问盐法。煎成车声侥羊肠(得茶字)。十八日童生题:"何由知吾可也"至"王坐于堂上","如用之,则吾从先进"合下节,"雨过乱蓑堆野艇"。

廿二日,大雨。出歙、休、祁、黟草案。酉刻雨甚,戌刻水涨,上历口虎形大路。幸雨歇,戌[戌]正,水渐退。

廿三日,晴。酉刻,闻家中昨日水至福茂店门口,新造塍坪又奈,奈何?奈何?四县提覆。冯沛如先等郡到家。

廿四日,晴。芬弟来局,说伊昨日家中来,所造新塍坝,只水头冲处损四股之一,尚可修复。

廿五日,小雨。

西塘桥会碑记(代友)

予馆于西塘,距家数里隔河,春夏之交,窃虑水阻,每至雨过,而桥适成。初至如是,屡至亦如之,怪其里居之人,何勤且速,不惮再三。因止田间,问其父老,皆曰:此桥,予西塘黄姓所建者也。向有桥会,中年颇废,桥用无资。河广水深,往来病涉者久之。嗣予里中某某某,先后共捐租若干,以岁征租,作修桥费,故旋倾旋搭,得无虑。久欲勒诸贞珉,使子孙世世无易。予闻之,欢曰:某等善心善行,有此载道口碑,已足传之永远。爰叙其语而笔之书,并问明各捐租数洋,列于左。

提覆发新进案。黄兴茂兄送来细面三筒,白鸭子二十元。

廿六日,晴。冯子绅兄弟入泮信,郡中西刻发信,今申正到历口。思祖郡上来到邑。

廿七日,晴,带。耿兄崮神子自闪来信,下路已收洋五百九十余元。

廿九日,晴。佩和先送来蒲鸠一只,云:和腊肉食,可治血症。历口怡恒隆十八日发红茶汉口,售卅四两五钱,有利息。亿同昌,九江售廿八两。

三十日,晴。接上之、序和信,商问水损塍坝修复章程,结总存洋九百五十八元:豫记一百元,绍宽九元,铨泰五元,志沐一元,贤燧一元,金娥二元,子荣十元,家训一元,土布五元,票九十四,现洋七百卅元。又五月廿结,再炎廿三,道生廿,南陔祀十五,春成四,耳环六元。

五月初一日,小雨。芬出邑。承和兴号送白面姜一斤,豆糕一斤,寄家收。

初二日,晴。任海玉借去洋二十元,自手,初九收还讫。寄余石司茶油四斤,回家嘱与烈祖一斤。收借局内洋一元,还讫。

初三日,晴。寄许村人与焕家洋八元(搭学伙食),又送腊腿一只,鸭子四十元(白面姜、豆糕)各一斤。

初四日,晴。接焕回信,体甥馆中入泮三人:李允中、汪君门、汪瑞。

端阳佳节,晴。在局度节,承各亲友及店家送子、粽、果品多多,详《桥局日记》。

初六日,晴。原差行四月十五票,十一日回去,给钱三百文。马晓初先代往曹村赴会酌。

初七日,晴。芹弟出邑,寄去光洋十二元(付余妹金簪价)。耿兄闪回局。绍祖邑来,留局宿。

初九日,雨。怡和江西毛锋青茶,售廿八两八钱。

十一日,晴。寄汝侄平安信。芬回家(邑接哀诏)。

十三日,晴。怡和号去洋一百元,佩手。夜带。黄道生兄该洋二十元(代许登瀛)。张文和公廷玉《澄怀园语》:凡人得一爱重之物,必思置之善地以保护之。至于心,乃吾身之至宝也,一念善是,则置之安处矣;一念恶是,即置之危地矣。奈何以吾身之至宝,使之舍安而就危乎?亦弗思之甚矣。一语而干天地之和,一事而折生平之福。当时时留心体察,不可于细微处忽之。一言一动,常思有益于人,惟恐有损于人。不惟积德,亦是福相。文端公对联曰:万类相感,以诚造物,最忌者巧。又曰:保家莫如择友,求名莫如读书。姚端恪公对联曰:常觉胸中生意满,须知世上苦人多。又《虚直斋日记》曰:我心有不快,而以戾气加人,可乎哉?事有未暇,而以缓人之急,可乎?均当奉为座右铭。吾人进德修业,未有不静而能有成者。《太极图说》曰:圣人定之以中正仁义而主静。《大学》曰:静而后能安,安而后能虑,且不独学问之道宜然也。历观天下,享遐龄、膺厚福之人,未有不静者。静之时义大矣哉!人生乐事,如宫室之美,妻妾之奉,服饰之鲜华,饮馔之丰洁,声技之靡丽,其为适意,皆在外者也,而心之乐不乐不与焉,惟有安分循理,不愧不怍,梦魂恬适,神气安闲,斯为吾心之真乐。彼富贵之人,穷奢极欲而心常戚戚、日夕忧虞者,吾不知其乐果何在也！

十四日，晴，热。十六都渚口倪德昌母陈氏至局捐洋十六元，现缴洋十元，将平日带金耳环凑付，折洋五元三角，仍洋七钱，云候代人纺绩，寄钱找清。如此艰苦，如此诚心，令人钦感！同日，十七都石岭节妇林汪氏家只硗坦一亩有零，氏抚二子种作度日，亦赴局捐洋二十元。

十五日，雨。《澄怀园语》：人家子弟，承父、祖之余荫，不能克家，而每好声伎、好古玩。好声伎者，及身必败；好古玩，未有传及两世者。余见此多矣，故深以为戒。昔人以《论》《孟》二语合成一联云：约失之鲜矣，诚乐莫大焉。余时佩服此十字。天下有学问、有识见、有福泽之人，未有不静者。至诚而不动者，未之有也。问如何著力，曰言忠信，行笃敬。人而不仁，疾之已甚，乱也。熟读全史，方知此语之妙。凡人于极得意、极失意时，能检点言语，无过当之辞，其人之学问、器量，必有大过人处。明儒吕叔简先生坤曰：家人之害，莫大于卑幼各恣其无厌之情，而上之人阿其意而不之禁，尤莫大于婢子造言而妇人悦之，妇人附会而丈夫信之。禁此二害，而家不和睦者鲜矣。又曰：今人骨肉之好不终，只为看得"尔我"二字太分晓。语虽浅近，实居家之药石也。坡公与滕达道书曰：近得筠州舍弟书，教以省事，若能省之又省，终日无一语一事，则其中自有至乐，殆不可名。坡公此意，予深知之，而无如所处之境，不能行耳，言之悯然。方正学《题严子陵诗》曰：敬贤当远色，治国须齐家。如何废郭后，宠此阴丽华？糟糠之妻尚如此，贫贱之交奚足倚？羊裘老子早见机，独向桐江钓烟水。此诗思致绵邈，音节浏亮，乃吊古篇中最佳者。唐中宗尝召宰相苏环、李峤子进见，二子皆童年，上近抚摩之，语二子曰：尔自忆所读书可奏者为吾言之。环子应曰：木从绳则正，后从谏则圣。峤子曰：斩朝涉之胫，剖贤人之心。上曰：苏环有子，李峤无儿。

十六日，晴。明万历甲辰科，山阴朱大学士赓主会试，首题"不知命"一章。入闱时，朱与同人约，此题必三段平做不失题貌，方可抢元。若违式，即佳卷，亦难前列。同人皆以为然。既揭晓，则元卷殊不然。有人乘间问之，公遴选榜首，何以竟违初意。朱惊起，取卷读之，叹曰：我翻阅时，竟不觉也。由此观之,可知功名有定数,体物而不可遗者,鬼神也。为主司者,欲定一文章体式,而不能自主,况取舍高下之间乎?予屡司衡文之柄,闱中情事,往往如此,益信朱公之事不谬也。魏环溪先生曰:有不可知之天道,无不可知之人事。吾人能体会此二语,为圣为贤,不难矣。予少时夜卧,难于成寐。既寐之后,一闻声息即醒。先兄宫詹公授以引睡之法,背读上《论语》数页或十数页,使心有所寄,予试之果然。后推广其意,诵渊明诗:"采菊东篱下,悠然见南山。"或钱考功诗:"曲终人不见,江上数峰青。"或陆放翁诗:"小楼一夜听春雨,深巷明朝卖杏花。"皆古人潇洒闲适之句,神游其境,往往睡去。盖心不可有著,又不可一无所著也,理固如此。陆象山曰:"名利如锦覆陷阱,使人贪而入其中,安有出头日子。"陈眉公曰:"醉人胆大,与酒融洽故也。人能与义命融洽,浩然之气自然充塞,何惧之有?"明道先生曰:"天地生物,各无不足之理。常思天下君臣父子兄弟夫妇,有多少不尽分处?"吁!人生天壤间,三复斯言,宁不发深省哉!古人云:"教子之道有五:静其性、广其志、养其材、鼓其气、攻其病。"废一不可。

十七日,晴。佩和先送来腊肉、炆脚鱼。代南陔公祀,收桥局照洋十五元。

十九日,吐,晴。闪里怡丰茶号挡汝信来兑洋钱,因闻邑中分厘稍回,径出邑兑。致陈醉经先生函,谢送墨兰花画笺。

廿一日,雨。苏文忠公《答毕仲举书》:"来书云:处世得安稳无病,粗衣饱饭,不造冤业,乃为至足。三复斯言,感叹无穷!世人所作,举足动念,无非是业,不必刑杀无罪,取非其有,然后为冤业也。"

廿二日,雨。连日牙唇肿痛。带。择善来家,送玉带糕二封,桂花糕二封,茶饼二百元,回子饼二百元。

廿三日,晴。送许佩和先回子饼一百,桂花糕一封。送冯栋材先回子饼一百,桂花糕一封。

廿六日,晴。收耿兄付汝手旧挡洋六元。六月廿四,又收洋三元。

六月初一日,晴,热。宗子治过晤,局留宿。吴廷玉兄送桃来局。

初四日,晴。彗星北见。兴茂兄送面、粿来局。

天贶日,晴。炎热甚,带。

初七日,晴。王周考翁往屯,过晤,局留宿。

初九日,小雨。连夜热甚,开窗纳凉,感冒风邪,戒荤服药□。

初十日,雨。带。

十三日,晴。接焕妹婿信,发春初三又在县进词,初八日出批:"查此案,前据尔于勘后续呈,本县当以勘明,该余屋四至,核与汪汇江原呈图契相符,核与尔呈图契迥异,其为并非尔业无疑,明晰批示。乃尔仍不省悟息啄,任意混争,辄捏饰其词,上赴府宪耸渎,刁健已极!案经饬传,着原差江茂等,即将该原告汪发春带候集讯究详,抄粘掷还!"

十五日,阴。邑尊耑差来函,缴桥工捐洋三十三元。

　　久违芝采,时切葭思,敬维升祉崇臻,履祺迪吉为颂。弟日前因公晋省,系奉上台催迫,诚为不得已之行。旋时又以委员久住,赶紧办竣,交委回销。政拙才疏,徒为惭歉。所幸近来雨旸时若,可卜丰收,同为欣幸也!贵局桥工,茶市之际,□捐缴到若干,有无续捐之款,念念!弟所输之□,久拟缴清,亦因度支拮据,以致迟迟。兹特措就净光本洋三十三元,并捐条一纸,祈查收。将去岁捐条检交来差带回,以便涂销为祷。耑此,敬请升安,诸惟雅照,不一。贵局各位统此致候!

总结局存银,折洋一千八百廿八,洋一千四百零三,外五百六十,三共三千七百九十一。

廿一日,晴。为正冲陈胜春讲和卖妻事,捐洋一百元。

廿二日,晴。入桥局。

廿五日,晴。局轿来家,见烈祖病势甚剧。

廿六日,晴,夜雨。春容许字坑口,送来果子二包(元眼、杏酥)。

廿七日,晴,晚雨,大雷折庇林古桂树。

廿八日,晴,夜雨。

廿九日，雨。

三十日，晴，血温。共五十一千六百：养山会付钱廿一千六百，诒燕祠十二千，龙公祀九千，万公祀九千。老河坝下所造新塍坝，计二十丈，每丈二千二百，计钱四十四千文。又上首浮坝做十八工，下新坝衮脚做撑十四工，二共计工钱六千四百文。外贴钱一千二百文。加工起下六丈脚，大共计钱五十一千六百文。

七月初一日，阴，午吐，夜小雨。闻陈作求表弟于前月廿三日物故，荧祖至闪，嘱其顺便探慰姑母，寄去腊腿一个，果子二包（元眼、杏酥）。

初二日，晴。付余石匠光洋六元（田上二元，坝上四元）。

初三日，晴。门下段田塍，计五十四丈，西头计四十丈，均做成功，每丈一千七百。

初四日，晴，午小雨。开群芳八字至历口（辛未九月廿一辰时）。

初五日，晴，下午大风暴。

初六日，晴，下午小雨。约余诚清石司至桥局，定做衬工。

七巧日，晴，晚大雨。送谨初母家果子二包，回信来，谨初病愈。

初八日，晴，夜雨。付余石匠光洋四元。

初九日，阴。

初十日，晴，午雨。烈祖午时故，生于戊申十一月十八寅时。

十一日，晴，午雨。烈祖用道士下敛，比日出柩，至店头。向日为教为婚，俱乐意，今为料理此事，殊觉伤心！所生二女兰芳、秋芳，均年幼未字。子达元，生才二十个月。清夜不寐，与汝侄商筹后事。汝意渠迭年贴谷三十秤，我亦勉力迭年贴昶乾谷□□秤。十二日与长兄唤冬梅面说，我愿将承父分受租米□□一半，永远贴达元，使其稍稍称意，庶可安心。

十二日，晴。原差来行老票，款一素菜饭，未给钱。

十五日，晴，下午西风暴。

十六日，晴。开兰芳八字，至历口（壬申正月初五寅时）。

十七日，晴。付众田费钱二千文。桥局轿来，下午动身。曹村租谷，鉴弟母子分居，辞不能代收，特面托曹仪甫先。

廿一日，晴。冯景山先等汉售录[绿]茶，回送洋糖一瓶，蒲扇一把。黄兴茂兄送洋糖一瓶。

廿五日，晴，断雨脚。振和叔昨午到局督工。佩翁邑回。

廿六日，晴。喇出邑。

廿七日，晴。局中议出衬工，辰时放号炮，发牌起工。辰正□发牌，工钱五十日一发。

闰七月初一日，晴。

初二日，晴。智如叔为陈田女口角，出邑代为挽回。

□前月十七，拆揭起，约计衬工五百工。东头河中桥垛二个，已拆至塌底，请各石司细看底下，再不必拆动。

初三日，晴，午降时雨。

初六日，晴。未时安石，造东头二垛，至十八日做至眠牛涂眼，共洋二百一十二。

初八日，晴。接宗殿三兄来片，自五河归来，已到赤岭。□□。

十一日，晴，午好雨时行。

十二日，三农慰望。

十三日，晴，烈日燥甚。

十四日，晴。耿兄由伦坑至若坑。带。

十六日，带，晴。接焕妹婿来信，择善甥二十日动身往省。该行汪君抽出，胡君复开，胡自坐行，许谦翁坐上海庄，择善坐吴城庄，迭年俸银六十两，将来仍望生色。

二十日，晴。殿三兄来局。登儒叔出邑，因为与其长子孝善事，后接王德芬先并族耿兄上之信，代其写信至邑挽回。

二十二日，晴。同殿兄在亿大号午饭。耿兄为孝善事，轿出邑。

廿三日，□。架中洞眠牛涂，旌王双喜司指示，用铁锁□帮，不用天车，却甚便易。初架断一铁锁□，险甚，幸平安。后借乾大号打烟捆苧索护卫，下加顶杠四根,同日架成。石司小神福,木镴匠同。

廿四日,晴。乾大号宗明丽兄,接同殿兄午餐。思祖邑回家,和兴号留餐宿,灯下呈阅今年所做课文,颇觉明白,有进益,少慰。

廿五日,雨。

廿六日,雨。

廿七日,阴。思祖回家。

廿八日,雨。和兴号晚备二席,接请在局诸位。

廿九日,雨。三泰号宗倚山兄接同殿兄午饭。耿兄邑回局。

八月初一日,阴。

初四日,晴。和兴号晚酌。

初六吉日,晴。昨晚食烧鲜桂鱼,晨吐。石司四十七名,每人大神福二百,木镴、砖匠每人一百。竖桥架中洞起卷,黎明敬神,卯正卷洞。冯学奴兄办席送局,计十六小碟、翅、参、大爪鸡各菜十二碗,两点心,酒二尊,用排箱扛,自穿衣帽,同送来。进门放千边双响,真诚重之意,令人可感!回奉麻心月饼二封,使力钱四百,赏厨司。

初七日,晴。四班石司焚香拈阄,四洞起卷分造。旌、太造东万字洞(旌西进水一边,太东出水一边),婺、祁造中古字洞(祁西进水一边,婺东出水一边),旌、太造中千字洞,婺、祁造西秋字洞。

初八日,晴,带。请石安里宗蔼廷兄来局。

□□日,阴。寄薛社贵与焕妹婿洋八元,小酥月饼二斤,洋糖一瓶。□秀林木工竖中古子洞桥架。接思祖来信,汝侄初五日店到家,谨初初六日回家。洺叔是日伊坑接媳妇过门嬉。荥祖初八日过大沧收款。同蔼廷、殿三、耿兄等赴栋材先家生孙喜筵。

中秋节,微雨。各匠工九十八名,每人给神福钱六十文,月饼一个,子二□□。河西许村良公祀、忠孝堂各送节礼来(鲜亥、大河鲜鱼、月饼、盐子,详局《日记》)。栋材、潆川、锡龄、大茂各送粿物,详局《日记》。

十六日,晴。耿兄回家。

十八、九日,雨。殿三兄回家。

二十日,晴。冯濬川兄送三合粉一瓶,谢选青先来局晤候。冯贵林(木工)竖东万字洞桥架。

廿一日,晴。殿三兄约同蔼廷先至伊宅看戏,因局不能抽身,未去,景山兄陪去。

廿三日,雨。请谢选青先来局便饭,因雨留晚餐,轿送□。

廿四日,雨大,涨水三尺许。

廿五日,晴。收长茂号五色丝脚带一双(折洋钱三分),花一对(七分),篦二□□,共计洋二角五分,付光洋一元。

□□日,晴。寄花物回家,送进暲弟大令爱出适。

□□□,晴。致远先为和兴店濬川票事来。殿、蔼至闪,住喻义店。

□□日,晴。赵岱宗先来局缴捐,云殿、蔼仍在闪。

九月初一日,晴。栋材先送来尖角黍廿八个,致远先去。局轿来家,耿兄坐原轿到局。收和兴息洋二十元,当付汝侄收。与曹村鉴之母面结前年租谷,该洋三元。旧年谷洋十六元收,代付会洋十三元五角。新旧共欠洋五元五角。又五亩垅,四年谷五秤五斤,五年谷十秤零五斤。三亩垅,六年谷六秤。共存谷二十二秤。

重九日,晴。序和弟赠黄菊一盆。耿兄来信,十七日轿来,欲我至局。

初十日,晴。谨初母家又著轿来,接回轿去,给力钱四百文。绍祖誊众租谷簿。

十二日,晴。宰家豚。晚接含辉叔、长兄、绍祖、佑祖、汝侄、燮元等晚饭。

十四日,晴。佑祖侄配房、暖房酒,女客六桌,十五男客二桌。与拜金钱二百文。

十五日,晴。陪叶子振先、含辉叔,汝侄家晚饭。接请闪□陈丽清先,是日动身,未来。

十七日,晴。乘耿兄回家,原轿到局,正茂榨留晚饭。

十九日,晴。松客采松,由局过,代殿三兄买小松七株,计去洋一元,钱三百文。代陈惟岳先买小松一株，计去钱三百文。思祖赴馆，在局宿。

二十日，晴。晤严潭自省来者，云：汪发春本月初一日，在臬宪递词，初八日在抚宪递词。臬批已出，大意：仰府饬县，速集照契断详等语。抚批未出。

廿一日，阴。思祖出邑，带去洋二十四元，完众、己各粮。收恒大榨茶油二斤十二两（大）；收和兴号盐一角，又油纸一张。寄天善回家。

廿二日，晴。寄王润之先手巾包一个，与思祖。陈树人亲家来局督工。

廿三日，晴。同陈惟岳、树人亲、殿兄等赴冯子绅迎学喜□。郑正卿先到局晤候。

廿四日，晴。接芬关会省垣信。

廿七日，雨。同树人亲并局诸位和兴号晚席。芬到局，寄函到省，托抄抚批。

十月初三日，晴。唎早晨邑回，由局过。管南洋大臣、八省经略、两江总督部堂左，在即到任。

初五日，阴。登出邑。惨闻耀祖侄凶信，于昨日到家。

初七日，雨。芬昨到历口，得实信，承陈丙痒兄等同陪回□。

初九日，晴，午雨。同佩和、兴茂、潆川、殿、耿六人，办盒羽毛彩旗，贺□成兄令郎迎学，各派钱二百卅五文。珠侄女著新祖下来，欲我回家代筹安葬事，刻因尖桥，不能去。是夜大雨，涨水二尺许。耿兄至千佛桥，付文约，寄去光洋四元（七五扣，银三两），缴父位息金，银二两七钱，收找回钱四百六十八文（一五六扣，银三钱）。

十二日，阴。旌、太尖万字首洞桥洁。晨，局中首人衣冠，偕石师剪牲敬神，洞上剪牲，敬桥开椎，午雨歇手。尖离架寸许。旌大石工廿四工，又石科打石廿人，各给大神福钱二百。□林木工五人，各给二百。镢工四百文。旌、太加工尖桥，离架二寸。

十□日，□写信著局丁由闪至家挡翠呢轴，局内送郑家。

十五日，阴、晴。局丁到局，接汝侄回信，店中、家中均平安。

十六日，晴。汪连丁本家自省来，据云抚批：饬府集讯。

十八日,晴。婺、祁尖古字二洞桥敬神,匠班神福□,十二日同。(太平石做东城垱七鞋尖)。

十九日,晴。婺、祁仍加工尖桥,离架一寸宽,足见前云扣架七寸之□,局内折中扣三寸半,是理。

二十日,晴,暖甚。接到省垣十六日抄来批:

> 抚台批祁门县民汪发春呈□□屋宇控案,节经该县勘讯,何以尚复纠缠□□不休?究竟有无偏袒,抑系逞刁图翻?仰按察司即饬徽州府亲提质讯究断,具报图结,并抄均粘附。
>
> 九月十五日批示

收和兴号边油二斤,寄上岩祥回家。

廿四日,晴。接焕信,思祖脚生疮瘤,有小碗口大,现托外科用药医。

廿五日,晴。贵林木司拆头洞架,敬神剪鸡,与伊收,同伙五人,各给神福钱六十文。接汝侄回信。

廿□日,晴。寄信问思祖足疮患轻重。

十一月初一日,晴。早晨,吐。

初□日,晴,带。

初□日,晴。辰时用白公鸭二只,铁蜈蚣点光。旌德处□姚新祥与纸包钱八百文。午时,三四洞起卷,剪鸡二只敬神,与石匠收。旌石工廿二人,太十九人,婺廿二人,祁十六人,每人给起卷大神福钱二百,蜈蚣点光小神福钱六十。

初五日,阴。芬夜到局宿。进暲、序和邑来。接焕信,思祖脚疮稍愈。林廷辉先送来局饶州生饼二□。

初六日,雨雪。殿、耿兄邑回,云城中桥捐,焕经手代写,并承办东接款。栽养水仙花。至腊月二十后盛开六枝花。

初七日,阴。芬出邑。

初九日,晴。付恒大柜子一百斤,当收菜油二斤九两,汝家收。晚接省垣抄件。

初十日,晴。耿兄回家,寄与汝侄信件。

十六日,晴。冯俊扬随官催征来晤,据云发春初一日又在省拦舆呈词。邑主亲催钱粮到局,局备上席公馆,下午□动身到黄龙口。

十七日,雨。付余成清石司钱三千三百六十文,局代过付。

十九日,晴。邑主十七都回,来局用饭去。黄兴茂兄为树人亲等客都人在局,真诚□□伊欲尽一地主之情,在局办东二席。绍祖邑回,接思祖信,足疮已痊愈。

廿一日,同树人亲并局诸位,怡和号晚酌。

廿三日,晴。任海玉约至伊村收捐,备东款接,树、耿、佩、春同去。上三洞二石。牙唇肿痛。

□□日,晴。宗春成兄在局,办喜筵二席。康姓人自省来,路遇发春,又上省去。接汝侄来信,伊廿二日同朝青到家,欲□回家一叙。

廿七日,晴。局轿回家。

廿九日,晴。同汝侄至莲花形玩山水。写信寄高枧与绍祖侄,欲其出邑,照应□葬三房坟。绍祖回信来,伊因年终馆中不能,兼以匆匆出邑,经手不能如式,亦多不便。

……次经手□□安葬三房坟。

……归送冻米四斗,与伊子钱二百文。

……局。省又到原差来。

……□丙荣送物出邑,催生顺送年节……宿。

□□日,□。

原差传发春来。

□□日,雨。办送妹夫家细面五斤(官),果子二包,洋八元。

□□日,晴。历口轿到邑,思祖邑动身,小路口相遇,至桥……原差局借钱二百,邑挡钱五百。

□□日,雨。进投到禀,写状过号□钱三百廿八。官堂谕,嘱往郡,带老案地契。

初九日,雨。

初十日,雨。午时,取善甥产一子。□巳、辛丑、戊辰、戊午。夜大雨,雷乃发声,寄信与汝侄捡契,徐生银祥代节录老案。

□□日,雪。出批:既据该生呈明投到,着在城歇寓守候,传齐人证,审该生,仍将印契先行捡呈,均无违延,抄契附。

……择善甥巳时产一女,快捷平安。

十六日,卯时立春,迎春,候天转晴霁。吉泰店接夜。

十七日,阴晴。

十八日,晴。呈印契进禀。

十九日,晴。寄存妹婿处实征一本,汝修店簿一本。历口轿到局,妹婿再三将年节洋八元璧回。

二十日,晴。轿送陈树人亲回宅,送回柿果一包。

廿二日,晴。承黄茂兄送细面四斤,回奉腌鸡一只,白糖糕一条,又送笋衣一斤。郡中程耀采友寄信来,伊叔程善奎寓西公廨。

廿三日,晴。陈诵华先送柿果一包。发春郡中保歇来,挺其动身至郡。冯景山先送来雪枣一包,寿桃饼一斤。

廿四日,晴。局中谢神,各石工回归。订定明正初十□起工。焕妹婿前送来腌鸭一只,好山粉二斤,香糕二斤,北瓜枣一包。喻义店送来果子二包(寸金、麻酥),(一斤)红烛一对,(二片)寿桃饼一斤,泗记烟一包。汝侄来野鸭一只,鲜亥三斤。局轿回家。耿兄借洋四元,又前欠洋一元。送含辉叔果子二包(□枣、寸金),青果十六□。前承伊送来面二斤,耳舌一付,香肠一支。送长兄细面一斤,青果八元。送金意嫂细面一斤,□□元,青果六元。□□号寄杰送来果子二包(麻酥、雪枣),荣记烟一包,寿桃饼二斤。田聚兄送来卜丝一斤。□□各帐[账]单。写信寄桃饼人与汝侄。……送麟玉姑占米五斗,白冻米四斗,果子二包(麻禾[酥]、雪糕),回来卜丝二斤,饼一斤。

……廿三日出,十八日进,禀批:候催差迅传汪……

……契一纸附。

……宗送来果子二包(龙酥、交切)……

……四片。

……麻烘一包,麻酥一包。

……(一斤)红烛一对,寿饼一斤。

……祖半坑收租钱来。

……督打扫祠宇。

……洪盛洋六元,仍欠洋二元,典契未挡去①。

---

① 书中另夹有一纸:"来票望发钱五百文,系找陈迓兄纸扎工钱,勿误。此致喻义店号汝侄照。庚腊廿九 春江字(印)。"

十、1914年苏州潘承谋《彦均室歙行日记》①

甲寅六月

六日（阴历五月十三日），晴、炎热。赴歙展墓，偕葵生、志晖叔行，伯蕴（开先，利分，仕清公支）叔祖为导。午后出盘门，至吴门桥，登招商局小轮，有贞分派荫余、祖德叔祖，侣笙、恒镛叔，及栈司汪、吴二姓先在，皆结伴旋里者，四时展轮。

七日（十四日），晴、热。上午十时抵杭邑拱辰桥，警吏循例检视行李，买舟。行五十四里，薄暮达余杭，至蒋家牌楼周泳丰仁记茶漆栈，托估肩舆，行李则驮之以骡，骡主为老竹铺族人。夕宿千秋岭霸谭万安客栈。

八日（十五日），晨，阴。上午七时发余杭，尖于青山。午后，阵雨时晴。夕宿金头镇恒兴客店。（店主李姓，其妇殊狡狯，勾结舆夫，刁难需索。）是日行五十二里强。

自余杭行，十里至丁桥铺，十里至青山，入临安境，十里至五柳，三里至十

---

① 潘承谋（1874—1934），字秩仲，号省安，潘遵祁曾孙，潘观保嗣孙。光绪二十三年（1897年）副贡，官农工商部员外郎。祖籍徽州歙县大阜村，该日记系1914年他与族人赴祖籍地展墓的日记。见苏州博物馆编《苏州博物馆藏晚清名人日记稿本丛刊》，北京：文物出版社，2016年版。此一日记亦见《大阜潘氏支谱附编》卷十《文诗钞》，题作《□□展墓日记》，文字颇不相同，亦较简略。

景亭(西行为临安境,南行为於潜境),二里至马溪桥,五里至西市,十里至钱王庙,二里至金头镇。

晓发余杭

晓发千秋岭,篮舆去路赊。树丛多野竹,水浅露平沙。趁集人行早,呼晴鸟语哗。丁桥才十里,小试本山茶。

丁桥铺道中

苍苍极狡狯,不雨亦不晴。似惜征者苦,导入云中行。

九日(十六日),晨、阴。上午五时发金头镇,逾化龙,步行五六里,抵横塘,遇雨,尖于太阳铺。夕宿昌化县高升客店。(店主程姓,婺源人。)是日行八十七里弱。

自金头镇行,七里至化龙,十里至横塘(入於潜境),十里至藻溪,十里至载石,十里至镇廓,十里至方邑,十里至太阳铺,十里至芦岭关(入昌化境),十里至昌化县。

自藻溪至昌化雨中即景

两三家便自成村,壅土为墙板作门。水面荷擎新雨盖,山头絮拥湿云根。牧童簑笠驱归犊,估客筠笼担乳豚。一曲清泉鸣聒耳,在山原不厌声喧。

十日(十七日),晨,阴凉。上午六时发昌化县,越水牢司镇,不半里渡板桥,长几二寻,缆以铁索桥下,清流激湍,吞石若吼,步行陟画眉三跳岭,岭腰长桥九孔,跨涧如虹。再里许,复涉板桥,与前相若。过株柳镇,有昌化派族人宗祠,自十四世元庆由大阜黄栀园于明洪武间迁居于此,相传逮二十世,现丁约三百人。祠门悬有三松公、文恭公、畏堂公登科额,门内为思本堂,凡三楹,额为卢抱经所书。中祠三楹,再进依山筑楼,为后祠,亦三楹。即于神龛前为昌化乡第七初小学校教室,校长名乃思,字进三,亦族人。有学生名孝乾者,来自田间,虽短衣跣足,而态度颇极安详。询知在校生凡四十一人,适值农忙放课,未克参观,殆犹有半读半耕遗意与[欤]?惟见其课程表,列每周授课三十六小时,技能科阙手工、唱歌二课,算术每周居六小时,似于小学校不相宜,旧习沿因,固不能苛绳诸乡隅也。尖于颊口镇,步行陟车盘岭。夕宿顺溪方聚源客店。(店主方姓,亦歙人。)是日,行六十二里强。

自昌化县行,十里至白牛桥镇,六里至太平桥,四里至水罕司镇,十里度画眉三跳岭至株柳,十里至颊口,十里至车盘岭下,十二里度岭至顺溪。

於潜、昌化之间,层峦四抱,修道曲环,苍崖俯瞰,碧涧下临,径随山转,前望几疑无路,必在放翁诗影中行。

> 峰回路转自逶迤,渺渺前程入望疑。岂是穷途真日暮,从知直道不时宜。依山每作攀援想,临涧终防堕落危。世路崎岖君莫问,但能行素总平夷。

十一日(十八日),晨,晴凉。上午四时四十分发顺溪,行八里强,度昱岭关,俗谓之界山,为浙、皖分界处,关以西乃歙境。再行十余里,陟老竹岭,步行而登高,可三百余级,过老竹铺,陟磨盘岭,尖于三阳坑,陟杉树岭、中岭、杞梓岭,皆不若老竹岭高矣。六时,抵大阜村外,步行入村,至弁英、潞龄叔祖处,未见,暂寓伯蕴叔祖处,适礼卿、遵寿、执甫、遵权叔祖,静波、溁先叔祖在座,接谈之下,知皆利分派久商于苏者,故能吴语。未几,弁英叔祖来。是日行八十四里。

自顺溪行,二里至杨家塘,四里至昱岭关,(度关入歙境),六里至老竹岭下,度岭五里至老竹铺,五里度磨盘岭,至叶村,十里至三阳坑,十里度杉树岭、中岭、杞梓岭至杞梓里,十里至齐坞,三里至苏村,七里至斜干桥,十里至郑坑店,五里至方村,五里弱至北岸,二里至大阜村东。

十二日(十九日),晨,晴。谒弁英叔祖于修吉堂,堂为舜邻公旧宅,导至其蔚公旧宅。博乡堂仅存三楹,堂后院宇悉毁于兵燹。堂前东西余屋,为吉卿、全志叔伯和承平弟所居。午后移居堂之西楹,中楹悬温恒亲王为其蔚公书"茂松清泉"榜,墨迹尚藏松鳞庄。

十三日(二十日),晴。谒宗祠,祠在博乡堂东邻,依山而筑,面临荷沼,入大门为敦本堂。堂后历级而登,前祠五楹,中奉十六世祖德辅公以下至二十世祖公调公为主位,东西以支祖位祔。上楼五楹,中奉荥阳得姓祖季孙公始祖刺史以下至十五世祖叔龄公及十六世伯祖裕公为主位,东西以支祖位祔。再上楼五楹,中奉十六世祖妣以下至二十世祖妣为主位,东西以支祖妣位祔。最后楼五楹,中奉荥阳得姓祖妣邹太夫人、始祖妣林太夫人以下至十五世祖妣为主位,东西以支祖妣位祔。各祠均奉有历代遗名祖先总位,凡自荥阳得姓祖以下至二十世祖考妣神位,以硃漆饰之,其他则栗主也。同族支裔皆得升祔,十年举行一次。德辅公祠前,四围以文石为栏,雕镂工致。庭植桂树二株,祠柱多矩石成方,面积及尺帖、榜额、碑文,悉载麟生伯祖《歙行日记》中,不赘。行礼毕,出,至堂前见牌刻。本祠本年支裔收租名,计贤分一人,昌分一人,隆分二人,亨分一人,利分二人,贞分一人,贵分、元分无人,文会司年三人。出祠东行,至贤分厅(支下有吉顺堂)、隆分厅之承善堂、文会之师善堂。李王庙神为南宋中兴将,名显忠,神前大炉,为其蔚公所铸,乾隆、同治间两经重铸,今复垂毁。折而西行,至元亨堂,利、贞支祠皆在博乡堂西,比宇利分仕清公支下之诗礼堂、南山公支下之德寿堂、贞分之吉安堂、昌分厅(支下有崇本堂)。按仕清公讳社稷,南山公讳廷顺。谒村中各族人,得见者礼卿、执甫曾叔祖,静波、伯良(骅孙)、桂芬(恩荣)、步成(俊章)叔祖、侣笙、载杨(恒春)叔,声远、振玉弟,略谈,各以茶点见饷。未见者锡荣、世傅高叔祖,乾一、遵余曾叔祖,祥坤、培先叔祖,子莾(恒祜)、梦兰(步熊)叔,梯云、振甲弟,留刺而归。午后,隆分之丽生、遵悦曾叔祖,树德、恒礼叔来,伯良叔祖来,谈及金盆坦墓地余田,有康熙年间所得而契据无存者,尚可取具保证书,补领新契。弁英叔祖来,交到验过叶备坞、金盆坦地契十纸,并查枝丁未续修支谱误漏各条一册。执甫曾叔祖来,世仆王贤目已瞀,其子阙儿来服役。

十四日(二十一日),晨,阴。礼卿曾叔祖,步成、祥坤叔祖,载杨叔,乾一曾叔祖,静波叔祖,先后来。弁英、伯蕴、祥坤、静波诸叔祖导往摆坞口,谒十六世祖德辅公墓,封石镌"乾隆癸未重修"。德辅公居左,次吴氏,次余氏,又次汪氏。查支谱载,公元配余氏,葬罗家坞,宗谱作葬蜘蛛结网形。继配汪氏、继配吴氏合葬,宗谱作葬牛形,封石并泐余氏祖妣,似误。左为关寿公暨配梅氏墓,迤左稍下为二十世祖公调公,继配汪氏祖妣,墓封石镌"万历戊戌立,乾隆四十六年重修"。左有族人墓。诣小阜羊鹅坑,谒十一世祖父瑛公暨配胡氏祖妣、二十二世祖高山公暨配聂氏祖妣墓,封石镌"康熙十二年立,咸丰元年重修"。下山大雨忽来,至小阜村祯祥堂小坐,堂为小阜派支祠,因羊鹅坑墓树近被人窃去数株,禁山者即小阜派族人,(凡业主之地,倩近村人照看,禁人樵採者,谓之禁山。)谆嘱以谊属同宗,自应格外注意,不得以妇稚无知借口无从追究。冒雨,归博乡堂,衣履沾濡欲滴。祭品用鸡一、鱼一、肉一、蔬一、果一、点一,有酒醴,无粢盛,不设箸。梦兰来,未晤。应年叔祖(复先)来。

十五日(二十二日),大雨。竟日读顺治间重修大佛宗谱,凡六册,□以文苑二册,余四册,先源流考,次分派系。贤分派,即以十七世贤为派;……是谱修于顺治辛卯,为姑苏派士奇所有,即和字号部,今藏步成叔祖家。十七部中,大阜仅存此完本耳。士奇为仕源公子,廷茂支裔,系二十五世。其祖名祖义,葬吴县华山之北二十一都甲阳字圩。父仲绣,葬吴门。

十六日(二十三日),大雨竟日。博乡堂后轩东西楹二短梁虫蚀垂朽,饬匠估修。除泥工外,木料工作,与程安吉木作议定银圆十三枚五角,包做。

十七日(二十四日),晨阴。桂芬叔祖来。午晴,贺祥坤叔祖子姻。午后,伯蕴叔祖来,导诣太公冢,谒六世崇安公暨配方氏祖妣、七世祖仁霸公暨配张氏祖妣、九世祖留村公暨配汪氏祖妣墓,封石镌"道光三十年利分重立"。左为族人墓。诣高路山,谒二十三世祖文瑛公继配吴氏祖妣墓,玉溪公侧室薛氏附葬右穴连冢,封石镌"光绪三十一年重立"。左二冢亦族人墓。二十八世正春及二十九世某墓,再左一冢,碣字不可读。诣罗家坞,谒十六世祖德辅元配余氏祖妣、十八世祖以任公暨元配程氏、继配洪氏祖妣、二十世祖公调公暨元配江氏、继配程氏祖妣墓,封石镌"乾隆五十三年重修"。墓左连九冢,皆族人墓。诣后塘源,谒十世祖彦成公暨元配汪氏、继配罗氏祖妣、十一世祖笃夫公暨配宋氏祖妣墓,有十二世宁公暨配某氏祔葬同冢,右穴封石镌"道光三十年重修"。复前行,迂回数十武,谒十五世祖叔龄公暨元配吕氏祖妣墓,公兄德公暨配吴氏同冢,左穴封石镌"光绪六年重修"。诣社屋坦族墓,凡三层,上立石碣,镌"松鳞族墓",为光绪六年西圃公所倡建,而麟生伯祖所经营者。第三层左第二穴墓石,仍镌"秀先聘胡氏",当时以"秀先""季先"半字之讹,几经辩驳,支谱终成阙疑,此石留存,恐贻后人误会,应改仍旧贯为是。迤东行,谒二十二世祖高山公继配汪氏祖妣墓,筠友公侧室倪氏、陆氏祔葬右穴,二十五世祖景隆暨配张氏祔左右,次穴封石镌"光绪三十一年重修"。诣茂林头,谒二十三世祖玉溪公暨配王氏祖妣墓,侧室刘氏另穴,居左之次,中间有明故远积公暨配吕氏以次七穴一冢,右为明故社政应宾、应魁公一家,再左三冢、再右三冢,均苔封藓蚀,不可辨识,封石镌"道光□□年重修"。礼毕,返博乡堂。晚,祥坤叔祖招饮喜酒。歙俗,婚礼简朴,婚后,新郎、新妇面北,分坐室东西隅,贺客登堂,先向新妇、次新郎、次主婚人各一揖而已。喜筵八大碗一点,别无盘佐。至即入座,散即归。

十八日(二十五日),晨阴微雨,旋止。上午七时,雇肩舆,自大阜村西登舆,诣藤坑源,谒十三世祖梅春公暨配黄氏祖妣墓,封石为嘉庆二十四年。敦本祠立山巘,无路,披榛拨草,攀援而上,几颠者再。礼毕,下山雨至,陟佛岭,高不亚于老竹岭,逾岭,唤舟渡河,前行约十余里,涧水阻道,舆夫负我而涉,达叶备坞,雨甚。二十四世祖筠友公暨配张氏墓在山之颠[巅],而急草芜泥滓载道,无径可登,不得已,设祭品于山下,遥望展拜,而衣履尽湿矣。旧时宾池庵,今剩颓垣断壁,无可止休。复前行约二十余里,登飞步山,俯视群峰若荠,颇有一览众山小之概。附近数山有煤峒,业已开采,远望煤若焦墨,谅其质必佳。下午三时,抵金盆坦,谒二十五世祖其蔚公暨配罗氏祖妣墓,侧室沈氏祔葬右穴同冢。守墓者为昌化派三十四世族人,名政暄,一母一弟,同居祠屋,四无居邻。小坐,雨仍不止,乃于祠屋设祭,冒雨至墓前肃揖,封石镌"康熙四十年立"。自大阜至此,道无售食物者,因嘱守墓者为炊,以饷舆夫而偿之。值餐毕,已五时,急行十五里,至徽州城宿。是日,约行七十五里强。总之,嗣后祭扫,以春二三月、秋九十月为宜,盖草卉不至塞途,易于省展也。舆夫为黄陂人,颇矫健,登山、涉水、行泥滓盈尺中,如履平地,恐村中人无此足力。

梅雨初晴，晓发大阜，度佛岭，遇雨，涉涧水达叶备坞，谒筠友公墓，而雨甚。墓在山颠[巅]，披榛无路，泥滑膏履，不得已，于山下遥望致祭。

山中初遇雨，又陟雨中山。滑滑黄泥阪，淙淙碧水湾。搴裳歌揭厉，蹑屐绝登攀。遥蓻心香瓣，松楸在望间。

雨中诣金盆坦，谒其蔚公墓。

九派衍云礽，松鳞旧荫承。春秋感霜露，吴皖肃尝烝。雨急泉侵路，村孤屋傍塍。扫苔摩碣字，宰树湿烟凝。

十九日（二十六日），晨雨，旋止。上午六时五十分，发徽州城，三十里至杨村尖，沿水临山，前行不及三里，有断岸为水所激，左峭壁，右急汛，石乱泥粘，舆夫负我行其上，心殊惴惴。十里抵上坞，村口有宗祠，大门三楹，中为诒荫堂，支裔可汜书榜。楼三楹，岌岌欲颓。访得三十三世支裔名德胜者为导，其年七十有四，有子若孙，皆居村中，距村数武，有丰碑耸立道左，大书"唐歙州刺史潘公墓道碑"。再行约里许，抵樻山营，谒始祖暨配林氏祖妣墓，封石文字弁英叔祖已抄录成帙，不赘述。迤右稍下为二世祖万一公墓。上至墓巅，剪荆、剔薛、摩抄，封石镌"唐世祖万一公"居中，万二公居左，万三公居右，同冢，以下字没于土。下为三世祖大震公、五世祖大阜公墓，封石模糊，细认仅得末一行为"乾隆二年重"，下一字不可辨。东行越平冈，陟一高阜，谒四世祖上坞公墓，封石镌"后晋天福二年建，东门派应烈、应祉，大佛派荣龄、兆缙，上坞派大□、大信于乾隆二年重立"。谱载祔葬刺史公墓，恐未妥洽。归宿杨村汪氏宗祠。祠前为悦来客店，即汪越国公后裔所设。

二十日（二十七日），晨阴。上午八时十五分，自杨村买下水船，顺流而下，行四十里，十一时抵南源口，登岸，仍乘舆行二十里，下午二时十分返村。步成、伯良、弁英、伯蕴诸叔祖来谈。

二十一日（二十八日），晨晴。伯蕴、祥坤叔祖来导，诣北岸沙坑，谒十四世祖画初公暨配张氏祖妣墓。越豆畦，盘旋而登，删刈榛莽，见墓前有一圆穴,疑是獾兔巢窟。据人言,此系螺形穴,乃螺盖,故屡填屡陷,姑妄言之,不足听也。封石镌"雍正甲寅司祠重立"。诣方村柿木坦,谒其蔚公侧室顾氏墓,封石镌"先慈母其蔚公侧室顾夫人墓,奉祀男兆科百拜,乾隆八年立"。盖紫垣公为顾氏所抚子也。祥坤叔祖回后岭。仲芳公支下墓树有人生觊觎之意,邀往讨论。行五里许至村,先遇一老者。询其年,则七十有四;询其派,则分角昌化;询其世系,则不能详。子二,一月桂,一大炳,出旧抄本读之,初不知有刺史公,遑论世系。盖以周季孙公为始祖,九十传而至今。其本错乱脱漏,不知凡几,最异者载有乾符三年三月刺史公以宁州司马授度支员外郎,札付一通,牒一通,并有画像,而世系不刊刺史公名,用是知此谱不足征。天忽阴,急行出村,雨已至,达方村,而衣履复湿矣,乃唤舆归。晚,伯和弟出家馔,饷于博乡堂下。

二十二日(二十九日),晨晴。诣苦干源汪家坞,谒十九世祖仕源公暨配程氏祖妣墓,封石镌"乾隆二十四年重立,宣统元年又修"。墓左立有禁止后人改筑防损地理石碑,嘉庆十三年重修。归途顺至伯蕴叔祖处,留午餐,偕诣大石墓,谒四世祖上坞公配程氏祖妣墓,封石镌"乾隆癸巳年重立"。据敦本祠司年云,上坞村人岁时亦来此祭扫。查康熙间墓地,几为吴大云等毁占,有道光十五年后岭派敬本祠、祯祥祠、敦本祠,余坑派、前圩派、柯村派、白洋派支裔夺还公立永远保存合同八纸,分存八派收执。旧谱作葬五渡、上坑,系属虚穴,故丁未续修支谱,即据合同更正。归后,阵雨又至。按前数次来歙谒墓,除刺史公墓外,皆始自德辅公墓,下逮其蔚公墓为止,余则一一展谒。迄今日而本村各墓殆遍,此行惟不克诣筼友公墓为憾耳。葵生叔自上坞归后病足,不良于行,昨、今两日均未诣墓。伯良叔祖来,将金盆坦无契各山地开列清单,请代补领新契,谓须兼旬方能领出,恐不及待矣。午间,于季宾、遵序叔祖处见一旧抄谱,亦始自周季孙公,细读之,似较后岭所见者为善,许假抄一份寄苏。

二十三日(闰五月朔),晨阴,暴雨旋止。午后步成、弁英、祥坤、伯蕴诸叔祖来,将本年坟粮、秋间祭扫费、修理博乡堂后轩工价、验契费、留存领契费各款,交付弁英叔祖收存。诣敦本祠,恭瞻德辅公遗像。公居中,余氏祖妣居左,吴氏祖妣居右,下为思齐公贤暨配吕氏、思义公昌暨配罗氏、思恭公隆暨配吴氏、思忠公暨配汪氏、思敏公贵暨配江氏,男左女右,雁行分列。绢本支裔奕才所绘,上有西圃公跋传世。曾经兵乱,为一务农子姓保存,故至今得藏诸宗祠,惜不详务农子姓之名。旋雨旋晴。

二十四日(二日)晨,部理行装。午后至弁英、伯蕴叔祖处,分别交还取归各件,并接洽船只、伴侣。弁英叔祖来,谈及博乡堂地基,始知自大门至堂后轩为止,犹属其蔚公支下,其余均已分授九派。大房得堂西另屋一所,即所谓学士楼。二房得修吉堂,在博乡堂、学士楼之间。三房得博乡堂后进屋。四房、五房得堂西偏屋。六房、七房得堂东偏屋。八房、九房得堂南对面余屋。现除修吉堂尚为舜邻公支裔所有,他则或经兵燹,或遭回禄,辗转夷为他族,匆促间无从究诘矣。暴雨时行,雷声一震,抑蒸之气,犹未能宣泄也。夜又雨。

二十五日(三日),晨晴。上午六时起,检点行装,催唤舆夫。八时,诣宗祠辞祖,弁英、祥坤叔祖、伯和弟送至祠东,留刺,遣人至各尊长处告行。步出村东,乃乘肩舆,行十里至五渡,诣上坑,谒十七世祖思忠公暨配汪氏祖妣墓,封石镌"大明己卯立",按公卒于景泰七年丙子。墓左为公兄思恭公暨配吴氏墓,封石镌"天顺元年立"。右为思恭公四子仁宗、荣宗、胜宗、住宗墓,是"己卯"为天顺三年。折至红庙后,诣十二世祖五渡公暨配胡氏祖妣墓。涉涧水,踏山骨,攀垂藤,剪丛芒,猱援蚁附,舆夫承我以肩,始克达山腰。墓前封石镌"嘉庆二十五年重立"。行礼甫毕,小雨已至。急下山,行十里,陟梨树岭,十一时三十分抵深渡,投永隆号,为侣笙叔先人所设,凡我苏支裔赴歙展墓过此者,均投止焉。载扬、侣笙叔已先在,具餐而待。未几,伯蕴叔祖亦来,候船不至,闲步至茶商公立廉立初高小学校参观。遇梯云弟,为该校教员,询知校长为姚志铨,在校生高等二三年级共十六人,每周授课三十六小时,初等十八人,皆三年级,每周授课二十六小时。暑假期迩,高等适试验图画,三年级生画小鸟、紫藤,亦楚楚可观。初等方温习国文。时雨又作,即归永隆,而衣履复湿矣。夕下榻焉。

二十六日（四日），时雨时晴。下午十二时半，船至，即登船。主张福海，由屯溪载茶百六十箱，至深渡，复装三十一箱。余与葵生叔购中舱二榻，同船者有章景山信客，吴炳荣、程安吉木作主，尚有四人忘其职业、姓氏矣。船首尾皆锐，编竹篛为蓬，无门无窗，舟子出入，须经中舱。旅客宿榻，分雁行列，有桨无橹，司舵者由后望前，视线自舱中发出。滩流喷急，船首拨以巨楫，分杀水势。四时起椗，赴卡报税。六时半，泊横石，行三十五里。

自深渡行，十里至白石岭，五里至坟口，对河为大川口，五里至小满，五里至山茶坪，五里至结鸟滩，五里至横石。

二十七日（五日），上午五时许，发横石至街口，关吏例查验。至威坪，入浙境，关吏例征税。下午暴风骤雨，小泊。旋晴，即行。七时三十分，泊罗东埠。是日，行一百九十二里。

自横石行，五里至牵钻滩，五里至米滩，五里至八郎庙，五里至街口，过梅花滩，五里至王家潭，三里至滚滩，二里至常潭，三里至和尚岭，三里至威坪滩（入淳安境），十里至竹节淇，五里至云头潭，五里至锡行渡，五里至老人窗，十里至慈滩，对河橦梓源口，十里至仰村降，对河响山潭，十里至上石渡小金山，五里至交须滩，五里至淳安县，三里至溪源口，七里至赖爵滩，十里至港口（入遂安境），十里至塔行，十里至藻河，十里至罗山墩，三里至瓦窑埠，五里至茶园，五里至百步街，五里至小溪岩，五里至猢狲淇，三里至童埠，二里至试金滩，十里至仓后滩，三里至罗东埠。

二十八日（六日），晴。上午四时许，发罗东埠，十一时抵东馆关，关吏例查验。午后过七里龙，水平风利，扬帆直下，晚泊富阳。是日行二百三十七里。

自罗东埠行，二里至白沙埠，十里至杨溪，十里至下衙，十里至马没滩，十里至宗潭，十里至倒插潭，十里至严州，五里至东馆关，十里至鸟石滩，十里至胥口，十里至张村，十里至冷水铺，七里至钓台，三里至鸬鹚源口，五里至黄山寨，进七里龙，七里至六港滩，三里至鹅潭，十里至桐庐，十里至柏浦，十里至柴埠，十里至窄溪，对河新城港口，十五里至黄山寺，五里至梓橦关，五里至新店湾（入富阳境），十里至程坟，十里至汤家埠，十里至鹿山头，十里至富阳县。

富春江上舟中

　　身在一峰画里行,富春山色艳征程。半规新月摇波影,廿里好风度市声。远树平堤宽望眼,轻帆归棹载诗情。明朝商略西湖去,网得鲜鱼脍作羹。

二十九日(七日),上午四时许,发富阳。下午一时许,抵毛家堰,关吏例查验。二时五十分,至闸口卸货,移舟至江头,泊姚大纶行门首,时已薄暮。是日行一百二里。雇舆入凤山门,至太平桥七龙潭正祥盛庄,晤徐云庭(衣辰),遂下榻焉。

自富阳行,七里至大岭头,五里至赤松铺,十里至庙山铺,十里至大安铺,十里至渡河埠,十里至鱼口铺,十里至王家埠,五里至毛家堰,五里至半边山,十里至范村,十里至进垅铺,十里至江头。

循山程自浙西入皖南,复循水驿而旋,无日不与山为友,舟中无聊,追溯行程。

　　一山转过又一山,山山相接如连环。有时山尽处,中界碧水湾。跨水横略约,其下声潺潺。石磴流泉飞匹练,螺旋曲径披云见。岩花带雨香拂襟,风回珠溅行人面。行人深入白云里,插天高峰起足底。不觉我身自处高,但见群峰青若荠。千仞冈上一振衣,梅子黄时急雨飞。居高省识天公妒,啼鸟催人不如归。平身看山眼不饱,此行看山犹大好。轻舟更度万重山,山山裹我如襁褓。莫负云山情,日在山中行。云山雅厚我,到处相送迎。我酬云山诗一首,无数云山为我别样青。

……

七月一日(九日)上午十时,乘舆出候潮门,至江头姚行捡取行李。下午一时三十分,赴南星站,附沪杭特别快车,行五时三十分抵沪,寓麦家圈惠中旅馆。

二日(十日)下午一时五分,附沪宁特别快车,行三时余抵家。

……

十一、1918年婺源查辅绅《日记》①

本科第四年级上学期寒假中之日记

七年一月二十一日（十二月初九日），星期一，晴。

起身甚迟，精神困倦，盖昨自溪口抵家，计程九十里，时鸣钟九下矣。早饭后，与铁兄同至正谊小校参观，生徒正在理书籍，询之，始知来日放假，坐谈少时，遂返。中膳后，父亲谈儒、释、佛［道？］三教之旨趣，亦觉兴趣。晚膳后，复坐谈少顷，遂就寝。

一月二十二日（十二月初十日），星期二，晴。

今日铁兄欲返宅，余以连日奔波，难以跋涉，苦口相留，始不果行。早膳后，为父亲画相，自朝至暮，已将面部画成。夜间与铁兄谈别后事，恳恳以通信为急务。铁兄亦以为然，盖见信如见其面，所谓隔室谈心惟此耳。

一月二十三日（十二月十一日），星期三，晴。

起身较早，以铁兄今日执意欲行，余恐其家人相虑，不敢相留。早膳后，送至庙下而别。余欲再送，铁兄云：古人不云乎，送君千里终须别，相送愈久，

---

① 该书封面除"日记"二字外，尚有"民国六年十二月省斋查辅绅"字样，右上角另有"毋忘国耻，注意自治"八字。日记书写于"詹大以"蓝丝格本上。作者为徽州婺源人，《日记》二月四日条有诗曰："韶光容易过频频，屈指曾经廿次春。"可见，其人当时在二十岁上下。

离别盖难。此言诚然,然半载相处,一朝忽别,终觉耿耿于心也。回家后,复为父亲画相,仍未成。夜间读古文。

一月二十四日(十二月十二日),星期四,晴。

今日仍画相,至暮方成。夜膳后,装入镜架中,幸而大局相类似,不负一番辛苦。中午表弟得祥来,叙谈有顷,匆匆即别。

一月二十五日(十二月十三日),星期五,晴。

早晨,阅《华严原人论合解》。早膳后,父亲与长兄、二兄及余同上坟祀祖,至三句钟始返。后阅周敦颐先生之《太极图说》及《通书》,细味深有至理存焉。先生一生,惟此二书行于世,余皆湮没不彰,惜哉!

一月二十六日(十二月十四日),星期六,阴。

终日均理书籍,惟早晨将在校所作诗,请父亲删改。父亲于《晨起听鸦鸣有感》题一绝云:听得乌鸦哑哑声,飞来飞去为谁鸣。都因反哺将思报,不学鸱枭啄母睛。夜间,同二兄至查村庆养公家吃喜酒,以乃子娶妇也。回记此。

一月二十七日(十二月十五日),星期日,阴。

今日用裁缝,做明年至江苏参观教育之长衫。早晨事杂事,早膳后,阅《管见篇》。后闻村中豆腐店内一伙病剧,此伙原沱川人,未死即令人送去,不料途中命绝,本已作三十元了结,讵知彼村好事者,收尸验后,谓有重伤云云,不能糊涂了却,于是托人过来,作人命论。噫!冤矣!在店主固忠厚人也,即此伙亦未尝与人相争,何伤之有?此固好事者为之也,而不知两方受累多矣。

一月二十八日(十二月十六日),星期一,晴。

早晨习字一页,始读国文。下午阅《太极图说》。《太极图说》周濂溪先生所作也。此书已阅二遍,犹难了解于胸,嗣后非潜心静虑以思之不可也。然太极本无极,无极而太极,太极动而生阳,动极而静,静而生阴,静极复动,循环之理存焉。所谓《太极图说》者,其纲领当不外此矣。

一月二十九日(十二月十七日),星期二,晴。

寒假期中三十余日耳,韶光易度,忽忽已过三分之一,事鲜有成,抚心自问,再不努力自励,何以慰高堂、对师长、对自身乎? 晨习行书二页,后阅濂溪先生之《通书》,谓万物资始,诚之源也。一阴一阳之谓道,继之者善也,成之者性也。余向以诚为终身修行之目的,知乎此,是不过复吾清明之本体而已,性命工夫,其在此乎? 二兄终日学画相,微有似意,惟用笔尚不能甚活泼耳。下午,堂兄粤卿抵家,为收帐[账]也。回行,有黟县一伙与之同榻。

一月三十日(十二月十八日),星期三,晴。

今日为长兄画相,劳碌一日,毫无像意。寸心耿耿,徒废时日耳。夜接四房厅聚昭兄信云:须明日赴城起货,父亲命余与长兄同往,余心滋快,盖不日将晤知己铁兄矣。父亲示以猪油行情,及起货时之手续。夜,仍与堂兄同伙同榻。

一月三十一日(十二月十九日),星期四,晴。

起身甚早,不过六句钟,与长兄早膳毕,别家人,至四房厅邀聚昭兄同行。时庐坑沛泉先生亦与焉。候其膳毕,四人赴程,一路且谈且行,足不觉倦,直至思口始中膳,食面。食已,复前行。见路旁一带山,火势滔滔,戛戛作响。今年数月未雨,干燥异常,倘一着火,未有不绵延不止者,所谓"燎原之火,起于一星"者也。闻此处因上坟,被火绝命一十五六岁之孩童,诚险岁。天气燥热异常,加以食面,口渴实甚,几乎一步不可行,幸离乌坑不远,缓缓行到,向人家乞茶,则茶已吸罄矣。不得已,取冷水而饮之,顿时浑身爽快。噫! 饥渴之困人,甚矣哉! 四人且行且止,疲困已极。抵城,已日色冥冥,恰市中上灯时分,投宿于北门王和兴客寓。一心欲晤铁兄,以人多不便,念发中止。晚膳后,未几即就寝。

二月一日(十二月二十日),星期五,晴。

天未明,即起身,四人盥毕,饮茶少许,即至西门湾,见众担夫均在此处,店内乃相约上船搬货,计共十九人,货物繁多,杂杂纷纭,想为所动□,乃至近旁店内商借纸笔,将各人所挑物件上入单内,惟有一层难处,即已上单之货物,因肩力不给或有余,时增时减,笔记忙碌异常,将不暇给。及开毕,收十九人之货物,对正一遍,然后四人回至宏茂杂货店内,另开一单,寄回家中,一致玉莹先生,一致父亲。开毕,交担夫带回,然后回寓早膳。膳后,至船上查货,货物纷纭,难以检点。先将猪油过秤,略能符合,然后检点父亲之洋蚨、箱被、枕席等,皆无错误。回集一处,乃帮忙理香,悉不堪问矣,狼藉异常。内有一捆,不着香处,已被火灼过,想系知觉扑灭也,不然,全船被累矣。理香时,香灰扑面,全成香人,果尔得香气以成仙,吾人非仙乎?终日忙忙碌碌,不遑中膳,疲劳已极。下午清华有四舶来,欲装货物回里,议定后,令其将不发挑之物搬入舶中。未几,挑夫四人到,乃将发挑之猪油及货物令其装担,装成,仍余猪油两桶,价目仍仅十八元五角一担,不能出售。与长兄商酌,议寄存铁兄宅上。亲至铁兄家,适铁兄在焉,以此事相商,伊云可矣。回至船上,着担夫挑至其家,然后回饭店,货物之事毕矣。未几,铁兄来,必欲吾侪至其家晚膳。沛泉、聚昭二位以照料店中物件,不果行,余与长兄同诣彼宅食焉。食已,铁兄又殷殷留宿。吾人以账目未清,不敢从命,旋辞出。铁兄又殷殷言来日来舍食饭,以相知既久,遂允焉。回寓,见沛、聚二位皆不在,店主言事出矣。坐息少顷,见二位至,言买砂糖来,说笑有时,遂解衣寝。

二月二日(十二月念一日),星期六,晴。

黎明即起,以昨日砂糖犹有未买,及饶面未携回,着担夫回至市上携取,至则市上寂寞未起也。乃唤开店门,称糖毕,复至宏茂号取面。诸事既毕,交担夫挑回,然后同回寓休息。未几,则铁兄至矣,必欲吾人至伊宅早膳,相约同行。早膳后,辞出回寓,检点物件。聚、昭君云:曷不至城中一游乎?同声言可。由北门直下,转至铁缸所在处,上刻四月八日焚香供奉上帝,知四月八日演剧,必在此矣。及至紫阳书院各处参观一遍,内大厅为朱夫子神位,有一厅颜曰"濂洛同源",即周濂溪与二程两先生神位所在,皆宋时之理学大家也。后至西门城外查公山上,我鼻祖文征公在焉。此地为道光年重修,时日不云不多矣。游毕,至和兴祥杂货号清算账目。伊云:请夜间来算。余与长兄至铁兄家中膳。膳后,铁兄云:吾人至各处一游乎?应曰善。先至天香亭,亭筑于山上,下视则全城皆入眼帘,众山如在肘腋下,圣庙则在其前,前一山有文笔二。据铁兄云：自文笔告成以来，则文人为其所制，不能上达，相传如此，岂□也耶？旋由小南门出城，转至南门外，有虹井一。据云：朱子降生之前三日，此井有虹气上升，三日后，朱子诞生矣。朱子为九月十五日诞生，即在十二日，此井有虹气，是亦古迹矣。由南门至县堂一游，上批婺源县知事葛谕公出，吾知为吾村与沱川之人命案也。论此事毫无端倪，知系前生冤结，所谓"闭门家里坐，祸从天上来"，此之谓也。返至铁兄宅上晚膳，铁兄又殷殷留宿，复以账目未清辞出。拟回寓，途遇沛、聚二位，同至各店清账。毕，又于途中遇铁兄及其侄，复至其家，坐谈少顷，铁兄与其侄送余回寓，令堂以腌蛋相赠，不便固却，只得领情。未几，铁兄去。余等清理账目，计亥油厘金，须合四角余洋一桶，太白司卜收洋三角一桶。噫！厘金之病民，甚矣哉！毋怪乎土货之不能发达，洋货之畅销全国也。洋货压倒土货，其国未有不贫且弱也。近日海关条约已提出订正，则收入亦不少，厘金该可以废除矣。厘卡一日不废，商民一日受累，中国未有一日不弱者。国以民为本，似此病民政策，在上者视为肥收，职事者饱括私囊，而不知皆民脂民膏也，急宜废除为是，而尤益之，能不令人愤恨？溯厘金之由来，起于洪杨之乱，军饷不济，暂设此以解燃眉，谁知后之君主，视为国家□入，相沿迄今，未尝或革。噫，甚矣当轴诸公，其俯念下民之苦劳血，解其倒悬欤！

二月三日（十二月念二日），星期日，阴。

天未明即起，早膳，盖今日赴归程也。四人且行且谈，至乌坑稍憩，复前行至太尉庙，始中膳。由太尉庙过前坦岭，见山上草木尽行灼过，惟残余烬而已，世事沧桑，令人可怖！后至茶培亭，复稍憩。至茅山店，始知婺源县今日回城，山坑之事，犹未了却，甚为可悲。及上新岭，则气吁吁然，若不胜衣者然。至沱口，已薄暮，抵家已上灯时矣。乃将账目交与父亲，并略述城中近状，因疲就寝云。

二月四日（十二月念三日），星期一，晴。

起身甚迟，以数日疲倦已极，盥毕，即早膳，膳后，在家事杂事。中膳后入书斋，整理书籍，盖数日未与书籍同住，狼藉不堪矣。读唐诗数首，觉有兴趣。

夜间,俗例送灶司上天堂,余甚惑焉。一家有一家之灶司,家家灶司上天堂,则灶司何其多也!又今日立春,接春时在亥正,因赋新春诗数绝以志成,书于后:

> 往复循环理使然,物经造化便新鲜。东风拂拂称人意,烂漫韶光又一年。

> 寻梅几度望春回,春到才开野岸梅。扑鼻暗香未满室,方知春信在枝头。

> 韶光容易过频频,屈指曾经廿次春。来日方长须努力,坚持克复我天知。

> 中原逐鹿任驱驰,弹雨枪林局更奇。底事生灵遭涂炭,我虽非佛也慈悲。

后睡少顷,闻鼓声咚咚然,遂起,盖做年也。做年也者,合房均于是夜供献祖宗,盖言子孙等生居尘世,忝在人伦,荷乾坤覆载之恩,成祖宗纲维之力,老安少怀,灾去福消,业儒者上达,经商者获利,所以言一岁之中,托神灵之默佑也。此举甚善,不然,何以表子孙终岁之微忱于宗祖乎?做年毕,与长兄、二兄各舒所怀及故事,津津有味,言未竟,而天色冥冥矣。

二月五日(十二月念四日),星期二,阴雨。

今晨,回书□时,父亲谆谆以立志向上为勉,盖目睹时局、目睹家庭、目睹地位,皆不得不然也。绅乎绅乎,其切记之而弗忘可也。后阅《随园诗话》。早膳后,颓然欲睡,以昨夜未睡足,即乃复就寝。至中膳,方黄粱梦醒,遂不复睡。中膳后,读《养真集》,所说性命,真属恳切,苟能细心体察,自不难了性命工夫也。

二月六日(十二月念五日),星期三,阴雨。

早晨读《静寄轩诗钞》,见其所为诗,不独多情,且慷慨超群,令人爱煞。因奉怀时局,占一绝云:

> 悠悠浊世实堪悲,名利迷心少构思。心顾谁知犹未遂,刹那身

已网罗羁。

中膳后，复读《养真集》，亦有《太极图说》相征引处，如太极图中之无极之真、二五之精，妙合而凝，而人始生，彼谓无极之真理也，性也。二五之精，气也，命也。足见天下无无理之气，亦无气之理，其在人也。无无命之性，亦无无性之命。而道家重命功，释门崇性学，各执一端，纷纷聚讼，考其由，皆于太极之理未深明也。

二月七日（十二月念六日），星期四，阴雨。

今日为二兄三十诞辰，因作五古以贺之：

> 阿兄悬弧日，烂漫梅花开。祥光充满室，喜庆且传杯。
> 三十贵自立，守固及时哉。贾生曾进策，苏氏显奇才。
> 有为亦若是，继往而开来。阶前欣拜舞，信口颂莱台。

下午作书致铁兄，盖因前得信后，至今不见手书。古人一日三秋之成，确□于我心意也。因道别离情景及近时修学，并我婺教育会事。夜间记日记。

二月八日（十二月念七日），星期五，阴雨。

上午事杂事，下午理书籍，因分门别类，俾易检查，共分四类：(1)经学类；(2)尺牍、诗文类；(3)史学类；(4)杂书类。半日光阴，于已告罄。得《随园女弟子诗》一部，内席佩兰题古镜一律，殊为绝妙，录于下：

> 一片秦时月，清光万古新。对君原是我，知尔阅多人。难使年华驻，翻嫌面目真。深藏如不露，何处着纤尘。

二月九日（十二月念八日），星期六，雨。

今日抄诗稿，将前所作诗录成一卷，至下午方成。忽忆三兄，许久未寄家信，闻湘风潮险恶，不卜何如。回想己之学业，不致废然中止者，全赖三兄之力也。因作忆三兄一绝，录于后：

> 学到半涂［途］赖玉成，不教中止废前程。何时得遂男儿愿，偿我连枝属望情。

二月十日（十二月念九日），星期日，雨。

今日乃旧历除夕也，户户忙忙碌碌，闹过年也。今年冬间旱魃，银根紧迫，几于无处不嗟，无界不遑，债台高筑者迫于追索，栖身无地，苍苍有知，何使下民至于此极也！吾家庆聚团圆，举觞上寿，其乐可知，其幸何极！自愧学无所成，不能博慈颜一笑，寸心耿耿，不特有负我三兄也。夜间爆竹声声，递传入耳，精神倍旺，不思睡矣。遂与长兄互谈故事，熙熙度此良宵。

二月十一日（旧历新正元旦），星期一，晴、阴。

鸡声报晓，举首已天色冥冥矣。同长兄回家（以余另住一所，是吾家旧日之塾舍也），盥漱既毕，则光可鉴人。父亲约长兄、二兄及余同出行，正南为福神，吾人朝正南以拜，盖祈福也。古人云：福自天申，诚心向道，未尝废祷告也。后与双亲及家人拜年，更出，向族人拜年。吾村祖规，各族房皆于是日及明日至各族房祠内拜年。拜年后，以酒饮之。拜年者，罗坐于两旁，值年者先发杯，次斟酒（酒皆自制），饮三五杯或十余杯不等，饮毕，同声道"多谢"而出。至次房祠亦如是，惟由亲以及疏耳。是举虽不知倡自何人，倡此者，也废〔费〕尽心机，一举两得。值年者既不废事，拜年者复不扫兴，一方既有团结力，一方复有和睦气，岂特两得而已哉！上午，仅拜年而已。回家后，赋二绝以书红，录于后：

　　莺啼燕语报新声，春到门庭气象更。默祝双亲增福寿，及时努力学豪英。

　　口诵心□暮复朝，早期步步上青霄。新年事事如人意，从兹蔗境渐入佳。

二月十二日（一月初二日），星期二，晴。

侵晨即起，略食点心，即上查村拜年。复聚同族房人，至各族祠拜年。上午光阴已告尽，回思年垂弱冠，马齿徒增，德业未进，正宜猛着祖鞭，临深履薄，毋怀来日为人师表。父亲评余平日行为粗心浮气，此四字诚余之药石箴言。然余一生，以至诚为终身修德之目的，欺人自欺之学，余不屑为。至于鲜衣华食，贪淫务博，尤非余意中所料。男儿生世间，惟冀有以自效，使愚夫愚妇无不被己泽，方不负阳间一番兢兢业业。读圣贤书，所学何事？余力向至诚，犹不免粗心浮气，不可不力自反也。古来英雄豪杰，无不自磨折出，经一番磨折，必多一番振作，所谓"好事多磨"。今晨闻父亲言，正好鼓奋精神，前进勿复，切切以见贤思齐为念可也。

二月十三日（一月初三日），星期三，雨。

早晨读《诗经·行露》一章，可见南国皆服文王之化，女子皆能以礼自守，即《大学》所谓"上好仁而下未有不好义者也"。亦所谓"一人定国"也。后阅《养真集》说心一节，谓人只一个心，向外是情，向内是性，顺去是识，逆来是智，今要将顺去向外者，转而逆来向内，必也反观乎。又谓当妄想纷起之时，不用止着，直反看其心，看他想的是甚么，但回光一照，当处即寂。学道别无法，时常反照便是学，无了妄想便是道，可见反省为致良知之方法，为不谬也。孟子曰：学问之道无他，求其放心而已矣。又可见放心非别求一个心来存着，是此心为物所诱蔽，其灵明也，即《大学》之所谓"心有不得其正"也。因思欲求放心，必先静心，能静心，然后能时常反照，然后能悟道，即《大学》之所谓"止、定、静、安、虑、得"也。故早晨即起静坐，所以静心也。下午，致书与三兄，略道来年校中开学时期及家中近况。晚膳后，略息片时，即挑灯记此。

二月十四日（一月初四日），星期四，雨

黎明即起，静坐，默诵圣经七遍，始读《诗经》，自《国风·邶》起至《谷风》章止，大率皆言男女婚姻，或离别后之思慕，或家人间之讽谏，但皆出于至诚，毫无一点虚伪。此三百篇之不流于淫靡，所以为可取也。早膳后，画花鼓中之画一张，所以给儿童元宵时特出看灯也。画毕，帮忙长兄、二兄作祖母八十冥寿所用什器，至晚犹未成。先人享受与否，固不可知，聊表为子孙者一番虔忱耳。

二月十五日（一月初五日），星期五，晴。

起身如昨，静坐亦如前。静坐后，读《诗经》，至"北风其凉"三章，窃有感焉。见国家危亡,思避其祸,隐迹山林,固属知哉,苟人人如此,国遂任其亡耶?在当时君主虽无定,不过楚弓楚得,盖中国犹一家也。在今日一被外人所灭,虽曰高蹈远引,能免奴隶之名耶?大丈夫为国为民,不当如是也。吾不知作者果属此意否。膳后,画花鼓,终日光阴尽消于此,虽曰无益之举,迫于人情,不得不尔尔也。其画成十张,夜记此,更阅《养真集》。

二月十六日(一月初六日),星期六,晴。

早晨接傩神菩萨,其意盖欲借此驱邪逐瘟也。傩虽古礼,命意虽善,奈乡人只知迷信何!复静坐如前,静坐毕,复读《诗经》,至《墙有茨》三章,慨夫诗之可以整风治俗也,如此章则所以革淫风,盖人非无良心,良心为欲念所制耳,既见淫者为经书所不道,便有所惧而不敢为,淫风遂息,吾以是知《诗》之可以整风治俗也。早膳后,为聘儒公画相。中膳后,正谊文会开祭,余与父亲皆与焉。夜间,亦在文会中饮酒,归记此。

二月十七日(一月初七日),星期日,晴。

早晨静坐,读《诗经》如前。早膳后,父亲、长兄、二兄及余并侄人杰,同至曾祖父、曾祖母坟上拜年,约半日光阴始返。中膳后,复为聘儒公画相,已成面部,微有似意。夜记此。

二月十八日(一月初八日),星期一,晴。

今日为余寒假期中第二次入城矣。此次之行,一方面为开教育会,一方面因铁兄邀叙也。侵晨辄起,母亲饭已欲熟,盥毕即早膳,膳后辞别父母而行。晓霜甚重,遍地皆白色,至沱口已十里,途中未遇一人,余亦不息。至茅山店已二十余里,始稍憩,饮茶少许,察其情,方早膳耳。今日之行,不可谓不早矣。复前行至武口,始大憩。武口距城只十里耳。抵铁兄宅,方鸣钟三下。途中虽独行踽踽,然脑筋中若有许多资料,助余行兴者,资料维何,即千头万绪之思潮是也。时而念此,时而及彼,一念未消,一念复起,交相聚讼,不知足之行之速矣。日前父亲曾云:人生如一舞台也,行为如演剧也,行为消灭,亦犹剧之终而舞台已毁折。故因因果果,报应不差,惟人自择而已。余今日之脑筋,如一舞台也;脑筋中之思潮,如演剧也。目的地已达,则千头万绪之思潮,刹那间波平浪静矣。今而后,始知独行之兴味矣。以此与铁兄言,铁兄曰:汝深得独行旨趣,我亦过来人也。相与互叙离衷,兴致勃勃。晚膳后,以跋涉疲劳,少时即就寝。

二月十九日(一月初九日),星期二,晴。

起身已日上三竿,旋早膳。膳后与铁兄叠叠谈未来事,各舒所志,意颇相投,不知足之蹈之、手之舞之,其趣味可知矣!旋闻其令兄家今日请新人,铁兄以事别去。余独处斋中,信手翻书,得《唐诗三百首》一卷,披阅之余,见《将进酒》一诗,真不啻为世之近利者流下一大箴砭也。李某作此,其亦遭时不遇,悲世之混浊欤?其亦痛夫世事沉沦,以醉眼视之欤?称之狂士也可,称之达士也亦可。作诗若此,方有补于世道人心,拈花弄月者,安能与之抗轭耶?余方弱冠,足迹所至,无不颓然日下,道德堕落已极,蚩蚩之氓,只知近利切身,安能放开眼界、见利思义乎?痛环球均作利场,人类全为利役,甚至驱人于罟,扑陷阱之中而莫之知遁,果能易好利为好德,则今日全球之大战争,无由生矣。我国南北之决裂,又何由起耶?世事如斯,悲悯曷极!故余敢大言曰:欲拯今日颓败之风者,先自提倡道德始,俯余言者,其亦乐助一臂耶!未几中膳,膳后,复与铁兄互谈曲衷。既而铁兄复去。余亦寂然,见案上书,喜东翻西阅。闻庭前闹闹纷纷,盖彼家请新人,具终日筵也,因成《怀赋》一绝云:

平生最爱静观时,杂杂嘈嘈不自持。癖性古今惟自觉,嗤嗤俗谛[啼]笑吾痴。

夜,在其令兄家晚膳。膳后,至街上购得《国民学校国文教科书》四卷,以为人杰侄上学之用。后未几即就寝。

二月二十日(一月初十日),星期三,晴。

早膳在其令堂家,中膳亦然。忽程觐扬君至,相与叙谈契阔,即请入席饮酒,彼言其叔父病剧,不能多留,匆匆即别。人生聚散,可谓奇矣!后与铁兄同至圣庙一游,幸门大启,不拒游人。瞻仰之余,厅屋轩伟,令人顿起严肃。中为至圣先师孔子神位,列颜、曾、思、孟,次诸圣士大儒,皆卓卓有名、载诸经典史籍中者也,真令人有希贤希圣之念,为而实行先贤先圣之言也。晚膳后,觐扬君复来,必欲余至彼家食点心,不忍固却,遂允焉。回时已近二鼓,遂就寝。

二月二十一日(一月十一日),星期四,阴。

起身甚早,早膳后,即别其令堂及伯衡先生。时铁兄与其侄澜安,必欲送余一程,至北门城外,即请回转,执意犹欲送,余曰:兄前不云乎,送君千里终须别。此言真堪奉赠矣。况此去无多,盈盈五日,途隔七十里耳。不听,复送至三都,余又请转,复不听,至石桥始举手作别,情殊依依。余时回顾,则两人仍并立目送也。行渐远,声息不闻,见其痴立,乃举伞挥之,至三至四。再回顾时,已杳不见两人矣,心实凄然!余亦不暇顾旁人之笑余狂态也。途中不复憩,脑中胡思乱想,与前次往时仿佛。至南观音亭,始遇本村一挑夫,结伴而行,登新岭顶,下视群山,如海中波涛,或起或伏,一味不平气象,真足观也!抵家薄暮,略息片时即晚膳,见庭前祖父、祖母做冥寿物件,均已预备妥贴[帖],夜拜寿云。

此次之行,与铁兄固畅叙矣,教育会事以不能先期开会,须待茶商到齐,筹款创建中学,故余等不入会,以待来年再报名耳。

二月二十二日(一月十二日),星期五,晴。

起身较迟,膳后,稍事家事,即闻同谊文会邀祭,父亲、长兄、二兄与余及侄人杰皆与焉。祭毕,各发给白糖饼一只,入会者有终日之酌。余以昨日疲劳,不能赴席,请长兄代焉。回家时,见铁兄表兄在焉,盖彼今年在我校服劳务,须先期抵校也。中膳后,彼即辞别,余亦不复留。回书□草书一函,致伯衡先生道别后事及下期卒业后之祈托也。至晚方告成,晚膳后,即投邮局寄。晚膳后,阅《养真集》,见其说"名利"二字,异常恳切,今人果能照透得此,何至攘夺若是耶!彼言学道之未得者,皆妄念之不绝有以障之也,妄念之不绝者,皆名利之难忘有以牵之也。又云:利之为物也,无德而使人亲,无火而使人热,无权而使人不惮其劳,无情而使人一刻不忘,使学道者见之而败德,使治世者见之而枉法。又云:君子积德,德能润身,亦能荣身,故大德者,位禄名寿不求而自至;小人积财,财能养身,亦能害身,故财多者忧患相惧,欲去而不能。此数段说法,何啻为千古宝鉴哉!

二月二十三日(一月十三日),星期六,晴。

天头注:初学吞津,腹中便能作响,则折坎填离,不难复先天之卦矣,其勉行之勿惰。

晨起静坐,默诵圣经七遍,则口津满口,分两次吞下,腹中频频作响。旋读《诗经》。早膳后,长兄、二兄及余,同至祖父、祖母坟上供献,回在祠内取灯烛、灯饼,回家时已交中膳,膳后,为查村儿童画花鼓四张。复与长兄上查村饮龙头酒,盖吾房今夜迎灯也,此举虽属耗费,亦所以练习团结力之好机会也。至九句钟始返,后记此。

二月二十四日(一月十四日),星期日,阴。

晨,静坐如前,盥后,阅《人生天职论》。后思得格致之学,中西均有之,侧重各有不同耳,因作《中西格致之学之异同》。中国格致之学,兼道与艺,专以义理为重;西人格致之学,重艺兼道,故以物理为多。此则今日西人物质文明之所以一日千里也,而我国今日之一贫如洗,亦由趋重义理,至于极端耳。下午作书一封,致四兄,略述处世之道、自立之谋及近时家中状况、赴校时期。晚膳后,将书寄去。回时,父亲谈及婺人不知自谋生计,徒知经营于外,不知地上尽是宝藏,盖山多田少,自宜以山为重,而视山如废土,毫不设法,乌能不穷困耶?殊令人不解!

二月二十五日(一月十五日),星期一,晴。

今日为元宵节,即我村之灯节也。家家户户,碌碌忙忙,豫备迎灯。先人设此,所以藉谋和睦,藉结团体。今人多失此旨,而相斗哄,龙头必以高为贵,接龙头必以甚多为上,殊不知耗费多矣,须力巨矣,复何益乎?铁兄云今日来,直候至暮,不见人影,真令人望眼将穿,意兴索然也!后阅《养真集》说梦一篇,有白云先生曰:凡人之睡也,先睡目,后睡心。吾之睡也,先睡心,后睡目。吾之醒也,先醒目,后醒心。目醒因见心,心醒不见世,不见世并不见心,若先生可谓善睡者乎?又有云:觉来无所知,知来心愈困,堪笑尘世中,不知梦是梦。今之醉生梦死者,曷一观及此乎!

二月二十六日(一月十六日),星期二,晴。

早晨上查村,唤砖工为修葺墙也。幸砖工未他适,订定来日上工。始返早膳,计程六里许。后在书斋誊正前日所作之《中西格致之学之异同》,计时一时许。旋服家务。中膳后,作《人生哲学与养成责任心、公共心之关系》,已将首段做成,复以母亲呼唤料理事务,不得告成。方毕事,而铁兄至斋,心慰异常。问昨日何以爽约,答言家人苦留,不得抽身耳。因畅叙离衷,不觉夕阳西坠矣。相与把盏长谈,滔滔不辍。晚膳后,入书斋,因出所作事以示之。铁兄作书致其兄,免家人悬念也。夜,与之同榻。

二月二十七日(一月十七日),星期三,阴。

今日用木工、砖工修理房屋也,日间计作两题,一为《人生哲学与养成责任心、公共心之关系》,二为《乡土职业教育之计划》,均已誊正,惟备校中缴阅耳。以明日来赴校,料理物件,共成一包裹,免临时仓卒,有遗失也。夜间略事杂事,因叹韶光易逝,一逝不返,时而赴校,时而卒业矣,德业果何如乎?是不得不用自省勉者也。

二月二十八日(一月十八日),星期四,阴,下午雨雪。

起身甚早,早膳后,与铁兄负包裹,拜别家人而行。斯时心中无限悲思,盖平日最亲爱、最和睦之父母、兄嫂,一旦乍离,能不令人生恻隐之心?能不动依依之念?父亲以事至查村,兼送余等,至憩仙亭而别。斯时,余心中若有万语千言,而噤不能出声者,四目相对,默默无言,行渐远,数数回顾,则父亲仍伫立亭中远望也,不觉泣下。铁兄频频相劝,余泪少止,然心未尝忘情也。因觉近带山水,均足增余乡思资料。渐行渐远,故乡河山,亦逐渐告别矣。行至浙岭,则丁丁然雨雹矣,加以风急,益觉寒冷难支。至庄前,遂宿焉,共行三十五里。

三月一日(一月十九日),星期五,雨雪。

今日温度迥异从前,一变而为寒冷矣,盖今日雨雪也。起身早膳毕,与铁兄冒雪而行,初觉手足麻木,久之遂以为常。途中不多息,至王林湾,饮酒少许,所以增温度也。至兰桥,始中膳。庄前至此,已三十五里。食毕,复前行,至溪口,宿于余和兴客寓,共行五十五里。

三月二日(一月二十日),星期六,阴,夜雨。

今日天气清朗,知无雨雪意矣。早膳后,即起行,途中且谈且行,足不觉倦。至渭桥,始中膳,抵校已四句钟。乃与铁兄同理物件,问同学,云到校者已半数矣。夜,因疲甚,即就寝云。

十二、1921年汉口汪素峰《日知其所无》

阴历八月初一日，金，礼拜五，晴，55①
阳历九月 二 号

付洋铁书筒钱六百八十。

付手谈钱叁千。

付局钱乙千。

孔子云："人而无恒，不可以作巫医。"信斯言也！余自出校之后，对于记事一科，本来注意。迨弃儒就贾，亦未尝不兢兢乎是。稽夫六年中之日志，或断或续，历不可考。半因阛阓纷纭，半因胸怀郁闷。有时纪之实事，有时无暇握管。迄今搁笔，不惶问心。从兹伊始，前车可鉴。故仰袁了凡②先生之句：

---

① 日记中的每天，都是阴阳合历。民国政府成立以后，虽然规定废除阴历，改用阳历，但因受到不少人的反对，故而不得不稍作妥协，规定：新颁历书为新、旧二历并存，新历下附星期，旧历下附节气。对此，民间俗有"新历之新年，系政治之新年；旧历之新年，乃社会之新年""阴阳合历，你过你的年，我过我的年"的说法。民国《夏口县志》卷一《风土志·礼俗》曰："民国改用西历，政界从之。商人与洋商接洽，多用西历，而于本国帐[账]顶之期限，仍用中历。"（第3页下）《日知其所无》中的中西合历，可为此作一注脚。原文日期、天气后的数字，应为华氏温标(Fahrenheit temperature scale)。

② 袁了凡即晚明浙江嘉善人袁黄(1533—1606)，万历十四年(1586年)进士，官至兵部职司主事。通天文、术数、医学和水利，著有《历法新书》《皇都水利》《群书备考》和《评注八代文宗》等。他的自传性文章《立命篇》于1607年首次刊行，成为晚明功过格体系传播的主要工具，亦奠定了其人作为江南"善书运动"之代表性人物的地位。

"以前种种,譬如昨日死;以后种种,譬如今日生。"吾曹勉诸! 吾曹勉诸! 晨早方寻好梦,被王管行唤起,钟鸣七下,至栈房去发余前售王益茂、馥泰昌之家园①,价均十七两。王益茂卅箱,银期九月半;馥泰昌廿箱,银期八月底。饭后,同永泰隆②茶客黄兆龙君,到怡和③栈房取小样。回行出样毕,后洗衣数件。午餐,沐浴、整容。六纪钟上街,略坐数家,忆及今晚程君经甫约至天字二号凤仙处竹战。我至,见渠等均到,独我最迟,比即挪桌坐上。王瑞庭、朱文卿、胡紫云及余四人,因时光不早,只打六牌。余和三次,战毕消夜。外有徐、顾、查三人,各各就座,征兰侑酒。余即未叫外堂,承程君代荐本堂,兰名素芳,华年二七,尔雅温文。后到者,徐之小毛子老五,查之香娥,顾之金翠珠及其姑娘,朱之金莲,王之小云,胡之宝卿,程之桂宝,每人各奏二、三曲不等,但情色才艺,各有所长。曲即金翠珠之黑头,无出其右者。席终回行,已经十纪半钟。与黄茶客寒暄片时,镜君及少东回行,始各就寝,登楼志之。

阴历八月初二日,阳历九月初三日,土,礼拜六,晴,54

付葱并④六十文。

付香烟廿文。

付牙刷百六十文。

付牙粉卅文。

精神困顿,略事休息。中时,江绅书来行,畅谈一切,钟鸣三下始去。出街时,西山落日。返行,途遇程梦醒,复由前兰楼出,一码头进,随路闲叙,大半皆无稽之谈也。回来,仍未消夜。适楚衡、幹廷二人与少东因嘀⑤经济,反说强言,不堪入耳,真令旁观者不服。俗云"忠厚被人欺",诚哉斯言矣! 至一句钟,余始登楼就寝,故亦略述之。

---

① 旁注:屯溪石翼农(福昌祥之茶)。
② 永泰隆为茶铺名,位于后花楼,见《汉口商业一览》第177页。
③ 怡和,当时在汉口以怡和命名的商号颇多。
④ 并即饼。
⑤ 嘀,徽州方言,小声商量之意。

阴阳历 八月 初三 日，日，星期，晴，56
阳 九月 初四

付新市场①二百四十。

付×报廿文。

付车钱四十文。

付油饺廿文。

钧弟抱病，上月送至慈善会②调衿，又将匝月，永行委予送洋六元前去。余约杨个晁同往，见病已减过半，而神情欠佳。回转次王益茂，云培翁等五人去观文明新剧③。予即买车入场，渠等已经进内。予未多带孔方，不得其门而入，只好步入振铎社，观女子新剧。值演全本《孟姜女》④，亦甚可观。演毕，信步绕场一周。回行，援笔录之。忽闻汉阳失慎，时二纪钟。

阴阳历 八月 初四 日，月，礼拜一，晴，54
阳 九月 初五

付香烟四十文。

付车八十文。

上午至怡和提永泰隆之货，计十九箱。因刻行手续太多，延宕时候，三句钟方提完。及抵洋前，又遇稽查，统行报之。饭后，步下东洋租界去看四婆。至，则旭叔、秋婶行将上来，予即在此消夜。四婆给以酒食，饱餐而回。时光不早，顾⑤车直上，次绅书处，略坐片时，承赠《北京消闲录》数张。是夜，广彬

---

① 新市场在后城马路，为武汉三镇唯一的大型综合娱乐场所。内有大舞台，其中的第二剧场是坤班（即女子京戏）。参见《汉口五百年·汉口的"新市场"》，第206页。

② 汉口慈善会在城垣马路外，成立于宣统二年（1910年），由汉口各善堂董事暨各绅商创办。民国二年（1913年）改选，公举汪志安为总理，汪美堂、王开延为协理。"每日送诊施药，不下数百号"，是汉口重要的慈善机构。参见袁文藻《慈善会序》，载民国《夏口县志》卷五《建置志·善堂（慈善社会附）》，第19页上—20页下。

③ 罗汉：《汉口竹枝词》有："却从旧本别翻新，说法禅宗惯现身。莫作消闲新剧看，声声唤醒梦中人。"见《武汉竹枝词》第226页。

④ 《孟姜女》系著名的民间故事，原为京剧目，又名"万里寻夫"。

⑤ "顾"通"雇"字，徽州文书中多将"雇"写作"顾"。

宿于予处,伊叔病故保和里①,予同其前去视之,回来一点钟矣。

阴历八月初五日,阳历九月初六日,火,礼拜二,晴,52

付梨六十文。

付花生四十文。

晨餐后,漆书笥一只。漆毕,卧在床中观报。绅书前来,同去永行,坐谈片刻,伊回报馆,予亦返行。午餐后,微觉身神欠爽,登楼寻入黑甜乡里,七时方醒。洪秉衡来行略坐,钟鸣九下,镜西回来,即开消夜。云及售永泰隆家园十三件,于车和顺②订价十六两。忆渠自五月徽州出汉,至今未做生意,兹者开宗明义章第一也,故为志之,可以一叹,然又可以一笑耳!

阴历八月初六日,阳历九月初七日,水,礼拜三,晴,52

收厘记钱乙千六百八十文。

付洋锁式百文。

付四弟式百文。

晨起八纪钟,早饭毕,去栈房吊号发货,后至征收局③还厘金。回行阅报,并抄灯谜一页。六纪钟,同广彬直上,遇经甫于盛记,前去金莲处茶围。适值该院姨妹作方城之戏,予等故未久坐,随至其目的地,坐片刻,予先返行消夜。消夜后,约锦文淌街,游郭家巷④,见彼姝瞠目而视,以手指之,抑恨我耶? 怨我耶? 或有所托我耶? 予亦不得而知。故记之,以明后日。

白露,阴历八月初七日,阳历九月初八日,木,礼拜四,晴,52

付条簿式百五十。

---

① 在歆生路。

② 车和顺为茶铺名,位于集家嘴。

③ 罗汉:《汉口竹枝词》三三有"征收局"条:"汉口厘金免复兴,仍分两局各抽征。若论比较谁多少,也似禅宗上下乘。"征收局,"犹今之税务局",见《武汉竹枝词》第210页。

④ 郭家巷为汉口蒸汽船的停泊所之一。

付还账乙千五百六十。

付竹战叁千五百。

是日，抄书数页。因忆广彬昨夜之约，至六纪钟前去，作四君子之游。予吃包子一只，计钱五千四百四十文。八圈局终，挽结负钱叁千五百文，返行十一句钟。

阴历八月初八
阳历九月九 日，金，礼拜五，阴（下午六时雨），52

付磨剪廿。

昨夜卧时，欲望骤至，万端心事，如潮奔腾，脑海为之一苦，辗转反侧，终不成寐。迨钟鸣三下后，始入黑甜乡中。是日足未出户，计抄《玉销珠玑》七页。晚，洗衣数件，余无足记，他则前途略施手术耳。

阴历八月初九
阳历九月十 日，土，礼拜六，雨，76

付彩票五百十文。

是日，抄《玉销珠玑》八页。委荣堂去购浙江副券一条，第15946号，翌日开彩。因昨晚楼上之灯，结一灯花，粗圆且长，如圆墨焉，亦所罕见，定占吉兆，故有斯举。天雨，未成①出街。蕙娇要我讲书，被缠不已，只得从之。消夜后，利弟持家书至，云紫垣叔抵汉。跪诵之余，欣知合家清泰，并嘱办银鱼②等物。另附致汉章叔公一函，系托代四弟谋生理也。阅竟，过永行会紫垣叔，叙及故乡一切。钟鸣十一下，始回行，援笔纪之。

阴历八月初十
阳历九月十一 日，日，礼拜，雨，74

付车钱式百文。

---

① "未成"一词在日记中反复出现，"没有"之意。
② 明清以来，湖北所产银鱼，曾运销各地。如同治《汉川县志·物产》："渔人冬春取而售之山乡，咸利赖之。如虾米、银鱼，所行尤远。"此条史料转引自张建民《湖北通史·明清卷》，武汉：华中师范大学出版社，1999年版，第340页。

上午,抄书五页。饭后,倍[陪]紫垣叔至慈善会①,搬钧弟住田家巷义盛栈内调养。予即送信至汉章公处,坐谈家政、生计等等,至十句钟返行。消夜已过,前途请吃葱饼。临睡,仍抄《香艳锦囊》式页,并说报纸。磨墨濡毫,提笔志之。

阴历八月十二日,阳历九月十二,月,礼拜一,晴,75

付草簿百五十文。

付香烟八十文。

今日,未成抄书。饭后,接梦醒来条,渠在竹祥斋②待候,同至绅书处,打老圃③游览券一张。是夜,演《香衾重暖》一剧,甚可观也。出场,钟已十一下半,至怡园与梦醒分途,予则返行消夜。太婆、小姐怡园④看戏,仍未回来。该园正剧演《小霸王误入销金帐》,闻渠等说亦甚可观。按:此戏系出于五才子,又名《花田错》⑤,乃艳情之风流戏也,无怪其喜。前途鸡头肉,始得尝个中滋味耳。

阴历八月十二日,阳历九月十三,火,礼拜二,晴,76

付洋前节酒钱乙千文。

付毛花廿文。

付补衣廿文。

---

① 在观音阁。

② 在黄陂街,为剪子行。

③ 老圃是汉口的一处游乐名胜。闵惠明《汉口元夜竹枝词》:"汉皋今夜似蓬莱,玉宇琼楼水上排。多少佳人游老圃,随郎齐坐汽车回。"大荒生李静轩《汉口新年竹枝词》有"莫怪苍生多菜色,都从老圃寄身来。"原注:"新年工商停业,多游老圃。"老圃还是观看戏剧演出的场所,内有东舞台、西舞台等几处剧场。对此,吴炳焱《新汉口竹枝词十二首》一二:"凌霄老圃竞开张,票价低廉顾客忙。汉剧京腔花鼓戏,钟鸣十二始收场。"《武汉竹枝词》第325页、第273页和第295页。

④ 怡园,在一码头。

⑤ 又名《花田八错》《花轿娶和尚》,与《水浒传》第五回鲁智深桃花村打周通事不尽相同。

收手谈拾千另三百文。

上午,抄《玉销珠玑》五页。中时,征收局送票员来取酒钱。忆昔日均由行中付出,兹子香云:归司南关者应付,予不与之辩,只得认亏,在后再行调查是否。膳后出街,至邹玉和摧[催?]账。由中路上志盛昌号转,次盛记。渠等强予游方城,予本不欲,挪之入坐,免而从之。八圈告竣,成为吕布战三英,侥幸一次凯旋而回,已过夜半矣。

阴历八月十三 阳历九月十四 日,水,礼拜三,晴,51

付布鞋捌百文。

付 四弟做鞋 五百文。

付借锦文七百文。

付手谈式千三百文。

上午,经甫来行坐谈,约中秋在彼处茶盒云。饭后,广彬兑比期来,邀予上去演竹林计,予负渠胜。返行,十一句钟。闻邹玉和倒闭,人已桃之夭夭。比即前去,同行计有六家,共纹叁仟数百余两:中益①壹仟,承泰②九百余,同元③八百余,晋康式百,隆行百七十两,永行五百。目下三佳讲账,正在进行。幸隆行只有卅两,永行即有四百余两。今又遇此,噫!茶行末日,斯其时矣。

阴历八月十四 阳历九月十五 日,木,礼拜四,阴(微雨,夜大雨),76

收吉记六千文。

付裁缝乙千九百廿文。

付 四弟裁缝 乙千式百八十文。

付功德钱八十文。

---

① 茶栈名,在大董家巷。
② 茶栈名,在大董家巷。
③ 茶栈名,在四官殿河下。1920年前后的行东为婺源人汪春荣。另有一汪同元茶栈,位于河街。

晨餐后,至承泰,同去调查邹玉和之事,知彼系江西南昌奉新县麻岭邹家湾人氏,字鸿恩,但难侦其现避何处,不得其门径耳。今已报告稽查处,且看如何。午饭毕,又由天祥到三佳,镜西亦去。予即出来,由提街直上,抵桥口①隆馨泰。直下完全走到,绕道半边街隆盛和,出郭家巷,见彼姝嫣然一笑,似有伸言天上月圆之意。予怀怅怅,返行,述之于书。

阴历八月十五日,金,礼拜五,阴,75
阳历九月十六

付洗衣七百六十文。

付报纸廿文。

噫!凄凉闺里月,愁怀客中人。此二语可为吾等之赠言也!当此之际,人月团圆,何今日之天南地北,各处一方为谋生计,夫复何言!但两地愁怀,未免不多一番怅触。仰天视月,即皆有感慨系之矣!幸喜今夜广寒仙子隐而不出,度渠谅亦有意作态,免得在客者之睹物伤情耳②。晨起八句钟,镜西已去三佳盘货。候至十点余钟,渠来开饭。饭后,予乃去隆盛和摧[催]账。续至永行,因四弟之事,杨敬和该其有钱,以致与彼口角,经婶母调停,作还钱乙千文了事,下仍欠五百卅。予以节关,亦未多说。回行,照应收钱。中酒食毕,先到永行拜节,再下东洋租界,学安步当车之法。予到,汉章公亦至矣。四婆正吃节酒,渠未多坐,比即先走。予嬉至九纪钟上来。老太婆及蕙娇等看戏,十一句钟回行。睡时,予仍抄书数页。谚云:"云罩中秋月,雨打上元灯。"此言甚验,故记之以证果否。三句钟安寝,仍不作寐。

阴历八月十六日,土,礼拜六,晴,50
阳历九月十七

---

① 桥口一带是汉口市廛最为繁盛的地段。民国《夏口县志》卷十二《商务志·原始及变迁》:"鄂中物产最饶之区,推襄河两岸,故当开辟市场之始,即定于襄河沿岸一带。盖以一以扼上游之津要,一以便商船停泊避风涛之险。至通商口岸既开,迤东滨江一带始趋繁盛。然至今桥口、沈家庙、集稼觜各码头,犹占市场贸易之最多额也。"(第2页上~2页下)

② (清)竹孙氏《荆沙竹枝词》记有汉口中秋风俗:"笙歌幽细漏声催,月饼装成夜宴开。争羡团圆今夜月,谁家灯火送瓜来。"见雷梦水等编《中华竹枝词》第四册,北京:北京古籍出版社,1997年版,第2654页。

付津梨六十文。

因邹玉和事，徒劳奔驰，渺无音信。中时，福昌祥水客①谢某来行，镜君与之交谈，云其货已经代售，客即以价目太低，决不承认，两相舌战。照货看来，目下行市，即不吃亏，系予经手售出，因其先未与客接头故也。最后答复，嘱其候介绍人祁某到汉，再行解决。祁君数十年之宾主，皆以信实通商，此茶先疑系其之货，故有行市，即代脱售，不然任其置之。晚，上街抵盛记，并落紫垣叔处，未遇，见钧弟病体似觉愈好。回行八句钟，精神不爽，终日昏昏。是夜加睹明月，大放光彩，而作贾者见之，即有"举头望明月，低头思故乡"之慨耳！

阴历八月十七日，阳历九月十八日，星期日，晴，78

付整容二百文。

星期休息，无所事事。下午出街，抱云轩至王益茂数家，赶场而已。广彬约在洞口春②洗澡，浴毕，回行消夜。闲谈昔日传国玉玺乃有三只：一在孔圣人处，一在张天师处，其一传至清廷，上镌"受天之命，乃大乃昌"八字。

阴历八月十八日，阳历九月十九日，星期一，晴，76

付四弟五百文。

是日，抄《法炙神针》数页。中时，龙尾③江鉴兄抵汉，述及母亲托带口信，嘱加办苎麻式斤。晚六时出街，上至天馨和④，下抵王益茂，返行消夜。临睡时，忽闻敲门之声甚急，启视之，则黄兆龙之友、同元行之茶客，与该行管账朱甲桃二人，在怡园看戏回来，返行门打不开，故由黄友来此叩门，朱则与

---

① 水客：指靠水路运输贩运货物者。乾嘉时期徽州典商出身、后在绍兴南塘为官的汪腾蛟，曾建议其子汪天宠"即在严州做水客生意，往来苏杭"。见歙县档案馆收藏的徽州文书《三世手泽书信集》第3册，档号：434304—306.1。
② 武圣庙上有一镇江酒馆，名"洞口春"。
③ 位于婺源东北部，地处段莘水西岸龙形山的尾端，故名。
④ 茶栈名，位于彭家巷下。

予同寝。卧时钟鸣一下,梗概述之。

阴历八月十九日,阳历九月二十,火,星期二,阴(风,夜半雨),75

付紫点漆 式斤 四千乙百六十。

付八征糕 式斤 四百文。

付健脾糕 式斤 叁百六十文。

付银鱼 乙斤 乙千式百八十文。

付苧麻 式斤四两 九百四十文。

付黄松乙斤 乙百八十文。

付肥皂 式块 式百四十文。

付府布① 乙疋 乙千〇四十文。

今日办物装箱,未做他事。烈卿明日返里,意欲托其带舍,饭后前去未遇。五时出街,至盛记,云何培钧在大舞台②观剧。予比即赶去,因今日送有青茶小样,中途阻止。同汉章公一齐上来,至永行,予坐片刻,回行消夜。消夜后,婶母过来,坐谈良久。高弟觉睡,予抱送过去。三佳帐事,今日商会谈判,限期三天答复。邹玉和倒款,是晚五家前去天门进行,永、隆二行公举佩之③代表。黄茶客今夜登轮旋梓,江某搭下蕲州。

阴历八月二十日,阳历九月二十一,水,星期三,阴(下午,雨),68

---

① 府布系湖北所产,民国《湖北通志》卷二十四《物产·货布》曰:"德安各属出者,通谓之'府布'。……其精者皆远行滇、黔、秦、蜀、晋、豫诸省。府布佳者,东南吴、皖之民亦珍焉。盖全省利源之所在,此为最钜。自通商互市以后,洋布盛行,各布销场乃为之大减,然小民赖以为生者,十犹有二三也。"张仲炘、杨承禧等撰,民国十年(1921年)重刊本,"中国省志汇编"之五,台北:华文书局印行,1967年版,第2册,第649页。

② 为戏馆名,在大智门。

③ 佩之为一人名。

付借锦文叁百文。

古人一诺千金,人服其信。予昨日面托列卿公代带物箱一只,已蒙允许。今晨使人来回,云伊货物太多,不能代带,可见今人之口与心违,前后如出二人耳。对于信义、人情,全乎不讲。予故亦不送情,只得候信足①再寄,不过迟延时日,又何妨哉!今日抄楹联数页,晚因天雨不止,亦未出街。

阴阳历八月二十二日/九月二十二日,木,星期四,上雨,下阴,66

是日抄楹联六页,午时林幼甫下行,假去洋伞一把。六时出街,抵盛记,予自带转,钟鸣一响始寐。

秋分,月日②历八月二十三日/九月二十三日,金,星期五,晴,69

付鸡蛋四十文。

付牙粉卅文。

付车钱百五十文。

益馨昌祁君美卿抵汉。午饭后,予到公兴存梦醒处,调查邹鸿恩之事,知现住在刘家庙,地趾[址]不详,茶叶即由该公司装车北上。遇伯琴于此。七句钟,又至四婆处,旭叔等亦在此。今夜均不回行,全家团聚,是第一次。予即驱车直上返行,仍未消夜。夜半睡眠。

月日历八月二十三日/九月二十四日,土,星期六,晴,68

付梨子百文。

---

① 信客亦称信友、信足、信脚、足人、足友或脚人等。清代以来,他们有的受雇于(民)信局,有的则独自跑着固定的路线,为民众(特别是商客)捎带银信、汇寄包裹。民国《夏口县志》卷九《交通志·邮政》载:"汉口旧有信行数家,为人传递信件,交汇银两,颇称妥稳。自仿西法创设邮政,而此数十家遂无多存焉者矣。"(第9页上)据《汉口商业一览》透露,民国十年(1921年)前后,汉口计有17家信局。对此,笔者另作有《徽商与清民国时期的信客与信局》,载武汉大学中国传统文化与现代化研究中心主办《人文论丛》2001年卷,武汉:武汉大学出版社,2002年10月版。

② 此后,"月""日"分别为"阴""阳"之略写。

上午,接叶用孚自申来函。下午,仰之邀予出街,先至王益茂,托予去汪同昌①代其子荐生意,未遇该东。予返,到一江楼汪佐卿处,坐谈良久,承请吃腰花丐[面]一碗。

月历八月二四
日九 二五,日,礼拜,晴,70

付银鱼钱乙斤七百廿文。

晨餐毕,行中委予伴祁茶客至大舞台观剧。适逢礼拜,名角亦皆登台,惟白牡丹之《玉堂春》②,白玉昆之《战蒲关》③,罗筱宝之全本《空城计》④,均可观也,余则平常。少东抱其子,及太婆、蕙娇先后而至。五句钟演完出场,予同蕙娇缓步而行,未成坐车,走来亦不觉于过慢。《论语》有云"安步可以当车",此之语也。到行饭竣,比就出街,上至桥口,下抵盛记,返行消夜。婶母过来嬉⑤,高弟又觉睡,予抱送过去,转而志之。

月历八月二五
日九 二六,日,月,礼拜一,晴,70

付海棠果,五十文。

《玉梨魂》一书,乃枕亚之杰作。予今日观之,使人身入其景,亦不过如是耳,不禁为梨影、梦露二人作局外之不平鸣也。予适横卧床中观书之际,同庚自晒台收衣下来,近予床前,略谈数语。此时予之脑海,已彼[被]书中所吸,

---

① 茶铺名,在正街三官殿。
② 《玉堂春》演尚书之子王金龙,在妓院热恋玉堂春(苏三),金尽被逐,后苏三被卖与山西商人沈燕林为妾。沈妻伙同奸夫害死燕林,诬陷苏三,构成冤狱。王金龙得官,后巡按山西,为苏三昭雪。道光年间,范锴《汉口丛谈》卷六曾记湖北通县艺人李翠官于汉口"荣庆部"戏班演唱《玉堂春》等剧的情况。见《汉口丛谈校释》,"荆楚故书丛刊",武汉:湖北人民出版社,1990年版,第593页。
③ 《战蒲关》为京剧连台本戏目,演新莽末年王霸忍痛杀妾徐氏犒军等事。
④ 《空城计》为京剧目,演三国时期蜀汉街亭失守之后,司马懿大军进逼西城,诸葛孔明抚琴退兵的故事。
⑤ "嬉"为徽州方言,迎神赛会作"嬉菩萨"。每年农历正月初七日至十五日,岩寺镇有"嬉灯"的民间游艺活动。见季家宏主编《黄山旅游文化大辞典》,合肥:中国科技大学出版社,1994年版,第534页。

心头撩乱不堪,渠之所言,甚致无词对答。比即下楼而去,谅亦知醉翁之意不在酒也。夜,上街至汪同昌,因前受人之所托,不期又未会该东,辞出。途中有遇,尾而行之,跟至花布街蒋兴泰号始罢。再去代庚香购物,又买海棠果送与前途。九纪钟,程途来条,约至竹祥斋一叙。登楼濡笔录之。

月日 历八月廿六 / 九月廿七 日,火,礼拜二,晴,68

付玩具(高弟)卅文。

付彩票百五十文。

上午,抄《玉梨魂》书信两篇。饭后,下日界①至四婆处,携高弟游街,到三元里②楚衡住宅,略坐片刻,八纪钟上来。消夜后,约锦文尚路。合买湖北副券一条,第14793号。倘能侥幸得夺锦标,则吾二人之财运,从此蒸蒸日上,前途无限。自今伊始,预而志之。

月日 历八月二七 / 九月二八 日,水,礼拜三,晴,70

饶州恒泰水客汪君稚香今日抵汉,带有绿末五十件。是日,使绣云作书寄茶行公会③,评三佳之事,办法不善,詈保康陈云亭主张之无见识也,予略为之润色。六时出街,返行消夜。

月日 历八月二八 / 九月二九 日,木,礼拜四,晴,70

今日有卖画者来,出中堂一幅,上书"勤俭忍让恕"五字。予见之,心悸焉。噫!吾侪年少,可不勉之。是夜出街,在叶广太消夜。

月日 历八月廿九 / 九月三十 日,金,礼拜五,晴,72

---

① 日界,即下文的东洋租界。汉口租界东南濒临长江,自南向北依次分别为英、俄、法、德、日五国租界。

② 三元里在日租界。

③ 茶行公会不详。汉口有茶业公所,在熊家巷河街,创于光绪十五年(1889年),"专办二五箱红茶销行泰西各国"。见民国《夏口县志》卷五《建置志·各会馆公所》第30页上,该书中另见一茶业公所,在杨千总巷(同卷,第34页上)。

收月规钱式百文。

付鸡蛋四十文。

付香蕉六十文。

光阴转瞬,一月周矣。予之日志,不觉亦随之匝月矣。查一月所记之事,未免虚负韶华甚多,诚为可惜!故孔子云:"日月逝矣,岁不我与。"呜呼!希圣希贤,尚且如是!吾曹尚何如乎?今日同祁君美卿去招商局①还水脚②,因该局是日起卸太多,货不成提。福昌祥之茶,兹已解决,作十七两五钱结账。下午,出街摧[催]比期。回行,九纪半钟,消夜。夜半安眠,濡笔录之。

阴阳历九十月一日,土,礼拜六,晴,74

收厘金式拾叁千三百六十文。

付还盛记拾四千九百文。

晨起七点钟,往招商局提益馨昌之货,计七十三件。早饭后,吊号出样。中时,绅书来行,赠予洋墨水笔一枝。五时,去盛记还账,系六七月广彬手借用,因其今日进永康钱店,交手与执事代理,故予去了此手续,下仍欠洋四元,钱四千文。又到齐同沉赞尧处,坐叙良久,问其要来洋铁锁一只,代梦醒所办。予即转取于人,免费金钱耳。

阴阳历九十月二日,日,礼拜,晴,71

收吉记六千文。

付 金字对联乙副 乙千七百文。

付 油画镜二片 叁千乙百文。

付 磁纸毛插一对 乙千二百八十文。

付 磁菖蒲盆一对 乙千六百文。

---

① 即轮船招商局,设在张美之巷河街。
② 水脚即船费、水上运输费。

付消夜五百卅文。

付剃头乙百六十文。

付车钱乙百四十文。

……①

十一月 二九/初一 日②，火，礼拜二，晴，54

付梦醒乙千。

付彩票六百。

付线帽乙千。

晨餐甫毕，梦君来字，待予于竹祥斋。比即赴约，方知渠得花柳病，迄今未愈，前来假借。予悯其病，贷钱乙千。下午，绯美委代购线帽，予亦略买数件。至盛记小憩片时，回行消夜。前途目的，是晚方始达到。十纪钟，绅君由同元消夜过此，系该行老大六十生期，约予去金谷③洗澡，二人共用铜元六十枚。浴毕回行，精神大快，援笔志之。

十一月 三十/初二 日，水，礼拜三，晴，56

上午，镜西委予送其戚江旺福去慈善会住诊。晚，出街至盛记，回来到公论报④馆，代江绅书看小样。消夜后，在永行遇汉章公，与其趟路谈心，略叙佩之迩来事迹，由河街出，渠即返典，予由前花楼而回。

十二月 一/初三 日，木，礼拜四，晴，52

上午，抱万莲嬉。下午，看书数页，抄诗数首。晚，至绅书处帮忙，代看

---

① 按：此处近两个月时间辍记。
② 从此日开始，上为阳历，下为阴历。
③ 盆汤名，在郭家巷。
④ 《公论报》为民国初期设立的民办报纸，报社位于后花楼方正里。曾载胡石庵小说《马上女儿传》，颇受读者好评。该报在汪素峰撰写《日知其所无》的翌年——民国十一年（1922年）仍继续发行。参见台湾学者苏云峰所著《中国现代化的区域研究·湖北省（1860—1916）》，台北"中央研究院"近代史研究所专刊（41），1987年修订版。

小样。

十二月初四二日,金,礼拜五,晴,51

晨起早餐初毕,予嘱伙老续而煮之。食毕观报,未做他事。午时,秋婶上来料理比期账目。予在佩手悬钱六千,系前月购漆回家之用,渠即将账付出,予只得转与秋婶接洽。渠自扯用百余千,未成交出,将后看其用何钱为还原,为之一叹！在后秋婶委予去代购布等事,未成出街。

十二月初五三日,土,礼拜六,晴,53

付消夜七十文。

早饭食毕,看报、抱莲。中时,遇绅书于途,相去招商局江干闲眺,畅谈一二。约于是晚同去观剧,故予饭后,比即去公论报馆帮忙校对,六时半同去双婴戏院。是夜演《牙痕记》,不甚可观。渠先回馆,予亦返行。

十二月初六四日,日,礼拜日,晴,50

晨起十一句钟,浣洗毕,予自炊饭食之。中时,梦醒又来借贷,予诺乙千未付,因本日无钱。晚去公论报馆绅书处,借《教学新范》书一本,询[洵]佳作也！

十二月初七五日,月,礼拜一,阴,53

付彩票四百文。

是日,观《教学新范》一编,其命名真不愧也！徐君著此杰作,后之学者,得有师焉。旭叔晚间上来,前途之款仍未交出。湖北乙种翌日开彩,镜西、子香、达周及予四人合买一张。消夜吃面,镜西明日四十大庆也。

十二月初八六日,火,礼拜二,雨,50

昨消[宵]梦中执玩双瓣金莲,洵可乐也！今日抄楹联六页。午餐,行中办菜,祝镜君生辰。下午,去公论报馆,代绅书看小样。因其友黄君梦愚本日佳期,渠吃喜酒去。九时返馆,予即回行。

十二月 七/初九 日,水,礼拜三,阴,51

收吉记乙千文。

付请 镜西/办菜 乙千式百十文。

晨膳毕,上街帮忙办菜,予与子香、达周三人公请镜西。是日,徐翰臣先生诗共录二页。晚,观书,未出街。

十二月 八/初十 日,木,礼拜四,晴,54

收萧记钱拾千文。

是日,抄诗四页。行中珠兰①受霉,连日开火打炕。晚至盛记返来,萧老孺代借票钱拾千,年内陆续归楚,共还十二千文。

十二月 九/拾壹 日,金,礼拜五,晴,53

收典记叁千五百四十。

付典记七千七百九十。

付又②息乙千五百五十。

付绅记乙千四百九十。

午前,观报、抄书。午后,遇伯琴于永行,同至公论报馆。稍坐片时,予即去汉章公处。遇于途,同来永泰消夜后,一伴下去。抵后花楼,予转之绅处,适绅与余某出来,共去故胡庆园③消夜,吃炒年糕。

十二月 十/十二 日,土,礼拜六,晴,晚雨,48

梦醒是日又来假借,予自因经济困难,不暇及人,奈渠再四通融,予被迫不堪,许以十六假钱乙串,不知能奏手否。是日,抄《教学新范》四页。晚,天

---

① 珠兰是茶叶的一个品种。《汉口旧事竹枝词》有"珠兰龙井碧螺春"之名,描述旧时汉口茶叶铺中的场景。见《武汉竹枝词》第336页。

② 又,即典,徽州文书中为免与上行重复,多写"又"以作替代。

③ 徽州酒馆名,在回龙寺。

忽作云,落下小雨,亦未出户,看书消此良夜。

十二月十二/十三日,日,礼拜日,阴,48

本日,抄书五页。上午,伯琴来行,略叙数言而去。饭后,出街雇账,湾慈善会探江旺福之疾。再步马路直上,抵桥口隆馨泰、车广生①,均未遇管事之面。直下,返行消夜。迨一纪钟,登楼就寝。

十二月十二/十四日,月,礼拜一,雨,46

收绅记钱乙千。

近日天气骤冷,吾曹苦之。是日,抄书五页。晚,出门至齐同源②赞尧处,啇假孔方,承其允诺,不知何日可济便耳。续去绅书处收钱乙千,坐谈良久,始回。

十二月十三/十五日,火,礼拜二,阴,47

付萧记钱乙千。

付还樊记式千六百廿(旁注:上月马票)。

付彩票叁百廿。

今日抄书四页。本比收钱,较上比略多。永行旭叔、秋姊昨日上来,亲自照料一切。翌日,为甘肃副券第一次开彩,予购一条,谅可操左券,夺得锦标否?夜,上街到馥泰昌、胡元泰、王益茂三家赶场,返行消夜。绅书亥时来我处,携茶叶而转。

十二月十四/十六日,水,礼拜三,晴,48

收吉记票钱六串。

收绅记钱式千八百五十。

付布钱七千三百廿。

---

① 当即车广顺,茶铺名,位于杂粮公会上。
② 为茶栈名,在鲍家巷。

付绅记(绒领)弍百六十。

付绅记(丑肉)①弍百廿。

付梦记票乙张。

付酒乙百文。

早饭后,绅来电话,约予扯布,并嘱借其卧龙套②乙件。俟予前去,渠又我来两相错过。迨予返至永太,始相会晤。购布回行,渠则携牛肉并布上去矣。夜晚,再至公论报馆,帮忙绅看小样,饮酒谈心,洵可乐也!已而梦醒,不约雷同,坐片刻,向予借去票钱乙张。予以时光不早,亦欲返行,渠与彭君伴送。不料行门已闭,渠等阻予叩门,劝仍回去。于是,三人上馆消夜,绅付出钱三百文。又思古人秉烛夜游,吾等何不效之?故取道于沙家巷,转至白布街,出后花楼,上洋街,从后城马路进张美之巷,抵公论报馆,时已钟鸣三下。登楼就寝,予与绅书联床底[胝]足,竟作长夜之谈心,诚实陈情,不觉东方之既白。而睡魔被吾二人哓哓,彼乃退避三舍,不敢来缠。斯时略有倦态,始行休息,接济精神。约一小时,予起而披衣。三竿之日,直射于窗上。抵行,钟报八下,见案头家书一封,知蔡足③昨晚到汉,启视之,孟哥之手书也。阅余,欣悉孟哥于前月念七日丑时得举一男,不胜雀跃,予故颂曰:此儿当为吾家之千里驹也。志之,以证异日。

十二月 十五/十七 日,木,礼拜四,晴,58

付花生四十文。

付□字廿文。

付彩票四百文。

---

① "丑肉"即牛肉。明清以还的徽州人多以干支为动物之代称,如亥,徽州文书中有"腊亥",即腊猪肉。而黟县屠肆中记账也有"亥几斤"的说法。见民国《黟县四志》卷三《地理·方言》,吴克俊、许复修,程寿保、舒斯笏纂,"中国地方志集成·安徽府县志辑"第58册,南京:江苏古籍出版社,1998年版,第31页。

② 当即卧龙袋,亦称长袖马褂,后专指窄袖对襟马褂。

③ 姓蔡的信足。

付花生四十文①。

上午,少南[东?]委予去牙帖局完税,待数小时之久,方始缴纳。因是日乃限期也,故大有山阴道上应接不暇之势。路经绅处小坐,打双婴②戏条一张,同出至永行,遇伯琴,约去江边,坐于船头,买花生食之,食毕分途。中饭后,送戏条与何培钧。消夜后,上街购湖北正券一条,与保仂③合买。

十二月 十六/十八 日,礼拜五,金,上阴/下雨,57

付酒食八十文。

孔子曰:"富而可求也,虽执鞭之事,吾亦为之。"今日湖北开彩,又无影响。噫,难矣哉斯言也!吾曹何不鉴诸?但富贵人之所欲,亦未尝不望也!祁君美卿今日来行,今年之第三次到汉也。下午天雨,夜未出户,登楼抄徐子之《教学新范》计捌页,三点钟寝。

十二月 十七/十九 日,土,礼拜六,阴,半夜雨,48

收伯记乙千。

今日,抄书五页。中时,绅书来,要予前去帮忙,因其晚间去新市场宴会,系大英公司请客。予饭后往之,伯琴先我而去。绅书回来,饷予二人香烟、花生、酒食。至十一时,三人同出,予即返行,志之。

十二月 十八/二十 日,日,礼拜日,晴,49

付萧记乙千。

收吉记弍千。

收宝记弍千。

---

① 此与前面重复,或为衍文。
② 即双婴戏院。
③ "仂"是徽州方言的后缀,只起凑足音节的作用,也作为人名使用。详见日本学者平田昌司主编《徽州方言研究》第 4 章"语法",中国语学研究"开篇"单刊 No.9,好文出版,1998年初版,第 260～263 页。

付羊皮（女袄料乙件）叁千八百。

是日，抄书四页，未事他事。追思朔日所志前途之语，但未实行。噫！人心叵测，何必强而图之？大抵"士为知己者用，女为悦己者容"，诚非虚语！方针指定，速起从而变之。孔子曰："过则勿惮改。"

十二月十九日（二二一），月，礼拜一，阴，48

晨八纪钟，邮差递到快信，予速起而盖印，始知父亲手书转交旭叔，予拆而诵之，系报葬曾祖地事。地在箬坦①罗家冲山，子山午向，并附地图课单各乙纸，外另土一包，择于本月卅开土，腊月初六移棺，初七安葬，通过祖父祔葬一节，旭叔极端赞成，谅其时可以行之也。夜，出街，先至绅处，后至赞处，返行消夜。

十二月二十日（二二二），火，礼拜二，阴，夜大雨，47

上午，折皮袍。下午，绅来约予前去帮忙，被雨所阻，未成回行。次早，七句钟抵行，发江云计家园十七篓，于齐同源价二两五钱廿，镜君估真贱售矣。

十二月二一日（二二三），水，礼拜三，阴，48

付甘蔗廿。

旭叔今日寄快书答复，一切极表同情。予是日无事足记，夜未出门。

十二月二二日（二二四），木，礼拜四，阴，46，冬至

付花生廿。

秋姊今日赠予女皮袄乙件，于是，予之皮袍可以成就矣。绅书中时来此，适遇午膳，本日冬节，另添办菜，予留其宴之。食毕，同去彼处。伯琴后我而来，于是共出，分途各归。

十二月二三日（二二五），金，礼拜五，晴，46

---

① 箬坦位于婺源县境东部的江湾一带。

付车钱三百。

晨餐后,汉阳春茂花园徐君子俊来行,约予一同下去照料,栽种花木。旭叔未去,少东代理。共栽冬青二十本,果木有枇杷、桃子各一株,花木有金桂、红梅各一株,大盆即有翠柏、罗汉松各一,凤尾焦[蕉]二,小盆计有洋芭蕉二,广黄杨二,洋艾二,朱子贵二,黄杨二,罗汉松二,菖蒲四。栽毕,晚膳后,步行上来,次梦醒处,拿棉絮当票一纸,计洋乙元四角,赠予取用。抵行,八点钟。转至旭叔,报告一切。(花价共洋一百元,翠柏一株,售洋卅元。)

十二月二四/二六,土,礼拜六,晴,46

收文记还钱乙千。

付萧记乙千。

收盛记钱四十。

付宝记弍千。

上午,同利弟去扯布,予有洋薄绸对子前未用者,付其去做。绅书下午来,约予前去。至则未坐多时,告辞而出,再去叶广太、盛记二家,返行消夜。

十二月二五/二七日,日,礼拜日,晴,45

付棉花二百卅。

付绒领二百六十。

付洋布二百八十。

付伯记乙千文。

天气严寒,以是日为过去之第一日,又为予始衣皮袍之第一日也。午饭后,同绅书去伯琴处,至渠报馆帮忙,代看小样,返行消夜。

十二月二六/二八日,月,礼拜一,雨,44

北风凛凛,大雨萧萧[潇潇],足未出户,抄书四页。

十二月二七/二九日,火,礼拜二,晴,47

付橘子六十文。

晨起七纪钟,午前抄书三页。午后绅书来,约去江边眺远,吸新空气,购水果数枚啖之。再至《商报》砚农处,未遇。到陈君耀堂处,坐良久,予印名片一盒。后至公论报馆,予又加餐,代看小样。九纪钟,同去秉衡处。予返行时,钟报十下矣。

十二月 二八
三拾 日,水,礼拜三,晴,43

收月规二百文。

付整容乙百六十。

付补衣弍百。

收仰记还钱乙千文。

付萧记乙千文。

付药油廿文。

付鸭蛋五十文。

今天乃比期之日,招待茶叶店送钱来往,除观报外,余无他事足记。夜晚上街,从汪同昌直下,抵盛记止。返行,遇惠[蕙?]娇在厨炊蛋,彼见余至,要余亦买二枚,共煮一锅,以试彼手为调和之佳否。熟而食之,味颇适口,细而吮之,味中有味,令人口角留香。即当日之易牙,亦不能专美于前也。消夜后,做金银①。绅书来玩,片时即去。冬月之日志,随而告终矣。

十二月 二九
初一 日,木,礼拜四,晴,48

晨间阅报,午仅抄书一页。晚至绅处,代对小样一条。遇伯琴,同出,一路谈心,抵挟街分途。消夜后,梯宝锭闻佩之、前途之事,旭叔昨日向其追究,彼则居心不筹,已经淘汰账缺,暂委紫荆署理云。

十二月 三十
初二 日,金,礼拜五,阴,48

---

① 应指以锡箔折成金银袋等,用于祭祀时焚烧。

昨夜少东回行,余等皆睡,闻其上楼,至镜西卧室,不知作何议论也。今晚,镜西搭轮赴申。据云:因其亲戚陈震之在沪合营生理,请其前去斟酌,进行手续云云。今晨餐后,上桥口催账,回行午膳。夜,从绅书处来行,闻旭叔召余。余去,示余父亲至渠手书,嘱代作答,云寄洋五十元,外另三叔祖母六元,太姑婆四元。余返行,起稿,一句钟始眠。

十二月 $\frac{三一}{初三}$ 日,土,礼拜六

十三、1928年蒋维乔《黄山纪游》

余慕黄山久矣，以其地较僻远，非有地主招待不能游，且往返须经月，年来尘事牵掣，亦无此余暇，故梦想十年，卒未能实践。民国十七年五月，游天目山归，与石门沈君醉愚，遇于浙之西湖，沈君亦有游黄山之愿，且云可得黟县方君颂三为东道，遂订约而别。及八月，沈君有函来言，十二日即成行，同游者有吴兴邢君复三、周君子美，而老友袁君观澜，亦凤以未至黄山为憾，余告之，欣然加入，于是同游者有五人。预拟路线，自上海乘轮船至大通登岸，先游九华山，再至黄山、白岳，溯新安江入桐江，登严子陵钓台，由钱塘江至杭州，乘火车回沪。自十二日至二十日之游踪，余既作《九华纪游》以详之，二十一日起，即入此黄山日记。

黄山属南条山脉，自赣、浙间仙霞岭而来，与浙西之天目山同为一脉，崛起皖南，跨歙县、休宁、太平三县境，旧名黟山，到唐天宝年间，敕改为黄山。游黄山之径路，自大通往者，应从黄山之北口入。第一日至青阳县之陵阳镇住宿，计六十里；第二日由陵阳镇至太平县之甘棠镇住宿，亦六十里；第三日即可由甘棠镇进黄山之北海门，而至狮子林住宿，不过四十里，凡三日半可达。余等则因地主方君颂三，籍隶黟县，黟县在黄山之南，绕道至黟，多行二百余里，后之游者，可勿以余等之径路为标准也。

八月二十一日，晴，晨四时半起，五时，乘肩舆从青阳县之崇觉寺动身。

五里,至琉璃岭,岭在石埭县西北十五里,为青阳、石埭两县交界处,两山对峙,路从中通,峦翠重叠,林木郁森,下有博古桥,跨于涧上,伫立其间,俨在画图之中。余与醉愚、子美,在此流连久之。如由太平入黄山,须过此桥东行,余等则不过桥,沿涧南行,涧水潺潺,林中群鸟乱鸣,以竹鸡为多。七时一刻,六松居,稍休即行,过大石桥,桥有三洞。八时,过百井家村而至柳家梁,乘渡船过大溪。九时,回驴岭。据《石埭县志》云:"相传罗隐乘驴访杜荀鹤,遇于岭上而返,故名。"然今岭下有碑记则云:"李太白骑驴访友,不遇而返。"不知何故,讹为李白也。岭在石埭县南十里,为徽(歙县)、宁(太平)往来孔道,四山环抱,行于其间,有路转峰回之妙。十里,夏村,有市街,颇齐整。十二时,乌石陇,市肆更热闹,余等在此午餐。十二时三刻行,一时,过黄沙渡,乘渡船过溪,溪水较上午所渡者更阔,所经山路,类皆凿岩石之根,铺石作磴,旁临深涧,俨然栈道。二时,盛家岭,对面皆山,俗呼开门见山,过凤凰岭而达绥口,行于大森林中,今日气温虽高至九十四度,于亭午过此,亦不觉热。三时,步登鸭脚岭,下岭后再乘舆行。四时,五里亭,过此即太平县境。五时,桃坑,宿于村店,湫溢污秽,几不能堪。今日自青阳之崇觉寺至此,行六十五里,琉璃岭以上皆山路,渐上渐高,以六松居为最低,仅一百六十米突,桃坑已高至三百三十米突,徽州在万山之中,平原固甚少也。方君颂三不特善招待,且能亲手治膳,余等宿荒村小店,亦颇觉乐矣。

二十二日,晴,晨光五时半启行,桃坑有门,额曰"桃源古秀",今晨所经者,通称十里桃源,两山相对,石磴纡回曲折,涧声喧豗,杂以鸟语,往往前面疑若无路,一转即换一境,真令人有身入桃源之想。七时,桃岭,顶高三百六十米突,上有腾翠禅林,五岭,过石壁。八时半,岩前司,自此以上,景物与桃源相似,然气象更雄伟,高崖巨壑,瀑流倒泻,声震十数里。九时一刻,过凤凰亭而至慈济庵,俗名观音堂,亦呼九里十三湾,盖因岭路多曲折也。十时,油竹坑,居民寥寥数家,荒凉特甚。十一时,扁担铺,过此为黟县境。在小店啜粥当午膳。十二时,抵羊栈岭脚,此岭为黟之著名高山,舆人不能抬,皆步行登岭,憩于山半之永安亭。一时半,至岭头,有卷洞石门亭,可休息,此处高五百六十米突,若连绝顶计算,当有二千尺,气温八十度,于此高热度中,又当日午,步登山顶,汗如雨下,惟好景当前,亦忘其艰苦矣。二时三刻,际村街,街道甚长,商店繁盛。五时,至宏村,主于方君家中,其邻居金君志三帮同招待,且以其宅供余等居住。未几,宏村南湖小学校长汪君松涛,偕其弟省轩,及教员黄君栗庄来访。省轩昔年学习静坐法,愈咯血症,与余神交已久,晤谈甚欢。客去,余整理卧榻,晚洗浴更衣,九时即睡。

二十三日,晴,六时起,余等因途中劳倦,故在宏村休息二日。上午,余等往答访汪君昆仲长谈。徽俗勤朴,中人之家,妇女多下田工作;男子出外经商,即富裕者,亦不用仆人。故汪君虽为宏村绅董,然款客时献茶进点,皆主人躬亲之。昨日方家为客具馔洗衣,操种种劳役者,即方君之夫人及亲戚妇女,此等勤朴之风,非江浙人所能梦见也。汪君导游其宗祠,建筑宏壮,凡族人遭丧,既葬之后,其祖先木主,咸送祠中,不供于家,故族较大者,每房皆有分祠,于此可见宗法之尊严。复至南湖初级小学校参观,即汪君族中公产公款所设立,教员即黄君栗庄,校中用单位组织法,黄君以一人兼任各科,颇有精神,且黄君擅美术,出示所作,书画皆佳。十二时归,午后,休息。五时,金君志三,导余等游雷冈。雷冈,宏村之小山也,亦颇幽秀,村中男女于重九日,恒至此登高。六时归,晚间,月色甚佳。

二十四日,晴,晨六时起,上午休息。十一时,汪君昆仲招宴于其家,肴馔精洁,主人更十分诚恳,畅谈明日进山各事,松涛担任代雇肩舆,省轩则愿陪同入山。午后二时,别归。四时,同人赴际村街购零物,即回,洗浴毕,八时半即睡。

二十五日,晴,晨三时起,整理行装,预备进山。五时半,肩舆已齐。六时动身,由宏村向东北行,过子路村,逾上梓岭而至梓坑,有梓溪小学校,名为学校,实私塾也。复过下梓岭。九时一刻,潘村,至此为休宁县境。十时半,高桥。十一时,登桃树岭。十二时,登双岭顶,在茶篷休息,岭高四百二米突,两峰相对,如双髻然,故名。至此为歙县境。徽州方言,闻之不可解,然黟县人遇休宁人,或休宁人遇歙县人,见面时若各操其方言,亦不能相通,与闽之汀、漳、粤之潮、嘉仿佛，多山之地，语言之歧异如此。一时半，冈村。村中皆蒋姓，且其族分布于蒋村、山头、桃源、篁村、洽舍、杨村各处，五十里内，绝鲜异姓，故俗称五十里蒋。余就父老问其世系，则亦百龄公后裔，自河南分支于此。总之，皖南各县村庄，多一姓聚居，其去宗法社会，固不远也。余等即在冈村午膳。三时复行，未几，至大岭下，舍舆步行登岭。四时，小岭脚。五时，汤口，黄山已在望矣。爱其风景，与醉愚徐步玩之，涧声大如骤雨，诸峰连绵不断，夕阳映之，更觉秀美。初意山下紫云庵可宿，虽暮色苍茫，不以为意。六时半，逾小补桥，桥跨青龙潭上，其下皆乱石，奔流迅急，声大如雷，过桥数武即汤泉，及抵紫云庵，庵中无僧，仅有看守者一二人，则云："庵近来归慈光寺管辖，须至慈光方可住。"不得已，与醉愚、复三再由庵后登山，幸有月色，可以辨路，约行三里余方到，观澜、省轩、颂三、子美已先在矣。慈光寺旧称硃砂庵，在硃砂峰下，本为玄阳道人旧居，明万历间普门禅师名惟安者，入黄山，玄阳之徒以道场畀师，改创法海禅院，后神宗赐额曰"慈光"，今为黄山丛林之最大者，寺高五百八十米突。午间气温有八十五度，山中夜凉，则仅六十二度矣。今日自宏村抵此，计行八十五里。余本拟一到黄山即浴汤泉，以紫云庵不能宿，遂不果。

二十六日，时晴时雨。晨起盥洗毕，在寺前散步，可望见天都山峰之一面，硃砂、硃盂、紫石、桃花诸峰，前后环绕，寺中大殿，自太平天国乱时被毁，至今未复，仅存后面之毗卢殿。殿西侧上数十武，有普门大师塔，署曰"明赐紫普门禅师安公全身塔"。黄山之莲花沟，出火浣石，入火焚之，有五色光，寺僧出一块赠余，颇美观，殆萤石之类，以观澜喜研究岩石学，遂归之。九时半，同人下山至汤泉洗浴。汤泉之源出于硃砂峰，就山根凿石为半圆洞，其下成方池，池长一丈五尺，阔半之，深三尺余，清澈见底。凡温泉多含硫磺，相传此独含硃砂。池前有亭，中有石几，可坐而脱衣。泉之温度本高，而池壁石罅，别有冷泉一道流入，故颇适宜。余解衣磅礴，全身浸其中，仅露其首，气煦煦然，若不能胜。出而拂试[拭]，再入其中，凡三次。浴毕坐亭畔招凉，异常舒畅。既而紫云庵啜茗，凭窗观山，大雨忽至，溪声雨声，几不可辨。庵侧有木莲花,为黄山之特产,高约三丈,叶似枇杷,盛夏开花,九瓣如莲,寺僧以其果赠余。十二时,雨稍止,颂三遣人送雨具来,余与观澜,先回慈光寺,未及半途,已放晴矣。午后四时,大雾复起,对面不见人,及晚益甚,黄山烟云变幻,昔人来游者,多遇阴雨,同人相揣,咸以明日未必能登文殊院也。

二十七日,晨六时起,云雾依然未散,已不作登山之想,拟仍浴汤泉。九时后,忽日出雾消,同人均兴致勃勃,收拾应用物件,决登文殊院,惟颂三因畏路险,复三适患痢疾,皆未去。余与观澜、醉愚、省轩、子美四人同行,心镜和尚为引导,另有挑子三人。黄山路险,肩舆向不能上,故一律徒步。十时,由寺后东上,余与醉愚、省轩、子美先行,观澜年事较高,体又肥重,登陟稍艰,须人扶掖,故在后缓行。昔时道路未修,所谓"头碰石""五里栏""观音岩""倒破纹"诸险,今则或于石旁另辟新路,或已削险为平。自慈光至文殊院,皆筑成石磴,阶级整齐,悬崖绝涧处,则护以石栏,或铁栏,惟路极陡耳。过观音岩而上,为金沙岗,路多细砂,履之颇滑。十一时半,至半山土地祠,空屋三楹,已无人居。在此休息半小时,观澜方至。寺右望见金鸡峰,顶有一石,如鸡昂首,正对天门坎,俗称"金鸡叫天门"。余与醉愚等三人复先登,道旁有大石,镌"横云"二大字,款署"孙晋"。十二时半,天门坎,两崖夹立,中通一径,阔不过三尺,恰如门然,故名。昨在慈光见硃砂峰,高耸云表,至此则已在足底,惟天都峰犹巍然天半耳。再上为云巢洞,洞壁镌"云巢"二字,昔时须由洞中拾级而上,今已于洞外另辟一道。余与醉愚、子美好奇,仍由洞中攀登石级而出。一时,小心坡,危崖绝壑,昔亦危险,今亦有级可登,故俗又呼为"放心坡"。道旁石壁镌"别有天"三字,又有"观止"二字。再上有大石,形略圆,径可丈余,厚约五尺,名"蒲团石",于此趺坐,可见天都正面。在慈光寺以上所见之天都,乃其侧面之耕云峰,非天都也。再折而上渡仙桥,壁间刻"渡仙桥"三字。过此,见两壁下开上合,中通窄径,昏暗且湿,导者曰:"此一线天也。"有三石竖立,松生其际,号"蓬莱三岛"。进文殊洞,洞外壁上镌"不可阶"三字。出门,道旁一松,其右枝叶斜侧而出,如伸手迎客,曰"接客松"。岩下镌"小清凉"三大字,盖文殊菩萨道场本在山西之五台山,五台亦名"清凉山",故此称"小清凉"也。此外摩崖甚多,不悉记。一时半,抵文殊院,自慈光寺至此,计十五里。院亦为普门大师创建,今仅屋五楹,老僧一人,现亦归慈光寺管辖,方改建新屋。慈光住持脱尘和尚,造屋修路,不遗余力,地方人士对之颇有信用,故紫云、文殊皆归其整理。院后倚玉屏峰,峰皆巨石,横列如屏,东为天都峰,西为莲花峰,院前平地空旷,约有数亩,其下有二石山,左名"青狮",右名"白象",南面有石突起,名"文殊台",上有低洼,相传文殊坐禅处。登之眺望,气象万万千,砾砂峰已如小阜,万峰攒簇,俨若海中浪纹,此等浪纹,在平地望之,皆高山峻岭也。天都绝顶有石,平而方,侧立一石如人,名"仙人观奕"。其后耕云峰顶,有石如鼠,作势向天都,俗名"仙鼠跳天都"。莲花峰以形似莲花而名,其侧有峰,顶似圆锥者,曰"莲蕊峰"。上有石如船,曰"采莲船"。在文殊台望天都,莲花皆如在目前,语云:"不到文殊院,不见黄山面。"信然!自天门坎以上,奇松怪石,不可名状。松皆生于石罅,其干上下盘曲,枝叶则横斜侧出,除盘山以外,他山之松石,莫能比拟也。观澜于三时方至,在院午膳,膳毕,随意散步。晚间,天净无云,月色分外光明,乃登文殊台看月。盖是日适夏历七月十三也,惟西北风怒吼,声震屋宇,虽棉衣裤,犹不足御寒,即回院早睡。院高一千米突,约合华度(一米突合营造尺三尺一寸二五)三千三百余尺。气温在午后三时七十度,五时半,即降至六十二度。十二时,起视华氏表,已降至五十六度,昔人游记谓"黄山五月披裘",初不之信,今亲验之,殆非虚语。

二十八日,晴。五时半起。八时出发。满拟今日先登莲花峰,再赴狮子林。观澜以路险,在文殊稍留,即回慈光。余与醉愚、省轩、子美三人偕行,心镜昨夕受冻而病,乃以慈光寺役人为引导。自院西上数十武,折而下,高低曲折,两崖陡绝,中为深谷,曰"莲花沟"。其间砂砾塞途,荆棘刺肤,既而有石壁阻于前,旁临绝壑,壁下凿孔,仅容半趾,所谓"小阎王壁"也。余等扪壁攀藤,次第而过。壁间镌"大士崖"三字,意取凭观音大士慈悲,俾人得度此险也。过此复有一壁,比前尤长尤险,曰"大阎王壁"。复由谷而上,乱石无径,榛莽横生,蔽及半身。九时一刻,升莲花岭。是时忽大雾迷漫,对面不能见人,又复狂风怒号,余与醉愚、子美自岭右石坡,蛇行登莲花峰。路皆巨石与砂碛,崖旁镌"一览众山小"五字。未及半里,雾益浓,风益大,足几不能稳。导者云:"再上风更大,今日恐行不得矣。"余等亦以雾里看山,毫无佳趣,遂下岭,再登百步云梯。梯百余级,昔亦天险,今已新修石级,半凿崖石为之,险处多护以石栏。下梯,再左转而上,达鳌鱼洞。洞在鳌鱼峰下,洞口三角形,旁镌"天造"二字。由洞中历级而升,出洞,再逆转而上,则鳌鱼峰顶,全体呈露,有首,有脊,有尾,长可数十丈,酷似鱼形。过此即为天海。天海者,乃莲花峰下之平坦处,周围数十亩,惟道中多砂,如行沙漠。黄山有五海,山前慈光寺间为"前海",山后云谷寺间为"后海",狮子林之西为"西海",清凉台之北为"北海",而"天海"居于中央。斯时浓雾漫漫,所谓"炼丹台""平天矼""光明顶""万松岭"等胜景,皆从雾中模糊过去,非特远近不可知,即高下亦几不辨矣。十一时半,抵狮子林,寺僧清如迎入寺。寺在狮子峰下,颜曰"狮林精舍",高九百四十米突,气温六十三度,自文殊院至此十五里。先进面点,再午膳。膳毕,访李居士法周。居士江宁籍,隐居于此已十余年,每中夜起,诵《法华经》为常课,有心人也。黄山正面诸峰,皆峭拔露骨,惟狮子林一带,峰峦凝翠,万松成林,境独清幽,而始信峰尤为秀拔。午后一时,由寺后往清凉台,道旁有麒麟松,两枝分叉如麟角,又有凤凰松,枝叶扶疏,如凤尾然,皆以形似而名。约半里,至台下,台长方形,特然孤起,四无依傍,长约八尺,阔四尺,有台后凿石架道通之,登台俯视,身若悬空,较文殊台地势更奇,惜雾气未散,不能远眺,否则北海诸峰及石笋,皆历历在目也。台畔有松生于石罅,盘曲侧出,名"破石松",惜已死,仅余枯株。自台折回,登寺后之清凉亭,楼阁数楹,高出寺上,稍憩即回寺。本拟不出门,三时,天气稍清,遂往登始信峰。出寺东南行,清如和尚为导,见峰麓一小峰特立,顶圆锐如笔,松生其旁,破石而出,枝叶缭绕如曲柄,名"梦笔生花",按《黄山志》即扰龙松也。再前行,有大松如张盖,曰"虎卦松",又有一本二株之连理松,所经皆小路,极难著足,然距狮子林不过三里余即至。始信峰头,裂而为二,架石梁通之,名"通仙桥"。桥跨两崖间,由上俯视,则绝壑也。其左有松一株,旁枝横卧桥畔,游人可扶之而过,曰

"接引松"。过桥,迎面石上镌"聚音松"三字,至此乃侧行于石罅间,如狭巷。上至绝顶,石壁上刻"始信峰"三大字,奇石罗列,或卓立,或斜倚,或方形堆叠,势若凌空,奇松亦多,殆不可名状。顶有石台,镌"丽田生弹琴处"隶书六字。清乾隆年间,仪征江丽田隐居于此山,善鼓琴,丽田有摩崖自记文,但大半剥蚀不可读矣。是时雾尚未散,不能眺远,四时即回狮子林。五时气温降至五十九度,晚膳后即睡。

二十九日,晴。六时起,气温五十七度,盥洗毕,先至清凉台,看云铺海。白云平铺如海中浪纹,弥望无际,日光射之,皆作银色,群峰没其中,仅露其尖,遥望石笋矼,隐约可辨昨日雾中所不能见也。归寺早膳,因念昨日未登莲花峰,今日不能顾惜腰脚,决与醉愚、子美、省轩折回原路,重登之。八时出发,清如和尚为导。余以布鞋已破,改著草履,顿觉轻快。逾万松岭,昔时古松极多,故名。今则岭下大松,皆采伐以供建筑,仅岭上有松林耳。在岭顶可西望翠微峰,峰下即为西海,翠微与仙都二峰间,开豁如门,曰"西海门",从门可遥见太平县之焦村。下岭复登光明顶,顶正对莲花峰之背,高一千四十米突,有"海阔天空"四大字摩崖。其下有蒲团松,自顶下即为平天矼,矼下有茅蓬[篷],为天海庵遗址。清如和尚昔曾在此经营茅屋三间,今无人居。在光明顶望鳌鱼峰脊,有石如龟,伏于其上,名"鳌鱼驼金龟"。平天矼至莲花沟间,惟鳌鱼洞一段路已修筑,两端尚有七八里未修。省轩以莲花峰路险,至光明顶而止,仅余与醉愚、子美二人前往。由光明顶下天海,见有大悲庵遗址,远望莲花峰后尚有一峰曰"老人峰",以志考之,殆即石人峰也。登炼丹台,台在鳌鱼峰后,顶有石潼,相传为黄帝炼丹之丹池。台高一千二百米突,自此经鳌鱼洞而登百步云梯,重上莲花岭,稍休,即鼓勇登莲花峰。由石坡斜上,即无路,但由巨石上凿孔以容趾,有时大石当前,高可及肩,即用手仰攀耸身以上,石旁复多荆棘,刺及手足,更有数处,纯是砂砾,滑不能履,至此,则竹杖全失其功效,惟有手足臀三者并用。上升时,凡穿过石洞四,正如从藕节中,缘茎入瓣者然。十时三刻,至绝顶,顶方丈许,巨石或欹或立,踞石俯视,众山皆在足底,惟天都兀然对峙耳。测之高一千六百米突,约合华度四千九百六十余尺。斯时气温为八十度,绩溪程敷锴绘《黄山平面图》,言实测莲花峰海拔五千六百三十尺,相差不远。盖余所用气压测高器,因气候有伸缩,且米突合华度,亦有零数也。自狮子林至莲花峰顶十五里,往返盖三十里矣。十一时,下岭,仍原路徐行而归。一时半,回寺午膳。膳毕,休息。醉愚与省轩尚有余力,于午后一至散花坞;余与子美,则未出门。晚,至清凉台看月。

三十日,晴,本拟再留一日,一游散花坞,探石笋矼而至松谷寺,计程亦十五里,一日可以往还。既而同人相商,以黄山烟云变幻,难得连日晴明,且观澜在慈光寺久待,复三痢疾,不知愈否,势不得再留,遂决议取道云谷寺,观九龙瀑,即回紫云庵。七时,出寺向东南行,循始信峰麓前进,有歧路,左即往始信峰者,余等取右道,逾黄花岭,路皆窄小,草莽没及人身,岭高九百米突,下岭度涧,涧中乱石充塞,履石而过,又过一涧,较前更阔,状亦如是。九时,白沙矼,路皆细砂,履之辄跌,有亭,可以憩息。再过涧,道旁有雪庄和尚名悟,淮阴人,结茅于黄山,寂后建塔于此。九时半,登白沙岭。岭高七百八十米突,前所行之白沙矼,即白沙岭下之山冈,犹之光明顶下有平天矼。"矼"应作"冈",不知何时传写为"矼","矼"与"杠"通,乃桥梁也。岭上岭下,皆白色细砂,故以为名。下岭,路陡砂滑,兼以败叶蔽途,步履之艰,匪可言喻,转不若登莲花绝顶之壮快也。复逾涧两道,十一时,抵云谷寺,寺高六百米突,自狮子林至此十五里。寺旧称"掷钵禅院",在钵盂峰下山坞中,相传为宋丞相营兔裘处,亦名"丞相源"。明万历间寓安和尚开创此寺,厥后邑宰傅岩改题为"云谷"。寺前有锡杖泉,其南北各有萝松一株,同干异叶,盖松萝之合干者也。昔时规模颇大,今仅破屋三楹,寺僧宝山,正从事建筑,余等在寺午膳、休息。十二时一刻即行,得稍平坦之路里许,又复荆棘碍人,与前无异。山峦重叠,摩崖甚多,曰"妙从此始",曰"通幽",曰"醉吟"。忽有峭石立于道左,上镌"仙人榜"三字,名"仙榜峰"。又登一岭,高七百五十米突,顶有二石,夹立如门,镌"开门石"三字。遥望九龙峰,巍然在目。未几,九龙瀑之上源,如飞练一道,挂于林隙矣。源出于九龙峰,每节泻为潭,潭复溢为瀑,如是有九叠,故名。是时山中苦旱已久,瀑流不大,泻于黄石间,故远望若黄石,而潭则碧色,九叠之瀑，不易全见，须舍通路下斜坡，始得见之。二时，至苦竹溪，有牌坊，额曰"黄山胜境"，自此路皆平坦。三时，逾芹菜岭，岭高四百米突，而长有三里余。未几，抵汤口，自狮子林至此三十里，醉愚步履最健，且冷不必添衣，热不必脱衣，一路吟诗，从容自在，余与子美，足力已疲，在汤口雇舆，坐以待之。移时，舆至，即乘之行。五时，回紫云庵，稍休，即再浴于汤泉，数日宿垢，为之一清。心镜和尚到，述及观澜、复三二君，尚在慈光，待余等同行，复三疾愈，亦曾一登文殊院。是夕，醉愚仍上慈光寺，余与省轩、子美则宿于紫云庵，涧水声喧，有如骤雨，枕畔闻之，殊有意味。

三十一日，晴。五时起，收拾行装，准备下山。六时，观澜、醉愚、复三，自慈光寺下来，即与余及省轩、子美同行，循原路回宏村。午后一时，在潘村午膳。六时到宏村，仍寓方君颂三家中，颂三先回已两日矣。晚膳后，洗浴更衣早睡。

九月一日，晴。是日完全休息。午后三时，往访项君积余。晚，颂三因明晨请观澜为其考及兄题主，设席宴余等。徽俗视题主典礼，较江浙更为隆重。

二日，晴，上午，方家行题主礼，观澜为大宾，余与醉愚为左右襄题。礼毕，方君即率家属，奉木主送入祠中。晚，项君积余邀至其家便餐。此次在黄山仅半日遇雨，晴霁时多，而归途取道新安江（通称"徽河"）则因近日水小无舟，同人颇以为虑，乃晚间昏黑如墨，中夜而雨作，可谓巧遇。

三日，阴雨。汪君松涛本邀往城中游览，因雨未果行。午后，汪君携所藏史可法家书墨迹来，请余等玩赏。黄君栗庄送筵席至，宴叙甚欢。

四日，晴。六时起，预备进城。九时，第六肩舆行，松涛、栗庄、志三陪同前往，省轩、积余皆来送别。颂三则因携眷赴南浔，明日径赴鱼亭，准备船只，故不进城。十时，至北庄，稍休。十一时，抵城外广安寺，到此渐近平原，地势较低，高二百四十米突。在寺午膳毕，十二时，与汪君等同进城，访程君梦余，座中兼遇汪君季和，畅谈颇久。二时，别归，顺道购零物。四时半，回寺。晚，程君在其寓招饮。八时后，回寺度宿。

五日，晴。七时起，汪、黄、金三君来，复同进城游览。至学宫、泮池，旁有魁星、文昌二楼,颇擅风景。途遇程君,则云:"至寺中答访,未遇,寻迹至此。"十时半,程君邀宴于市楼,别后回寺。十二时,余等五人,即乘肩舆起身,汪、黄、金三君,在寺前珍重揖别。向县东南而行,未几,抵石山,系一小山,石皆露骨,故名。自此循山麓行,皆凿山根作磴道,右临大涧,两旁悬崖陡立,石层皆横断,树木亦层层而上,余等五乘肩舆,联属而行,前后相望,俨如蜀中栈道。一时,过浔阳台。相传李白尝钓于此,壁间镌"浔阳台"三大字。既而抵栈阁岭,即石门,山势壁立,下临深溪,凿石为门,中开一径,故称"石门",亦名"小剑门",其险处昔时支木以行,有似蜀之栈道剑阁,故称"栈阁",今则皆筑石道矣。又南行,上桃源洞,乃就山崖凸出处,凿石为门,称之曰"洞"。洞下即往来大道,其旁有紫竹庵,在此啜茗休息。午后三时半,抵鱼亭。此处为水陆通衢,市面热闹,有普济桥,跨新安江上,长百四十步,下有七洞。方君颂三及其眷属已先至,雇定小篷船一艘。盖江之上游,滩多水浅,只有小船可行也。六时,下船。船虽小而极洁,饭食甚佳,同人皆席地横卧。夜半开行,月色入舱,别饶趣味。

六日,晴。晨六时,舟抵岩船,停齐云山下(即白岳)。余等五人,步行登白岳,一日游毕,颂三留船中未去。白岳虽小,具有特色,与黄山面目,完全不同,另作记详之。午后,五时半,开行,经西馆至蓝渡过夜,计行二十里。江中既多滩,水急易泻,故土人因滩作闸门,以巨木横堵之,俾可容水,闸面之水,恒高出闸下丈余,舟抵闸则启门,自门趁水下驶,颠簸特甚,自鱼亭至屯溪,所过之闸,不下数千。

七日,阴雨。前在宏村,虽得雨,尚嫌未足,然游山则必须畅晴,果也昨日在山则晴,今日在船则雨,可谓如愿以偿矣。晨六时开船,九时至休宁县之梦街(万安街),停舟购食物即行。过古城岩,岩在县东七里,亦名"万岁山",麓有巨石,夹立如门,有亭,有榭,颇饶园林风景。斯时风雨甚大,小船两头洞然,无有掩蔽,各人衣服多湿,然新安江自屯溪以下,尚嫌水小,有此大雨,方可畅行无阻。午后二时,到屯溪,今日自蓝渡至屯溪,计行四十里。船抵埠,相偕登岸,改雇大船,舱中上下有十二铺位,议价既定,颂三料理各人行李,由小舟搬至大舟,余等即至华新池洗浴。浴毕回船,整理卧榻,遂同赴市楼晚餐。屯溪为交通孔道,故商务繁盛。其地高度仅二百四十米突,本日气温高至八十八度,八时半回船。

八日,阴雨。晨同人登岸购物,余在船休息。十二时半,开船,水大风顺,行驶迅疾。一时,鱼坑,入歙县境。以下江面宽阔,所谓"滩"者,江底皆有暗礁阻碍,致水激如沸,与小舟所经之闸口不同,船行纯恃船首掌头篙者,熟谙水线,方不致误事。五时,岑山,山在江中,四面皆水,上有观音寺,故俗名"小南海"。六时半,朱家村。阵雨大至,雷声殷然,乃停舟过夜。今日计行六十五里。此地高二百米突,气温八十三度。

九日,晴。晨四时开船,行十五里,至梅滩。因天未大明,而滩险水溜,停桨以待。五十半,安然而过。八时,深渡,停舟一小时,购食物后,即开。十时,十里长滩。十二时,山茶坪。以下横石滩、美滩,接续而至,波涛汹涌,礁石矗立,舟循曲线,在石罅穿过,浪击船底,拍拍作声,舟子咸有戒心。望见来舟,逆水而上,以二十人并牵一纤,方过一滩;我船顺流而下,为幸多矣。十二时半,街口,入浙江界。午后一时,过梅花洪,此滩之险,更甚于前。向例客人咸须登岸,减轻船之重量,舟人则用纤倒曳,俾舟下较迟,以免危险。今因水大,其右别有一道可行,亦得安过,复经滚滩。二时抵威坪,停舟购物,余亦偕同人登岸,市面甚小,略览即回。二时半,开船。此时气温八十三度,地高二百八十米突。三时,云头滩。五时,向山潭,俗称"狮子口",有圆岩突出江中,如狮子之首,故名。六时半,淳安县过夜。今日计行一百八十里。晚间登岸游步,县小无城郭,市街亦不繁盛。有微雨,即回船。

十日,晴。晨,五时开船。六时,港口。九时,藻河埠。十时半,茶园。今日所经险滩,不若昨日之多,然亦有一二大滩,因水涨石没,故舟行不觉,所谓"新安三十六滩",吾等所感觉为险者,不及十处,皆因水涨之故。午后二时,洋溪。六时半,建德(严州)停船过夜。进城散步,市面之盛,亚于屯溪。

十一日,晴。晨五时半开船。自此即行于桐江,盖信安江(亦名"衢港")之水,自兰溪至此,与新安江合流,故名"桐江"。自桐庐以下至富春,又称"富春江",下流入钱塘江矣。出严东关经乌石滩。十时,过胥口,进七里泷。泷中两岸高山,水道狭而曲折,若有风时,泷中更大,舟即不能进口。今日无风,而泷中之风仍不小,我舟逆风而上,倍觉迟缓。谚云:"无风七里,有风七十里。"盖言其难行也。泊舟严滩,同登严子陵钓台(另详《严子陵钓台记》)。十二时,回船。泷内风大,出口尤难。眼见数船,守风不行;我舟独鼓棹前进,波澜壮阔,舟为震动,舟子尽力,并加三纤,历一时半,方出泷。风息,舟行乃速。四时半,抵桐庐。此地高一百三十米突,气温八十四度。今日行九十三里。余等登岸,品茗于江楼,望见隔岸桐君山。山在县东二里,一峰秀出,下瞰江流,上有塔,相传昔有异人,结庐桐树下,或问其姓,则指桐以示,因号其人为"桐君",山因以名焉。在市楼吃面毕,至街中散步。六时半,回船。

　　十二日,晴。八时,我舟由振兴轮船拖带而行,共拖六艘,乘风破浪,行驶迅疾。九时,窄溪,入富春江。十时,新登。十一时,富阳,入钱塘江。午后一时,义桥、文家堰。二时半,到杭州闸口,轮船于此解缆,我舟仍鼓桨以行。自桐庐至此,行一百八十里。余与醉愚、子美、颂三三君,舍舟登岸,步行五里,至海月桥王云五过塘行。四时,船抵行前码头,袁、邢二君亦至,由行中代起行李上陆,颂三因率眷赴南浔,即在此分别。余等五人分乘人力车,赴湖边清泰第二旅馆。部署行李既毕,观澜留待其友,不出门;余即偕沈、周、邢三君,至明湖洗浴。浴毕,饭于功德林,九时归。

　　十三日,阴雨。上午九时,同人往二我轩摄影以留纪念。事毕,观澜一人出外访友,余则至湖滨公园,既而沈、周、邢三君亦至。十二时,同饭于三义楼。及回旅馆,观澜已归,于是五人同乘汽车,往灵隐游玩。四时,乘人力车赴岳坟,途遇大雨,遂至李公祠昆虫局,访邹君树文,参观局中各种设备,登楼饱览湖山雨景。五时,雨尚未止,遂雇车归,途中风狂雨急,六时回旅馆。陈石珍、赵铁玫夫妇二人来访,邀往功德林晚餐。九时归,夜间雨大,风势尤狂。

　　十四日,阴雨。各人预备回里,观澜因须赴海宁,多留一日,醉愚、复三回南浔,余与子美回沪。六时半,四人同赴城站趁火车。七时四十分开行,车至嘉善,沈君思齐在此趁车,久别忽逢,畅谈至快。沈君应松江佛学会之请,前往演讲,故至松即别。十二时到沪,家人多在站迎接,乘汽车回家。

　　黄山之游归后,即经旬大雨,上海亦平地水深五六尺,浙东西即告水灾,此淫霖若早降一二日,吾等在桐江遇之,则船不得行矣,此诚可庆幸者也!抑黄山路险,人人闻而生畏,今日情形,实已与昔日不同,不可不表而出之。盖近年来修筑道路,呈功颇速,山南慈光寺至文殊院,全路已成;山后之鳌鱼洞一段,天海庵至狮子林一段,山北狮子林至松谷寺亦均新修,大概视捐款之多寡,次第兴工;所未修者,惟莲花沟及鳌鱼洞至天海两段,及山东南狮子林至云谷寺一路而已。只须莲花沟及鳌鱼洞至天海庵两段修好,则自文殊院至狮子林,已无危险,路工不过六七里耳。莲花沟虽险,而路较短;惟狮子林至云谷寺,路既长而难行,沿途又无风景,余意后之来游者,可以避之。自北面入山者,第一日游散花坞、石笋矼而宿狮子林,顺道览始信峰之胜;第二日游天海、鳌鱼洞、莲花峰而宿文殊院;第三日由文殊院至慈光寺、紫云庵;第四日可乘肩舆自汤口至苦竹溪,步行观九龙瀑而至云谷寺。自南面入山者,则游毕狮子林后,宜仍回慈光,亦取道汤口观九龙瀑,不过多费一日耳。如此,则可避免狮子林至云谷寺难行之路,以其徒劳而无好景也。此余新得之经验,后之游者,可知所择焉。

十四、汪翠珠抄 1937—1938 年《腾[誊]正日记》

十一月八日,星期一,气候晴

今日,看见有几只鸟儿,在树上唱歌,唱得很好听。我说:这些鸟儿很快乐,好象唱我们上学歌。

十一月九日,星期二,气候晴

今天,放午饭回家,走到半路上,看见有许多八哥,在地上寻食物吃,吃了一时,他飞到大树上去唱歌,唱了一时,他又飞到空中去高飞,我就去吃午饭,进学校读书。

十一月十日,星期三,气候晴

今天,听我家母说:过几天,你和姑母一同到家里来,同姊姊、妹妹在小小的花园里去游玩,说很快乐。我说:你们的小小花园里,有美丽的花,我也很爱他。

十一月十一日,星期四,气候阴风

今天早上起来,看见有许多鸟,在大树上唱歌,唱得很快乐。我听了一时,就去吃粥,到学校读书。

十一月十二日,星期五,气候阴雨

今天放午饭,走到半路上,看见花钵里菊花,我说:菊花开的真美丽,我就不多看,一心要想记上学读书。

十一月十三日,星期六,气候晴

今天放午饭,走到半路上,看见有一个农夫,在田里耕田种麦。我说:农夫种田下去,把肥料加到田里。我说:农夫很吃苦。

十一月十五日,星期一,气候晴

今天放午饭,到半路上,看见有一只鼬鼠,在地上寻食物吃,又爬到树上去跳,很是快乐。我看了一时,我就去吃午饭。饭后上学,读书,做日记。

十一月十六日,星期二,气候晴

今天放午饭,走到岭头上,看见有一只画眉,在草里寻食物吃,忽然又飞到树上去唱歌。我说:画眉唱的歌儿,很快乐。

十一月十七日,星期三,气候阴风

今天,早上起来,洗面,看见树上有许多鸟,停在树上唱歌,唱了一时,飞到空中里,飞来飞去。我说:这些鸟儿,飞的很快乐,好象做游戏,无比好看。

十一月十八日,星期四,气候阴雨

今天放午饭,走到半路上,看见有许多绿豆鸟,停在树上唱歌。我说:绿豆鸟唱的歌儿很好听。一时,绿豆鸟飞到空中里去飞,做游玩,很快乐。

十一月十九日,星期五,气候阴雨

今天,放午饭,走到岭头上,看见有一只画眉,在草里寻食物吃,画眉吃了一时,飞到树上去唱歌。我说:画眉唱的很响,喉咙又不大,像个吹喇叭一般。

十一月二十日,星期六,气候阴风

今天,早上起来,走到外头来,看见有许多麻雀,停在地上,寻食物吃,麻雀吃了一时,飞到树上去唱快乐歌。听了一时,就回家吃粥,吃好粥,就到学校读书。

十一月二十二日,星期一,气候阴风

今天,我看见苏地来的难民,到我徽州不少。我说:很可怜!难民夜里睡的稻草被,一天三餐,也没有一餐饭,难民也是没有法子。但是见他们这样难苦,不由我的眼泪,也就掉下来了。唉……

哭难民词

　　逃难的同胞呀,你从战场地,枪林弹雨逃到徽。求生存,保心鲜,一天到晚走的脚下痛,饿着肚皮叫叽叽,口里说着我逃命,泪从眼里掉断弦。哭难民,夜里更孤凄,使我心中曲肠转,一哭到天边。

十一月二十三日,星期三,气候雪

昨日夜里,先生叫我誊《哭难民词》,我说:我要回家里去吃夜饭。吃了一时,我就同汪祥妹到学校学习,先生讲书给我们几个学友听。先生又叫我们几个学友,轮流讲书,过了一时,就到家里去睡觉了。

十一月二十四日,星期三,气候晴

今天放午饭,走到半路,看见树枝上,有许多喜鹊,停在树枝上唱歌,唱得很好听。我听了一时,喜鹊又飞到空中打转,做游戏,很快乐。我说:人都没有他这样快乐。看了一时,就到家里去吃饭,到校来读书。

十一月二十五日,星期四,气候晴

今天上午,读着书上:孔先生到街上买了几个梨,拿回家把几个小孩子吃。有一个孩子,名叫孔融,拿了一个小的梨。孔先生说:你为什么拿了一个小的梨?孔融说:我年纪最小,应该吃只小的梨。

十一月二十六日,星期五,气候晴

今天,先生拿我的国语,用粉笔写在黑版[板]上,说牛敦坐在苹果树下面,看见树上,忽然有一个苹果,落到他的面前,给牛敦一个疑问研究。

十一月二十七日,星期六,气候阴

今天上午,有一个人,到我家里去坐,说日本飞机飞到宣城轰炸,炸死了同胞无数,看着很可怜。我说:过一日算一日,也没有别的法子想去来。打灭日本小鬼!

十一月二十九日,星期一,气候晴

今天,早上起来,走出门口,看见有许多鸭,在地上寻食物吃,一时走到塘里去游戏。我说:鸭儿很快乐的。我就到学校里来读书,做功课。

十一月三十日,星期二,气候晴

今天，放午饭，走到半路上，看见有一个农夫，渔梁去买粪。我说：一担粪要多少铜元呢？农夫说：十二多枚，买来挑到田里去浇菜子，菜子长大起来，打菜油吃。

十二月一日，星期三，气候阴

今天，走到汽车路上去游玩，看见有许多汽车在路上，很是不少。我说：这些兵还是到我徽地保护？还是开到杭州前线？我也想着不到。就看了一时，回来进学校读书，做功课。课毕游眺，得见一些些知识，我也一时不能表演去来，下次再报告吧。

十二月二日，星期四，气候晴

今天放午饭，走到家里，听见轰轰的声音，我就走到外面来看，向天上一望，见有一只飞机在空中打转，又听见机关枪，很是可怕。

十二月三日，星期六，气候晴

今天早上起来，有一人说：日本飞机，要飞到徽州城里来轰炸，城里的同胞们躲避到乡下去不少，今天我们预备飞机防法。

十二月四日，星期六，气候阴风

昨日下午，有一人说：汽车路上过兵，说是杭州前线的伤兵来徽，要百姓稻草。

十二月六日，星期一，气候晴

今天放午饭，走到家里，看见有一人，挑着担橘，在我家门口卖。有一个小孩子，问他橘多少铜元一个。他说：要四个铜元一个。小孩子说：三个铜元一个。他说：不卖。就挑到别地方去了。

十二月七日，星期二，气候晴

今天早上起来，走到外头，听见有一个人说：渔梁各店多闭市。我说：有铜钱也难买食物吃，很很[是]维难。我听了一时，就到家里了。

十二月八日，星期三，气候晴

今天，放午饭，走到半路，看见有二个兵，在菜地里拔菜，拔了一时，就拿到人家里去烧吃。我心里想着说，这种兵不服从军令了。我就到学校里读书,做功课。

十二月九日,星期四,气候晴

早晨,走到外面去游玩,见有许多兵,在坦上学操法,很起劲;有几个兵唱歌唱,唱得很清脆无比,很好听。一时,我就到学校里来练习。

十二月十一日,星期六,气候晴

今天上午,十一点半钟,先生叫我们的同学躲避山上,防日本飞机飞来轰炸。躲了一时,我就走到家里来吃午饭。吃了过后,我就走到山上,见有许多同学在人家坦上体操,操了不多时,先生就叫我们的同学进学校。

十二月十三日,星期一,气候晴

昨日下午,先生叫我们学校里全体到外面去表演,说军队好的情形。因军队到我们地方,也很难得的很,对百姓很好。表演了一时,就到学校里练习做工[功](课)。

十二月十四日,星期二,气候晴

今天早上起来,走到外面,见有一个兵,在人家房里,拿了几条被把长官,看见长官,就立正。

十二月十五日,星期三,气候晴

今天放午饭,走到家里,听见一个人说:厚坞的兵要开了。我说:不知是开到前线去打仗,很很吃苦,还不知是死是活。

十二月十六日,星期四,气候晴

今日看见有二人做小本生意,挑着各色食物,到我村庄里来,沿门歇卖。我说:年时赚钱很不容易,做小本生意,赚几个铜钱也烦难。

十二月十八日,星期六,气候阴风

今天,吃午饭过后,到厚坞去,见有许多兵开行了。我说:不知是开到别地方,还是开去打仗。不多时,到学校里来习字,做工[功]课。

十二月二十日,星期一,气候阴风

昨日上午,听着有一个人到渔梁去来,说日本军队要来徽城,百姓也要赶快去救国要紧,打灭日本的军队,不要让日本军队到我徽州来。

十二月二十一日，星期二，气候晴

今日早晨，走到外面，听见有一个人说：渔梁有警报，是报告我们的同胞快去躲避。我说：现在没有警报，即没有飞机。

十二月二十三日，星期四，气候雨

昨日上午，走到半路上，听见有枪声，我就问一个人：是军队在山上试枪么？他说：是的，试好枪，可以去打灭日本。

十二月二十四日，星期五，气候阴

今日上午，读着书上，有一个好题目说，有许多孩子去外游玩，看见地上枯草很多，就取了一个火，把枯草烧着。有一个最小的孩子，不料两脚一滑，就得到火里，他的衣衫也着了火。隔了一时，就有一个勇敢的孩子走过，看见了，冒着险跳到火里去，抱着小孩子，从火里滚出来，两个孩子都没有受伤。去救的小孩子，就是陈英士先生，他的年纪只有八岁。我说：很是难得，要没有这勇敢的孩子，那个孩子要被火烧死。

十二月二十五日，星期六，气候晴

今天上午，听见有一人说：厚坞有兵来，写人家屋子。到了下午，就来了不少的兵，宿人家民房里。我说：我中国军队，是怕日本飞机轰炸，所以我国军队，宿民房，避飞机轰炸法。

十二月二十七日，星期一，气候阴

今天上午，十一点钟，空中来了一架飞机，我学校里学友就走到外面去看，先生叫我们不要看，我早已看见空中飞机打转，心想：不知是那一国飞机。到吃午饭过后，听见一人说：徽城上路街炸去两堂屋子，也炸死两个小孩子、一个老太婆，才晓得是日本飞机来徽轰炸，当要防空。

十二月二十八日，星期二，气候阴

今在放午饭，走到家中，听见一人说：我国现在四方多打到，也快到我徽城，作战开火。我说：中国正危险之中，我们同胞也无置身之地。

十二月二十九日，星期三，气候雨

前一天，城里丢了一个炸弹，同胞躲避。我说：也炸死四五人。今日天气落雨,山头上都看不见,日本飞机也不能飞来轰炸。

十二月三十日,星期四,气候阴

看报的人说:南京、上海都是日本人占去,我国地方失去不少,也要快亡国了。闻说日本人在富阳上,离我徽城路,只有一百五十里,一日也紧一日了,看见十五六岁的小孩子,牺牲也不少了。

十二月三十一日,星期五,气候雨

今日吃午饭,进学校,先生对我们说:不要好玩,赶快练习,研究字义,没有几天了,就要散学。说今年年时比旧年不同,早点散学。

倭寇到徽如何逃避

现在我们同胞,也要想出法子。有的同胞,有钱的也搬到远地方去了;有的同胞,在家里。我说:倭寇到了徽州,看见同胞,就要杀害,没有钱的同胞,可搬到近地方。我说:有钱的同胞和没有钱的同胞,性命也是一样,逃到外面,不过躲目前之杀害。

散学后之志意

今日先生吩咐我们儿童,结束要用心读书,明天就散学了,大家到家里去,同弟妹游玩。我说:散了学,不能到外面去玩,天天去玩,没有甚么担[长]进,不如到家里用心读书写字,可以有进步,字义不可间断的。

四月十八日,星期一,气候晴

今日放午饭,走到半路上,见有一人到城里,回来说:中国十一师军队,开到前线作战,也有不少受伤,运到兰溪去医。我说:眼前前线打了几次胜利,必定要达到最后胜利目的。

四月十九日,星期二,气候雨

昨日走到汽车路上去游玩,看见许多风景,很是美丽。我说:春天风景好,看见心中很快乐。一时,我就回到家中来了。

四月二十六日,星期二,气候雨

前一日,走到琳村街道上。我说:还没有茶叶,黄山今年茶叶,也都一落千丈,琳村人家家里,都没有茶叶做,很苦些。我忆旧年到三月底,茶叶上下,非常热闹。

四月二十九,星期五,气候晴

今天放午饭,走到半路上,看见两三个人,在田里割菜子。我就走到田塍上去问他:今年菜子收成好吗?他说:菜子被春天落了二次雪,把他打死,今年收成,仅得五六分收获。

四月三十日,星期六,气候阴

去年从七八月和日本战争,失去土地很多,所以山东也失去了,山东省的人,不能到我本地来收珠兰花做茶叶,养珠兰花的人没有钱进,苦了很多。

五月二日,星期一,气候雨

今日早晨起来,洗面吃粥。我的姨姑对我说:时候已经不早了。我就入校,途中遇有一个老婆婆哭,我问他[她]:你为甚么哭?他[她]就回答说:我的儿子,被抽征兵抽去了。我说:征兵是抽去保卫国家,必须开到江西去训练,长期抵抗,杀灭日本鬼子。若说国家,不抽征兵去抵抗,那么你的家乡,就可以安安稳稳过去?我想老婆婆哭的这个念头,到不如自去想想:中国家乡好?还是日本到来好呢?

五月三日,星期二,气候阴

昨天,放晚学,走至路上,看见一只疯狗,咬了一个小孩子,咬伤了足。我就看了就走,到家里,吃晚饭,写小楷,写好,睡觉。到今早吃了粥,就入校。汪德隆看见我就说:我有一封信,请你交给先生。我就拿到学校呈去。

五月四日,星期三,气候雨

今日早晨,吃了粥,就入校。有二个学友,在校中读书,读得很有趣味。有一个学友对我说:先生没有来,时候已经不早了。后来我走出去游玩,看见一个猎人,到山上去打鸟,猎人听见有鸟在树上叫,他就拿起枪来,上了火药开放,不料火药走火,将自己的手打坏了。我说:这个猎人,一定是伤害鸟命过多,所以鸟鬼不肯。

五月五日,星期四,气候阴晴

昨日放晚学,回家,走到半路上,看见一个人,拿着一个奇怪的东西。我就问他:这是甚么东西?那人说:好东西。我看这不是穿山甲呢?他就拿去,我也回家。走到家里,姨母对我说:你的母亲寄信来,叫你星期日回家一趟。我说,读书写字要紧,校中也不分星期了。

　　五月六日,星期五,气候晴雨

　　今日,放午饭,看见燕子,飞在我家的梁上做巢。到后来,又有二三只燕子,也飞在梁上同看。我说:燕子,我家的屋梁上好,请你们住在这里,天天又可以唱歌游玩,要飞到别地方去,就没有我的家里静雅。

十五、佚名《习登日记》

二月二十二日上午,甲某来,托带信一函,着办斜洋缎六寸、蓝扣线二钱,便道带下。

四月十八日中午,厚坞甲某来,带信一函并米各物,均照收到,此复。

四月二十一日中午,厚坞甲某带信一函、席一条、包袱一个、钉鞋鞋一双,均照收到。甲某云及某人下午来里,甲某留饭,未刻而去。

五月初七下午,甲某来,前年借麦子四升,旧岁麦荒无收不还,今岁麦熟来还,竟有一半大麦,实无情理,可恶之至!

五月二十一日上午,阳坑甲某拚木料于绍村,不料被人窃去。闻信,即邀集众人往绍村,查获赃证确凭,议罚洋数十元。是日回家。

闰五月初四日中午,铁匠甲某来,着其打门下转轴,问其能打与否?伊云能打。待其打来,摇动不能用,回伊不要,还铁携去。

闰五月十一日上午,昨日石匠因天雨不能在外工作,今日天气晴和,竟可以工作,所做围墙基础,甚坚固也。

闰五月十四日中午,乙某来,送药烧一瓶,系严州五加皮,吃味不如从前,可见目今生意,愈趋愈下。

六月二十七日上午,木匠甲某今日开工,做灶屋柱料,均已齐备,四人工作一日至晚。

七月初七日上午，今日乳孩咳嗽，起早至厚坞，访取半夏饼拾余粒，据闻此饼化痰之妙药也。

七月二十一日上午，昨日不料天大雨，自夜至早，连绵不已，水大涨，做木业者损失多矣，不折本者甚少也。

八月初四日上午，乙某到苏贸易，初四日特来拜别，云及里中之事，总望费心照拂，辞别而去。

八月十一日中午，昨日甲某携来一部说书，名叫"粉妆楼"，书味层出不穷，真令人看不能释手也。

二月十四日下午，甲首生意自行辞歇，日昨来问生意，对云：前途早已用人，未可说也。

三月初一日上午，木客甲某，旧岁言定木料，准于开正发来，不料已至三月，木料未到，见信即将木料发来，要紧！不可延误。

三月初四日上午，甲某云及石灰准于三月初三四到，讵料初三不到，初四又不到，石灰待用甚急，只得与乙某相商，特至前途办来。

四月二十三日下午，申江发来一函，云及金滩甲某十三日由申江回家，托带上英洋数十元，今日未曾收到，俟伊到里，再具覆信。

五月十五日下午，今日河中发水，甲某船户装松板动身，转来到茶园，嘱其装石板，先付定洋二十五元，俟后石板装到，再付洋清讫。

六月十六日上午，昨早某甲来，云及南源窑装瓦来五千片，着至河边收数。

十六、1949—1950年《詹庆良本日记》

（一）第一册

中华民国三十八年己丑岁，詹庆良作

新正月二十四日，晴

前日劳伯父金步，相送我到石城。昨日在益弟姐家，再三相挽留嬉。今日伯父回归水岚，我同水才外甥，携书上学而读。

新正月二十五日，阴

学生练习日记，诚然多识字面，可以记载事情，可以学文进德，日遇目之所视，耳之所听，手足之所经者，皆可以记之也。

新正月二十六日，雨

昨夜蒙张先生，把"学而时习之"，再三教我解释，解到"人不知，而不愠"，是说有德之君子，人不知他学足，他也不含怒气恼。

新正月二十七日，雨

今日各位学东，用起火纸、锡箔，相接列位圣贤，安在校中正位，我们一堂学友，以礼焚香下拜，是在理之当然。

新正月二十八日，雨

今日篁田宅上,有两位客人,在我姐丈家,一同共席用饭,谈此凶年乱岁,人民不可乱言,乱言恐怕多事。

新正月二十九日,雨

午刻回家用饭,见有一只猫儿,捉着一只老鼠,看他放鼠行走,又看他捕鼠擒来,此是猫儿以鼠为戏,犹如诸葛平南,收服南蛮孟获。

新正月三十日,晴

昨夜嬉到二更时,推开书室大门,看看天上星斗,四方多有现出,天色如此光明,明日决要晴起,今日得天晴起,加增阳春好景。

二月初一日,晴

朝书读熟回家,用好饭来上学,相遇学友初兴,邀我去砍柴火,好把校中烧炉,以便先生利用,也算我们敬意,是逢缺少柴火,务要早备办来。

二月初二日,晴

昨日自朝到晚,有时云起满天,晦下似要下雨;有时云散开天,日现好似要晴。今日青天一色,一望万里无云。

二月初三日,晴

昨日人家屋前,有乌鸦鸣起,鸣得人心不安;今日人家屋后,也有乌鸦啼起,啼得人心不乐。逢此年乱时期,人怕此鸟鸣祸,我也怕此鸟鸣忧。

二月初四日,阴

昨晚上课时,有一位学东来,相接先生吃酒,吃到二更散席,见有此村父老,伴送先生而来,内有一位客人,也同伴行来校,我即烧茶相敬。

二月初五日,阴

午刻有初兴之母,来云起本家人,寄居浮梁山蓬,有一十岁小孩,病得人事不知,因此而来叫你,去叫你的父亲回家。

二月初六日,雪

有两位外方人,肩挑米筛来卖,此村有人问价,他说每只米筛,对换食米一斗,闻此高价出口,也无一人向买,他即挑行而去。

二月初七日,阴

要想天下太平,非出圣人不可。逢此两党争战,国中乱得不安,人民无故受罪,归在人心不和,两党争权杀人,也算逆天行为。

二月初八日,阴

今日有人来,说起窑里土坑,奉新四军命令,停办不准开坑,我婺做坑之人,今日各归本婺,寻谋务农生计,待后开坑之日,再去做取土生理。

二月初九日,阴

今年比较旧年,生活大不相同。旧年粮食来路,有钱也有买处;今年交通闭市,有钱无处可办。不是新四军开仓发米救济,贫民定要饿死。

二月初十日,晴

午前有人来报,浮梁有队伍开来;午后也有人来报,本婺有大兵开到。人家一闻兵来,搬拖物事逃走,上山居蓬躲避。我同大小学友,也停功课逃走。

二月十一日,雨

人说昨日晴得好,我说今日雨得妙,雨得南亩田土,得其雨水润泽,好把务农之人,兴工耕犁田土,逢此春耕天气,是要一晴一雨。

二月十二日,雨

到此仲春二月,当在应暖之时,天气做得温和,谷风从东吹来,好发柴木枝叶,绿草也好萌芽。

二月十三日,晴

昨晚焚膏时,恰在把书开读,听见外面有人,嘶叫千兴一名,去派村中挑夫,今日去挑公粮,如有抗令不到,误公定要受责。

二月十四日,雨

昨日有两位右龙人,一同相伴而来,到此亲眷人家,今日也同来校,与我先生一会,叙叙宗族之情,论论家乡之事。

二月十五日,雨

今朝把书上好,读到食饭之时,有益弟姐来校,叫我去伴他行路,好去叫我的姐丈,回家起槽做纸。我同益弟姐去,行到七节岭,相遇我的姐丈,由岭脚而来,得其一同回家,即刻兴工做纸。

二月十六日，晴

昨日晚时回家，见有我村一人，肩挑火纸来，到此戴家村中，邀同好多伴侣，挑往景镇去卖。论此火纸生意，清明祭祀祖坟，家家是要买烧。

二月十七日，雨

昨夜放学时，把学友佐春，□[拿?]送汤蓝回家，看见有做糖蜜蜂，飞入学友家来，被此小学友，打落停地踏死。

二月十八日，晴

人说中国的战事，有五大邻国来，把中国讲和，解释中共战争，两党合并一心，国中无人作乱，百姓可得安宁。如讲和不下，战事不得平静，民家也无好日。

二月十九日，晴

人说今日晴得好，我说今日晴得妙，晴得柴木好发枝，笋也好出头，好鸟在枝头，鸣得喈喈可爱，好似对我求友。鸟会如此鸣春，我不会读书，责在不求用心，真是不如飞鸟。

二月二十日，阴雨

记得正月二十，是逢天晴之日。逢此二月二十，天是不晴不雨，有时作云阴下，有时开天光来，虽无正色太阳，也无点雨落下。再看三月二十，晴天年成好，雨日年成不好。

二月二十一日，雨

我听得戴家人说，明日建设春祈，请僧迎佛打醮，各家筹办香仪，准定明日拜佛，祈求一村幸福，家家人口平安。

二月二十二日，雨

昨日有我堂兄淦文，由水岚家中，专送膏油来，给我好读夜书。蒙此好义兄弟，雨日不辞劳苦，远路携送油来，望我读书成名，真是我的好兄弟，我是不可忘恩负义！

二月二十三日，雨

先生有一位本家人，肩挑食盐来，问人对换小猪，谈起他早年当兵，看到上海地方，街面码路很大，人物景致很多。先生说道：论起上海一市，是中国第一的码头。

二月二十四日，晴

人说晴天好，我说晴天妙，晴天日照四方，好把务农之人，兴工躬耕田□[亩?]。我是求学之子，爱此青天白日，也要自求立志，用心读书为急。

二月二十五日，晴

昨日我堂兄淦文，帮人肩挑桐子，挑到长溪交卸。今日由长溪回来，到石城姐家，用好午饭后，也便入校来，见我在案写字，即出回归水岚。

二月二十六日，雨

到此二月下旬，天气正当温暖，谁知天不顺时，春日反行冬令，人叫寒冷太甚。也在天出奇怪，天气做得不和，必是凡间人民，多生病痛之兆。

二月二十七日，雨

昨晚有两位客人，来谈买猪生意，谈到二更歇读，先生把学友日记，拿出给他而看，看到我的日记，昨日是记春寒，天气寒冷冻人，他说反行时令，是我当然记的。

二月二十八日，晴

有一班戴家人，挑纸下镇去卖，挑到半路之中，闻得有浮梁队伍，今日放哨到长溪。得此一个消息，不敢挑纸下镇，大家原担挑回。

二月二十九日，晴

昨日戴发亨，来请先生看信。先生接信看道，云是新四军在长木开战，活擒黄大队长，带到甲路大部，信传各村负责人，准定今日上午，到甲路参加开会。

三月初一日，晴

今日戴家一村，有许多寻笋妇女，相邀结起班来，各负锄头利器，同往竹园林中，多寻竹生苗笋，好做清明祭粿，以祀祖宗(?)先灵。

三月初二日，雨

人说晴日和暖，我说晴天光明。晴日人喜做工，晴天我喜读书。逢此久雨天气,人说雨多不好,我也说雨多不妙,到此春耕三月,虽喜有雨耕田,雨多人怕做工。

三月初三日,阴

上午有先生之子,出校看见新四军,在戴家开饭。而后我去查明,见是一位吴区长,同数十名区队,各负炮火枪枝,在程、戴两村游击。

三月初四日,阴

今日我听人说,有寻笋妇女,遇有一只角麂,死在竹林之边,他即歇笋不寻,把此死麂拿来,用刀剥皮炒吃。

五月十九日,晴

昨日蒙伯父送我入校来,先到程家村中,在戚家休息片时,再到戴村姐家,相遇我淦先堂兄,问我是来读书吗,我答道是来读书哩。

五月十一日,晴

昨日我同水才外甥,去刳取藤索来,以备缅缚茶棵,好把玉米播种,出苗多受露水,易长易秀,也易成实。

五月二十二日,晴

人说这番天气好,我也说这番天气妙,这番好天晴起,好把务农之人,朝出登田做工,是好耘苗去草。

五月二十三日,晴

昨夜看见戴保珍,把一个手留[榴]弹,拿到水口开起,响得震声甚烈。村中未知□□,闻此一声震起,止不住心中跳动,吓煞是有兵来。

五月二十五日,晴

昨朝把书上好,读到食饭辰时,有常初舅父来,叫我去伴梅花表姐,同往菊径挑米。去到菊径村中,一望闲人稀少。此个夏耘忙月,人不劳力做工,那里有饭充饥!

五月二十六日,晴

人说本婺区政府,昨日派队传信来,征收粮米一事,限定本日收齐,送到清华缴交。并传基干队长以及分队长,定期本月二十七日,到清华开会,各要自带伙食,如有不到会者,依法重办不贷。

五月二十七日,阴

昨日夏至节,人望天之下雨,我也望天之下雨。幸喜天道照顾,不负人心企望,晚来得天下雨,有此好雨应节,我当提笔以志之。

五月二十八日,晴

昨夜出外游玩,相遇堂兄淦先,我即叫他一声,他就问我食饭吗,我答他食了。又问我读"四书"读到那一篇,我说《宪问第十四》,上到"管仲相桓公,霸诸侯,一匡天下"那一章。

五月二十九日,阴

昨夜嬉到村头,看见有一□人打死一条乌梢蛇,拿来用起利刀,将此蛇皮剥下,以备鞔琴所用。此条乌梢蛇肉,也有人拿去炒吃。

六月初一日,雨

昨晚听见人说本婺县政府,专送通知来,筹办柴菜一事,准期如数办齐,送到本婺县政府,以备军家人吃。如不筹备送到,责在地方当事人。

六月初二日,雨

昨天有一位学东,把碗拿来錾字,托我把他扶錾,錾好用墨点过,现出所錾字迹,以备吃饭好用。

六月初七日,雨

论此一番苦雨,人说落得不好,落得大涨洪水,冲坏靠河低田,苗物损伤好多,下此苦雨伤苗,多使农家之人,枉费春耕劳苦,也是无奈可[可奈]何!

六月初八日,晴

逢此缺粮荒月,无人不叫苦怜,是在缺粮饥民,不是朝愁无食,就是夜叫无餐。人有数口之家,一心只愁没吃,谋食度日为难。如果无谋救生,只有饿死而已。

六月初九日,晴

昨天我伴张先生,嬉到程家学堂,与伯康先生一会。而伯康先生,相见以礼相待。谈到此个荒月,当在缺粮时期,人民没吃叫苦。此个凶荒年岁,读书谋道之人,也愁谋食为难。

六月初十日,晴

长降那个山头,古来有人居住。今天有一人来,专到汉来家中,看见无人在家,即刻查到校来,问及戴汉来,今日是在家否?先生答道在家。他出恰逢相见,谈论取米事情。

六月十一日,晴

昨天我听人说,由浮梁买米来,说起盐价涨上,并云有钱难买;米价忽然跌下,有钱可以好籴。论起盐、米涨跌,盐涨不过吃淡(?),米跌不愁饿肚。

六月十二日,晴

今日节交小暑,南风阵阵发来,人说天要干旱,我说小暑南风,不是末夏要干,必是秋初要旱,如不干夏旱秋,小暑不发南风。

六月十三日,晴

到此小暑六月,是在当热之时,当热而不热,五谷也不结;当热而作热,五谷也多结。我听人言说过:六月不热,五谷不结。

六月十四日,雨

昨日下午闲来,同二三学友,游到水口庙中,看看神像回来。逢着三位学友,一同钓鱼而来,问及鱼钓多少,他说鱼不吃食,一只没有钓着。

六月十五日,晴

昨晚静雨时,看见东方天上,现出蜥蜴淫气。我听人说此虹,朝出西方为收粮,夜出东方为降粮,昨晚出虹静雨,定兆年登大有。

六月十六日,晴

昨夜游玩乘凉,看到一家门前,有人谈论新四军,有说在婺源县政府,招集青年训练;有说在屯溪干部,招集读书人考试;有说在南京政府,合中央军开战。

六月十七日,雨

有两位右龙人,肩挑布来换茶。有人问起换价,他说布一尺,易换茶叶三斤。一闻出价太高,无人将茶换布。

六月十八日,雨

人说霉水太多,我说霉水太□,霉天下此苦雨,涨水损伤青苗,人怕收成不好,要防来年饥荒,闭粜粮食饿人。

六月十九日,阴

昨日有我淦良胞兄,由景镇寄信来,先问家中平安,次祝伯父、伯母双亲老寿在堂康宁,再言到我为弟,读书要求用功,并求淦文堂嫂,鞋做二三双寄下,以便应穿为要。

六月二十日,晴

早起一望天气,四方八面无云,望见东方红日,正出晒照人家,人见如此青天,都说今日无雨。岂知风云莫测,昼则下雨淋淋,在外做工之人,雨得满身水滴,奔逃回家叹苦。

六月二十一日,晴

有数个好弄儿童,用起一枝□桠,多网蜘蛛丝来,好捉蜻蜓飞虫。论此一种飞虫,来则在夏天,谷之开花之日;去则在秋月,谷乃收获之时。

六月二十二日,晴

午刻在家吃饭,听见一声枪响,即时有人报到,说及戴发亨同戴新保二人,嬉得无事可为,把枪开起戏玩。

六月二十三日,晴

上午温习故书,耳听前面山林,有一只鸣蝉,树上鸣起声音来,好似是说道光阴到此夏末,秋节不久将来,早谷田中黄来,也有收获之家,你在白日之下,光阴不可虚过,当要求学少年年。

六月二十四日,晴

昨夜我同学友,在校操写大字,蒙先生看过好歹,有写不到之处,则求先生教写。

六月二十五日,晴

是时菜园之中,根上生瓜藤索,正在开花生瓜。粮食不足人家,饿来有菜充饥,人也不致饿死,日有半饭半菜,也可救人度生,人民不受饿肚,也不叫苦难过。

六月二十六日，晴

昨天下午闲来，同二三学友，游到面前山下，看看青秀苗物，见有做工农夫，晒得面热汗流。看此务农之人，炎天劳力做工，实在苦不胜言！

六月二十七日，晴

有两个肩挑客人，各把磁［瓷］器一物，一同挑到戴家来，口呼对换茶叶。有人看碗做价，做定粗碗十介，计细茶两斤；细料碗十介，计茶叶三斤。

六月二十八日，雨

朝奉先生言命，把学友送荡［汤］盐回家。听见有人谈论，说本婺区政府有办公人员，莅临程、戴两村，好办地方公务。

六月二十九日，晴

听到一位学友，在家合母亲相谈，有卖洋货客民，把洋袜、手巾用品，肩来对换茶叶。我在校中想道，谅必母亲在家，定要将茶对换。谁知母亲为人，不把卫生看重，乱视茶叶如金片。

七月初二日，晴

早晨上学来，遇有我村一人，在此亲眷人家，我问来有何事，他说是来挑米。又有一我村人，到此娘家报病，说到此个病人，烧得人事不知，因此赶来通报，庶免骨家多事。

七月初三日，晴

昨夜见我先生，邀请各位学东，齐到校中会议，论收学米一事，言定今朝收齐，好把鼎新世兄，挑回右龙家中，以救炊爨之需。

七月初七日，晴

前日由校回家，蒙伯母好意，怜我行路辛苦，留嬉休息一天。昨日行到石门，嬉入此处校中，蒙其教馆先生，叫坐谈论几句，即行直到石城。进村闻有人哭，哭声"好儿不留，死了为母心痛"。

七月初八日，晴

此番秋初天气，喜得晴起一番，早谷正值登场，是好登田割刈，早谷收成兆好,再望晴雨以时,好把迟禾成实,五谷收成大有,人民乐唱丰年。

七月初九日,晴

今日是逢破日,人说无雨落下。再看十四立秋,此日有雨淋秋,秋天定然不旱。若是无雨淋秋,秋天定兆要干。

七月初十日,晴

今朝见有二人相骂,骂得两不肯让。旁有看骂之人,有说这个不是,也有说那个不然。我说不是不然,都是无理之人,论起口舌是非,骂人是无好言。

七月十一日,雨

昨夜有人嬉来,谈到烧纸一品,有人在镇卖出,每担计银币五元。论起门上[上门]换米,五、六两个月中,每担换米三秤,还说无人受主。斯时加倍换出,人说纸价一好,做纸也好谋生。

七月十二日,晴

论此这番好雨,雨得山场苗物,翻[幡]然兴盛长大,一朝加增青秀,有此好雨落地,苗是不愁天旱,人也无愁无忧。

七月十三日,晴

论此七月半一节,本是秋祭之日,此个秋祭□尝,人家祭祀祖宗,并要祭祀土神,安乃成实苗物,好报秋收之望。

七月十四日,晴

昨日益弟姐来,叫我同水才外甥,去撞姐丈挑米。一去行到田塅,一望就见姐丈,把米肩挑而来,说到赋村米价,论每块银币,现籴一斗四五,要望米粮便宜,不待早谷割完,价是难得跌下。

七月十六日,晴

记得立秋乃一天,人喜有雨淋秋,我也喜有雨淋秋。立秋有雨落地,本年植物收成。早谷喜登丰年,迟禾也兆乐岁。迟、早两谷丰稔,农人心喜无忧,我也心喜不愁。

七月十七日,雨

上午戴宝钦来,谈到我村女子,明日回归水岚,先生有一封家信,叫我托他带行,放在我家□寄右龙。我即拿信出校,面托将信交付,他允明日带去。

七月十八日,晴

论此一番秋天,有说晴得好,晴得早谷割来,是好晒粮[晾?]入仓;有说雨得妙,雨得这些迟苗,得雨是好兴起,开花也易结实。

七月十九日,晴

人说紫燕一鸟,来去也定日期:来则在二月春社,去则在八月秋社。此鸟来去之日,定则二、八两月,春、秋两社之日。

七月二十日,晴

今日有戴家人,由景镇卖纸来,说到人民国币现在开行通用,就说赋村店家,也可以好籴米。

七月二十一日,晴

论此这番秋天,人说雨得不好,我也说雨得不妙,雨多地气冷来,迟苗也难成实,再雨十日不晴,玉米要少收成。

(二)第二册

中华民国三十八年己丑岁　七月吉日詹庆良发

七月二十四日,晴

昨日同我伯父,由水岚家中,一同相伴而来,行到石门坳一村,在姐家休息。有说赋村米价,论银币买米,每圆可籴二斗。

七月二十五日,晴

今日有一学友之父,因为次子生病,到程家庵堂,求得下下签来,请先生解说。他自己也说道:求此下下签诗,解来童运不好,生病还要破财。

七月二十六日,晴

昨日我伯父由家中寄信来,托我悦亨姐丈,带到景镇地方,交我淦良胞兄,所云有余之米,望兄答[搭]船装下,运到浮梁东埠,好让姐丈挑来。

七月二十七日,雨

人问我村水岚那日天做秋醮,我说选定明日,请僧迎佛接神,阖村斋戒吃素,团设秋报一醮,此个平安秋醮,是乃我村祖例。

闰七月初四日,晴

昨天有两位本家,同我一路而来,行到石门田塅,看见田中迟禾,正在午时开花,山场坦上玉米,也有迟早不同,早的乌须来,迟的正在出苞,物之成熟来,人也不愁饥荒。

闰七月初五日,晴

听到有人说道,论到屯溪一市,百样货物涨价,只有茶叶不涨,论每担卖出,合计买米两担,除挑力盘费,和[核]算不了做工。

闰七月初六日,雨

昨日见我姐丈由景镇卖纸来,报到我淦良胞兄,从军驻在景镇,办理一市公务,起居饮食平安,信来与我伯母,求做布鞋一二双,做好寄人答[搭]下,以便从军应着。

闰七月初七日,晴

有一位长溪人来问戴家人,讲价买办烧纸,讲到三六表,论卖食米价目,每担要合八秤,烧纸要合五秤,客人价高不买,主人价低不卖。

闰七月初八日,晴

今日我的堂姐,要想归宁父母,来校相请先生,看看明天日主[子?],如其是逢好日,我把他抱個回家。先生掐到:明日有拦路虎当道,有小人,不宜行路,过此七月十五、十六可以回家。

闰七月初九日,晴

程家有一人,把黄烟一品,卖到戴家来。有人问到烟之价目,他说黄烟一斤,要换食米一秤,人见出此价目,无人将米买烟。

闰七月初十日,晴

昨夜奉先生命令,去请常初舅父,邀请一班学东,谈论配收学米。学东即时临校,论定每位学友,暂时收米半秤,好让先生来友,翌日挑回右龙。

闰七月十一日,晴

今日我同张先生，出校游到水口，看见庵堂面前，有一树木樨，开起花来簇簇，论此丹桂一树，不到八月冻来，木樨也不开花，逢此闰月之年，花故占月早开。

闰七月十二日，晴

我看此番秋晴，晴得长天一色，秋阳猛照燥烈，晒得此处山河，水无来路干断。再晴十日不雨，程、戴两村方，人怕缺水生活。

闰七月十三日，晴

昨日有我伯父，由水岚家中来到石门姐家，也便到石城姐家。今朝嬉入校来，与其先生一会，听到谈论读书，问到我用心否，先生不言我用心，也不说我不用心，不听言及我长，也不说及我短。

闰七月十四日，晴

听到有口言相传，说到屯溪一市，茶叶归商制造，价目有些起风，耳闻有人卖出，比较日前价目，加倍提高买茶。

闰七月十五日，晴

昨夜二更时，闻得爆竹三声，并闻奏起乐来。学友闻此吹笙，相邀先生之子，并我一同三人，共到架屋场中，看望竖柱、上梁。

闰七月十六日，晴

论此一番秋晴，人说晴得不好，我也说晴得不妙，晴得这些迟苗，不得雨水滋化，开花也难结实，天不作云下雨，此番秋旱天气，定要旱伤迟苗。

闰七月十七日，晴

昨晚在祠宇之中，见有右龙人事，肩挑布来换茶，看到有人相换，论定茶叶一秤，对换官布七尺。

闰七月十八日，雨

我听先生之子，即世兄张德新，说他右龙一村，有香榧一果，一过八月秋社，早的有落树，迟的过社十日，树上也有落下，过此又七一月，家家的男女，早起点火拾榧。

闰七月十九日，晴

菊径有一人，因为小儿病痛，来到程家庵堂，求问观音大士，下些仙丹妙药，去把小儿医治。

闰七月二十日，晴

昨夜我听戴保钦说到东边蓬有人脚生肿毒，生来已有四月，出头不能收口，有人把他医好，也肯出米一担，谢劳先生医金，好来不计其数。

闰七月二十一日，晴

早时一望东方，看到太阳升出，晒到前山木林，忽见一只飞鸟，从东方飞行而来，飞往西方而去，不知此只飞鸟，飞到何方去停下。

闰七月二十二日，晴

今朝同鼎新世兄，去问学友收米。听到有人谈论，人家一块玉米，被一伙野猪食得粒无收成，一年播作辛勤，苦得劳而无功。此家有人去望，一见而泪直下。回来报到妻子，全家哭得不静。

闰七月二十三日，晴

下午有我姑娘，买办四张油纸，拿入校来号字，我即把他写好，亲自送到姑家，姑则见我欢喜，就拿玉米给我。

闰七月二十四日，晴

论此一番秋旱，旱伤遍地苗物，枯来无雨救生，人愁苗要旱死，我也愁苗要干死。天不下雨救生，坐看枯苗旱死。

闰七月二十八日，晴

昨日同戴家民众，因此天旱求雨，去到南洞打水，看到洞里景物，尽是天生自然，洞生好玩之品，是属令人喜游，也令人喜观。看此一洞之雅，仙人品物好多。

闰七月二十九日，晴

今日有我水岚人，把布挑来换茶，挑到戴家村中，无人看布讲价，随即挑行西乡，去换食米来粜，也无有不可。论起生意买卖，粮食本来好做。

八月初一日，晴

昨夜看到东方一角，满天作起黑云，似乎要下雨来，谁知天变无穷，只见天作云,而不见天下雨,一时间云散星现,仰望天之四方,也无片云遮天。

八月初二日,晴

今日听到人说:中国战争事情,有三大邻国来,把中国劝和,解决两党战争。幸喜中党主席与共党主席,姑念战争害民,退兵各守一方,各安各的子民。

八月初三日,晴

看到花园内,有两丛好花,一窠花开红色,一窠花开白色。白的花开秋季,花名称为水粉;红的月月开放,花名称为"月月红",又称"月月贵"。有此红、白两花,对我读书案前,闲来很喜赏玩。

八月初四日,晴

看到祠宇之中,有一班工人,说起昨日钑篆,有一人上树削桠,树上失足跌下,幸喜未伤身体,不过受吓而已。

八月初五日,雨

昨夜二更醒来,听到雨声滴沥,先生一闻雨滴,说起雨落迟了。我也说起雨落迟了。雨得早十天,苗也不致旱死。雨落迟了十天,甘雨难救枯苗。

八月初六日,晴

前日我遇水岚人,把缺菜口信,托他传到家中,不论什么菜蔬,遇便寄些来校。蒙伯父接到口信,不辞奔路劳苦,亲自送菜下来,以便我在姐家,不叫没菜喝饭。

八月初八日,晴

昨日我堂姐,相帮益弟姐,掘地好种萝卜。论此萝卜一菜,开起花来结子,也可充作药料,加入消化之剂,是可去食下气。

八月初九日,晴

今日有戴隆兴,把布袋拿来号字。而后有他胞兄,把儿子佐春,追入校来写字。

八月初十日,晴

早时有一位学东,把米折算饼来,交送中秋一节,看他送来说道:一些薄礼小意，相请先生收了。论此中秋一节，买饼相送先生，也在礼之当然。

八月十一日，阴

昨日上午出校，见有一个女客，来到戴村一家，把儿子讲成亲事，讲到聘礼一件，计定食米十八担。有说礼银下重，将女卖钱发家。

八月十二日，晴

今日有人挑米来，说到粮食涨价，论用人民票买米，每担一万五千。有说价目不定，照市面看来，米价还要涨上。

十月十二日，晴

昨日乡长吴启贵，奉上司命令，带领两名乡队，莅临程、戴两村，召集各户开会，催造粮食册簿，要填收入实数，送到县政府去，好让公家征粮。除地主、富农及中农、富格农，其外除食有多者，一同照例抽征。贫农自食不足，概行免征公粮。

十月十四日，雨

昨日戴家村中，鸣起锣来开会，讨论戴学求在篁田招亲，因为夫妻打架，学求逃走外方，不知人往何处。篁田那村人事，专信送来查问，并托此处村人，相劝学求本人，回归妻家要紧。

正月十二日，晴

记事：关于日记的作法，只要见景生情，看物起意。若无景物，但凡人家所饲六畜，皆可为之材料。如：马是为人所骑，牛是为人耕田，鸡是为人司晨，犬是为人守夜。猪、羊两畜，则是为人杀吃做菜之品，亦是人生日常需要营养品，可以补助人体，因他内含维他命爱、皮、西三大因素。例如人劳力过度，则吃一猪蹄，亦可输用脚力。

正月十三日，晴

记事：黎明时，信步来校，举头一望，只见有一只鸟，衔着一根草木，飞到一根柴上去做窠，另又有一只鸟也飞来和他争窠，于是，两相争个不休，比时即打起架来了。恰巧有一人去讨柴，见那二只鸟打架，连忙过去赶，因此被他一追，那二只鸟也便向外方扬飞而去，竟不知飞到何处去了。

正月十四日,阴

昨日走到外面,见有一班人。我问他说:你们去做甚么呢?他说:到山上去掘蕨薇,现在我们村里家家都去掘来,把它打成溶化,用水洗下,枫里滤去其渣,待青黄不接之期,拿来当饭吃呀。

正月十五日,晴

记事:我想学生练习日记,诚然希望多识些字,可以多学些文法,可以多记载之事。凡目之所视,耳之所听,皆可以记之也。不论书本所载之古人事迹,及其历代国事,或者报纸所载目今国事,及其他有益于文艺发展之文,亦可以记载上簿。

正月十六日,天雨

记事:今日在校中,听见校外人声喧天,不住地呼赶,我便问他们为甚什么事呢?他们说:刚才有一只狐狸拖就一只鸡,现时有很多人在后山把鸡寻了回来。同时有些人说是我家没了,又有些人说也没了,究竟不知道是谁家的,候被咬死的鸡拿回来一验,便能了解。

正月十七日,天晴

昨日我同石门坳村人到水岚去看迎灯,一路同行而去,未久即到达水岚,一宿无语。今日早晨入校时,走到半路上,遇着有一班人,我便问他们说,去做甚么事呢?他们说:我们去卖石灰,我说:挑到那里去卖呢?他们说:挑到右龙去卖,不知好出售否?我答道:早日听傍人所谈,右龙近来无人去卖,想必是无人买。大概皆以粮食问题起见,以致各物不能通行之故耳。

正月十八日,雨

早晨走到校中,刚把书开读,抬头一望,看见有一只乌鸦鸟,飞到一根柴上停下,而后又飞到屋瓦上高声地鸣起来了。我想,俗语有乌鸦鸟一叫,必有不测的事呢,这是最应验的。不然,清早那有这般高声鸣的呢?不过,这时候天色还早,不能决定。待日上三竿的时候,定可有一些事效验的。

正月十九日,天雨

昨晚走到外面去散步时,遇着有一个人走过,我便问他说:你拿着这一把镰刀去做甚么事呢？他说，我去铩山。我说：铩了几多呢？他说：大约五叟铩了三叟左右，再不继续去铩，恐怕要迟了。看今年的节候，比较去年来得快，等到四月初旬，人家都要种了下土，如有到那时不种的，也算是种下了，难道你又不相信吗？我说：论天气日暖，与通书上今日交惊蛰节候，到那时当然完全可告播种成功了。他说：你也是这样的评论，与我的意思一般无二的，我也不同你多谈，我要去铩山了。

正月二十日，天雨

昨天我去有事，看见有两个人在外面仰望，我问他说：你望甚么呢？他说：我们看见有两只猡獢，追着一只角麂去了。我又说：你们见角麂逃往何处？他说：逃到前山上去了。说起那角麂，真吓得要死，倘若被猡獢追着，必定是要死的。

农历正月二十日，一天雨

早晨着衣而起，信步走到祠堂门口，遇着一个人，我便问他说：你清早去做甚么事呢？他说：因为有一个人生病，病得很重，所以我到这里来问问菩萨，求神发剂药，把他治好。如果无效，也是无法可想，惟有听天而已。

农历正月二十二日，雨

午后时走到门口，看见一只猫儿捕着一只老鼠，在地上玩耍，忽把鼠放行，忽又把鼠捕来，可谓是猫儿以鼠为戏，想古时诸葛亮七擒孟获一样的。正想之间，突见他已把老鼠吃了，于是不免一叹！

农历正月二十三日，晴

早晨我走到大路上，遇着有一班人，内有好几个是戴家人及灵岩观人一同挑纸，我便问他们说：你们挑纸到那里去卖呢？他们说：我们挑到屯溪去卖。各人都是希望卖得高的价钱。倘能达到我们的志愿，那么便好维持生活，就是槽户上也要好一点。如果仍然是无价钱，那么不消谈。总之，做行商的，槽户上的，定然是苦不胜言了。

农历正月二十四日，晴

早晨走到大门口，遇着有二三个人，我对他们说：你们去做甚么事呢？他们说：我们到矿硔里去取矿，本来有了，因为连日天雨绵绵，还要少好多，不曾满窑，所以今日仍要去取些，再看少几多不曾满了。我听他这样说，便不往下问，仍旧入我的校。

正月二十五日，晴

今天走到大路上，遇着有一班人擎着菜篮，我对他们道：你们擎着菜篮去做甚么事呢？他们说：去讨粿花来做社粿，这是我们石门村里的一种风俗，每一年到这时候，家家女子都是去采粿花草的。

正月二十六日，晴

论起我们的功课，每天应当完毕。标语所云："今天的事今天毕，不要等明天，明天还有明天事。"但我每日所应做的事，第一件是日记，不能欠缺；第二件是写笔记，亦不可少。还有其他的功课，如果每天余下一件功课不做，汇集日久，岂不堆积如山吗？就是用心的人，也不能进步。所以我抱定目的，每天的功课，任何百忙，都要完成，才是我们求学时期的宗旨，可以达上了"进步"二字。

农历正月二十七日，晴

今天我到郊外去徘徊时，看见有一班人拖着锄头，我问他们说：你们拖着锄头去甚么事呢？他们说：到竹园林里去寻笋。我又说：有笋吗？他们说：不多，所以我们去寻寻看，寻得着便有好，如寻不着，即刻便回家。

农历正月二十八日，雨

今天我走到外面去有事，恰巧看见一个人挑着一担米，我问他说：你是那里挑来的？他说：我在这里挑的。我说：现在要多少钱一担呢？他说：要八九万光景。我又说：你是挑去卖的吗？他说：是的，想挑到莒苎山去卖。我说：你真好生意呀！在今日米珠薪桂之时，完然有高利息的。他说：蒙你讲得好，谢谢你吧。

农历正月二十九日，雨

所谓年岁关系，据通书所载，今年年岁不能叫佳，不过观目下之天气，雨水尚称调匀，谅无甚妨碍，或者再睹六七月之间如何。倘若无甘霖下降，亦是天数之定局,非人力可能挽回也。而天之事谁能料乎？总不外乎一种古谚流传而已。恐其仍旧时晴时雨,辅佐苗物之生长,彼时亦可告大有之年。

农历二月初日一[初一日],雨

今天放学时,行于途中,看见有两个人,我对他说:今天是从那里来的？他说:是莒箐山来的。我又说:你到莒箐去做甚么事回来呢？他说:我们去玩来,那知刚走到半路之中,忽发现有两条支路,我因路途生疏,不知是走那一条,或上或下,不能分别那条路通行。后来,我们抱定了方向,才到石门来的。我又说:今天你们还要到石城去的吗？他说要去的。

农历二月初五日,天雨

今天我走到外面去时,忽然有一个学友邀我去散步,我对他说道:石门的山景,是何处生得很好？他答说:就是这样的山景,全是石山。不知不觉信步已到田塅里,只见油菜花开的是黄金色,桃花红,树枝青,相映着非常美丽。虽是石山,亦很生得平和,我想必定出人要好一点,要是有读书之家子弟敏慧,定也有成名的。

农历二月初六日,天雨

昨天我走到路途中,忽遇着一班人,我对他说道:你们去做甚么事呢？他说:我去打一伙野猪。我又说:有一伙野猪在那里山上呢？他们说:这伙野猪便在这里山上,不知打得就吧。同时要有经验的人,才能够打得就咧,今日也不知是谁的运气。我说:打野猪是很艰难的,多数多以奇遇之故,非能算定的。

农历二月初七日,天阴

我想,春天的景象,是多么的可爱呀:百花也都齐开了,百鸟也在枝头鸣叫着咧。可谓是春光明媚,柳歌桃笑,鸟列笙簧之时,吾辈岂可虚此良辰？当以寻花问柳,以慰无聊。于是,我便邀了数个学友,对他说:昔日朱文公所写读书四乐"好鸟枝头亦朋友,落花水面皆文章",你看是吗？——好鸟是在树枝上叫,好花也是开在树上的,真是看不尽,也听不尽,使人愁去兴来。如果携书见景,仿佛是另换一个世界了。

农历二月初八日，天雨

论这番春耕天气，雨水下得很多，假使在人家布种的时候，遇着这番天气是很好的。惜不应时，田里工作未到，其他的事又不能做，以致人民多在家中嬉了。想我同堂学友，不论晴天雨日，都要在校中读书。不过晴天有太阳照在校中，也光明一点，同学们都是欢喜的；但雨日黑暗暗的，又加校中光线不充足，因此同学们个个都是愁闷的呀。

农历二月初九日，天雨

想我读书的桌案是对着墙槛摆的，随时可以眺望槛外的山景，充满了我一天天的日说材料呀。有时也曾对学友们说：你们知道吗？这是春天的景象呀。你们看见吗？满山遍野的草木都正值发枝时候，苗竹的笋也正在出头了，这是自然的本体。惟人虽不知觉，表面上不能发现，我今拿一件小小的事证明人的发育，在平时不觉怎么样子，到了春天，人人觉得疲倦好困，这便是人发育的效果。所以我们读书，在这春天比较其他季候中，要来得进步些呀！

农历二月初十日，天阴

我想石门村里，有好多人，年年都要烧一窑石灰的。不知怎样，今年都无人烧灰了。因此便对学友们说：你们村里今年不烧灰，是什么缘故呢？但现在的时期，是很烧得的。如果烧得起来，挑到别地方去换些粮食来，也是好的。学友们道：大概多受粮食困难的问题，自己也无多大本钱，只好不烧了。将来自己要腌竹，只得或钱或米，到别地方去换呀。

农历二月十一日，天雨

我想学生的日记，要不能天天同样的。只要心中有思想，或者是做春景，或者登山，或者渡水，以及郊外一切植物、动物皆可以的，只要有意义。如果东扯西拿，便无意思了。但春天光阴不觉快要完过了，到那夏天人家又是布种苗物下土时候，待苗物生长时，又变成夏天的风景了，如此便得寸进尺，任何愚笨的资性学友都能进步的呀。

农历二月十二日，天雨

早饭时，忽有太阳出现，想今天是要晴了；而后忽又有乌云上升，想是又要下雨了。真是天变无穷！谁知今年春天雨水落得怎么多，况节候已经到了，又遇着这番天气，不能出外做工，人家的山都不曾掘，等到到了夏月，再去做工，岂不要迟了吗？

农历二月十三日，天雨

昨晚听见有人说，这番天气，西乡的大麦大大的受损失呀。我想今年粮食非常的艰贵。如果大麦一好，也可以接接荒的。谁知又遇这番雨水，大麦是不能结实的。这一来，人民定有饿莩之叹呀！

农历二月十四日，天晴

昨天同学们叫我同到外面散步，便对学友谈评说：你们石门村里全靠做纸维生，今年纸行又不好，一担纸挑到别地方去，尚卖不得一头［斗？］米呀。听说还要去卖得远，只有三秤米光景。再除了上下歇钱，到家就没有了。照这样情形，不如还是去鈸鈸山吧，比较好一点呀。将来要拿做纸来维持生活，那就不得了。

农历二月十五日，天晴

今天有石门人拿着一副对联来，托先生写字，先生问他：是到西山蓬去贺喜的吗？我也去一个吧。那人说：是的，你加入也可以的。先生便叫我把墨替他磨起来就写了。我想有这么的迅速，这个时光才写，等一会便送要［要送］去的，恐怕时间不能许可吧。后来见他们因时间的急促，只得用火来炙了，这才不误了人们迎娶入门的良辰呀。

农历二月十六日，天晴

回想我今年已经入校四个年头了，过去的我，是混混沌沌的过去，这是什么缘故呢？因为我的年龄尚幼，不知读书的效用，所以为此。但今年的我，是为了读了数年书，同时又听到旁观人谈论中的解释，才知道过去的思想，是很错误的。而今而后，我应悔过前非，何以呢？因为我与他人不同，我的读书是我的伯父替我读的，而不是我的父亲替我读的，因为我的父亲，不幸早以辞尘去世了。为此由我伯父担负的，所以我的读书，有这样的缘故呀，这岂不是我今年要应当用功吗？

农历二月十七日，天晴

我想槛外山上的那丛棕，是天天都看见的，但是那丛棕都无人来锇去，至今也不知什么缘故呢。忽听到旁边人说：等到棕的价钱高一点，再去把他锇去卖。因此到如今都不曾锇他。当时我听了，才知有这种情形，方把我的怀疑打破了。

农历二月十八日，晴

今天我走到途中，忽见山上的柴枝已经透青了，我想今年的节候是比较去年要来得早一点，但看此柴枝，回想去年人家是正在布种下土的期了，但是今年还没有动工，这也是令人难测。据历书注明，今年是太早之年，一定要应验的，人家还不如早种为妙呢。

农历二月十九日，晴

论此清明时节，我的伯父是要我回去扫墓挂纸钱的。但我的伯父常说，一年如人旅外他乡，在这清明时节，我便于昨日告假回家，忽遇我的只有一度都要回来的，因此堂兄淦文问：先生在那天於［放］假的？我答道：他到十九日仅放假一天，但此回是不到家中去的，听说是到莒莙山去走一趟，二十日就要开学了，如果我二十日不去，二十一日一定要上学□的呀。

农历二月二十日，雨

我伯父回想替我今年已经读了四个年头的书了，看此这个时局，明年是不能替我读的了。都没有粮食，还能读得书吗？我的伯父替我这样读书，我要应该用功，是胜过于父亲，才对得住我的伯父呀。

农历二月二十一日，晴

有我水岚村人问我：今年是读《大学》还是读《中庸》？学中的功课是做那种题目呢？我便回他说：抄录早晨及昨晚所读的书，再加上先生所写解释。大约过了清明，校中又不同了，还要加上夜下单日温书、双日学写书信呢。

后 记

在"徽学"研究中,最早受到较多关注的日记是康熙年间詹元相所撰的《畏斋日记》。早在30多年前,安徽省博物馆的刘和惠先生就专门介绍过这部日记,将之标点、整理并公开出版。此后,日本、韩国和中国的多位学者都对它做过专题性的探讨。除了《畏斋日记》之外,稍后的徽商展墓日记《春帆纪程》,则因其对皖南风土民情的生动描摹,而为学界所辑录并反复征引。

笔者对徽州日记的兴趣,始于20世纪90年代初。当年,因在复旦大学图书馆浏览古籍文献时,偶然在一部族谱中读到数篇展墓日记,深感这些资料具有较为重要的研究价值,遂撰《徽商展墓日记所见徽州的社会与民俗——以〈(歙县)大阜潘氏支谱附编·文诗钞〉为中心》一文。1998年之后,我长年在徽州从事田野调查,陆续找到不少日记的稿本、抄本,遂决定以此为专题,对徽州日记做专门的收集、整理和研究。在此过程中,于2001年、2012年先后获上海市哲学社会科学基金和国家社会科学基金资助。后者在顺利完成课题结项时,曾获通报表扬。

近30年来,我先后收集到的徽州日记多达数十种,陆续发表的成果分别散见于《社会科学》《民俗研究》《九州学林》《历史文献》《古籍研究》《中国谱牒研究》《文化遗产研究集刊》《传统中国研究集刊》《安徽史学》《安徽师范大学学报》和《徽州社会科学》等。此外,2005年出版的《水岚村纪事:1949年》(北京:生活·读书·新知三联书店),即据詹庆良本日记撰述而成。该部日记真实地状摹了1949年前后僻远山乡的社会生活,记录了特定历史情境中民众的内心体验。日记的分量虽然不大,但却是我们了解传统中国下层民众日常生活的珍贵史料。《水岚村纪事:1949年》出版之后,曾被拍成多部纪录片和电视片,水岚村也因此于2019年被住房和城乡建设部、文化部、国家文物局等列入第五批"中国传统村落名录"。

从那时开始迄至当下,十多年过去了,更多的日记史料得以披露,徽州日记也愈益受到学界的关注。2016年,《苏州博物馆藏晚清名人日记稿本丛刊》中,就汇集了多种徽人后裔的展墓日记。2018年,由笔者主编的《徽州民间珍稀文献集成》中,也收录了数种徽州日记,这些,亦引起了一些学者的重视①。此外,还有一些整理、校点的日记文献陆续出版。如黄山学者邵宝振出版有《徽州记忆:1938》(芜湖:安徽师范大学出版社,2017年版);凤凰出版社策划的"中国近现代稀见史料丛刊"中,亦先后出版了《王振声日记》《潘钟瑞日记》②等。当然,由于现存的徽州日记种类繁多,内容亦极为丰富,相关的研究仍有待今后持续的努力。

在过去20多年中,本课题的研究,先后得到学界诸多朋友的关注,在这里,需要特别感谢业师邹逸麟先生以及王家范、樊树志、唐力行、郑培凯、钱杭、马学强、朱万曙、胡益民、卞利、周晓光、叶涛、梁颖、刘朝晖、李玉祥、邹怡、刘道胜、陈瑞、张小坡、吴媛媛、董乾坤和李甜等师友的支持与帮助。

最后应当提及的是,本书之定稿、出版,端赖于安徽大学出版社李君女士的不断督促。在这个终年忙碌的年代,大概唯有外界的催促方能集中精力。而完成定稿的这一个月,正是中国社会史无前例的非常时期。书稿文字最终

---

① 鲍义来撰有《许承尧1933年日记整理》,见《徽学》第11辑,北京:社会科学文献出版社,2018年版;康健则撰有《晚清徽州乡村社会的公共工程建设——以〈清光绪祁门历口利济桥局局董日记〉为中心的考察》,载《徽学》第12辑,2019年版。

② 其中的《歙行日记》,笔者早已做过标点、整理。但近见尧育飞整理的《潘钟瑞日记》上册("中国近现代稀见史料丛刊"第6辑,南京:凤凰出版社,2019年版)第120~160页,已收入此文,为免重复,故在本书中删去《歙行日记》的部分。

敲定之时,窗外已是春意盎然,但我们仍然困守于陋室一隅,甚感无力与茫然,这让人感同身受,不禁担心起武汉的许多师友。武汉三镇之一的汉口,是明清以来徽商活动的重要据点之一,那里有著名的新安书院(亦曰"徽国文公祠",即徽州会馆)。从我撰写博士论文开始,就先后发表过两篇与汉口徽商相关的学术论文[①]。而在日记整理方面,也研究过徽州茶商在汉口的社会生活。前年深秋,我曾徜徉于汉镇的街衢巷陌,在汉江之滨、新安巷口,寻访昔日徽商活动的遗迹。我与武汉,有着特别的缘分与感情。20 年前的世纪之交,教育部第一批人文社会科学重点研究基地成立,承蒙武汉大学陈锋教授之盛意,邀我担任该校"中国传统文化研究中心"的兼职教授。当时,"明清以来徽州日记的整理与研究"即作为带入中心的课题之一,为此我也应邀赴武汉大学驻所短期研究。其间,曾得到陈锋教授、徐少华教授、鲁西奇教授、杨华教授以及不久前英年早逝的任放教授之大力帮助。对于他们早年对我的热诚帮助,本人始终铭感于心……值此特别的日子,衷心祝愿在武汉的诸位师友平安吉祥,天佑武汉,天佑中华!

2020 年 2 月 29 日清晨于新江湾

---

① 《清代汉口盐商研究》,载《盐业史研究》1993 年第 3 期;《明清以来汉口的徽商与徽州人社区》,载李孝悌编《中国的城市生活》,台北:联经出版事业股份公司,2005 年版。